V&R unipress

Internationale Schriften des Jakob-Fugger-Zentrums

Band 3

Herausgegeben vom Jakob-Fugger-Zentrum – Forschungskolleg für Transnationale Studien der Universität Augsburg

Bettina Bannasch / Petro Rychlo (Hg.)

Formen des Magischen Realismus und der Jüdischen Renaissance

Mit 6 Abbildungen

V&R unipress

Bibliografische Information der Deutschen Nationalbibliothek
Die Deutsche Nationalbibliothek verzeichnet diese Publikation in der Deutschen
Nationalbibliografie; detaillierte bibliografische Daten sind im Internet über
https://dnb.de abrufbar.

Umschlagabbildung: Dodo: »Pessachmärchen«. In: Frieda Mehler: Feiertagsmärchen. Zeichnungen
von Dodo Bürgner. 2. Aufl., Berlin 1937, S. 11. Quelle: Arbeitsstelle für Kinder- und
Jugendmedienforschung, Universität zu Köln.
Druck und Bindung: CPI books GmbH, Birkstraße 10, D-25917 Leck
Printed in the EU.

Vandenhoeck & Ruprecht Verlage | www.vandenhoeck-ruprecht-verlage.com

ISSN 2365-7944
ISBN 978-3-8471-1214-3

Inhalt

Bettina Bannasch / Petro Rychlo

Formen des Magischen Realismus und der Jüdischen Renaissance. Eine Einführung[1]

Der deutsche Magische Realismus gilt als ein Spezialgebiet der literaturwissen-schaftlichen germanistischen Forschung und dies aus guten Gründen. Wenn der Begriff nicht so weit gefasst wird, dass alles ›irgendwie Fantastische‹ dazu ge-rechnet wird, sondern als die Bezeichnung für eine literarische Strömung, die sich zeitlich einigermaßen eng eingrenzen lässt[2], der sich spezifische zentrale Themen und Erzählverfahren sowie eine Vorliebe für bestimmte Gattungen zuordnen lässt, so unterscheidet sich die Forschung zum deutschen Magischen Realismus nicht wesentlich von anderen Spezialgebieten der Literaturwissen-schaft. Allerdings verbinden sich zwei Vorurteile, die es marginalisieren und diskreditieren, mit der Wahrnehmung dieses Spezialgebietes. Sie haben sich weder durch die bis heute grundlegende Studie von Michael Scheffel *Magischer Realismus. Die Geschichte eines Begriffes und ein Versuch seiner Bestimmung* (1990) noch durch Arbeiten der neueren Forschung ausräumen lassen, sind jedoch wenig produktiv. Vielmehr sind sie oftmals mit starken moralischen

---

1 Die Beiträge des vorliegenden Bandes wurden für den Druck durchgesehen und vorbereitet von Sarah Sosinski und Sarah Wieshuber. Ihnen beiden gilt unser besonderer Dank.
2 Michael Scheffel präzisiert in seiner Studie *Magischer Realismus. Die Geschichte eines Begriffes und ein Versuch seiner Bestimmung* (1990) wie auch in seinem Beitrag im vorliegenden Band die formalen und inhaltlichen Kriterien des Begriffs Magischer Realismus anhand einer Au-torengeneration und bestimmt die Jahre zwischen 1920 und 1950 als Eckpunkte der literari-schen Strömung des Magischen Realismus in Deutschland. Die Charakteristika, die Scheffel zur Orientierung für die textanalytische Arbeit herausstellt, liegen auch den hier versammelten Beiträgen zugrunde. Anhand exemplarisch ausgewählter Einzelfälle greifen sie Scheffels An-regungen auf und denken sie weiter, hinterfragen sie und differenzieren sie aus. In der For-schung ist Scheffels Studie in den vergangenen Jahren durch Arbeiten ergänzt worden, die vor allem Impulse aus der internationalen Forschung zum Magischen Realismus stärker mit einbeziehen und auf ihre Konsequenzen für die Forschung zum deutschsprachigen Magischen Realismus hin befragen, zuletzt Torsten W. Leine in seiner Arbeit *Magischer Realismus als Verfahren der späten Moderne. Paradoxien einer Poetik der Mitte.* Berlin 2018. Im vorlie-genden Band leistet dies der Beitrag von Hubert Roland, ausführlich hierzu vgl. auch seine Studie *Magischer Realismus und Geschichtsbewusstsein.* Würzburg (im Erscheinen).

Wertungen verbunden, die auf die Einschätzung der Werke und ihrer Verfasse-
rinnen und Verfasser in den Jahren des Nationalsozialismus zurückgehen.

Der deutsche Magische Realismus, so lässt sich das erste Vorurteil knapp
zusammenfassen, unterliegt einem pauschalisierenden Faschismusverdacht.
Dieser speist sich aus einer kritischen Auseinandersetzung mit jenen Autorinnen
und Autoren, die in den 1930er Jahren versuchten, sich und ihre Literatur der
nationalsozialistischen Kulturpolitik anzudienen. Die Forschung reicht hier von
Versuchen, in ihren Werken entweder Momente der ›inneren Emigration‹
nachzuweisen – etwa in Naturbeschreibungen, denen ein subversiver doppelter
Boden eingeschrieben ist oder sein soll oder aber denen eben dieser doppelte
Boden fehlt – bis hin zur Identifikation ›faschistischer‹ Themen und, schwieriger
und weit problematischer noch, ›faschistischer‹ Erzählweisen. Wie stets, wenn
literarische Werke im Blick auf ihre Moral bewertet und Erzählverfahren im
Zusammenhang damit entschlüsselt werden sollen, sind diese Ansätze diskus-
sions- und oftmals auch fragwürdig. Mit sorgfältiger Textarbeit, auch mit der
Reflexion darüber, in welches Verhältnis Leben und Werk zu setzen, wie jeweils Entstehungskontexte und Rezeptionsgeschichten einzuschätzen sind, ist es
Aufgabe der literaturwissenschaftlichen Forschung, die mit dem Faschismusverdacht verbundenen Argumente und Aspekte an den Texten im Einzelnen
deutlich zu machen und zu überprüfen. In den vergangenen Jahren ist hier viel
geschehen, keineswegs nur ›Ehrenrettungen‹ umstrittener Autorinnen und Autoren.

Dem zweiten Vorurteil, mit dem sich die Forschung zum deutschen Magischen Realismus in besonderer Weise konfrontiert sieht, ist sehr viel schwerer
beizukommen – aus dem einfachen Grund, weil es den *deutschen* Magischen
Realismus gar nicht zur Kenntnis nimmt. Frühestens seit der Begriff des Magischen Realismus Ende der 1930er Jahre von Deutschland nach Lateinamerika
kam und dort auf große Resonanz stieß,[3] spätestens aber seit Alejo Carpentier im
Vorwort zu seinem Roman *Das Reich dieser Welt* (*El reino de este mundo* 1949,
dt. 1964) einen natürlich-lebensnahen lateinamerikanischen Magischen Realismus gegen einen künstlich-konstruierten deutschen Magischen Realismus aus-
spielte, und schließlich überwältigend breitenwirksam mit der Faszination, die in
Deutschland durch die Farbenpracht und Fabulierlust der Romane von Gabriel
Garcia Marquez Mitte der 1980er Jahre ausgelöst wurde und die eine ganze
Generation von nach Exotik dürstenden deutschen Leserinnen und Leser erfasste
– einer Exotik, die in ihrem überbordenden erzählerischen Duktus zudem als
spezifisch ›literarisch‹ verstanden wurde –, trat der Magische Realismus als

---

3 Über die Veröffentlichung von Rohs Text über den Magischen Realismus in der bildenden
  Kunst in der spanischen Zeitschrift *Revista de Occidente* 1927 fand der Begriff Einzug in die
  Intellektuellenkreise von Buenos Aires.

Magischer Realismus ins Bewusstsein der lesenden Öffentlichkeit. Seither gilt er als ein Importartikel aus Lateinamerika. Keine Tagung zum *deutschen* Magischen Realismus, die nicht auf diesen Irrtum Bezug nähme und die, sei es auch nur in andeutenden Randbemerkungen, auf die wahren Anfänge des Magischen Realismus verwiese.

Beide Vorurteile können und sollen mit Blick auf eine bisher unbeachtete Korrelation, der von deutschem Magischen Realismus und Autorinnen und Autoren, die im Umfeld der Jüdischen Renaissance wirkten und schrieben, widerlegt bzw. entgegnet werden. Darüber hinaus soll mit der Frage nach möglichen Korrespondenzen zwischen Magischem Realismus und Jüdischer Renaissance bei der Suche nach diesen Anfängen ein anderer Akzent gesetzt und das Bild des Magischen Realismus einerseits sowie das der Jüdischen Renaissance andererseits um eine bisher unbeachtete Verbindung erweitert werden. Die Ausgangsüberlegung ist dabei denkbar schlicht: Die jüdische Erneuerungsbewegung, die sich – nicht zuletzt angesichts des wachsenden Antisemitismus in Osteuropa und in Deutschland – auf jüdische Tradition und Religion (zurück)besinnt, formiert sich in jenen Jahren in den Zentren München, Berlin und Bad Homburg/Frankfurt, die auch als die Anfänge des Magischen Realismus in Deutschland bezeichnet werden können oder, wenn man so will: als *die* Anfänge der Literatur des Magischen Realismus. Es ist eine Literatur, die von wunderbaren Begebenheiten in einer modernen Welt erzählt, in ihr werden Verfahren eines bilderreichen, synästhetischen Erzählens entwickelt, das an biblisches Erzählen wie an kinematographische Bilderfolgen anknüpft, das geschult ist an Texten der mittelalterlichen und (fern)östlichen Mystik ebenso wie an der modernen Psychoanalyse. Welche Korrespondenzen sich ergeben zwischen den Texten des deutschsprachigen Magischen Realismus und Texten aus dem Umfeld der Jüdischen Renaissance, deren Ende zumeist deutlich früher, nämlich auf das Jahr der nationalsozialistischen Machtübernahme 1933 datiert wird[4], und ob sich diese über die Qualität eines unbestimmt Phantastischen, eines irgendwie Magischen, eines im weitesten Sinne Literarischen genauer zu fassen und fruchtbar zu machen sind, prüfen und diskutieren die Beiträge des vorliegenden Bandes.

Um diesen Wechselwirkungen und Korrespondenzen nachgehen zu können, haben sich die Beiträgerinnen und Beiträger des vorliegenden Bandes darauf verständigt, sich in ihren Ausgangsüberlegungen zunächst an einem dezidiert pragmatisch gehaltenen Verständnis des deutschen Magischen Realismus und der Jüdischen Renaissance zu orientieren. Sie erweitern und modifizieren dieses Verständnis von unterschiedlichen Texten ausgehend und aus je unterschiedli-

---

4 Vgl. Andreas Kilcher: Jüdische Renaissance und Kulturzionismus. In: Hans Otto Horch (Hg.): Handbuch der deutsch-jüdischen Literatur. Berlin 2016, S. 99–121; Michael Brenner: Jüdische Kultur in der Weimarer Republik. München 2000, S. 217 ff.

chen Perspektiven heraus. Die Entscheidung, für den Titel des Bandes die Pluralform zu wählen, also von *Formen* des Magischen Realismus und der Jüdischen
Renaissance zu sprechen, ist eines der Ergebnisse – vielleicht sogar das wichtigste – zu dem die Beiträgerinnen und Beiträger des vorliegenden Bandes bei
ihren Annäherungen an das Thema gefunden haben.

Die Forschung zum Magischen Realismus hat bisher vor allem Bezüge zu den
christlichen Erneuerungsbewegungen der 1920er und 30er Jahre, auch zu fernöstlichen Religionen berücksichtigt und untersucht. Im Blick auf die Literatur
der Jüdischen Renaissance weist sie jedoch einen blinden Fleck auf, der ebenso
bezeichnend wie umfangreich ist. Umgekehrt muss gesagt werden, dass dieser
blinde Fleck auch in den zumeist stark (literatur)historisch ausgerichteten Jüdischen Studien zu beobachten ist, sofern sie sich der jüdischen Literatur im
ersten Drittel des 20. Jahrhunderts zuwenden. Allzu bereitwillig wird hier
dem Selbstverständnis jener Autorinnen und Autoren gefolgt, die ihr Erzählen
als ›typisch jüdisch‹ ausweisen. Bezüge vor allem zur jiddischen Erzähltradition
werden – zu Recht und außerordentlich ertragreich – gesucht und erschlossen.
Doch Bezüge zur Literatur des deutschen Magischen Realismus werden höchstens vereinzelt hergestellt. Der vorliegende Band regt zum einen dazu an, einschlägige literarische Texte aus dem Umfeld der Jüdischen Renaissance in die
Forschung zum Magischen Realismus einzubeziehen und Wechselbeziehungen
zwischen den literarischen, poetologischen und religionsphilosophischen Texten
zu erschließen. Er legt zum anderen nahe, Texte der (deutsch-)jüdischen Literatur der 1920er und 30er Jahre sowie jene Literatur, die sich in diese Tradition
stellt, mit dem Magischen Realismus im ersten Drittel des 20. Jahrhunderts auf
mögliche Korrespondenzen und Wechselwirkungen hin zu prüfen. Die untersuchten Texte werden nicht zuletzt im Licht der Bemühungen ost- und westjüdischer Autorinnen und Autoren gesehen, die im ersten Drittel des 20. Jahrhunderts in Deutschland lebten, die auf der Durchreise nach Palästina waren – so
wie etwa Samuel Agnon, dessen ›Durchreise‹ sich auf elf Jahre verlängerte, so wie
Chaim Nachman Bialik, der nur für drei Jahre in Deutschland Station machte –,
die in der Shoah ermordet wurden oder die Deutschland noch rechtzeitig verlassen konnten und in Palästina oder andernorts in deutscher oder in anderen
Sprachen weiterschrieben. Für die neuhebräische Literatur lässt sich ohne
Übertreibung sagen, dass sie sich bis heute maßgeblich an dem magisch-realistischen Erzählen der deutschjüdischen und neuhebräischen Literatur orientiert,
die im ersten Drittel des 20. Jahrhunderts in enger Verflechtung mit der deutschen Literatur und Kultur entstand.[5]

---

5 Samuel Agnon etwa feiert seine ersten großen literarischen Erfolge in den 1910er und 20er
  Jahren, in denen er in Deutschland lebt und arbeitet, seine Werke werden zumeist umgehend
  und in ausgezeichneten Übertragungen ins Deutsche gebracht. Agnon sieht die Aufgabe seiner

Sofern sich fruchtbare Korrespondenzen und Bezüge zwischen der Literatur des Magischen Realismus und der Jüdischen Renaissance ausmachen lassen, hat dies, wie oben angedeutet, Konsequenzen für den Umgang mit den eingangs skizzierten spezifischen Vorurteilen gegenüber dem deutschsprachigen Magischen Realismus und seiner Erforschung. Erstens lässt sich der besonnene Einspruch gegen einen vorschnellen und pauschalisierenden Faschismusverdacht stärken und mit der Forderung nach einer genauen Text- und Kontextarbeit für den jeweiligen Einzelfall verbinden. Zweitens hat die Forschung zur Literatur des Magischen Realismus in Deutschland diesem Ansatz zufolge nicht mehr nur deutschsprachige, sondern auch ins Deutsche übertragene, für den deutschsprachigen Diskurs relevante Texte mit einzubeziehen. Die Forschung zum deutschsprachigen Magischen Realismus wird damit entschieden vielstimmiger und vielschichtiger. Die sich zunehmend internationalisierende Forschung zum Magischen Realismus wird ein bisher kaum berücksichtigtes Forschungsfeld zur Kenntnis zu nehmen und für sich zu erschließen haben. Ihm gehören Autorinnen und Autoren der Jüdischen Renaissance zu, deren Vorläufer in der osteuropäischen, jiddischen und deutschsprachig-jüdischen Literatur und deren Nachfolger in der neuhebräischen, aber auch in den jüdischen Literaturen anderer Exilländer zu suchen und zu finden sind. Zwar wird der alte ›Titelverteidigungs‹-Kampf des deutschsprachigen mit dem lateinamerikanischen Magischen Realismus kaum zu den Akten zu legen sein. Doch sind zahlreiche literarisch großartige und diskursrelevante Werke zu entdecken und neue, fruchtbare Fragestellungen zu entwickeln. Wie weit dies nur für einige wenige, herausgehobene Autorinnen und Autoren geltend gemacht werden kann oder aber wie weit sich die hier vorgestellten Beobachtungen auch auf die Werke weiterer Autorinnen und Autoren – etwa Werke von Leo Perutz, Joseph Roth, Alfred Döblin, um nur einige wenige, prominente Namen zu nennen – übertragen lassen, wird zu prüfen sein.

Die Beiträge des vorliegenden Bandes thematisieren und problematisieren die oben erwähnten Fragestellungen anhand exemplarisch ausgewählter literarischer Texte, indem sie literaturtheoretische und literaturhistorische Aspekte des Magischen Realismus und der Jüdischen Renaissance unter dem Blickwinkel ihrer hypothetischen Annäherungen und Berührungen in ein neues Licht rücken. Daraus ergibt sich ein facettenreiches Mosaik von diversen, teilweise mit neuentdeckten Quellen fundierten Textanalysen.

---

in hebräischer Sprache verfassten Literatur darin, in der modernen Welt der Verwirrung und Vereinsamung »Platzhalter für die heiligen Texte zu sein« (Gerold Necker: Nachwort. In: S. J. Agnon: In der Mitte ihres Lebens. Aus dem Hebräischen übersetzt und herausgegeben von Gerold Necker. Berlin 2014, S. 93–103, hier: S. 98). Zu Agnon vgl. auch den Beitrag von Necker im vorliegenden Band.

In seinem Einführungsbeitrag *Magischer Realismus: Konzept und Geschichte*
geht **Michael Scheffel** der Genese und der Begriffsgeschichte des Terminus
technicus *Magischer Realismus* nach, der in sich einen Widerspruch darstellt.
Einerseits wird diese Wendung in der Forschung als ein Oxymoron bezeichnet,
andererseits hält sie der französische Schriftsteller Julien Green für eine »ungewöhnlich geglückte Formulierung«. Der Name wurde bereits im Kontext der
deutschen Romantik um 1800 vorgeprägt – Novalis sprach vom »magischen
Idealismus« –, aber erst durch Fritz Strich und Franz Roh etablierte er sich in
Deutschland. Der Kunsthistoriker Gustav Friedrich Hartlaub führte schließlich
die Bezeichnung »Neue Sachlichkeit« ein, die den Begriff »Magischer Realismus«
etwas verdrängte, und erst über Spanien und Italien kehrte er später wieder als
»realismo mágico« nach Deutschland zurück. Zwischen den ausgehenden
zwanziger und den fünfziger Jahren des 20. Jahrhunderts bestimmte der Magische Realismus als Stilrichtung die Werke vieler deutscher Autorinnen und
Autoren, unter ihnen so bekannte Namen wie Ernst Jünger, Wilhelm Lehmann,
Hermann Kasack, Elisabeth Langgässer und andere. All diesen Werken ist gemein, dass darin eine realistische, d.h. gegenstandsgetreue Darstellung der
Wirklichkeit so ›überzogen‹ wird, dass sie einer Leserin oder einem Leser bzw.
einer Kunstbetrachterin oder einem Kunstbetrachter befremdlich erscheint.
Ausgehend von einem umgrenzten Korpus von Werken konstruiert Scheffel
einen »Katalog von idealtypischen Merkmalen« des Magischen Realismus, zu
denen eine realistische Erzählweise und geschlossene Erzählform, ein homogener Bau und die Stabilität der erzählten Welt, die Einbindung in das Narrativ
eines ›Geheimnisses‹ gehören. Diese werden durch stilistische Mittel wie vage
zeitliche und räumliche Lokalisierung, lückenhafte kausale Motivation der erzählten Geschichte, Motive des Morbiden, Dämonisierung alltäglicher Gegenstände und eine ›überdeutliche‹ Wahrnehmung erzielt.

In seiner Abhandlung *Deutschsprachiger und internationaler Magischer
Realismus: die Anpassungsfähigkeit einer Poetik der Wirklichkeitsverwandlung*,
die eine kritische Erweiterung von Michael Scheffels Thesen zum Magischen
Realismus in globaler Dimension darstellt, betrachtet **Hubert Roland** diese
künstlerische Strömung als »ein populäres Leitmotiv mit besonders großer
Anziehungskraft«, bemerkt aber dazu, dass dieses als »homogenes, eindeutiges
Konzept schwer fassbar bleibt«. Seine zweite Phase begann während der 1950er
Jahre mit seinem Aufschwung in der lateinamerikanischen Literatur (»Magie
und Mythen als parte de la vida«) sowie mit dem Aufbruch der sog. »postkolo-
nialen Literaturen« in englischer und französischer Sprache. Heute wird der
Magische Realismus als ein »spezifisches Phänomen der Spätmoderne« gesehen.
In seinem Beitrag vertritt Hubert Roland die These, dass sich der Magische
Realismus in der deutschen Literatur nach dem Zweiten Weltkrieg aufgelöst hat,
aber nie vollständig verschwunden war. Seine Spuren findet er in Werken Uwe

Timms, Daniel Kehlmanns, Christa Wolfs, auch von Anna Seghers und anderen. Die immer wiederkehrende Frage nach einer einzigen legitimen zusammenhängenden Definition des Magischen Realismus hat sich erschöpft, so argumentiert Roland, sind wir doch alle Zeugen »eines ständigen Wandels der magisch-realistischen Ästhetik«.

Der Jüdischen Renaissance, dem zweiten Begriff, mit dem das Spannungsfeld für die Beiträge des vorliegenden Bandes abgesteckt und näher erläutert wird, wendet sich der Beitrag von **Peter Stöger** zu. Seine Studie *Martin Buber und der Chassidismus mit Annotierungen zum Magischen Realismus und zur Jüdischen Renaissance* betrifft eine der wichtigsten Gestalten, die beide künstlerische Richtungen zu synthetisieren bestrebt war. Buber lernte den Chassidismus bereits in seiner Ausklangphase in Galizien und der Bukowina kennen. Mit seiner langjährigen Sammlung von chassidischen Erzählungen und Legenden, die in den *Geschichten des Rabbi Nachman* (1906) und den *Erzählungen der Chassidim* (1949) gipfelten, trug er wesentlich zur Entfaltung der geistigen Erneuerungsbewegung der Jüdischen Renaissance bei. Die Welt ›voll der Wunder‹, die märchenhaften Begebenheiten der chassidischen Erzählungen, die sich zwischen der alltäglich-realen und der phantastischen Sphäre abspielen, sind auch im Magischen Realismus stark vertreten. Als Erneuerungsbewegung wurde der Chassidismus zu einer wichtigen Quelle für die Jüdische Renaissance. Seine in Prag gehaltenen *Drei Reden zum Judentum* haben Leitlinien für diese Erneuerungsbewegung vorgezeichnet. Was die offensichtlichen Verquickungen des Chassidismus mit dem Magischen Realismus betrifft, so schlägt Stöger in seinem Beitrag vor, in der Spiritualität der beiden geistigen Strömungen einen gemeinsamen Nenner zu sehen.

Mit ihrem Aufsatz *Magisch-Realistisches Erzählen bei Paula Buber: Liminalität in der Novelle »Die Weidenmutter«* widmet sich **Katharina Baur** dem literarischen Schaffen der Lebensgefährtin und späteren Frau Martin Bubers, die ihre Arbeiten zunächst unter dem männlichen Pseudonym Georg Munk veröffentlichte. Hier wird der Versuch unternommen, die Berührungspunkte zwischen dem Magischen Realismus und der Jüdischen Renaissance am Beispiel des Werkes einer Schriftstellerin aufzudecken, die den beiden Bewegungen nahestand. Prägend für Paula Buber waren, wie die Verfasserin ausführt, regelmäßige Treffen mit wichtigen Vertretern des Magischen Realismus wie Oskar Loerke, Moritz Heimann und Wilhelm Lehmann, bei denen auch Martin Buber immer wieder zu Gast war. Hier kam Paula Buber nicht nur in direkten Kontakt zu wichtigen Vertretern der Jüdischen Renaissance, sondern auch zu den Vertreterinnen und Vertretern der literarischen Avantgarde. Baur belegt, dass Paula Buber zu den beiden wichtigen künstlerischen und geistesgeschichtlichen Strömungen ihrer Zeit einen wertvollen Beitrag geleistet hat. Ihre Zusammenarbeit mit Martin Buber an den chassidischen Erzählungen ist bekannt. Weniger bekannt sind ihre eigenen literarischen Arbeiten, in denen sie eine Welt zwischen Christentum und Judentum, zwischen Magie und Wirklichkeit, zwischen Traum und Realität schildert, oft mit magischen Komponenten. Die Analyse der Novelle *Die Weidenmutter* dient Baur dazu, ihre Überlegungen exemplarisch zu entwickeln und am Text zu entfalten.

Zu den Reflexionen zur Literatur der Jüdischen Renaissance im Deutschland der 1920er und 30er Jahre bietet **Gerold Neckers** Studie »*...und danach kommt der Friede*«: *S. J. Agnons Traumnotizen in den 1930er Jahren* eine wertvolle, unverzichtbare Ergänzung. Für das Werk Samuel Agnons identifiziert und untersucht er Elemente des Magischen Realismus wie Visionen und Traumwirklichkeit, wie sie auch für den lateinamerikanischen Magischen Realismus typisch sind, so z. B. im Werk eines der wichtigen Exponenten dieser Stilrichtung, des Argentiniers Jorge Luis Borges, der zugleich ein glühender Anhänger Kafkas war.[6] Gerold Necker geht in seinem Beitrag Agnons spezifischem ästhetischem Konzept des Magischen Realismus nach, das er in einer »hybriden« Stellung zwischen »gothic and magic realism« verortet. Das »magische« Element in Agnons Erzählungen, so konstatiert er, ist meistens »religiös konnotiert und indiziert ein Spannungsfeld zwischen gesellschaftlicher Realität, biblischer Verheißung und jüdischer Identität«.

Der Beitrag von **Shira Miron** *Gertrud Kolmar und Chaim Nachman Bialik – Formen literarischer Renaissance zwischen Aggada und Poesie* wählt mit Bialik einen weiteren einschlägigen Autor der Jüdischen Renaissance, dessen hebräischsprachige Schriften für den deutschen Diskurs der 1920er und 30er Jahre maßgeblich waren. Mirons Studie bringt nun zwei sehr ungleiche Vertreter der Jüdischen Renaissance miteinander ins Gespräch: während Chaim Nachman Bialik eine ihrer zentralen Figuren war, gehörte Gertrud Kolmar eher zu den Randfiguren dieser geistigen Bewegung, denn ihre ersten literarischen Auftritte fallen erst in die 1930er Jahre, als die Jüdische Renaissance in Deutschland gewaltsam beendet war. Der Beitrag geht der Resonanz der Ideen und der Programmatik der jüdischen Renaissance in Kolmars Lyrik in der poetischen Auseinandersetzung mit Bialiks Texten nach. Gleich Buber widmete sich Bialik der Sammlung älterer Texte, so der aggadischen Quellen. Bialik kehrt hier die biblische Fokalisierung um, indem er verstreute Motive aus Fragmenten von aggadischen Quellen in ein komplementäres Narrativ verwandelt. Daran knüpft, so zeigt der Beitrag von Miron, Gertrud Kolmar in ihrem längeren Gedicht *Die Tiere von Ninive* an, wenn auch sie die biblische Perspektive in ähnlicher Weise

---

6 Wie auch in einigen anderen Beiträgen des vorliegenden Bandes deutlich wird, bleibt Kafka für den internationalen Magischen Realismus eine Schlüsselfigur, wenngleich auch die Frage, ob sein eigenes Werk dieser literarischen Strömung zugerechnet werden soll, in der Forschung nach wie vor umstritten ist.

verkehrt. Gleich Bialik beleuchtet auch Kolmar einen Aspekt am Rande der biblischen Geschichte, jedoch nicht durch Erweiterung und Fortsetzung von überlieferten Motiven, sondern durch die Schöpfung einer neuen Welt und Ordnung, die schließlich die biblische Geschichte destabilisiert. Magische Züge des Gedichts verwandeln Ninive in einen »gottlosen Kosmos« und erzeugen einen Anklang zur Erzählliteratur des deutschsprachigen Magischen Realismus.

Georg B. Deutsch widmet sich in seiner Abhandlung *Soma Morgenstern, der Magische Realismus und die Jüdische Renaissance: Morgensterns Romane »Der Tod ist ein Flop« und »Der Sohn des verlorenen Sohnes«* dem literarischen Nachlass eines aus Galizien stammenden österreichisch-jüdischen Autors, der eine gute Hälfte seines Lebens im amerikanischen Exil verbrachte. Dieser Umstand hatte fatale Folgen für die Rezeption seiner Werke im deutschsprachigen Kulturraum, wo er bis heute beinahe ein Unbekannter blieb. »Morgenstern gilt«, so konstatiert Deutsch, »nicht als ein typischer Vertreter des Magischen Realismus, doch weist sein Schaffen vor allem in einem seiner Werke deutliche Anklänge daran auf.« Es stellt sich die Frage, ob er dabei von anderen Autorinnen und Autoren dieser Stilrichtung beeinflusst wurde. Obwohl er sein Leben lang von Kafkas Werk fasziniert, mit Joseph Roth, Stefan Zweig, Robert Musil und Franz Werfel befreundet war und österreichische Meister des magischen Schreibens wie Leo Perutz, Alexander Lernet-Holenia oder Hermann Broch persönlich kannte, lassen sich ihre Spuren in seinen Texten kaum feststellen. Wichtige Vorbilder könnten jedoch sein galizischer Landsmann, der weitgehend vergessene deutschsprachige Autor Hermann Blumenthal sein, der in seinem Buch *Gilgul. Ein Roman aus dieser und jener Welt* (1923) das Motiv der Seelenwanderung aus dem jüdischen Milieu darstellt, oder der Maler und Schriftsteller Alfred Kubin mit seinem Werk *Die andere Seite. Ein phantastischer Roman* (1909), den auch Kafka hochschätzte. Wesentliche Kapitel von Morgensterns Roman *Der Tod ist ein Flop* spielen auf der verlorenen Südseeinsel Edenia, die eine Traumwelt mit magischen Elementen schildert. Die Parallelen zu Kubins Roman lassen vermuten, dass Morgenstern von ihm inspiriert worden ist, auch Morgensterns Nähe zu Kafka ist hier gut zu erkennen. Die Nähe zur Gedankenwelt der Jüdischen Renaissance belegt vor allem Morgensterns Roman *Der Sohn des verlorenen Sohnes*, der erste Teil seiner Trilogie *Funken im Abgrund*, der die Rückkehr seines Protagonisten zum Judentum zeigt. Morgensterns Trilogie ist in den USA in englischer Übersetzung in den Jahren von 1946 bis 1950 erschienen. Sein Werk steht damit, so argumentiert Georg Deutsch, am Anfang auch einer anderen Jüdischen Renaissance, der »jüdischen Renaissance in der Literatur der USA«.

Eine andere Seite von Soma Morgensterns literarischer Tätigkeit stellt **Petro Rychlo** in seiner Studie *»Herumtappen im Licht«: Soma Morgensterns publizistische Kafka-Rezeption* vor. Sie ergänzt das im Beitrag von Georg B. Deutsch entworfene Bild des galizischen Schriftstellers und erweitert die Sphäre seiner langjährigen Kafka-Rezeption. Morgenstern widmete dem Prager Autor eine Reihe von Aufsätzen, sie alle blieben aber bis auf die Besprechung der Kafka-Gedenkveranstaltung zu seinen Lebzeiten unveröffentlicht. Die Werke beider Autoren haben offensichtlich Berührungspunkte sowohl mit dem Magischen Realismus als auch mit der Jüdischen Renaissance. Zwar wird in neueren Publikationen Kafka eher die Rolle eines frühen »Vorläufers« als eines wirklichen Repräsentanten des Magischen Realismus zugewiesen. Was die Beziehungen Kafkas zur Jüdischen Renaissance betrifft, so gibt es nicht wenige Belege dafür, dass Kafka bei der Entfaltung dieser Bewegung wesentlich mitwirkte, auch wenn er den Ideen des Kulturzionismus nicht so nahestand wie einige seiner dichterischen Freunde aus dem Prager Kreis. Bei all ihrer empirischen Präzision und Fülle ist Kafkas Wirklichkeit für Morgenstern imaginär, irreal. Ein Leitmotiv in seinen Charakteristiken von Kafkas Werk ist die Metapher des Lichts. Sie hat viele Facetten und Konnotationen. Dieses Licht ist irdisch und transzendent zugleich, wie so vieles in Kafkas Werken. In seiner überdeutlichen Klarheit bei den Beschreibungen alltäglicher Dinge, die Michael Scheffel als typisch für den Magischen Realismus hält, ist Kafka diesem Erzählstil nah. Das Traumlicht, das Kafkas Prosa ausstrahlt, und das für Morgenstern mit dem Mondlicht identisch ist, verleiht seinen Werken eine ungetrübte, diaphane Klarheit. »Herumtappen im Licht« nennt er diese Erzählweise Kafkas. Morgensterns feinfühlige Kafka-Analysen bilden somit ein seltenes Beispiel einer höchst intensiven »nichtwissenschaftlichen« Auseinandersetzung mit dem Prager Schriftsteller.

Dem Werk eines Autors, der dem engeren Freundeskreis um Kafka zuzurechnen ist, dessen literarische Leistung bisher jedoch weitgehend unberücksichtigt blieb, widmet sich **Bettina Bannasch** in ihrem Beitrag *Die ›Prager Schule‹ des Magischen Realismus. Oskar Baums Messiasroman »Die Tür ins Unmögliche«* (1919). Damit wird ein Roman in den Blick genommen, in dem die Grenzen zwischen Wirklichkeit, Traum und Vision verwischt sind und der seinem Erzählstil nach offensichtliche Merkmale des Magischen Realismus aufweist. Augenfällig ist die Hommage des Romanautors an das Werk Franz Kafkas, mit dessen Figuren der Protagonist in Beziehung gebracht wird. Oskar Baum entwirft in seinem Roman eine sozial-politische und religionsphilosophische Utopie. In ihr sind Reflexionen Hermann Cohens über den jüdischen und christlichen Messianismus literarisch gestaltet, wie sie in dessen Hauptwerk *Religion der Vernunft aus den Quellen des Judentums* formuliert werden. Die fundamentale Frage, die bei Cohen zur Debatte steht, betrifft die Differenz zwischen der christlichen und der jüdischen Messias-Auffassung. Im Unterschied zum Christentum, das die Idee eines personalisierten Messias vertritt, setzt das Judentum auf das messianische Zeitalter, worin Cohen ein Zeichen der Modernität jüdischer Messias-Vorstellungen sieht. In seiner Auseinandersetzung mit dem

Messianismusdiskurs seiner Zeit knüpft Baum zugleich auch an den Ideenkreis der Jüdischen Renaissance an. Der Protagonist seines Romans will durch ein Sühneopfer die Menschheit retten, unbeabsichtigt löst er damit einen revolutionären Aufruhr aus. Doch taugt er weder für die Rolle eines politischen Revolutionsführers noch für eine moderne Messiasfigur, am Ende des Romans aber ist er es, der die Zuversicht in ein zu erwartendes messianisches Zeitalter formuliert.

Ebenfalls mit Fragen der Erlösung befasst sich der Beitrag *Religion, instabile Zeichen, Wahrnehmungsekstasen – Elisabeth Langgässers Magischer Realismus* von **Jörg Schuster**. Mit Langgässer wendet er sich dem Werk einer besonders profilierten Vertreterin des magischen Erzählens zu, deren Verhältnis zum Judentum, nicht zuletzt bedingt durch ihre eigene jüdische Herkunft, ambivalent gekennzeichnet war. Der Beitrag hebt insbesondere Langgässers Nähe zum französischen »Renouveau catholique« hervor, die auch viele weitere Texte des deutschsprachigen Magischen Realismus charakterisiert. Langgässers früher Roman *Gang durch das Ried* (1938) weist zahlreiche Elemente des Magischen Realismus auf, an vielen Stellen treten religiös-mystische Züge hervor, so etwa in der berühmten Wormser Dom-Szene, die »eine Wahrnehmungsekstase in Form einer akustisch motivierten synästhetischen Einheitserfahrung« zur Darstellung bringt. Magische Elemente zeigen sich in diesem Roman »im ›überdrehten‹ Realismus, im übergenauen Blick, der durch zu große Detailschärfe ins Magische ›kippt‹«. In der detaillierten Analyse einer Passage von Langgässers Erzählung *Der gerettete Obolus* (1938) kann sehr genau nachvollzogen werden, wie es Langgässer gelingt, eine extreme Wahrnehmungsstörung literarisch zu gestalten. Die hier evozierte magische Welt funktioniert als eine Welt von magischen Namen und Zeichen.

Der abschließende Beitrag von **Theresia Dingelmaier** *Magisch-realistisch und Märchen? Deutsch-jüdische Alltagsmärchen als Genresymbiose* führt uns in jene Sphäre der Jüdischen Renaissance, die in der Gattung Märchen ihren Niederschlag fand und die, wie wir schon aus Bubers chassidischen Geschichten wissen, einen wundervollen, ›magischen‹ Charakter hat. Die von Buber angebahnte Verbindung von Märchen und Jüdischer Renaissance erhielt im jüdischen Kindermärchen in den 1920er Jahren eine »dezidiert magisch-realistische Ausformung«, die von der literarischen Modernisierung dieser Gattung zeugte. So entstand bald die Subgattung »Alltagsmärchen«, die sich durch einen stärkeren Bezug auf Themen des alltäglichen Lebens und eine realistischere Darstellungsweise auszeichnet. Die naive Verkettung des Alltäglichen mit dem Außerordentlichen und Wundervollen ist für die 1935 erschienenen *Feiertagsmärchen* der deutsch-jüdischen Autorin Frieda Mehler charakteristisch, die der Beitrag exemplarisch behandelt, dabei werden auch die Illustrationen von Dodo Bürgner einbezogen. Aus dieser Analyse werden einige typische Merkmale des deutsch-jüdischen Alltagsmärchens abgeleitet, über die zugleich die Charakteristik von Texten im Spannungsfeld von Jüdischer Renaissance und Magischem Realismus ergänzt und erweitert werden kann. Besonders an diesen Texten ist, dass hier das Untergründig-Magische nur den Kindern zugänglich ist, für Erwachsene mit deren rationalem Denken ist es längst verloren gegangen. Bereits Paula Buber hatte die Schaffung von jüdischen Märchen gefordert. Nach Bubers *Geschichten des Rabbi Nachman* wird das jüdische Märchen von Autoren wie Heinrich Loewe, Irma Singer, Cheskel Zwi Klötzel und Ludwig Strauß weiterentwickelt. Zu Beginn des 20. Jahrhunderts werden sie Teil einer im deutschsprachigen Raum sich ausbreitenden Märchenmode, die noch bis zur Weimarer Zeit anhält.

Die Beiträge des vorliegenden Bandes verdanken sich einer Kooperation der Universitäten Czernowitz und Augsburg, die im Sommersemester 2019 durch das Jakob-Fugger-Zentrum der Universität Augsburg ermöglicht wurde. Das gemeinsame Nachdenken über mögliche Zusammenhänge zwischen deutschsprachigem Magischen Realismus und Jüdischer Renaissance mündete in einen Workshop, bei dem einige der Beiträge des vorliegenden Bandes vorgestellt und diskutiert wurden, einige Beiträge kamen später hinzu oder entstanden aufgrund der durch die Gespräche angeregten Überlegungen neu. Die hier versammelten Untersuchungen haben erklärter- und erwünschtermaßen experimentellen Charakter und möchten zu einem weiteren und weiterführenden Nachdenken über mögliche Korrespondenzen zwischen Magischen Realismen und Jüdischen Renaissancen einladen.

Michael Scheffel

Magischer Realismus: Konzept und Geschichte

Ein mit dem Menschen für gewöhnlich in enger Gemeinschaft lebendes, mehr oder minder fröhlich bellendes vierbeiniges Säugetier könnte man von heute auf morgen nicht mehr als ›Hund‹, sondern zum Beispiel als ›Katze‹ bezeichnen. Das ist theoretisch möglich, aber praktisch wenig sinnvoll, weil es gegen die bisherige Übereinkunft einer Gemeinschaft von Sprechern verstößt und damit unser aller Verständigung erschwert. Wechselt man von konkreten Begriffen mit überschaubarem Gegenstandsfeld zu abstrakteren Begriffen mit per definitionem unscharfer und je nach Verwendungskontext überdies unterschiedlicher Referenz und Extension, so gestalten sich die Fragen von Bezeichnung und Bedeutung naturgemäß komplizierter. Gleichwohl bleibt es hilfreich, zum Zwecke der Benennung von Sachverhalten sowie der Klärung von Begriffen und den mit ihnen gemeinten Konzepten zuallererst die Geschichte ihres Gebrauchs zu kennen. Der folgende Beitrag geht darum in zwei Schritten vor: Ein erster Teil ist den Grundlagen für die Bildung des Ausdrucks ›magischer Realismus‹ als Name für ein Phänomen sowie der Historie seiner Verwendung im Sinne einer Wort- und Begriffsgeschichte gewidmet; in einem zweiten Teil wird dann eine Arbeitsdefinition für den Erzählstil und den historischen Schwerpunkt eines Magischen Realismus in der deutschsprachigen Literatur entwickelt, die den Anspruch hat, pragmatisch nachvollziehbar und operabel zu sein.[1]

›Magischer Realismus‹, als Wortverbindung ist das einerseits, wie der französische Schriftsteller Julien Green bemerkte, eine »ungewöhnlich geglückte Formulierung«[2], andererseits handelt es sich um die Kombination von zwei

---

1 Wesentliche Grundlage für diesen Aufsatz und seine Verbindung von Begriffsgeschichte und Begriffsbestimmung ist Michael Scheffels Monographie: Magischer Realismus. Die Geschichte eines Begriffes und ein Versuch seiner Bestimmung. Tübingen 1990; die Ergebnisse der neueren Forschung zu einem ›magischen Realismus‹ werden im Folgenden soweit als möglich und nötig einbezogen.

2 So Green in einem Interview mit Rein A. Zondergeld. Vgl. Julien Green: Die Wahrscheinlichkeit des Unmöglichen. In: Rein A. Zondergeld (Hg.): Phaïcon. Almanach der phantastischen Literatur. Band 2, Frankfurt a. M. 1975, S. 83–98, hier: S. 86.

Worten aus semantischen Feldern, die, jedenfalls nach abendländisch aufge-
klärtem Verständnis, nicht zusammengehören, ja, einander gar ausschließen.
Mit gutem Grund hat man die Wendung denn auch als Oxymoron bezeichnet:[3]
Hier ›Magie‹, also etwas, das mit Zauberei, einem irgendwie Wunderbaren und
jedenfalls Irrationalen zu tun hat, dort ›Realismus‹, also etwas, das sich seit der
Epoche der Aufklärung auf eine entzauberte und zumindest im Ansatz rational
zu begreifende Wirklichkeit bezieht. Sucht man nach einem historischen Ursprung für die Formel, die eine Brücke zwischen Wunderbarem und Wirklichkeit
schlägt, so liegt es nahe, zunächst einmal dort zu schauen, wo man erstmals
programmatisch gegen den rationalen Geist der Aufklärung und ihre Folgen
aufbegehrt, also im Kontext der Deutschen Romantik um 1800. Durchsucht man
die Texte von Autorinnen und Autoren dieser Zeit nach der Wendung, so wird
man allerdings nicht fündig. Oder besser gesagt: Man wird fündig, aber nicht im
gesuchten wörtlichen Sinne. Denn natürlich spielen das Wunderbare, das Irrationale und auch etwa die Figur des Zauberers im Diskurs der Romantik eine
wichtige Rolle. Und bei einer ihrer zentralen Figuren, bei Novalis, dem Schöpfer
der berühmten Sehnsucht nach einer blauen Blume und der Idee einer ›Ro-
mantisierung der Welt‹, findet man zwar die Rede von einem »magischen
Idealism« und sogar von »magische[n] Realisten«, aber Novalis prägt keinen
Ismus im Sinne eines ›magischen Realismus‹,[4] d.h. dieser Begriff oder gar ein
entsprechendes theoretisches Konzept spielen in seinem Denken – anders als
zuweilen behauptet wird[5] – keine Rolle.

---

3 Vgl. Scheffel: Magischer Realismus, S. 1.
4 Vgl. Novalis: Das allgemeine Brouillon. In: Paul Kluckhohn und Richard Samuel (Hg.):
   Schriften. Die Werke Friedrich von Hardenbergs. 3. Band, Das philosophische Werk II. Hg. v.
   Richard Samuel [u. a.]. 3., v. d. Hg. durchges. u. rev. Auflage. Darmstadt 1983, S. 385; In der
   Aufzeichnung Nr. 638 (»PATHOLOG[ISCHE] PHIL[OSOPHIE]«) heißt es »Er ist ein magischer
   Idealist, wie es magische Realisten giebt. Jener sucht eine Wunderbewegung – ein Wunder-
   subject – dieser ein Wunderobject – eine Wundergestalt. Beydes sind logische Kr[anckheiten]-
   [...].« Den Begriff ›Magischer Idealism‹ notiert Novalis wenig später – ohne weitere Erläute-
   rung – in der Aufzeichnung Nr. 642, ebd. »Magie« versteht Novalis u. a. als »Sympathie des
   Zeichens mit dem Bezeichneten« und als »Wechselrepraesentationslehre des Universums«.
   Aufzeichnung 137, S. 266. Zum »magische[n] Idealist[en]« in einer offensichtlich positiv gemeinten Bedeutung vgl. Aufzeichnung Nr. 338, S. 301. Ein ›magischer Idealist‹ in Novalis'
   Sinne ist jemand, dem es gelingt, äußere und innere Welt(en) in Harmonie zu bringen, d. h.
   »äußerliche Dinge« in »Gedanken« zu verwandeln und umgekehrt, »einen Gedanken« zur
   »selbstständigen, [...] äußerlich vorkommenden Seele [zu] machen«. Vgl. ebd. Der von Novalis nur einmal verwendete Begriff des ›magischen Realisten‹ bleibt demgegenüber unklar.
5 Einschlägig für die Verbindung von Novalis mit dem Begriff ›magischer Realismus‹ ist Gerhard
   Bonarius' vergleichende Untersuchung der Werke von Novalis und Keats, siehe Gerhard Bonarius: Zum Magischen Realismus bei Keats und Novalis. Gießen 1950. Warum Bonarius hier
   von einem ›magischen Realismus‹ bei Novalis spricht, bleibt allerdings offen. De facto wird der
   Begriff in dieser schmalen Arbeit nirgends problematisiert oder erläutert – abgesehen davon,
   dass sich auch kein Verweis auf eine Verwendung durch Novalis oder auch nur eine Abgrenzung zu der von diesem selbst gebrauchten Rede eines ›magischen Idealismus‹ findet.

Erstmals konkret belegen lässt sich die Wortverbindung rund hundert Jahre später bei dem Germanisten und späteren Ordinarius der Universität Bern, Fritz Strich (1882–1963). Strich, zwischen 1910 und 1929 Dozent und außerplanmäßiger Professor an der Universität München, veröffentlicht 1922 seine bald berühmte, im doppelten Sinne epochemachende literaturhistorische Monographie mit dem Titel *Deutsche Klassik und Romantik oder Vollendung und Unendlichkeit*, in der er die Bewegungen von Klassik und Romantik voneinander abzugrenzen sucht. Einleitend stellt er hier den magischen Idealismus eines Novalis dem, wie er es nennt, »magischen Realismus« eines Friedrich Schiller gegenüber.[6] Strich gebraucht die von ihm geprägte Wendung allerdings nur an dieser Stelle und nutzt sie selbst nicht weiter.

Aufgegriffen wird die Formel wenig später in folgenreicher Weise, und zwar von dem zu dieser Zeit ebenfalls in München lebenden und als Dozent an der Ludwig-Maximilians-Universität tätigen jungen Kunsthistoriker Franz Roh (1890–1965). In einem 1923, nur ein Jahr nach Strichs Buch erschienenen, später kaum noch beachteten Aufsatz zu den Bildern des Münchner Malers Karl Haider (1846–1912) spricht Roh von einer neuen, seit etwa 1920 zu beobachtenden Bewegung in der europäischen Malerei, die sich dadurch auszeichne, dass sie »gewisse metaphysische Bezüge des Expressionismus« beibehalte, sich »andererseits aber zu etwas durchaus Neuem« wandele.[7] Diese, der Sache nach nachexpressionistische Bewegung ließe sich, so Roh, mit dem Begriff »magischer Realismus«[8] treffend bezeichnen und ihre Stilprinzipien kündigten sich bereits in der Landschaftsmalerei eines Karl Haider an.[9] Schon in dessen vor dem ersten Weltkrieg gemalten Bildern sieht Roh eine Reihe von spannungsvollen Widersprüchen auf typische Weise verwirklicht. Im Einzelnen handele es sich hier, so führt Roh am Beispiel eines Bildes von Haider mit dem Titel *Herbstlandschaft* aus, um eine Verbindung, ein »Magisch Simultane[s]«, von »fast geometrische[r] Abstraktion« und »reinste[r] Gegenständlichkeit in minutiöser Zeichnung«, von »Verschränkung des Riesigen und Winzigen, des Makro- und des Mikrokosmos«[10], zu der ein insgesamt statischer Bildeindruck gehöre. Der Maler selbst werde auf diese Weise, so Roh, zu einem

---

6 Fritz Strich: Deutsche Klassik und Romantik. Ein Vergleich. München 1922, S. 10.

7 Vgl. Franz Roh: Zur Interpretation Karl Haiders. Eine Bemerkung auch zum Nachexpressionismus. In: Der Cicerone 15/13 (1923), S. 598–602, hier: S. 598; 601.

8 Der Begriff selbst wird von Roh wie folgt eingeführt: »Der Begriff des ›magischen Realismus‹, der für die einsetzende Epoche ebenfalls angewandt werden kann, deutet das Neue an, verzichtet dafür aber auch auf den Ausdruck der Kontinuität.« Roh: Karl Haider, S. 601.

9 Für Haiders Aktualität zu dieser Zeit und seinen Einfluss auf die Maler des Nach-Expressionismus spricht, dass z.B. die Münchner ›Neue Secession‹ 1923 eine Karl Haider-Gedächtnisausstellung im Glaspalast veranstaltete und G. F. Hartlaub 1924 in der Kunsthalle Mannheim eine große »Karl Haider Gedächtnisausstellung« organisierte.

10 Roh: Karl Haider, S. 601.

Zauberer, der uns geheime Bindung von Gegensätzen, die uns auseinanderfielen, lehrt […]. Ein Meister, der uns seine Sicht gibt, weit in die Ferne und – durch das Mikroskop. Der uns ins unendlich Große leitet und das Unendliche des Kleinsten in die Tafel zaubert. Der uns liebend ins Idyll führt und dennoch nicht verschweigt: auch hier wartet – als die Leere und das Nichts – der Tod.[11]

Tatsächlich meint der Begriff ›magischer Realismus‹ bei Roh also eine Form der gegenständlichen Darstellung in der Malerei, die eine besondere Sicht der Welt zum Ausdruck bringt. Von dem nicht in der Rolle eines selbstvergessenen Porträtisten oder Fotografen, sondern in der eines ›Zauberers‹ gesehenen Künstler wird hier nach Roh auf magische Weise im Prinzip Gegensätzliches zu einer neuen – Groß und Klein, Makro- und Mikrokosmos verschmelzenden – Totalität zusammengebunden.

Zwei Jahre nach Erscheinen seines Haideraufsatzes stellt Roh den Versuch einer umfassenden Darstellung der »Probleme der neuesten europäischen Malerei« unter die programmatische Überschrift *Nach-Expressionismus. Magischer Realismus*. Dieser 1925 erschienenen Monographie[12] wird bis heute immer wieder die Urheberschaft für den Begriff ›magischer Realismus‹ zugeschrieben[13] und unzweifelhaft hat sie, rückblickend betrachtet, entscheidend zur Popularisierung der entsprechenden Wendung beigetragen. Und dies unabhängig davon, dass Roh die Rede von einem ›magischen Realismus‹ in ihrem Rahmen nur zurückhaltend verwendet,[14] weil es ihm in seiner breit angelegten Studie um eine allgemein gehaltene Gegenüberstellung zweier zeitgenössischer Malrichtungen geht: Hier die erlahmende Bewegung des Expressionismus, dort ein diese Bewegung ablösender neuer Malstil, den er in der Regel schlicht ›Nach-Expressionismus‹, manchmal aber eben auch ›magischer Realismus‹ nennt.

Roh ist jedoch nicht der einzige Zeitgenosse, der sich zu dieser Zeit mit der Frage eines Stil- und Epochenwandels befasst. Etwa zeitlich parallel zu den Studien Rohs bereitet der Direktor der Mannheimer Kunsthalle, Gustav Friedrich Hartlaub, über mehrere Jahre hinweg eine große Ausstellung nachexpressionistischer gegenständlicher Malerei vor, die er im Sommer 1925 unter dem

---

11 Roh: Karl Haider, S. 602.
12 Franz Roh: Nach-Expressionismus. Magischer Realismus. Probleme der neuesten europäischen Malerei. Leipzig 1925.
13 Als eins von vielen möglichen neueren Beispielen vgl. die im Blick auf Europa überhaupt lückenhafte, im Blick auf Lateinamerika und neuere Entwicklungen in Kanada, Afrika und Indien aber ergiebige Darstellung von Kenneth Reeds Magical Realism: A Problem of Definition. In: Neophilologus 90 (2006), S. 175–196, hier: S. 175. Als neuere Ausnahme vgl. den auch im Übrigen lesenswerten Artikel von Jörg Krappmann: Magischer Realismus. In: Hans Richard Brittnacher und Markus May (Hg.): Phantastik. Ein interdisziplinäres Handbuch. Stuttgart 2013, S. 529–537.
14 Roh selbst schreibt im Vorwort: »Auf den Titel ›Magischer Realismus‹ legen wir keinen besonderen Wert.« Roh: Nach-Expressionismus, o. S.

Titel *Neue Sachlichkeit. Deutsche Malerei seit dem Expressionismus* in Mannheim präsentiert und die anschließend als Wanderausstellung in unterschiedlicher Gestalt noch in anderen Städten zu sehen ist.[15] Nicht Rohs Formel vom ›magischen Realismus‹, sondern Hartlaubs, ein weit verbreitetes Schlagwort der 1920er Jahre aufgreifender Name ›Neue Sachlichkeit‹ bürgerte sich in der Folge als Epochenbezeichnung für die Malerei des Nachexpressionismus ein.

Mit der Etablierung des Hartlaub'schen Begriffes ist die ursprünglich direkt konkurrierende Roh'sche Rede von einem ›magischen Realismus‹ aber nicht vom Tisch der kunstgeschichtlichen Diskussion. Im Anschluss an Hartlaubs Ausstellung finden sich zahlreiche Studien und auch Ausstellungen, die – anders als Roh und Hartlaub selbst – ›Nachexpressionismus‹ und ›magischen Realismus‹ bzw. ›Neue Sachlichkeit‹ nicht mehr grundsätzlich gleichsetzen, sondern innerhalb des ›Nachexpressionismus‹ zwei verschiedene Richtungen auf eine im Einzelnen durchaus unterschiedliche Weise voneinander abzugrenzen versuchen. In diesem Zusammenhang werden wiederholt auch bestimmte Strömungen der spanischen, der italienischen, der niederländischen oder auch der amerikanischen Malerei, teils der 1920er und 1930er Jahre, teils aber auch der Nachkriegszeit bis hinein in die Gegenwart mit dem Etikett ›magischer Realismus‹ versehen.[16] Bei aller Heterogenität in den Details gibt es im Rahmen der kunsthistorischen Diskussion und Ausstellungspraxis dabei eine Art größten gemeinsamen Nenner, der sich nutzen lässt, um zumindest eine gewisse Grundvorstellung von dem zu entwickeln, was sinnvollerweise unter einem Magischen Realismus zu verstehen ist, d. h. was zu den Grundzügen eines Kunststils gehört, der einen bestimmten historischen Schwerpunkt hat, der sich aber auch – wenn man seine Merkmale in einem weiteren Sinne versteht – zu verschiedenen Zeiten und in unterschiedlichen Kulturen findet.

Zuvor sei hier aber noch in wenigen groben Schritten die weitere Geschichte der Wendung ›magischer Realismus‹ und der entsprechenden Konzepte verfolgt. Bleibt man zunächst bei Roh und der unmittelbaren Rezeption seiner Mono-

---

15 Zur Geschichte dieser legendären Ausstellung vgl. Hans-Jürgen Buderer: Die Geschichte einer Ausstellung. 1923, 1925, 1933. In: Manfred Fath (Hg.): Neue Sachlichkeit: Bilder auf der Suche nach der Wirklichkeit; figurative Malerei der zwanziger Jahre. [Katalog anlässlich der Ausstellung »Neue Sachlichkeit« der Städtischen Kunsthalle Mannheim und Ausstellungs-GmbH vom 9. Oktober 1994 bis 29. Januar 1995]. München 1994, S. 15–38.

16 Dazu und zu den entsprechenden Belegen im Einzelnen Scheffel: Magischer Realismus, insbes. S. 17–19; als neueres Beispiel vgl. etwa die Ausstellung zum italienischen ›realismo magico‹ am Folkwang Museum in Essen (28. 9. 2018–13. 1. 2019); Katalog hg. vom Museum Folkwang unter dem Titel Unheimlich real. Italienische Malerei der 1920er Jahre. Essen 2018. Einen allgemeinen, ebenso einschlägigen wie materialreichen Überblick über die »Verwendung des Begriffes ›Magischer Realismus‹ in der kunsthistorischen Literatur seit 1925« bietet die (explizit als kunsthistorisches »Pendant« zu meiner literaturwissenschaftlich akzentuierten Arbeit angelegte) Dissertation von Andreas Fluck: ›Magischer Realismus‹ in der Malerei des 20. Jahrhunderts. Frankfurt a. M. 1994, S. 13–132, hier: S. 13.

graphie, so führt diese Geschichte rasch in eine andere Kultur und auch auf einen anderen Kontinent. Schon 1927, nur zwei Jahre nach Publikation der Original-ausgabe, erscheint Rohs Nachexpressionismusstudie in einer spanischen Über-setzung von Fernando Vela[17] im Rahmen der von José Ortega y Gasset begrün-deten und herausgegebenen *Revista de Occidente*, einer seit 1923 in Madrid publizierten Kulturzeitschrift, die zu dieser Zeit als eines der bedeutendsten intellektuellen Bindeglieder zwischen den Kulturen von Europa und Latein-amerika gilt. Der Titel der in der Zeitschrift selbst publizierten gekürzten Fassung von Rohs Studie lautet *Realismo mágico. Problemas de la pintura europea más reciente*; zugleich erscheint in der *Biblioteca de la Revista de Occidente* eine Übersetzung des vollständigen Textes in Buchform unter dem Titel *Realismo mágico. Post Expresionismo. Problemas de la pintura europea más reciente*. Im Rahmen der Übersetzung sind Haupt- und Untertitel also vertauscht, und der Ausdruck ›realismo mágico‹ ist bei der spanischsprachigen Zeitschriften- und Buchpublikation zur Überschrift geworden (und im Fall des im spanischspra-chigen Raum schnell legendären, als Erstausgabe heute zu hohen Preisen ge-handelten Buches wird er überdies durch die besondere typographische Ge-staltung eines zweifarbig beschrifteten Umschlags hervorgehoben).[18] Eine schlagartige Verbreitung der Wendung hat das gewiss begünstigt. Auf der an-deren Seite des Atlantiks wird sie jedenfalls von den stark unter europäischem Einfluss stehenden Intellektuellenkreisen in Buenos Aires schnell aufgegriffen, diskutiert und auf die Literatur übertragen – und bald wird sie in vielen spanischsprachigen Ländern Lateinamerikas für unterschiedliche Werke und Kontexte verwendet.[19] Ohne diesen Weg hier im Einzelnen zu verfolgen, sei im vorliegenden Zusammenhang nur auf folgendes Phänomen hingewiesen: Im Unterschied zu den anderen Verwendungsweisen des Begriffs in Europa, von denen gleich noch die Rede sein wird, beruft man sich in Lateinamerika bald auf eine kulturbedingte Besonderheit der eigenen Lebenswirklichkeit als spezifische Voraussetzung für eine als ›realismo mágico‹ zu bezeichnende Literatur. Ein wichtiges Stichwort in diesem Zusammenhang ist der von dem kubanisch-französischen Schriftsteller Alejo Carpentier erstmals gebrauchte Ausdruck und das von ihm popularisierte Konzept des ›real maravilloso‹, des realen Wunder-

---

17 Der in Spanien bekannte Autor und Übersetzer Fernando Vela (Pseudonym für Fernando Evaristo García Alfonso, 1888–1966), war Mitbegründer und bis 1936 Sekretär der Zeitschrift *Revista de Occidente* und hat zahlreiche Werke, darunter viele philosophische Bücher der Zwischenkriegszeit, aus dem Deutschen ins Spanische übersetzt.

18 Vgl. Franz Roh: Realismo mágico. In: Revista de Occidente 48 (1927), S. 274–301, und Franz Roh: Realismo mágico. Post Expresionismo. Problemas de la Pintura Europea más reciente. Madrid 1927.

19 Vgl. auch Reeds: Magical Realism, S. 192: »[...] the act of translation brought the term to the Americas at a moment when the continent's waxing narrative needed a name.«

baren. Auf seiner Grundlage und mit Hilfe des Begriffs ›realismo mágico‹ wird nun eine Vorstellung artikuliert, die fortan dazu dient, eine kulturelle Differenz zwischen Neuem und Altem Kontinent zu benennen. Grob gesagt, geschieht dies im Rahmen folgender Überlegung:[20] Im Gegensatz zum abendländisch-aufgeklärten Europa sei innerhalb der lateinamerikanischen Kulturen, so Carpentier und nach ihm viele andere Autoren, das ›Wunderbare‹, das ›maravilloso‹ ein fester Bestandteil der alltäglichen Lebenswelt.[21] Mit der Literatur eines auch das Wunderbare als selbstverständlichen Teil der menschlichen Lebenswirklichkeit einbeziehenden ›realismo mágico‹ haben die unter besonderen historischen und anthropologischen Voraussetzungen gewachsenen Kulturen des ›Schmelztiegels‹ Lateinamerika insofern ein eigenes, ein ›authentisches‹ Ausdrucksmittel für das gefunden, was z. B. der aus Guatemala stammende Nobelpreisträger Miguel Angel Asturias »die Einbeziehung der kompletten, nicht nur der halben Realität«[22] nennt. Die weltweit unter dem schnell populären Etikett ›realismo mágico‹, ›magischer Realismus‹, ›réalisme magique‹ oder auch ›magical realism‹ verbreitete (und verkaufte) Literatur von Gabriel García Márquez, Isabel Allende, Mario Vargos Llosa und vielen anderen hat dann in vielen Ländern und Kulturen große Erfolge gefeiert – und zwar nicht zuletzt deshalb, weil die Verbindung von ›Wunderbarem‹ und ›Realem‹ im Rahmen der hier erzählten Geschichten auf besondere Weise nicht als das Produkt intellektueller Reflexionen und Programme – wie etwa im Kontext des europäischen Surrealismus –, sondern als ›natürlich‹ und ›authentisch‹ erscheint – oder doch zumindest so dargestellt und vermittelt wird.

Blickt man auf den Ursprung der Wendung ›magischer Realismus‹, so gelangt man allerdings nicht nur zu Franz Roh und einer deutschsprachigen Diskussion in den 1920er Jahren. Wohl unabhängig von dem deutschen Kunsthistoriker und in einem anderen kulturellen Kontext als dieser gelangt Mitte der zwanziger Jahre auch der italienische Schriftsteller und Publizist Massimo Bontempelli zu dem Begriff eines ›magischen Realismus‹.[23] Bontempelli, geboren 1878 in Como und gestorben 1960 in Rom, bewegt sich zunächst im Umfeld des italienischen Futurismus und kommt Anfang der 1920er Jahre in Paris mit Vertretern der französischen Avantgarde und des Surrealismus in Kontakt. 1926 gründet er eine

---

20 Im Einzelnen dazu Scheffel: Magischer Realismus, S. 41–49.
21 Vgl. das berühmt gewordene Vorwort zu seinem Roman *El reino de este mundo* (1949; dt. Übersetzung unter dem Titel *Das Reich von dieser Welt*, 1964); als erweiterte Fassung unter dem Titel »De lo real maravilloso americano«. In: Alejo Carpentier: Tientos y diferencias. Montevideo 1967, S. 96–112.
22 Zit. in Günter W. Lorenz: Dialog mit Lateinamerika. Panorama einer Literatur der Zukunft. Tübingen, Basel 1970, S. 373.
23 Nicht auszuschließen ist allerdings, dass der offenbar nicht Deutsch sprechende Bontempelli zumindest vom Titel der 1927 in spanischer Übersetzung erschienenen Monographie Rohs wusste.

vorwiegend literarisch orientierte, vierteljährlich erscheinende Kulturzeitschrift mit dem Titel ›Novecento‹ (›*900*‹), zu deren Redaktionsmitgliedern prominente Zeitgenossen wie u. a. James Joyce zählen. Die Zeitschrift ist als ein ›europäischer Versuch‹ angelegt, in der Umbruchssituation nach dem Ersten Weltkrieg eine neue Form von Literatur zu etablieren, und in ihrem Rahmen entwickelt Bontempelli ein ästhetisches Programm, dem er 1927 die Überschrift »réalisme magique«, verleiht.[24]

Bontempellis zentrale Forderung lautet, dass man innerhalb der menschlichen Lebenswirklichkeit ein Wunderbares ›sichtbar‹ machen müsse und dass die moderne Welt und das Alltagsleben der Menschen wieder mit Märchen und Mythen zu ›besiedeln‹ sei, um eine zu Unrecht entzauberte Wirklichkeit neu als ›Legende‹ erfahrbar zu machen. In diesem Zusammenhang betont Bontempelli die Bedeutung des Erzählens von Geschichten, wobei er sich ausdrücklich nur auf die Histoire-Ebene aller Arten von Narration bezieht. Wie, d. h. in welcher Form und Sprache, erzählt wird, ist aus seiner Sicht ohne Bedeutung, ausdrücklich bekennt er sich zu einer ›anti-stilistischen Haltung‹. Sprache soll Mittel, nicht Zweck sein. Um die Beliebigkeit der sprachlichen Form programmatisch vorzuführen, erscheint Bontempellis Zeitschrift zunächst nicht auf Italienisch, sondern in der Fremdsprache Französisch, d. h. die meisten ihrer Beiträge sind definitionsgemäß Übersetzungen, und Übersetzbarkeit überhaupt wird für Bontempelli geradezu zum Konstituens eines literarischen Werks der Moderne.

Ein ausdrücklicher Bezug zu den Malern seiner Zeit findet sich in Bontempellis programmatischen Schriften der 1920er Jahre nicht. Gleichwohl zieht Bontempelli Parallelen zu einem bestimmten Stil und einer vergangenen Epoche in der Geschichte der Malerei. Bei der Suche nach historischen Vorbildern für die von ihm angestrebte Art von Literatur stößt er auf eine Reihe von Malern des Quatrocento und nennt hier u. a. – ähnlich wie Roh in seiner Nachexpressionismusstudie – Masaccio, Mantegna und Piero della Francesca. »Par leur réalisme exact«, so schreibt er im Blick auf deren Bilder, »enveloppé d'une atmosphère de stupeur lucide, ils sont étrangement près de nous«[25]. Dabei entdeckt Bontempelli ein ähnliches Paradox wie auch Franz Roh: Je mehr und genauer der Maler des Quattrocento die Welt der sichtbaren Erscheinungen zu erfassen versuche, so Bontempelli, desto weiter dringe er zu einer Welt hinter den Dingen, zu einem unsichtbaren »Surnaturel«[26], einem ›Übernatürlichen‹ vor. In einer solchen spannungsvollen Verbindung von »précision réaliste« und »atmosphère

---

24 Im Einzelnen dazu und zu den entsprechenden Belegen vgl. Scheffel: Magischer Realismus, S. 13–16.

25 Vgl. Massimo Bontempelli und Curzio Malaparte (Hg.): 900. Cahiers d'Italie et d'Europe 4 (1927), S. 7 (»Durch ihren genauen, von einer Atmosphäre nüchterner Verwunderung umhüllten Realismus, sind sie erstaunlich nah an uns.«).

26 Bontempelli: 900, S. 7.

magique«[27] sieht Bontempelli die Verwandtschaft zu dem von ihm geforderten, wie er ihn dann auch auf Italienisch nennt, ›realismo magico‹ oder auch ›Novecentisme‹ in der Literatur. Und auch wenn Bontempelli die von Kunsthistorikern später unter dem Begriff ›realismo magico‹ versammelten italienischen Maler der 1920er und 1930er Jahre nicht erwähnt, so lässt sich rückblickend, aus der Sicht des Chronisten, doch feststellen, dass viele ihrer Bilder eine Art von Spannung verwirklichen, die Bontempelli zur etwa gleichen Zeit in einem programmatischen Sinn als grundlegend für eine neue Form von europäischer Literatur betrachtet.[28]

Wie im Fall von Franz Roh finden sich auch im Fall von Bontempelli eine Reihe von Verbindungslinien zu späteren Autoren und Autorinnen, sowie Theoretikern und Theoretikerinnen. Abgesehen davon, dass sich mehrere der lateinamerikanischen Autoren und Autorinnen nicht nur auf Roh, sondern ausdrücklich auch auf Bontempelli berufen, gibt es so z.B. mit Johan Daisne (1912–1978) und Hubert Lampo (1920–2006) zwei flämische Autoren, die ihrerseits – erklärtermaßen angeregt durch die Lektüre von programmatischen Texten Bontempellis – zwischen den 1940er und 1970er Jahren das Programm eines jeweils durchaus eigenwillig verstandenen »magisch-realisme« entwerfen.[29] Von ihnen soll nun aber ebenso wenig mehr die Rede sein, wie von weiteren, weniger einschlägigen Fällen wie der kurzzeitigen Verwendung des Begriffs in den Jahren unmittelbar nach 1945 u.a. durch Alfred Andersch und Hans Werner Richter[30] sowie seinem vereinzelten Gebrauch durch den Österreicher George Saiko (1892–1962).[31]

---

27 Bontempelli: 900, S. 8.

28 Zur italienischen Malerei des ›realismo magico‹ und ihrem historischen Kontext vgl. den Katalog der oben in Anmerkung 16 erwähnten Ausstellung im Museum Folkwang.

29 Vgl. zum besonderen Kontext und Konzept dieser beiden Autoren Scheffel: Magischer Realismus, S. 22–27.

30 Alfred Andersch und Hans Werner Richter sprechen kurzzeitig von einem ›magischen Realismus‹, um nach einer vielfach behaupteten ›Stunde Null‹ eine nunmehr zu verwirklichende neue Form von ›Realismus‹ programmatisch zu bezeichnen. Vgl. hierzu im Einzelnen Scheffel: Magischer Realismus, S. 28–32. Neuerdings dazu und zu einer als »Weiterführung und Radikalisierung des Magischen Realismus« (im Sinne von Scheffel) verstandenen »Trümmerliteratur« nach 1945 und 1989 vgl. die materialreiche Arbeit von Burkhard Schäfer: Unberühmter Ort. Die Ruderalfläche im Magischen Realismus und in der Trümmerliteratur. Frankfurt a.M. 2001, hier: S. 13.

31 George Saiko spricht in den 1940er und 1950er Jahren im Blick auf einen von ihm angestrebten, von der Psychoanalyse angeregten »neuen Realismus des inwendigen Menschen« ebenfalls von einem »magischen Realismus«. Diesen Begriff und die Wendung »neuer Realismus des inwendigen Menschen« verwendet er z.B. in: Der Roman heute und morgen (1958). In: Wort in der Zeit 9/2 (1963), S. 37–40, hier: S. 40. Ein primär psychoanalytisch ausgerichtetes Interesse und ein letztlich dem Geist der Aufklärung verpflichteter Ansatz, demzufolge das Irrationale rational zu durchdringen sei, unterscheiden den österreichischen Schriftsteller allerdings von den meisten anderen Programmatikern eines ›magischen Rea-

In einem zweiten Schritt sei das Phänomen eines magischen Realismus in Malerei und Literatur nunmehr versuchsweise aus systematischer Sicht erfasst, wobei das an dieser Stelle ebenfalls nur in wenigen Grundzügen geschehen kann. Ein solcher Versuch scheint schon deshalb sinnvoll und möglich, weil es, wie schon die knappe Wort- und Begriffsgeschichte zeigt, offenbar tatsächlich, zumindest im Kern, einen nur bedingt zeit- und kulturgebundenen Kunststil gibt, der an die Tradition eines überlieferten ›Realismus‹ anknüpft, den man zugleich aber auch als eine ›irgendwie‹ besondere Art eines solchen ›Realismus‹ betrachtet. Und zwar genau deshalb, weil er zumindest ansatzweise und auf eine im Einzelnen offensichtlich unterschiedliche Form den Bereich von ›Wirklichkeit‹ gegenüber dem erweitert, was ein herkömmliches, vom rationalen Geist der Aufklärung geprägtes Bild der Welt als ›real‹ gelten lässt.

Hilfreich für eine erste Bestimmung des Begriffs ›magischer Realismus‹ im kunsthistorischen Sinn[32] erscheint eine grundlegende Differenzierung, die als erster der bereits erwähnte Gustav Friedrich Hartlaub vorgenommen hat. Dieser hatte schon in einer Antwort auf eine 1922 von Paul Westheim veranstaltete große Umfrage zur Einschätzung eines sich abzeichnenden »Neuen Naturalismus«[33] wie folgt zwischen zwei Richtungen innerhalb des ›Nachexpressionismus‹ unterschieden: »Ich sehe einen *rechten* und einen *linken* Flügel«, so Hartlaub,

> Der eine konservativ bis zum Klassizismus, im Zeitlosen Wurzel fassend, will nach so viel Verstiegenheit und Chaos das Gesunde, Körperlich-Plastische in reiner Zeichnung nach der Natur, vielleicht noch mit Übertreibung des Erdhaften, Rundgewachsenen wieder heiligen. Michelangelo, Ingres, Genelli, selbst die Nazarener sollen Kronzeugen sein. Der andere linke Flügel, grell zeitgenössisch, weit weniger kunstgläubig, eher aus Verneinung der Kunst geboren, sucht mit primitiver Feststellungs-, nervöser Selbstentblößungssucht Aufdeckung des Chaos, wahres Gesicht unserer Zeit.[34]

---

lismus‹. Zu Saikos ›magischem Realismus‹ im Einzelnen vgl. Scheffel: Magischer Realismus, S. 32–35; als neuere grundlegende Arbeiten zu Saiko vgl. Renate S. Posthofen: Treibgut. Das vergessene Werk George Saikos. Wien 1995; Michael Hansel: George Saiko oder: Die Wirklichkeit hat doppelten Boden. Wien 2010; vgl. außerdem Hubert Roland: George Saikos Kriegserzählungen und die Tradition des ›magischen Realismus‹ in der österreichischen Literatur der Nachkriegszeit. In: Germanistische Mitteilungen 67 (2008), S. 172–185.

32 Vgl. für einen solchen Bestimmungsversuch unterdessen auch das umfangreiche, mit vielen Beispielen illustrierte Kapitel »Zur Typologie der Malerei des ›Magischen Realismus‹« in Fluck: Magischer Realismus, S. 149–413; die von Fluck entwickelten formalen und inhaltlichen Merkmale (wie u. a. »Präzisionsmalerei«, S. 159; »subtil verzerrte Bildperspektive«, S. 162; »ungewöhnlicher Betrachterstandpunkt«, S. 168; besonderer Einsatz von »Licht und Schatten«, S. 183; eigenartige »Farbgebung«, S. 190; sowie ein mit spezifischen Mitteln erzielter Eindruck von »Verfremdung und unbestimmter Bedrohung«, S. 196) sind im Wesentlichen mit der von mir entwickelten Bestimmung kompatibel.

33 Vgl. dazu die Sondernummer der von Paul Westheim herausgegebenen Zeitschrift Das Kunstblatt 6/9 (1922), S. 369–414.

34 Westheim: Das Kunstblatt, S. 390.

Sieht man von der eindeutig wertenden Tendenz ab, lässt sich Hartlaubs Unterscheidung nutzen: Auf der einen Seite also die ›grellen‹, primär eine soziale,
zeitbezogene Thematik gestaltenden Bilder eines George Grosz oder Otto Dix,
auf der anderen die tendenziell zeitenthobenen, sich um eine Transzendierung
der alltäglichen Wirklichkeit bemühenden Gemälde etwa eines Carl Grossberg,
Franz Radziwill oder Anton Räderscheidt. Der Begriff ›magischer Realismus‹
gehört dann wohl zweifellos in die zweite Gruppe.

Abb. 1: Franz Radziwill: Todessturz Karl Buchstätters.

Mit ihm lassen sich Bilder erfassen, zu denen neben spezifischen Themen auch
eine besondere Mal- und Darstellungsweise gehört. Zu denken ist an Bilder, die
einen »statisch, festgefügten Bildaufbau«[35] bevorzugen, die die Spuren des Mal-
prozesses und damit eine individuelle oder auch subjektive Handschrift des

---

35 Vgl. Ursula Horn: Neue Sachlichkeit – Richtung oder Sammelbegriff? In: Bildende Kunst 9
(1972), S. 429–433, hier: S. 432; ähnlich z. B. Wieland Schmied: Neue Sachlichkeit und Magischer Realismus in Deutschland 1918–1933. Hannover 1969, S. 26.

Künstlers soweit als möglich zu tilgen versuchen und die eine realistische, d. h.
gegenstandsgetreue Darstellung so ›überziehen‹, dass die dargestellte Wirklichkeit dem gewohnten menschlichen Erfahrungszusammenhang mehr oder minder befremdend gegenübersteht. Eine stumme Bedrohung scheint hier von den
Dingen auszugehen, eine ›unerträgliche Stille‹ zu herrschen. Ferner gehören zu
einem entsprechenden Stil eine ›kristallene Klarheit‹, eine übergroße Ding-
schärfe, d. h. eine fast schmerzhaft überdeutliche Darstellung von Dingen und
Details sowohl im Bildvorder- als auch -hintergrund. Tendenziell fehlt damit in
vielen Fällen eine klare Fokussierung auf Bildvorder- *oder* -hintergrund, sodass
diese gleichermaßen scharf dargestellt werden – was im Gegenzug zum Effekt
einer gewissen Desorientierung beim Betrachten der entsprechenden Bilder
führt, weil die gemalte Wirklichkeit nicht perspektivisch hierarchisiert, nicht
›vorsortiert‹ dargeboten wird, so dass das Auge des Betrachters in dieser Hinsicht
nicht gelenkt wird, sondern sich selbstständig auf Details der dargestellten
Wirklichkeit scharf stellen muss. Die Technik einer großen, letztlich artifiziellen
Tiefenschärfe wird in den 1920er Jahren interessanterweise auch im Rahmen der
noch jungen Kunstfotografie von einem Fotografen wie Albert Renger-Patzsch
geradezu systematisch genutzt.[36]

Kleine perspektivische Verschiebungen, leichte Veränderungen in den Lo-
kalfarben, seltsame Beleuchtungseffekte sowie – aus thematischer Sicht – das
Zusammenbinden von in der Alltagswelt so nicht zusammengehörenden Motiven geben dieser Art von gegenständlicher Darstellung eine besondere Form und
verleihen ihr eine ›magische Spannung‹, die sie von den üblicherweise einem
bildlichen ›Realismus‹ zugeordneten Darstellungen eines Wilhelm Leibl oder
auch Gustave Courbet unterscheidet.[37]

Was nun die Wortverbindung selbst angeht, so lässt sich das diese besondere
Art von Realismus auszeichnende Beiwort, das Epitheton ›magisch‹, wohl am
besten im Sinne von zwei leicht verschiedenen Akzentuierungen verstehen und
präzisieren: Nämlich sowohl in der tendenziell umgangssprachlichen und weiten
Bedeutung von ›rätselhaft‹ bzw. ›unheimlich‹ als auch in der etwas engeren,

---

36 Vgl. etwa viele der Fotografien in Albert Renger-Patzsch: Die Welt ist schön. Einhundert
photographische Aufnahmen. München 1928. Als Beispiel vgl. außerdem z. B. Albert Renger-
Patzsch: Meidericher Straße in Mühlheim Ruhr, 1930. In: Sergiusz Michalski: New Objectivity.
Neue Sachlichkeit – Painting, Graphic Art and Photography in Weimar Germany 1919–1933.
Köln 2003, S. 183.
37 Interessant und aufschlussreich für die teils ähnlichen, teils unterschiedlichen Verfahren
ist hier z. B. ein Vergleich der Frauendarstellungen auf Wilhelm Leibls berühmtem Bild
Drei Frauen in der Kirche, 1891, Öl auf Mahagoniholz, 113 x 77 cm. Abbildung z. B. unter
https://www.hamburger-kunsthalle.de/sammlung-online/wilhelm-leibl/drei-frauen-der-k
irche. Zuletzt aufgerufen: 20. 03. 2020; und des Bildes von Cagnaccio di San Pietro *La Sera/Il
Rosario*, 1932, Öl auf Leinwand, 149 x 119,5 cm. In: Museum Folkwang (Hg.): Unheimlich
Real, S. 73.

Abb. 2: Albert Renger-Patzsch: Meidericher Straße in Mülheim-Ruhr.

eher fachsprachlichen von ›auf geheime Weise Gegensätze zusammenbindend‹. Genau diese Eigenschaft, ›auf geheime Weise Verbindungen zwischen Gegensätzen und eigentlich weit Auseinanderliegendem herzustellen‹, eben dieses sogenannte »Gesetz der Teilhabe« hat zum Beispiel der Philosoph und Ethnologe Lucien Lévy-Bruhl als grundlegend für eine ›magische Weltanschauung‹, ein magisches Weltbild bezeichnet.[38]

Aus historischer Sicht lässt sich weiterhin ergänzen, dass ein entsprechender Kunststil zumindest in Europa auf breiterer Ebene im Kontext der Nachjahrhundertwende- und Nachkriegszeit der 1920er Jahre entsteht. Der Erste Weltkrieg, die Auflösung der Kaiserreiche in Europa und gewaltige geopolitische Veränderungen gehen ihm also als Erfahrung ebenso voraus wie das zunehmend in ein kollektives Bewusstsein tretende Gefühl des Verlusts einer »Welt von gestern«[39]. Zu seinen formalen Grundlagen gehört, dass man Elemente einer modernen, d.h. in diesem Fall vor allem der zeitgenössischen ›neusachlichen‹ Ästhetik mit Ideologemen der Klassik und Romantik vereint, also letztlich

---

38 Vgl. Lucien Lévy-Bruhl: Das Gesetz der Teilhabe. In: Leander Petzoldt (Hg.): Magie und Religion. Beiträge zu einer Theorie der Magie. Darmstadt 1978, S. 1–26, insbes. S. 7.

39 Das Gefühl eines solchen Verlusts formuliert – bereits im Rückblick (und wohl nicht ohne Verklärungen) – exemplarisch Stefan Zweig: Die Welt von gestern. Erinnerungen eines Europäers. Erstausgabe Stockholm 1944.

Vorstellungen von Geschlossenheit *und* Offenheit im Sinne einer Kunst sowohl
der Vollendung als auch des Fragments und der Progression. Inhaltlich wendet
man sich gegen den modernen positivistischen Glauben an eine rational er-
fassbare Welt, begreift eine ›magische Denkweise‹ als Vorbild und sucht nach
einem Realismus, der ›Sachlichkeit‹ und ›Wunder‹, Rationalität und Irratio-
nalität in programmatisch paradoxer Weise verbindet. Dabei lässt sich dieser Stil
– das jedenfalls gilt für die Kunst des magischen Realismus im Europa der 1920er
und 1930er Jahre – auch als Ausdruck zeittypischer Spannungen verstehen: Die
Sehnsucht und das Bedürfnis nach Harmonie und dauerhafter Ordnung finden
in den entsprechenden Kunstwerken ebenso Ausdruck wie die zeitgenössische
Nachkriegs- und bald schon wieder Vorkriegs-Lebenswirklichkeit des Um-
bruchs, der Unsicherheit und einer allgegenwärtigen Gefahr der Zerstörung.
Bilder wie Rudolf Wackers *Stillleben mit Stechpalme und Kasperl* (1933)[40] oder
Antonio Donghis *Il Gicoliere* (»Der Jongleur«, 1936)[41] bringen diese besondere
Mischung von Labilität und Stabilität sowie das Lebensgefühl eines nur mo-
menthaft zu verwirklichenden und tatsächlich höchst gefährdeten Gleichge-
wichts auch thematisch zum Ausdruck.

Vieles von dem, was hier im Blick auf die Malerei entwickelt wurde, sowie eine
im Ansatz vergleichbare Spannung lässt sich schließlich auch in der deutschsprachigen Erzählliteratur zwischen den ausgehenden zwanziger und den fünfziger Jahren des 20. Jahrhunderts finden. An erster Stelle genannt seien hier
Werke von Ernst Jünger (1895–1998), Wilhelm Lehmann (1882–1968), Friedo
Lampe (1899–1945), Horst Lange (1904–1971) und Martin Raschke (1905–1943),
aber auch von Martha Saalfeld (1898–1976), Eugen Gottlob Winkler (1912–1936),
Ernst Kreuder (1903–1972), Hermann Kasack (1896–1966) und Elisabeth Langgässer (1899–1950).[42] Auf ihre Texte und den literatur-, geistes- und kulturgeschichtlichen Horizont dieser Autorinnen und Autoren sei hier nicht im Einzelnen eingegangen, das habe ich in anderen Zusammenhängen ausgeführt.[43]

40 Rudolf Wacker: Stilleben mit Stechpalme und Kasperl, 1933, Mischtechnik auf Holz, 65 x
   50 cm. Abbildung z. B. in Bregenzer Kunstverein (Hg.): Rudolf Wacker und Zeitgenossen.
   Expressionismus und Neue Sachlichkeit. Bregenz 1993, S. 265.
41 Antonio Donghi: *Il Gicoliere / Der Jongleur*, Öl auf Leinwand, 116 x 86,5 cm. Abbildung z. B.
   unter https://www.museum-folkwang.de/de/aktuelles/ausstellungen/archiv/unheimlich-real
   /veranstaltungen-zu-unheimlich-real.html. Zuletzt aufgerufen: 20.03.2020.
42 Mit einem Fokus auf der »deutsche[n] Literatur der dreißiger und vierziger Jahre« handelt
   von einem Teil dieser Autoren unter dem Titel »magischer Realismus« auch die in systematischer Hinsicht wenig ergiebige Arbeit von Doris Kirchner: Doppelbödige Wirklichkeit.
   Magischer Realismus und nicht-faschistische Literatur. Tübingen 1993.
43 Dazu und zur Analyse eines entsprechenden Textkorpus vgl. Scheffel: Magischer Realismus,
   insbes. S. 69–108; vgl. außerdem Michael Scheffel: Die poetische Ordnung einer heillosen
   Welt. Magischer Realismus und das ›gespaltene Bewußtsein‹ der dreißiger und vierziger
   Jahre. In: Matías Martínez (Hg.): Formaler Mythos. Beiträge zu einer Theorie ästhetischer
   Formen. Weimar, Paderborn 1996, S. 163–180; Michael Scheffel: ›Wunder und Sachlichkeit‹:

Abb. 3: Rudolf Wacker: Stillleben mit Stechpalme und Kasperl.

Hervorgehoben sei an dieser Stelle nur, dass sie ihr Schreiben in aller Regel
– wenn auch in unterschiedlichem Ausmaß und mit verschiedenen Gewichtun-

Martin Raschke und der ›magische Realismus‹ einer um 1930 jungen Generation. In: Wilhelm
Haefs und Walter Schmitz (Hg.): Martin Raschke (1905–1943). Leben und Werk. Dresden
2002, S. 59–77; für die Einordnung eines ›magischen Realismus‹ in den Kontext der ›Moderne‹
und literaturhistorische Verbindungslinien zwischen 1920er und 1950er Jahren am Beispiel
eines Vergleichs von Werken Friedo Lampes und Wolfgang Koeppens vgl. auch Michael
Scheffel: ›Für die Zukunft geschrieben‹. Formen der Moderne bei Friedo Lampe und Wolfgang Koeppen. In: Moritz Baßler, Hubert Roland und Jörg Schuster (Hg.): Poetologien
deutschsprachiger Literatur 1930–1960. Kontinuitäten jenseits des Politischen. Berlin, Boston
2016, S. 119–137; zu Elisabeth Langgässers Roman *Gang durch das Ried* (1936) in diesem
Zusammenhang vgl. das entsprechende Kapitel bei Schäfer: *Unberühmter Ort*, S. 287–327;
ebenfalls zu Langgässer, aber auch zu Oskar Loerke, Wilhelm Lehmann, Ernst Jünger und
dem in der Forschung überhaupt selten beachteten Horst Lange zuletzt auch Thorsten W.
Leine: Magischer Realismus als Verfahren der späten Moderne. Paradoxien einer Poetik der
Mitte. Berlin, Boston 2018.

gen – im Sinne einer Art Gegenbewegung zur Literatur der Neuen Sachlichkeit verstanden haben und dass sie den in ihrem Umfeld wiederholt und bewusst als ›Dichter‹ bezeichneten Schriftsteller wieder in Richtung eines ›poeta vates‹ ›erheben‹ und nicht mehr zum ›Reporter‹ erniedrigt sehen wollten[44] – abgesehen davon, dass man sich im Publikationskontext von Zeitschriften wie *Die Kolonne* (1929–1932) und *Der Weisse Rabe* (1932–1934) auch programmatisch im Zeichen einer Mischung von Neo-Romantik und Klassizismus bewegte und erklärtermaßen von der großstädtischen Zivilisation der Gegenwart und sogenannten Asphalt-Literatur der Neuen Sachlichkeit ab- und einer – im Einzelnen durchaus unterschiedlich verstandenen – ›ursprünglichen‹ und ›natürlichen‹ Lebenswelt zuwenden wollte.

Möchte man abschließend bei allen Unterschieden im Detail so etwas wie einen Erzählstil des magischen Realismus in der deutschsprachigen Literatur im Allgemeinen bestimmen, so scheint mir der in meiner Monographie *Magischer Realismus. Die Geschichte eines Begriffes und ein Versuch seiner Bestimmung* entwickelte Ansatz immer noch sinnvoll. Zu seinen methodologischen Voraussetzungen gehört, dass er (1) die Geschichte der mit dem Ausdruck ›magischer Realismus‹ verbundenen Programme und Vorstellungen berücksichtigt; dass er (2) einen gemeinsamen gedanklichen Kern der unterschiedlichen historischen Konzepte als Grundlage nutzt; und dass er (3) in unmittelbarer Auseinandersetzung mit einem Korpus von literarischen Texten einer größeren Gruppe von Autorinnen und Autoren gewonnen ist.[45] Das Standard-Sachwörterbuch unseres Faches, das *Real-Lexikon der deutschen Literaturwissenschaft*, hat die aus dem entsprechenden Ansatz resultierende Bestimmung im Übrigen aufgegriffen.[46] Mit Hilfe einer so (oder zumindest in kritischer Auseinandersetzung damit) begründeten Begriffsbildung ließe sich wenigstens ansatzweise eine Praxis vermeiden, die Roman Jakobson im Blick auf die Verwendung des verwandten Terminus ›Realismus‹ einmal in scharfsinniger Weise offen gelegt hat: Nämlich die sich hinter einem solchen Ausdruck verbergenden verschiedenartigen Be-

---

44 Vgl. dazu Martin Raschkes programmatischen Text in der Eingangsnummer der von ihm zusammen mit A. Arthur Kuhnert herausgegebenen Zeitschrift *Die Kolonne. Zeitung der jungen Gruppe Dresden* 1/1 (1929), o. S. [S. 1]. Detailliert zur *Kolonne* und ihrer literaturhistorischen und politischen Stellung »zwischen den Fronten« zuletzt Leine: Magischer Realismus, S. 137–172; Leine belegt im Übrigen, dass sich schon in den frühen 1920er Jahren u. a. bei Oskar Loerke, Rudolf Kayser und Wilhelm Lehmann »Ansätze zu einer magisch realistischen Poetik« finden lassen. Vgl. Leine: Magischer Realismus, S. 49–133.

45 Die hier genannten Voraussetzungen (1) und (2) gelten nicht für die auch systematisch wenig ambitionierten Arbeiten von Schäfer: *Unberühmter Ort* und Leine: *Magischer Realismus*; neben der kunsthistorischen Diskussion bleiben Malerei, Fotografie sowie alle nichtdeutschsprachigen Konzepte (einschließlich der entsprechenden Literatur) ausgeblendet.

46 Vgl. Michael Scheffel: Magischer Realismus. In: Harald Fricke [u.a.] (Hg.): Reallexikon der deutschen Literaturwissenschaft. 3. v. Grund auf neu erarb. Auflage, Berlin, New York 2007, S. 526–527.

griffe nicht zu unterscheiden und mit der Wendung so umzugehen »wie mit einem unendlich dehnbaren Sack, in dem man alles, was man will, verstauen kann«[47]. Der unterdessen selbst historisch gewordene Versuch einer womöglich hilfreichen Definition sei hier also noch einmal erinnert und bei dieser Gelegenheit in einigen Punkten ergänzt und präzisiert.

In der deutschsprachigen Erzählliteratur, so der Vorschlag einer Bestimmung des Begriffs, entspricht dem magischen Realismus im idealtypischen Sinn ein Erzählstil, der einen historischen Schwerpunkt zwischen den 1920er und 1950er Jahren hat und den im Einzelnen folgende Merkmale kennzeichnen (wobei zur Konstruktion eines Katalogs von idealtypischen Merkmalen die Annahme gehört, dass kein in der literaturhistorischen Wirklichkeit vorzufindendes konkretes Werk tatsächlich *alle* der vorgestellten Merkmale erfüllt, der heuristische Wert eines solchen Katalogs aber darin besteht, dass jeder literarische Text in ein Verhältnis zu ihm gesetzt werden kann und ihm auf eine *in concreto* jeweils zu bestimmende Weise mehr oder weniger entspricht):

(1) er ist *im Ansatz realistisch*, d. h. wie auch im programmatischen Realismus des 19. Jahrhunderts gibt es einen direkten Bezug auf die zeitgenössische alltägliche Lebenswelt;

(2) die diesem Stil zuzuordnenden Erzählungen haben eine *geschlossene Erzählform*, d. h. sie erzählen – im Unterschied etwa zu Texten des Surrealismus – abgeschlossene Geschichten; ›abgeschlossen‹ meint, dass die hier erzählten Geschichten im aristotelischen Sinne als Darstellung »einer einzigen und ganzen Handlung«[48] angelegt sind, wobei sie insofern »ganz« und »vollkommen« sind, als ihre Komposition dem Muster einer klassischen Dramaturgie folgt und die erzählte Handlung, wie Aristoteles in seiner *Poetik* formuliert, »Anfang, Mitte und Ende besitzt«[49]. Und immer wird in diesen – jedenfalls aus kompositorischer Sicht – in der Tradition des novellistischen Erzählens geschriebenen Texten eine Geschichte bis zu ihrem oft verhängnisvollen Ende erzählt, innerhalb derer sich die erzählten Vorgänge mit schicksalhafter Notwendigkeit vollziehen und die Figuren weniger als selbständig Handelnde, denn als Getriebene erscheinen. In der Sprache des Germanisten und Zeitgenossen Clemens Lugowski (1904–1942) formuliert, sind die Handlungen der Figuren also nicht allein kausal, sondern auch *final motiviert* – »Motivation von hinten« nennt Lugowski diese Art der Motivierung von Geschehen durch eine transzendente Macht in seinen 1932

---

47 Vgl. Roman Jakobson: Über den Realismus in der Kunst. In: Jurij Striedter (Hg.): Russischer Formalismus. Texte zur allgemeinen Literaturtheorie und zur Theorie der Prosa. München 1971, S. 373–391, hier: S. 389.

48 Vgl. Aristoteles: Poetik. Übersetzung, Einleitung und Anmerkung von Olof Gigon. Stuttgart 1961, S. 35.

49 Aristoteles: Poetik, S. 33f.

unter dem Titel *Die Form der Individualität im Roman* erschienenen »Studien zur inneren Struktur der frühen deutschen Prosaerzählung«.[50] Mit anderen Worten: Die Ereignisse der erzählten Geschichte sind in diesem Typus von Erzählungen auf den mythischen Sinnhorizont einer Welt bezogen, die von einer numinosen Instanz beherrscht wird; der Handlungsverlauf scheint von Beginn an festgelegt, selbst scheinbare Zufälle enthüllen sich als Fügungen einer im Einzelnen zwar undurchschaubaren aber eben doch vorhandenen Schicksalsmacht;

(3) zu dem entsprechenden Erzählstil gehört ein *homogener Bau der erzählten Welt*, d. h. es gibt in den Erzählungen keinen grundlegenden Konflikt zwischen zwei unterschiedlich begründeten Ordnungen der Wirklichkeit wie in der Phantastik;[51]

(4) die Erzählungen zeichnen sich durch eine *Stabilität der erzählten Welt* aus, d. h. es gibt keine Durchbrechung der Erzählfiktion (jedenfalls nicht unmittelbar) und keine durch die Form des Erzählens bedingten Antinomien (wie sie etwa illusionsstörende Verfahren wie die romantische Ironie, die narrative Metalepse oder aber auch das Prinzip eines unzuverlässigen Erzählens zur Folge haben);

(5) im Unterschied zum programmatischen Realismus des 19. Jahrhunderts oder auch z. B. zeitgenössischen Werken der ›Neuen Sachlichkeit‹ findet sich in den entsprechenden Erzählungen die *Einbindung eines ›Geheimnisses‹ in die erzählte Welt* sowie die *Brechung des realistischen Systems*[52] durch eine Verbindung spezifischer formaler und inhaltlicher Mittel.

---

50 Vgl. Clemens Lugowski: Die Form der Individualität im Roman. Studien zur inneren Struktur der frühen deutschen Prosaerzählung. Berlin 1932 (Neuausgabe mit einer Einleitung von Heinz Schlaffer [u. a.] Frankfurt a. M. 1976). Zu Lugowskis Konzept einer »Motivation von hinten« (Lugowski: Die Form der Individualität, z. B. S. 78) vgl. Matías Martínez: Doppelte Welten. Struktur und Sinn zweideutigen Erzählens. Göttingen 1996, insbes. S. 15–20; allgemein zu Lugowski und seiner – wie auch der Erzählstil des deutschen ›magischen Realismus‹ – aus dem Geist der zwanziger und dreißiger Jahre geborenen »Theorie ästhetischer Formen« vgl. Matías Martínez (Hg.): Formaler Mythos. Beiträge zu einer Theorie ästhetischer Formen. Weimar, Paderborn 1996; allgemein zum Aspekt der Motivierung von Geschehen in fiktionalen Erzählungen vgl. Matías Martínez und Michael Scheffel: Einführung in die Erzähltheorie. 11. überarbeitete und aktualisierte Auflage, München 2019, S. 118–127.

51 Grundsätzlich dazu Michael Scheffel: Was ist Phantastik? Überlegungen zur Bestimmung eines literarischen Genres. In: Manuel Baumbach und Nicola Hömke (Hg.): Fremde Wirklichkeiten. Literarische Phantastik und antike Literatur. Heidelberg 2006, S. 1–17.

52 Zur Integration eines »begrenzt Wunderbaren« in ›realistische‹ Erzählungen (wobei auch ein ›magischer Realismus‹ behandelt und im Wesentlichen im Sinne eines ›realismo mágico‹ verstanden wird) siehe auch die materialreiche, aber in systematischer Hinsicht wenig ergiebige, weil ebenso überkomplexe wie in ihrer Begrifflichkeit idiosynkratische und an gängige narratologische Modelle letztlich nicht anschlussfähige Studie von Uwe Durst: Das begrenzte Wunderbare: Zur Theorie wunderbarer Episoden in realistischen Erzähltexten und in Texten des ›Magischen Realismus‹. Berlin 2008; allgemein zu den »Spielarten des Wun-

Stichwortartig zu nennen sind in diesem Zusammenhang:

(5a) eine *vage zeitliche und räumliche Lokalisierung*, verbunden mit einer *lückenhaften kausalen Motivation der erzählten Geschichte;*

(5b) *Motive des Morbiden, Dämonisierung alltäglicher Gegenstände;*

(5c) auf der *Figurenebene* das *Erlebnis einer besonderen, ›überdeutlichen‹ Wahrnehmung*, die zum Verlust jeder strukturierenden Perspektive führt und die teils mit dem Gefühl der Vereinzelung, teils mit dem der Verschmelzung alles Seienden zu einem großen Ganzen verbunden ist (was im Übrigen dem Prinzip der gegenständlichen Darstellung von Welt und seiner Wirkung im Rahmen des oben vorgestellten Malstils entspricht);

(5d) in der *Erzählerrede* die *Behauptung eines ›geheimen Sinns‹*, einer transzendent, aber nicht eigentlich religiös begründeten ›höheren Ordnung‹ der Wirklichkeit (womit der auf der Figuren- und Handlungsebene wiederholt dargestellten Erfahrung einer Fragmentarisierung der gegenständlichen Welt ihre – behauptete – Harmonisierung in einem letzten unsichtbaren Grund entgegensteht).

Aus kulturhistorischer oder auch mentalitätsgeschichtlicher Sicht gilt für diesen Erzählstil im Wesentlichen das, was bereits im Blick auf die Malerei eines etwa zeitgleich zu findenden Magischen Realismus festgestellt wurde: Die Sehnsucht nach Harmonie und dauerhafter Ordnung hat in ihm ebenso Ausdruck gefunden wie die zeitgenössische Lebenswirklichkeit eines tiefgreifenden Wandels und die Erfahrung von Zerstörung im übertragenen und buchstäblichen Sinn. Hans Dieter Schäfer hat die entsprechenden mentalitätsgeschichtlichen Voraussetzungen in einer großen Studie zu Kultur und Gesellschaft zwischen den – grob gesprochen – 1920er und 1950er Jahren *en détail* analysiert und mit der vielzitierten Formel eines »Gespaltenen Bewußtseins«[53] benannt.

---

derbaren in Kunst und Kultur« siehe auch Stefanie Kreuzer, Uwe Durst und Caroline Frank (Hg.): Das Wunderbare. Dimensionen eines Phänomens in Kunst und Kultur. Paderborn 2018, hier: S. 7. Für den Versuch der Unterscheidung zwischen einem ›Réalisme magique‹ und einem ›Réalisme merveilleux‹ im Sinne u. a. eines ›Nebeneinanders‹ oder aber der ›Verschmelzung‹ einer ›natürlichen‹ und einer ›übernatürlichen‹ Ordnung im Rahmen der erzählten Welt vgl. die komparatistische Arbeit von Charles W. Scheel: Réalisme magique et Réalisme merveilleux. Paris 2005.

53 Vgl. Hans Dieter Schäfer: Das gespaltene Bewußtsein. Vom Dritten Reich bis zu den langen Fünfziger Jahren. Erw. Neuausgabe, Göttingen 2009.

Literaturverzeichnis

Aristoteles: Poetik. Übersetzung, Einleitung und Anmerkung von Olof Gigon. Stuttgart 1961.

Bonarius, Gerhard: Zum Magischen Realismus bei Keats und Novalis. Gießen 1950.

Bontempelli, Massimo und Curzio Malaparte (Hg.): 900. Cahiers d'Italie et d'Europe 4 (1927).

Buderer, Hans-Jürgen: Die Geschichte einer Ausstellung. 1923, 1925, 1933. In: Manfred Fath (Hg.): Neue Sachlichkeit: Bilder auf der Suche nach der Wirklichkeit; figurative Malerei der zwanziger Jahre. [Katalog anlässlich der Ausstellung »Neue Sachlichkeit« der Städtischen Kunsthalle Mannheim und Ausstellungs-GmbH vom 9. Oktober 1994 bis 29. Januar 1995]. München 1994, S. 15–38.

Carpentier, Alejo: El reino de este mundo. Mexiko 1949.

Carpentier, Alejo: De lo real maravilloso americano. In: Alejo Carpentier (Hg.): Tientos y diferencias. Montevideo 1967, S. 96–112.

Durst, Uwe: Das begrenzte Wunderbare: Zur Theorie wunderbarer Episoden in realistischen Erzähltexten und in Texten des ›Magischen Realismus‹. Berlin 2008.

Fluck, Andreas: ›Magischer Realismus‹ in der Malerei des 20. Jahrhunderts. Frankfurt a. M. 1994.

Folkwang Museum: Unheimlich real. Italienische Malerei der 1920er Jahre. Essen 2018.

Green, Julien: Die Wahrscheinlichkeit des Unmöglichen. In: Rein A. Zondergeld (Hg.): Phaïcon. Almanach der phantastischen Literatur. Band 2, Frankfurt a. M. 1975, S. 83–98.

Hansel, Michael: George Saiko oder: Die Wirklichkeit hat doppelten Boden. Wien 2010.

Horn, Ursula: Neue Sachlichkeit – Richtung oder Sammelbegriff? In: Bildende Kunst 9 (1972), S. 429–433.

Jakobson, Roman: Über den Realismus in der Kunst. In: Jurij Striedter (Hg.): Russischer Formalismus. Texte zur allgemeinen Literaturtheorie und zur Theorie der Prosa. München 1971, S. 373–391.

Kirchner, Doris: Doppelbödige Wirklichkeit. Magischer Realismus und nicht-faschistische Literatur. Tübingen 1993.

Krappmann, Jörg: Magischer Realismus. In: Hans Richard Brittnacher und Markus May (Hg.): Phantastik. Ein interdisziplinäres Handbuch. Stuttgart 2013, S. 529–537.

Kreuzer, Stefanie, Uwe Durst und Caroline Frank (Hg.): Das Wunderbare. Dimensionen eines Phänomens in Kunst und Kultur. Paderborn 2018.

Leine, Thorsten W.: Magischer Realismus als Verfahren der späten Moderne. Paradoxien einer Poetik der Mitte. Berlin, Boston 2018.

Lévy-Bruhl, Lucien: Das Gesetz der Teilhabe. In: Leander Petzoldt (Hg.): Magie und Religion. Beiträge zu einer Theorie der Magie. Darmstadt 1978, S. 1–26.

Lorenz, Günter W.: Dialog mit Lateinamerika. Panorama einer Literatur der Zukunft. Tübingen, Basel 1970.

Lugowski, Clemens: Die Form der Individualität im Roman. Studien zur inneren Struktur der frühen deutschen Prosaerzählung. Berlin 1932 (Neuausgabe mit einer Einleitung von Heinz Schlaffer [u. a.], Frankfurt a. M. 1976).

Martínez, Matías: Doppelte Welten. Struktur und Sinn zweideutigen Erzählens. Göttingen 1996.

Martínez, Matías (Hg.): Formaler Mythos. Beiträge zu einer Theorie ästhetischer Formen. Weimar, Paderborn 1996.

Martínez, Matías und Michael Scheffel: Einführung in die Erzähltheorie. 11. überarb. u. aktualisierte Auflage, München 2019.

Novalis: Das allgemeine Brouillon. In: Paul Kluckhohn und Richard Samuel (Hg.): Schriften. Die Werke Friedrich von Hardenbergs. 3. Band, Das philosophische Werk II. Hg. v. Richard Samuel [u. a.] 3., v. d. Hg. durchges. u. rev. Auflage. Darmstadt 1983.

Posthofen, Renate S.: Treibgut. Das vergessene Werk George Saikos. Wien 1995.

Raschke, Martin und Arthur A. Kuhnert (Hg.): Die Kolonne. Zeitung der jungen Gruppe Dresden 1/1 (1929).

Reeds, Kenneth: Magical Realism: A Problem of Definition. In: Neophilologus 90 (2006), S. 175–196.

Renger-Patzsch, Albert: Die Welt ist schön. Einhundert photographische Aufnahmen. München 1928.

Roh, Franz: Zur Interpretation Karl Haiders. Eine Bemerkung auch zum Nachexpressionismus. In: Der Cicerone 15/13 (1923), S. 598–602.

Roh, Franz: Nach-Expressionismus. Magischer Realismus. Probleme der neuesten europäischen Malerei. Leipzig 1925.

Roh, Franz: Realismo mágico. Post Expresionismo. Problemas de la Pintura Europea más reciente. Madrid 1927.

Roh, Franz: Realismo mágico. In: Revista de Occidente 48 (1927), S. 274–301.

Roland, Hubert: George Saikos Kriegserzählungen und die Tradition des ›magischen Realismus‹ in der österreichischen Literatur der Nachkriegszeit. In: Germanistische Mitteilungen 67 (2008), S. 172–185.

Saiko, George: Der Roman heute und morgen (1958). In: Wort in der Zeit 9/2 (1963), S. 37–40.

Schäfer, Burkhard: Unberühmter Ort. Die Ruderalfläche im Magischen Realismus und in der Trümmerliteratur. Frankfurt a. M. 2001.

Schäfer, Hans Dieter: Das gespaltene Bewußtsein. Vom Dritten Reich bis zu den langen Fünfziger Jahren. Erw. Neuausgabe, Göttingen 2009.

Scheel, Charles W.: Réalisme magique et Réalisme merveilleux. Paris 2005.

Scheffel, Michael: Magischer Realismus. Die Geschichte eines Begriffes und ein Versuch seiner Bestimmung. Tübingen 1990.

Scheffel, Michael: Die poetische Ordnung einer heillosen Welt. Magischer Realismus und das ›gespaltene Bewußtsein‹ der dreißiger und vierziger Jahre. In: Matías Martínez (Hg.): Formaler Mythos. Beiträge zu einer Theorie ästhetischer Formen. Weimar, Paderborn 1996, S. 163–180.

Scheffel, Michael: ›Wunder und Sachlichkeit‹: Martin Raschke und der ›magische Realismus‹ einer um 1930 jungen Generation. In: Wilhelm Haefs und Walter Schmitz (Hg.): Martin Raschke (1905-1943). Leben und Werk. Dresden 2002, S. 59–77.

Scheffel, Michael: Was ist Phantastik? Überlegungen zur Bestimmung eines literarischen Genres. In: Manuel Baumbach und Nicola Hömke (Hg.): Fremde Wirklichkeiten. Literarische Phantastik und antike Literatur. Heidelberg 2006, S. 1–17.

Scheffel, Michael: Magischer Realismus. In: Harald Fricke (Hg.): Reallexikon der deutschen Literaturwissenschaft. 3. v. Grund auf neu erarb. Auflage, Berlin, New York 2007, S. 526–527.

Scheffel, Michael: ›Für die Zukunft geschrieben‹. Formen der Moderne bei Friedo Lampe und Wolfgang Koeppen. In: Moritz Baßler, Hubert Roland und Jörg Schuster (Hg.): Poetologien deutschsprachiger Literatur 1930–1960. Kontinuitäten jenseits des Politischen. Berlin, Boston 2016, S. 119–137.

Schmied, Wieland: Neue Sachlichkeit und Magischer Realismus in Deutschland 1918–1933. Hannover 1969.

Strich, Fritz: Deutsche Klassik und Romantik. Ein Vergleich. München 1922.

Westheim, Paul (Hg.): Ein neuer Naturalismus? Eine Umfrage des Kunstblattes. In: Das Kunstblatt 6/9 (1922), S. 369–414.

Zweig, Stefan: Die Welt von gestern. Erinnerungen eines Europäers. Erstausgabe Stockholm 1944.

Bildverzeichnis

Abb. 1: Franz Radziwill: Todessturz Karl Brandstätters.

Abb. 2: Renger-Patzsch, Albert: Meidericher Straße in Mühlheim Ruhr, 1930. In: Sergiusz Michalski: New Objectivity. Neue Sachlichkeit – Painting, Graphic Art and Photography in Weimar Germany 1919–1933. Köln 2003, S. 183.

Abb. 3: Rudolf Wacker: Stilleben mit Stechpalme und Kasperl, 1933, Mischtechnik auf Holz, 65 x 50 cm. Abbildung z. B. in Bregenzer Kunstverein (Hg.): Rudolf Wacker und Zeitgenossen. Expressionismus und Neue Sachlichkeit. Bregenz 1993, S. 265.

Hubert Roland

Deutschsprachiger und internationaler Magischer Realismus: die Anpassungsfähigkeit einer Poetik der Wirklichkeitsverwandlung

Vom Magischen Realismus zum *Magical Realism*

Seit dem Ende der 1980er Jahre ist bekanntlich der Magische Realismus in der internationalen Literaturgeschichtsschreibung ein populäres Leitmotiv mit besonders großer Anziehungskraft geworden.[1] Es gehört zu seinen grundlegenden Paradoxien, dass er bis heute trotz seines Anspruchs auf transkulturelle Universalität als Gegenstand durch parallele Historiographien nationaler Literaturen und sprachkultureller Felder vereinnahmt worden ist. Unter anderem aus diesem Grund gilt immer noch, wenigstens aus komparatistischer Sicht und trotz aller unternommenen Versuche um der Begrifflichkeit willen, dass er als homogenes, eindeutiges Konzept schwer fassbar bleibt.

Die richtige ›Erfolgsgeschichte‹ des Magischen Realismus als internationalem Schreibstil begann mit einer Strömung in der lateinamerikanischen Literatur, die ab den 1950er Jahren eine besondere Poetik und Weltanschauung in einer bestimmten ›Lebenswirklichkeit‹ anthropologischer Art begründen wollte. Nach dem bekannten Prolog, den Alejo Carpentier seinem Roman *Das Reich von dieser Welt* (*El reino de este mundo*, 1949) voranstellte, wurden Magie und Mythen als *parte de la vida* bzw. als Bestandteile des alltäglichen Lebens in Lateinamerika postuliert. Über diese Zuschreibung wurden die traditionellen Kulturen dieses Kontinents von den rationalen europäischen Kulturen unterschieden.[2] Dabei

---

1 Vgl. die bahnbrechenden Sammelbände Le Réalisme magique. Roman, Peinture et Cinéma. Hg. v. Jean Weisgerber. Bruxelles 1987 und Magical Realism. Theory, History, Community. Hg. v. Lois Parkinson Zamora und Wendy B. Faris. Durham, London 1995.
2 Besondere Affinitäten mit dem »Phantastisch-Poetischen« erklärt Carpentier am Ende dieses Vorworts dadurch, »dass Amerika durch die Unberührtheit seiner Landschaft, durch die Kultur, das Seinsverständnis, das Faustische des Indianers und des Negers, durch die Offenbarung, die deren Entdeckung vor noch nicht allzulanger Zeit darstellte, und die fruchtbaren Mestizierungen, die sie zeitigte, weit davon entfernt ist, seinen Reichtum an Mythologien erschöpft zu haben«. Alejo Carpentier: Das Reich von dieser Welt. Aus dem Spanischen von Doris Deinhard. Mit dem Vorwort zur Originalausgabe und einem Nachwort von Mario Vargas

handelte es sich, wie Michael Scheffel in seiner Begriffsgeschichte ausführlich dargestellt hat,[3] um eine zweite Phase in der Historiographie eines Terminus, dessen intellektuelles Programm seit Mitte der 1920er Jahre in Deutschland und in Italien verankert war und der nach seinem Transfer in die neue Welt (mittels Fernando Velas spanischer Übersetzung der Monographie von Franz Roh *Nachexpressionismus* in der einflussreichen Umgebung der *Revista de Occidente*[4]) einen in jeder Hinsicht völlig neuen Kurs gewann.

In der Folgezeit hat sich der Magische Realismus von diesem besonderen geokulturellen Kontext und in gewisser Weise auch von dieser diskursiven identitätsbildenden Funktion emanzipiert. Die Lokalisierungen des Magischen Realismus haben sich vervielfältigt, sie erstrecken sich inzwischen vor allem doch nicht ausschließlich auf die postkolonialen Literaturen in englischer oder französischer Sprache. In Untersuchungen, die sich diesen Literaturen widmen, wird der internationale Magische Realismus als eine geeignete Kategorie angesehen, in der Betrachtungen über Literatur und Globalisierung gefasst werden können. Als harmonisierender Terminus für Weltliteratur postkolonialer und postmoderner Prägung – von García Márquez und Isabel Allende bis Salman Rushdie und Toni Morrisson, vom nigerianischen Autor Ben Okri bis zum japanischen Bestseller Haruki Murakami, um nur einige wenige herausragende Namen zu erwähnen –, ist der Magische Realismus seitens der Verlage letztendlich auch die Erfindung eines Genres als Vermarktungsstrategie geworden. In der Form eines Rücktransfers wird er sogar in der internationalen Kritik zu Erfolgsromanen der deutschen Gegenwartsliteratur wie Patrick Süskinds *Das Parfüm* (1985)[5] und Daniel Kehlmanns *Die Vermessung der Welt* (2005) erweitert.

Vor diesem Hintergrund erscheint die germanistische Fachliteratur als das Stiefkind der internationalen Historiographie. Sie hat sich seit gut zwanzig Jahren und der wegweisenden Studie von Michael Scheffel unabhängig von der hier skizzierten Evolution entwickelt. In deutscher Sprache geschrieben, wird sie ohnehin von der überwiegend englischsprachigen internationalen Kritik und Forschung nicht wahrgenommen.[6] Vor allem ist, wie gesagt, ihr chronologischer

---

Llosa. Frankfurt a. M. 2004, S. 115–121; hier S. 120. Siehe auch den Beitrag von Michael Scheffel in diesem Band, S. 20 f.

3 Michael Scheffel: Magischer Realismus. Die Geschichte eines Begriffes und ein Versuch seiner Bestimmung. Tübingen 1990, S. 41 ff.

4 Scheffel: Magischer Realismus, S. 41. Mit der Inversion im Titel der Übersetzung (Realismo mágico. Post expresionismo: problemas de la pintura europea más reciente. Madrid 1927) anstatt (Nachexpressionismus. Magischer Realismus. Probleme der neuesten europäischen Malerei. Leipzig 1925) geschah eine Fokusänderung.

5 Wendy B. Faris: Ordinary Enchantments. Magical Realism and the Remystification of Narrative. Nashville 2004, S. 83 f.

6 Ein erhebliches Hindernis in der Rezeption liegt zudem in der Tatsache, dass die meisten Vertreter*innen des deutschsprachigen Magischen Realismus mit der Ausnahme Ernst Jün-

Fokus ein anderer. Er bezieht sich nämlich auf die »Vorgeschichte« des internationalen Magischen Realismus, die ziemlich präzise dort endet, wo dieser anfängt.[7]

Die germanistische Forschung besteht weitgehend darauf, so Torsten Leine, die deutschsprachige Literaturgeschichtsschreibung des Magischen Realismus von den »wesentlich prominenteren Ausprägungen des Magischen Realismus der lateinamerikanischen bzw. englischsprachigen Tradition« strikt abzugrenzen und sie als »spezifisches Phänomen der Spätmoderne« anzusehen.[8] Als Verlängerung der Avantgarde in Form einer ›Poetik der Mitte‹ kombiniere der Magische Realismus Schreibverfahren der Moderne mit traditionellen Erzählmitteln der realistischen Tradition. In einer gerade erschienenen Monographie, die ich der Fragestellung des Geschichtsbewusstseins einer magisch-realistischen Poetik in deutscher Sprache gewidmet habe,[9] bin ich dementsprechend von der grundlegenden Unterscheidung zwischen einem historischen Magischen Realismus in deutscher Sprache als Erscheinung der späten Moderne (im weiteren Sinne von den Jahren nach dem Ersten Weltkrieg bis zu denen nach dem Zweiten)[10] und einem internationalen Magischen Realismus ausgegangen, der erst mit dem erfolgreichen Transfer des Kompositums nach Lateinamerika Ende der 1940er Jahre einsetzte.

Die hier vertretenen unterschiedlichen Auffassungen eines magisch-realistischen Erzählstils sind an sich nicht kompatibel. In ästhetischer Hinsicht cha-

---

gers keine Anerkennung im Ausland gefunden haben. Übersetzungen ihrer Texte sind nur schwach rezipiert bzw. nicht vorhanden.

7 Obgleich die deutschsprachige Literatur der Zwischen- und Nachkriegszeit in der internationalen Forschungsliteratur keine Rolle spielt, ist die Patenschaft von Franz Roh als ›Gründer‹ des Begriffs unbestritten. Der Höhepunkt der schiefen Wahrnehmung des historischen deutschsprachigen Magischen Realismus wird in der synthetischen Studie von Maggie Ann Bowers *Magic(al) Realisms* (London, New York 2004, S. 62) erreicht, die als Hauptwerk des Magischen Realismus in deutscher Sprache – sowie als »best-known magic realist novel in mainland Europe« – Günter Grass' *Blechtrommel* nennt, der regelmäßig von der internationalen Kritik als ›typisch‹ magisch-realistischer Roman besprochen wird.

8 Torsten Leine: Magischer Realismus als Verfahren der späten Moderne. Paradoxien einer Poetik der Mitte. Berlin, Boston 2018, S. [XV]. Auf den von Eugene Arva und mir herausgegebenen Band der Zeitschrift Interférences littéraires. Literaire Interferenties (2014) (Nr. 14, Magical Realism as narrative Strategy in the Recovery of Historical Traumata: http://www.interferenceslitteraires.be/index.php/illi/issue/view/25; Zuletzt aufgerufen: 05.10. 2020) verweisend, billigt Leine dennoch die Möglichkeit von »poetologischen und verfahrenstechnischen Überschneidungen mit anderen Tradition des Magischen Realismus« zu unter der Voraussetzung, dass man »den sehr unterschiedlichen historischen Kontext der verschiedenen Traditionen« berücksichtigt.

9 Hubert Roland: Magischer Realismus und Geschichtsbewusstsein in der deutschsprachigen Literatur. Würzburg 2021.

10 Modalitäten eines historischen Magischen Realismus in italienischer, französischer oder niederländischer Sprache wären sicherlich ebenso untersuchenswert und würden sehr wahrscheinlich Konvergenzen mit deutschsprachigen Textkonstellationen aufzeigen.

rakterisiert sich der deutschsprachige Magische Realismus der späten Moderne prinzipiell nicht durch plötzliche Einbrüche des Wunderbaren in eine im Wesentlichen realistische Erzählwelt (der Logik eines »begrenzten Wunderbaren« folgend)[11] wie das in der lateinamerikanischen Literatur des *realismo mágico* der Fall ist, sondern durch die Idee von permanent ineinanderfließenden Schichten zwischen dem Wirklichen und dem Übernatürlichen. Bemerkenswert ist auch, dass der historische Magische Realismus von einer deutschsprachigen philosophischen bzw. weltanschaulichen Essayistik begleitet wurde, die grundlegend durch bestimmte Einflüsse (Nietzsches Perspektivismus, Spenglers Geschichtsphilosophie) und durch den Aufschwung der Existenzphilosophie und der Psychologie (Einflüsse von Freud und Jung) geprägt war. Ein solches – wenn auch labiles und ständig anpassungsbedürftiges – intellektuelles Programm des historischen Magischen Realismus beschränkt sich nicht, wie in Scheffels Begriffsgeschichte bereits dargelegt, auf die deutschsprachige Essayistik. Als produktives Rezeptionsphänomen in Reaktion auf die kunstkritische Schrift von Franz Roh hat es sich auch auf andere europäische kulturelle Felder und Literaturen ausgeweitet: nach aktuellem Wissensstand Italien, Flandern und die Niederlande, aber auch Frankreich und das französischsprachige Belgien.[12]

---

11 Uwe Durst: Das begrenzte Wunderbare. Zur Theorie wunderbarer Episoden in realistischen Erzähltexten und in Texten des »Magischen Realismus«. Berlin, Münster 2008; und Michael Scheffels Beitrag in diesem Band, S. 36, Anm. 51.

12 Im ersten Kapitel meiner Monographie erweitere ich die Begriffsgeschichte zum soweit unbekannten Exkurs eines misslungenen Transfers nach Frankreich Anfang der 1930er Jahre. 1931 hob der einflussreiche Schriftsteller und Literaturkritiker Edmond Jaloux in einer Buchrezension, in deutlichem aber unbenanntem Bezug zu Franz Rohs *Nachexpressionismus*, den Begriff eines »réalisme magique« aus der Taufe (Edmond Jaloux: »L'esprit des livres : Le Rôdeur par Pierre Herbart; Le Vol de Nuit par Antoine de Saint-Exupéry«. In: Les Nouvelles littéraires, 7. November 1931, S. 3). Auf diese Diskussion griff André Breton, der Hauptvertreter des literarischen Surrealismus, später zurück, als er den »réalisme magique« in der Einleitung seiner 1957 erschienenen Monographie *L'art magique* erwähnte (»C'est sans doute à son propos [Henri Rousseau] qu'on a pu parler pour la première fois de ›réalisme magique‹« in: André Breton: »L'art magique«. In: Etienne-Alain Hubert (Hg.): *Œuvres complètes, IV : Écrits sur l'art*. Paris 2008 [1957], S. 47–289, hier: S. 95). Breton bezieht den Magischen Realismus auf das in Rohs Monographie genannte, der »Naiven Kunst« zugeordnete Werk vom Douanier Rousseau. Über das in der Historiographie der französischsprachigen Literatur Belgiens sehr beliebte Motiv des Magischen Realismus, das hier auch als Abgrenzungsgeste gegenüber dem französischen Surrealismus fungiert, s. die von Benoît Denis herausgegebene thematische Nummer der Zeitschrift Textyles. Revue des lettres belges de langue française (2002), Nr. 21: Du fantastique réel au réalisme magique. https://journal s.openedition.org/textyles/878. Zuletzt aufgerufen: 21.04.2020.

Eine integrative Herangehensweise

Inwieweit lässt sich nun ein Magischer Realismus in deutscher Sprache auf seine historische Dimension beschränken? Aufgrund der konsequenten Auseinandersetzung mit dem Geschichtsbewusstsein der Vertreter*innen einer solchen Poetik habe ich mich nach langen Überlegungen für eine flexiblere Hermeneutik entschieden, die sowohl den chronologischen Rahmen als auch partiell die germanistische Hermeneutik des Magischen Realismus sprengt.

Was die chronologischen Aspekte betrifft, gehe ich prinzipiell davon aus, dass der Magische Realismus sich in der deutschen Literatur nach dem Zweiten Weltkrieg auflöste, vertrete aber die These, dass er nie vollständig verschwand. Vor allem lässt sich zeigen, dass sich in der deutschsprachigen Literatur der Gegenwart neuere, kontradiktorische Manifestationen des Magischen Realismus unter dem Einfluss des internationalen Magischen Realismus und insbesondere der postkolonialen Weltliteratur, behaupteten. Sie hinterließen Spuren in Romanen wie Uwe Timms *Morenga* (1978), Daniel Kehlmanns *Die Vermessung der Welt* (2005) oder Christa Wolfs *Stadt der Engel oder The Overcoat of Dr. Freud* (2010). Solche Werke aus einer Gesamtstudie zum deutschsprachigen Magischen Realismus auszuschließen, hätte zur Folge, die deutsche Historiographie von aktuellen Entwicklungen der Geschichtsschreibung der europäischen und Weltliteratur abzusondern. Das indirekte Resultat einer solchen Begrenzung hätte ferner den Rückzug in eine geschlossene historische Perspektive bedeutet, dort wo zahlreiche Signale zu verstehen geben, dass der Magische Realismus von der Moderne bis zur Postmoderne eine zeitgemäße Erscheinung ist, global und multimedial, wie es etwa auch das Interesse für einen entsprechenden Erzählstil im Film zeigt.[13]

Der unvermeidliche Nachteil einer solchen integrativen Auseinandersetzung mit der Thematik mag ein Verlust an Begriffsschärfe sein oder – anders gesagt – der Verzicht auf ein homogenes Grundmuster mit allgemeiner Gültigkeit für alle Texte, die aus den verschiedensten Gründen von ihren Autoren und Autorinnen und/oder von der Kritik für magisch-realistisch gehalten wurden. Die immer wiederkehrende Frage nach einer einzigen legitimen zusammenhängenden De-

---

13 Siehe exemplarisch den Film *Pan's Labyrinth/ El laberinto del fauno* (2006) des mexikanischen Regisseurs Guillermo del Toro, der vor dem Hintergrund der militärischen Repression nach dem Spanischen Bürgerkrieg spielt, oder auch den neuesten Film *Atlantique* (2019) der franko-senegalesischen Regisseurin Mati Diop, der das Schicksal von Bauarbeitern inszeniert, die sich in einem Vorort von Dakar auf der Suche nach einer besseren Zukunft für die Flucht über das Meer entschieden hatten und nach dem Untergang ihres Schiffes als Gespenster zurückkehren.

finition des Magischen Realismus[14] hat sich meines Erachtens erschöpft. Eine außerordentlich gewinnbringende Lektüre liegt für mich in der Idee eines ständigen Wandels der magisch-realistischen Ästhetik, die sich im deutschen Sprachgebiet auch von den Besonderheiten des Stils und der Merkmale des Textkorpus der 1930er–1950er Jahre entfernte, um allmählich die Grundlinien des internationalen Magischen Realismus zu rezipieren sowie gelegentlich rückwirkend neu zu gestalten; ein prominentes Beispiel für eine solche Entwicklung wäre etwa die große internationale Resonanz, die W.G. Sebalds Poetik erfuhr, insbesondere sein einflussreicher Roman *Austerlitz* (2001). Auf diesem Weg kann sich eine transnational, komparatistisch orientierte germanistische Literaturgeschichtsschreibung weiterhin an aktuellen theoretischen Diskussionen zu Fragen und Perspektiven einer »interkulturellen Rezeptionsästhetik« beteiligen.[15]

Im Grunde genommen galt es auch, neuere Quellen mitzuberücksichtigen, die neben narratologischen Kriterien weiterhin eine volle kultursemiotische Dimension beinhalten; insbesondere Leines Studie macht diese Kontinuitäten sichtbar. Zwei weitere Ansätze, die nach Scheffels Studie in der Forschung zum Magischen Realismus entwickelt wurden, sind zudem für eingehende, auf gründlicher Textanalyse beruhende Untersuchungen magisch-realistischer Texte geltend zu machen. Es handelt sich hier um:

– die von Uwe Durst eingeführte Unterscheidung zwischen der ›Begrenzung‹ und der ›Entgrenzung‹ des Wunderbaren, die laut Dursts Terminologie zur Stellungnahme über die ›Mobilität‹ bzw. ›Immobilität‹ eines realistischen Systems führen soll;[16]
– das unbestreitbare Postulat, dass die treibende Kraft des Magischen Realismus mit einem signifikanten Raumverständnis zu tun hat: Sowohl das von Burkhard Schäfer identifizierte, auf die ›Trümmerliteratur‹ hinweisende Motiv des ›unberühmten Ortes‹[17] als auch die prägnante Anwesenheit von Grenzräumen und Schwellenorten in magisch-realistischen Texten lassen auf eine Raum-

---

14 Vgl. zum Beispiel Kenneth Reeds: Magical Realism: a Problem of Definition. In: Neuphilologus (2006), Nr. 90 Heft 2, S. 175–196.
15 Vgl. Fabien Pillet: Vers une esthétique interculturelle de la réception. Heidelberg 2016, S. 247–307; über den Magischen Realismus.
16 Eine Episode des ›begrenzten Wunderbaren‹, so Durst, wirke als subordiniertes Subsystem innerhalb eines realistischen Basissystems, sie sei eine Inszenierung, die dieses dominante System gar nicht in Frage stelle und es immobil mache (Durst: Das begrenzte Wunderbare, S. 20, 53); die dem Magischen Realismus zugrundeliegende Logik des ›entgrenzten Wunderbaren‹ entspreche dagegen einer Mobilität des Textes, indem das Wunderbare »seine Subordination überwindet« und »die Bauelemente des realistischen Systems als Spolien ins eigene Realitätsgebäude« integriere (Durst: Das begrenzte Wunderbare, S. 378).
17 So der Titel der Studie von Burkhard Schäfer: Unberühmter Ort. Die Ruderalfläche im Magischen Realismus und in der Trümmerliteratur. Frankfurt a. M. [u. a.] 2001.

semantik schließen, die, im Falle einer Grenzüberschreitung etwa, die Topographie als symbolischen Ausdruck von existenziellen Zuständen deutet.

Epiphanische Augenblicke der ›Bewusstseinshelle‹ und Identitätsstörungen

Ein wichtiger Grund, der mich von der Fruchtbarkeit einer solchen integrativen Herangehensweise überzeugte, liegt in den verfahrenstechnischen Modalitäten des von Michael Scheffel als idealtypisch genannten Merkmals der »Einbindung eines ›Geheimnisses‹ in die erzählte Welt« sowie der »Brechung des realistischen Systems durch eine Verbindung spezifischer formaler und inhaltlicher Mittel«.[18] Zu den Mitteln, die sich als Ausdrucksweise einer Poetik des Subjekts erkennen lassen, zählen die ebenso von Scheffel auf der Textebene identifizierten Augenblicke der ›Bewusstseinshelle‹, die das Gefühl herauskristallisieren, dass das Subjekt »[a]ller Einbettung in einen übergreifenden Sinnzusammenhang beraubt«[19] worden ist, während ihm gleichzeitig in der Form einer plötzlichen und unerwarteten Erleuchtung ein neuer existenzieller Anschluss zur Reintegration in die Totalität der Welt angeboten wird. Sich auf die Interpretation eines Auszugs aus Horst Langes Erzählung *Der Sohn der Hauptmannswitwe* (1939) berufend, analysiert Scheffel einen solchen Augenblick. Ebenso bezieht er sich dabei auf ausgewählte Bildbeschreibungen von Franz Roh, in denen bei aller »Sachschärfe« und Wirklichkeitstreue besondere »statische Momente« ein Gefühl des »Unheimlich-Rätselhaften« hervorrufen.[20] Die magisch-realistische Logik einer »stechenden Eindringlichkeit«[21], die die sichtbare Welt plötzlich verwandelt, wird nicht auf eine gastfreundlich-beruhigende äußere Welt projiziert, sondern auf einen bedrohlichen Raum. Dieser hat an »schreckhafter Deutlichkeit« gewonnen, so wie es etwa auch in der literarischen Darstellung von Kriegs- und Nachkriegssituationen (in Texten von Lange oder von George Saiko etwa) der Fall ist.[22]

---

18 Vgl. den Beitrag von Michael Scheffel in diesem Band, S. 36, sowie Michael Scheffel: Magischer Realismus. In: Harald Fricke (Hg.): Reallexikon der deutschen Literaturwissenschaft. 3. Auflage, Berlin, New York 2007, S. 526f.

19 Scheffel: Magischer Realismus, S. 95.

20 Vgl. Scheffel: Magischer Realismus, S. 87–95, hier S. 94f.

21 Michael Scheffel: Die poetische Ordnung einer heillosen Welt. Magischer Realismus und das ›gespaltene Bewußtsein‹ der dreißiger und vierziger Jahre. In: Matias Martinez (Hg.): Formaler Mythos. Beiträge zu einer Theorie ästhetischer Formen. Paderborn [u. a.] 1996, S. 163–180, hier S. 172; Scheffel übernimmt diesen Ausdruck aus einer Studie von Emil Tutitz. Emil Tutitz: Die Überwindung des Expressionismus. Charakteriologische Studien zur Kultur der Gegenwart. Stuttgart 1927, S. 35.

22 Vgl. Moritz Baßlers Betrachtung über »[...] die Epiphanie des Wesentlichen in poetischer Sprache« in Horst Langes Kriegserzählung *Auf den Hügeln vor Moskau* (1944), die die Zer-

Solche Momente der ›Bewusstseinshelle‹ lassen sich meines Erachtens mit dem narrativen Verfahren der ›Epiphanie‹ vergleichen, dessen abwechslungsreiche Geschichte Hendrick Heimböckel in seiner aktuellen Studie »zur Poetik religiöser Erfahrungen in der ästhetischen Moderne« untersucht. Seitdem die ursprünglich rein religiös-kanonische Deutung der Epiphanie »im Sinne moderner Säkularisierung existenziell« erweitert und »entmystifiziert« wurde,[23] hat nach der Romantik insbesondere die literarische Moderne das neue Muster einer profanen Epiphanie eingeführt, in dem möglicherweise die Ästhetik den Platz der Religion eingenommen hat. Sie wertet solche Augenblicke auf, die beim Subjekt Wahrnehmung, Erkenntnis und Weltdeutung miteinander kombinieren oder anders gesagt »Erfahrungen Einzelner zu einem Evidenzmoment sakraler Deutungen von Wirklichkeit« zum Ausdruck bringen.[24]

Manche Schlüsselpassagen aus dem historischen deutschsprachigen magisch-realistischen Korpus lassen sich sowohl als Epiphanien als auch als jähe Einbrüche des Wunderbaren in einen realistischen Text erfassen, wie etwa die in der spezialisierten Forschungsliteratur viel zitierte Wormser Dom-Szene aus Elisabeth Langgässers Roman *Der Gang durch das Ried.*[25] Folgende literarische Darstellung fungiert in der Tat als Musterbeispiel für solche »Angriffe des Wunderbaren auf die Welt der Tatsachen«, laut der Formel von Ernst Jünger in der ersten Fassung des *Abenteuerlichen Herzens.*[26]

---

störung eines von einem russischen Bauern und seiner Großfamilie bewohnten Hauses »antizipiert« (Moritz Baßler: Deutsche Erzählprosa 1850–1950. Eine Geschichte literarischer Verfahren. Berlin 2015, S. 370).

23 Hendrick Heimböckel: Epiphanien – Zur Poetik religiöser Erfahrungen in der ästhetischen Moderne – Novalis, Hofmannsthal, Jahnn. In: Tomas Sommadossi (Hg.): Polytheismus der Einbildungskraft. Wechselspiele von Literatur und Religion von der Aufklärung bis zur Gegenwart. Würzburg 2018, S. 193–213, hier: S. 194; siehe auch die gerade erschienene Monographie von Hendrick Heimböckel: Epiphanien: religiöse Erfahrungen in deutschsprachiger Prosa der ästhetischen Moderne. Paderborn 2020; sowie die ältere Studie von Rainer Zaiser: Die Epiphanie in der französischen Literatur: zur Entmystifizierung eines religiösen Erlebnismusters. Tübingen 1995.

24 Heimböckel: Epiphanien, S. 193. Der Verf. verweist auf weitere Quellen über Joyces bekannte Auffassung der Epiphanie als »life-changing self-understanding or illumination«, wobei Ernst Leonardy in seinem früheren Aufsatz kommentiert, dass Joyce keinen klaren Gebrauch von diesem Begriff macht (Ernst Leonardy: Traces d'›épiphanies‹ dans la littérature narrative du 20e siècle. In: Martha Vanbiesem de Burbridge und Mónica Jongewaard de Boer (Hg.): La Literatura comparada, hoy. Buenos Aires 2007, S. 43–61, hier: S. 45f.

25 Vgl. Baßler: Deutsche Erzählprosa, S. 365f.; Jörg Schuster: Die vergessene Moderne. Deutsche Literatur 1930–1960. Stuttgart 2016; S. 96–102; Leine: Magischer Realismus, S. 255; Gustav Frank und Stefan Scherer: Komplexer Realismus bei Elisabeth Langgässer. In: Claudia Öhlschläger, Lucia Perrone Capano und Vittoria Borsó (Hg.): Realismus nach den europäischen Avantgarden. Ästhetik, Poetologie und Kognition in Film und Literatur der Nachkriegszeit. Bielefeld 2012, S. 13–40, hier: S. 33.

26 Vgl. Ernst Jünger: Das Abenteuerliche Herz. [Erste Fassung]. Aufzeichnungen bei Tag und Nacht. Berlin 1929, S. 58. Ausgehend von einer Beschreibung von Bildern Brueghels zieht hier

Die Hauptfigur von Langgässers Roman Jean-Marie Aladin, ein angeblich französischer Soldat, der an der Rheinlandbesetzung nach dem Ersten Weltkrieg teilgenommen haben soll und seitdem im hessischen Ried obdachlos wandert, und der ihn nun anstellende Bauer (der so genannte ›Erlenhöfer‹) besuchen den Dom in Worms. Ihre gemeinsam skizzierte visionäre Schilderung, auf die nun eingegangen wird, nennt Jörg Schuster »einen der Höhepunkte magisch-realistischer Transformationsästhetik überhaupt«.[27] Die Dom-Szene entsteht am Ende einer Fahrt, die Aladin und der Bauer nach Worms zu einer Landwirtschaftsausstellung unternommen haben. Zur Feierabendstunde werden sie beide zuerst vom Strom der Fabrikarbeiter zu den Gassen um den Dom gedrängt:

> Gerade leerten sich die Fabriken, ein Menschenstrom spülte die beiden, wie die Brandung das Treibholz, gleichgültig gegen den Bordrand der schmalen, sauberen Straßen und warf sie zuletzt an den Dom. Sie sahen empor, als ob eine Faust ihnen unter das Kinn gestoßen, sie aufgerichtet hätte. Da war die Domwand, und hier waren sie – aber schon in dem nächsten Augenblick waren sie nicht mehr da. Weil sie nicht fassen konnten, was ihnen begegnete, wurden sie selber erfasst. Wie eine Schimäre verschluckte sie das Unbegreifliche, der Bauer wollte gerade noch denken: wie lange die Katholischen wohl daran gebaut haben mögen? Doch war er schon hinter der Frage, bevor er sie begann. Das Genick tat ihm weh, er konnte nicht anders: er musste so stehen bleiben, wie seine Vorfahren einst vor dem Kaiser gestanden hatten [...].[28]

Die plötzliche Erleuchtung, die Aladins Vision dann auslöst, entspricht einem plötzlichen, stechenden Augenblick des Leids, der aber simultan Glück und Erkenntnis heraufbeschwört: »Gnade! Ein feines Messer fuhr Aladin zwischen die Rippen und bohrte sich in sein Herz. Tief innen rieselte es. Nicht nachgeben. Nicht darauf hören. Hören und Wissen war eins.«[29] Erst dann geschieht ohne Transition die Perspektivenumkehrung Subjekt-Objekt und die Anthropomorphisierung des Doms, die eine Fusion der inneren Stimmen des Gebäudes und des doch immer wahrnehmenden Subjekts Aladin fördert:

> Der Dom sah herunter. Er wartete nicht, obwohl er aus Warten erbaut war. Voller Gedanken, dachte er nichts; er wusste nichts, weil er das Wissen selbst, und rächte nichts, weil das Gericht in ihm vollzogen war. Dann läutete er. Das war, als ob er sich selber aufhob, um sich noch einmal zu erbauen und alles, was jener Schall bedeckte, in seinen Leib zu verwandeln: die Häuser, welche sich dicht an seine Flanken drängten,

---

Jünger einen merkwürdigen Vergleich von solchen Ausnahmesituationen im Bereich der Kunst und im wirklichen Leben aus der Kriegszeit: »Wie und weil das Leben durchaus kriegerisch ist, so ist es auch von Grund auf bewegt. Und wie man im grimmigen und prächtigen Augenfunkeln und in der wechselnden Spannung von Sprung und Haltung die innere Bewegung des Gegners errät, so trifft zuweilen ein Satz, ein Ton, ein Vers oder ein Bild wie ein Pistolenschuss« (Jünger: Das Abenteuerliche Herz, S. 56).

27 Schuster: Die vergessene Moderne, S. 96.
28 Elisabeth Langgässer: Der Gang durch das Ried. Leipzig 1936, S. 139.
29 Langgässer: Der Gang, S. 139.

ihre Seufzer, ihr Geschrei, ihre Flüche, ihre geheimen Laster; dann weiter draußen die Brücke, den Strom mit seinen Schleppern; das Ackerland, Kraut und Unkraut, das, verbrannt, in den Himmel rauchte, und jenes Land, das noch tiefer lag, von keiner Pflugschar berührt und dennoch mit Blut gesättigt, mit Schuld um Schuld beladen […].[30]

Der musikalische Moment des Läutens der Glocke ruft unmittelbar darauf eine weitere Perspektivenerweiterung des Raums um den Dom hervor, später dann darüber hinaus über Fluss und Felder. Hier werden geschichtliche Traumata wieder lebendig, die aus der Landschaft nie verschwunden waren. Die Wiederholung von Bildern aus der Landwirtschaft sowie das Motiv des mit Blut gesättigten Bodens mögen wohl an den Pfälzischen Bauernkrieg von 1525 erinnern, insbesondere an die Schlacht bei Pfeddersheim, die aufgrund von Bauern- und Bürgerunruhen in und bei Worms mit dem Sieg der fürstlichen Truppen schwere Verluste für die Bauern bedeutete.[31]

Die folgende innere Transformation des Doms, seiner Gegenstände und seiner Besucher in Pflanzen und Tiere (es ist die Rede von Menschen mit Vogelköpfen oder Pferdeleibern, usw.) steht hiermit unter dem Zeichen einer versteckten, typisch magisch-realistischen imaginären Kriegswelt mit starkem Raumbewusstsein, nicht nur innerhalb des Doms, sondern auch im geistigen Austausch des Gebäudes mit der Stadt und ihrer Umgebung. Schließlich geschieht noch die Verwandlung des Doms in eine Krone:

Indessen wurde ein großer Reif in dem Domschiff zusammengeschlagen; er schien eine Krone zu werden – zwar hörte man kein Hämmern und nahm keine Hände wahr, doch sah man die Arbeit weiterrücken, ihn wachsen, sich krümmen und wie eine Schlange rubinene Augen öffnen.
»Für wen, glaubst du, ist diese Krone bestimmt?« fragte der Bauer Aladin.
Für wen? der andere staunte. »Für einen wäre sie viel zu groß«, erwiderte er endlich. Der erste fuhr fort: »und wer trägt sie dann?«
»Nun – alle zusammen«, sprach Aladin.
»Wer: alle?« Der Bauer ließ jetzt nicht locker; gleichzeitig fühlten sie beide, wie sie von hinten her näher geschoben und von der Seite herangepresst wurden; das Gedränge war nun so fürchterlich, dass die Vogelköpfe zu schrillen begannen und der Löwe ein Murren ausstieß, das wie Donner durch das Gewölbe lief. In diesem Augenblick bewegte sich die Krone; sie fuhr zusammen, umklammerte alles und presste Menschen und Tiere in ihr metallenes Rund – gleichzeitig schossen die Tiergesichter, durch den furchtbaren Druck genötigt, aus dem umspannenden Reif. Aladin wurde als letzter in die Krone hineingestoßen, dann schlug sie wie eine Pforte zu, die ihm die Ferse wegnahm, es dröhnte noch einmal von außen dagegen, der Ton verzitterte, summte – – – die

---

30 Langgässer: Der Gang, S. 139.
31 Vgl. den Text von Stefan Grathoff und Stefan Dumont über diese Schlacht: Zur Geschichte von Pfeddersheim. https://www.regionalgeschichte.net/rheinhessen/pfeddersheim.html. Zuletzt aufgerufen: 07.06.2020.

Domglocke hatte ausgeläutet, Aladin fühlte nun erst, dass ihn der Bauer umklammerte – [...].[32]

Langgässers Domszene in *Der Gang durch das Ried* versteht sich unmissverständlich als die Integration einer Episode des ›begrenzten Wunderbaren‹; insofern würde sie besser zur lateinamerikanischen Variante des *realismo mágico* passen als zur Logik der in diskreter Weise ineinanderfließenden Schichten des historischen Magischen Realismus in deutscher Sprache. Dabei erscheint der Kontrast mit der starken historisch-gesellschaftlichen Dimension des Romans nur umso schärfer.

Nicht nur die Beobachtung der Integration von plötzlichen Einbrüchen des Wunderbaren in Texten des historischen Magischen Realismus, sondern auch die Analyse der Funktion dieser Textstellen innerhalb der behandelten Werke trägt also zu einer Abschwächung der Dichotomie zwischen dem deutschen und dem internationalen Magischen Realismus bei. Eine solche integrative Herangehensweise passt sich der von der amerikanischen Professorin Wendy B. Faris angebotenen, flexiblen Definition des internationalen Magischen Realismus an. *Magical Realism* konzipiert Faris weder als Begriff noch als Gattung, sondern als Tendenz (*trend*) bzw. als Stil (*style*) und definiert ihn als Kombination von Realismus und Phantastik, »so that the marvellous seems to grow organically within the ordinary, blurring the distinction between them«.[33] Zum Programm der internationalen magisch-realistischen Fiktionen gehöre, dass diese unter anderem durch das Verschmelzen von unterschiedlichen Welten »unsere vorgefassten Ideen über Zeit, Raum und Identität« stören,[34] eine Aussage, die ziemlich genau in Langgässers *Gang durch das Ried* Anwendung findet, will man doch die in der Domvision gipfelnde Szene als Ausdruck eines paradoxalen Prozesses der Identitätsauflösung und -neubildung der verschiedenen Protagonisten betrachten. Auch wenn Faris also ein ganz andersartiges (postkoloniales) Korpus ins Auge fasst, erlaubt ihre Definition, Kontinuitäten zwischen später Moderne und Postmoderne auszumachen.

Ein anderer Ansatz der internationalen Forschung zum Magischen Realismus sieht in Kafka einen Vorläufer der magisch-realistischen Poetik, ein Standpunkt,

---

32 Langgässer: Der Gang, S. 140f. Im Kapitel 4 von Roland: *Magischer Realismus* biete ich eine ausführlichere Interpretation dieser Szene und ihrer politischen Implikationen, da ich den Roman als subversives Werk der »Inneren Emigration« ansehe, hier durch die »verdeckte Schreibweise« der Metaphorisierung der Exilanten, solcher »Vogelköpfe«, die von der Gemeinschaft des Dritten Reiches ausgeschlossen werden.
33 Faris: Ordinary Enchantments, S. 1.
34 »Finally, in addition to merging different worlds, these fictions disturb received ideas about time, space and identity« (Faris: Ordinary Enchantments, S. 23).

der in der deutschen Historiographie umstritten ist,[35] den ich aber im Folgenden, ausgehend von der Rolle Kafkas als Vermittler zwischen Europa und den amerikanischen Kontinenten in der Begriffsgeschichte des Magischen Realismus, vertreten möchte.[36]

Kafkas Texte als Deutungsmuster einer ›doppelten Konditionierung‹

Zurück zur Rezeptionsgeschichte zuerst: Ein entscheidender Moment im Augenblick der Vermittlung zwischen dem deutschsprachigen Magischem Realismus und dem Aufstieg des *realismo mágico* betrifft die lateinamerikanische Kafka-Rezeption, die Angel Flores initiierte. Dies geschah in seinem Vortrag zur Bedeutung des Magischen Realismus in der lateinamerikanischen Fiktion, den Flores Ende 1954 in New York bei der jährlichen Konferenz der *Modern Language Association* hielt. Schon 1946 hatte Flores auf die Bedeutung von Kafka für die weitere Entwicklung der Literatur in Europa und in der Welt aufmerksam gemacht, indem er das Publikationsprojekt *The Kafka Problem* geleitet hatte, das sich dem Stand der Kafka-Rezeption seit dessen Tod 1924 widmete.[37] Man findet hier kritische Beiträge (unter anderem von Albert Camus, Bernard Groethuysen, Egon Vietta, Jean Wahl usw.), von denen einige eine gründliche Auseinandersetzung mit der Frage des Realismus leisten, die für die Diskussion über die magisch-realistische Poetik Kafkas beachtenswert sind.

So postuliert Max Lerner in seinem Aufsatz »The Human Voyage«, dass Kafka »den Realismus auf den Kopf stellt«[38] und wegen der Detailtreue seiner Beobachtungen die fiktive Welt real macht. Er evoziere, so Lerner, eine Simultaneität und eine enge Verflechtung der unterschiedlichen Schreibebenen – die der realen

---

35 Während die neueste Studie von Torsten Leine Kafka unerwähnt lässt, zählt Uwe Durst (Das begrenzte Wunderbare, S. 249f.) *Die Verwandlung* in seinem Kapitel zum ›entgrenzten Wunderbaren‹ zu der von ihm so genannten Kategorie der »immobil-wunderbaren magisch-realistischen Literatur«. Vor ihm war Michael Scheffel dezidiert gegen eine Interpretation dieser Art gewesen, weil Kafkas Texte das für Scheffel entscheidende Kriterium, das den Kreis eines Magischen Realismus in deutscher Sprache schließen soll, nicht erfüllen: »Die Fragmentisierung der gegenständlichen Welt auf der einen und ihre Harmonisierung in einem letzten unsichtbaren Grund auf der anderen Seite, *beides* ist, ganz anders als bei Kafka, in der erzählten Welt des ›magischen Realismus‹ zu einem paradoxen Ganzen verschmolzen« (Scheffel: Magischer Realismus, S. 172).

36 An dieser Stelle auch der Verweis auf die Beiträge von Georg B. Deutsch, Petro Rychlo und Gerold Necker in diesem Band, die Kafka an vielen Stellen ausführlich behandeln.

37 Eine erweiterte Neuausgabe des Buches erschien noch 1963: Angel Flores (Hg.): The Kafka Problem. With a new, up-to-date bibliography & a complete list of Kafka's works in English. New York 1963 (Reprint der Ausgabe aus 1946).

38 »What Kafka does is to stand realism on its head«; in Max Lerner: The Human Voyage. In: Angel Flores (Hg.): The Kafka Problem. New York 1963, S. 38–46, hier: S. 45.

Personen, die der Symbole und Allegorien und die der philosophischen und religiösen Auswirkungen –, die es allein erlaubt, die Logik der sonst unverständlichen Handlungen der Figuren nachzuvollziehen. In ähnlicher Weise argumentiert Austin Warren in einem anderen Aufsatz, dass Kafkas Erzählwelt weder der imaginären Welt der *fantasy* noch der sinnlich-sensiblen Welt der Realität (*the world of the average sensual man*) zugeordnet werden kann. Kafka wirft uns in eine Welt, die wir als »etwas schief« (*slightly askew*) wahrnehmen, als ob jemand sie »durch seine Beine« oder »im Kopfstand« sehen würde, oder »durch einen verformenden Spiegel«, als ob er diese Welt träumte.[39] Alle diese Beobachtungen zusammen genommen gelten, so Warren, als Grundlage für die Deutung einer fundamentalen Unentscheidbarkeit in der Erzählwelt Kafkas. Zwar lassen sich die Ereignisse über das für ein solches Erzählen besonders geeignete Stilmittel der Allegorie entziffern, doch haben sie damit nicht jeden Anspruch auf eine realistische und wahrscheinliche Beschreibung des Alltags verloren. Diesem besonderen Paradox widmete sich der auch in dieser Anthologie vertretene, 1944 im Konzentrationslager Sachsenhausen gestorbene, deutsch-jüdische Philosoph Paul-Louis (bzw. Paul Ludwig) Landsberg in seiner Analyse der *Verwandlung*, von der gleich noch die Rede sein wird.

Es steht außer Zweifel, dass die in *The Kafka Problem* ausgeführten Überlegungen den Stoff des New Yorker Vortrags von Angel Flores unterfüttern, den er im Dezember 1954 bei dem *Annual Meeting of the Modern Language Association* hielt.[40] Der Titel seines Vortrags, »Magical Realism in Spanish American Fiction«, täuscht, da an dieser Stelle kein Programm eines Magischen Realismus in der lateinamerikanischen Fiktion dargelegt wird. Vielmehr handelt es sich um eine historiographische Erklärung zur Transition dieser neueren Strömung realistischer Inspiration zwischen der Alten (europäischen) und der Neuen Welt. Flores überfliegt die europäische Literaturgeschichte seit der ›Epoche des Ersten Weltkriegs‹, dabei signalisiert er eine gewisse Müdigkeit angesichts von Auffassungen eines ›photographischen‹ (rein mimetischen) Realismus. Er greift einige Künstler heraus, die seines Erachtens »den Symbolismus und den Magischen Realismus« neu entdeckten: Proust und Kafka in der Literatur, Giorgio de Chiricho in der Malerei.[41] Interessant ist in poetologischer Hinsicht, wie Flores diese Autoren in eine ältere Traditionslinie einschreibt, die vom frühen bis ins späte 19. Jahrhundert führt. Er nennt sowohl russische Werke wie Gogols *Die Nase* als

---

39 »[...] [A]s one looks through his legs or stands on his head, or sees it in a distorting mirror, or dreams it« in Austin Warren: Kosmos Kafka. In: Angel Flores (Hg.): The Kafka Problem. New York 1963, S. 60–74, hier: S. 68.

40 Angel Flores: Magical Realism in Spanish American Fiction. In: Lois Parkinson Zamora und Wendy B. Faris (Hg.): Magical Realism. Theory, History, Community. Durham 1995, S. 109–117.

41 Angel Flores: Magical Realism in Spanish American Fiction, S. 111.

auch Vertreter der deutschen Romantik wie E.T.A. Hoffmann und Achim von
Arnim. Mit besonderem Bezug auf Kafka bezeichnet Flores den Magischen
Realismus als Amalgam von Realismus und Phantasie (*amalgamation of realism
and fantasy*)[42], ein definitorischer Vorschlag, der sich wiederum sehr gut mit der
allgemeinen Definition von Wendy B. Faris verbinden lässt.

Ein weiterer historischer Kommentar des literarischen Werks von Franz Kafka
bietet schließlich noch einen interessanten Ansatz, der in eine ähnliche Richtung
weist. Der 1933 nach Frankreich ins Exil gegangene deutsche Philosoph Paul-
Louis Landsberg veröffentlichte verschiedene Aufsätze in der einflussreichen,
von Mounier herausgegebenen Zeitschrift *Esprit*. Sein im September 1938 in
Esprit erschienener Aufsatz »Kafka et la ›Métamorphose‹«[43] diente als Grundlage
für seinen englischsprachigen Essay in *The Kafka Problem*. In diesem Aufsatz ist
die Rede vom unvergleichlichen Stil Kafkas, der ›deutlich zum Paradox seiner
Welt‹ passe. Einerseits strebe er danach, die Wirklichkeit mit extremer Objekti-
vität und einem ›nicht zu leugnenden Realismus‹ wiederzugeben. Andererseits
muss aber gleichzeitig festgestellt werden, dass es sich dabei »gar nicht um die
uns vertraute Welt handelt«. Man wäre geneigt, so Landsberg, Kafka in die
»wunderlichen und phantastischen Schriftsteller« (»whimsical and fantastic
writers«) einzuordnen,

> [b]ut in truth, the transformation suffered by accustomed reality in Kafka's writing is
> not simply a diminution. Kafka sides with the opposition to all fairy tales and escapist
> literature. His writing treats the question of change – change of a time foreign to our
> knowledge of reality.[44]

Als exemplarische Illustration seiner Thesen bedient sich Landsberg einer Exegese der *Verwandlung*, auf die es sich in Hinblick auf die Frage nach der näheren
Bestimmung einer magisch-realistischen Anschauung lohnt, kurz zurückzukommen. Im Grunde genommen, behauptet der Philosoph, gibt es in Kafkas
Erzählung lediglich ein Element, das unser alltägliches Verständnis der Welt
und ihrer Kohärenz – oder anders gesagt die Wahrnehmung, Erfahrung und
Erkenntnis der Wirklichkeit, über die wir zu verfügen meinen – erschüttert,

---

42 Angel Flores: Magical Realism in Spanish American Fiction, S. 112.
43 Paul L. Landsberg: Franz Kafka et la ›Métamorphose‹. In: Esprit. Revue Internationale,
   6. Jahrg., Nr. 72, 1. September 1938, S. 671–684. Landsberg hatte unter anderem bei Edmund
   Husserl in Freiburg und Max Scheler in Köln studiert, dann pflegte er in den 1930er Jahren
   einen engen Kontakt mit dem französischen Intellektuellen Emmanuel Mounier – dem
   Gründer der philosophischen Strömung des Personalismus (*personnalisme*). Die von Emmanuel Mounier (1905–1950) initiierte, vom christlich-humanistischen Weltbild geprägte
   philosophische Denkrichtung des modernen Personalismus verstand sich als ein ›dritter
   Weg‹ zwischen liberalen und sozialistischen Theorien, indem die Entscheidungsfähigkeit der
   Person als Grundprinzip des menschlichen Handelns in den Vordergrund gestellt wurde.
44 Alle Zitate aus: Paul L. Landsberg: The Metamorphosis. In: Angel Flores (Hg.): The Kafka
   Problem. New York 1963, S. 122–133, hier: S. 123.

nämlich Gregors Verwandlung in ein Ungeziefer. Vorausgesetzt, dass der Leser diese Peripetie annimmt, entwickelt sich der Gang der Geschichte gemäß dem Prinzip einer durchaus logisch-ableitbaren Wahrscheinlichkeit, »with what I might even call a banality, characteristic of the most everyday world«[45]. Der psychologische Realismus von Kafkas Erzählwelt betrifft, wie man weiß, das sozial-familiäre Umfeld von Gregor Samsa, das vorhersehbare Verhalten im ›wirklichen Leben‹ einer bürgerlichen Familie, die mit dem plötzlichen Auftauchen eines ihr in gesellschaftlicher Hinsicht schädlichen Ereignisses konfrontiert wird. Seinerseits wurde der Leser schon mit der einleitenden, außerordentlich knappen und sachlichen Aussage des personalen Erzählers (»Als Gregor Samsa eines Morgens aus unruhigen Träumen erwachte, fand er sich in seinem Bett zu einem ungeheuren Ungeziefer verwandelt«) dazu veranlasst, das Einbrechen der fremden Begebenheit anzuerkennen. Spätestens mit der bald darauffolgenden Bestätigung »Es war kein Traum«[46] gelingt die, mit Albrecht Koschorke gesprochen[47], Einrichtung eines Prozesses der ›Doppelkonditionierung‹. Torsten Leine identifiziert sie als Strukturmodell magisch-realistischer Texte. So charakterisiert sich für Leine Magischer Realismus als Verfahren und Prinzip einer »[...] Oszillation zwischen zwei unvollständigen und sich sogar wechselseitig ausschließenden Perspektiven«, die in Koschorkes Terminologie in einer »fortdauernden Restunruhe« mündet.[48]

In der Terminologie von Faris geht es darum, das erste fundamentale Grundmerkmal des *Magical Realism*, dieses »irreduzible Element« (»irreducible element«), das den Gesetzen des rational-empirischen Diskurses widerspricht bzw. das »Sandkorn« in der realistischen Maschinerie (»grain of sand in the oyster of that realism«)[49] völlig zu akzeptieren und in die eigene Lektüre zu integrieren. Dadurch wird die Teilnahme der Lesenden an der Erzählung verstärkt. Aus postmoderner Perspektive werden sie mit der Akzeptanz des »Sandkorns« sogar zu »Mitschöpfern« des literarischen Textes.[50] Unabhängig von diesem postmodernen Kontext sollte auch in anderen Eingrenzungs- und De-

---

45 Landsberg: The Metamorphosis, S. 124.
46 Franz Kafka: Die Verwandlung. In: Die Erzählungen und andere ausgewählte Prosa. Roger Hermes (Hg.). Frankfurt a. M. 1996, S. 96–161, hier: S. 96. [Textgrundlage: *Schriften. Tagebücher. Briefe. Kritische Ausgabe* hg. von Jürgen Born, Gerhard Neumann, Malcolm Pasley und Jost Schillemeit. Frankfurt a. M. 1982 ff.]
47 Albrecht Koschorke: Wahrheit und Erfindung. Grundzüge einer Allgemeinen Erzähltheorie. Frankfurt a. M. 2012.
48 Leine: Magischer Realismus, S. 62 f.
49 Faris: Ordinary Enchantments, S. 7 ff.
50 So Faris: »[...] that irreducible grain increases the participation of readers, contributing to the postmodern proliferation of writerly texts, texts co-created by their readers« (Ordinary Enchantments, S. 9).

finitionsversuchen bereits deutlich geworden sein, dass die Literatur des Magischen Realismus eine verantwortungsvolle, aktive Ethik des Lesens verlangt.

Es ist kein Zufall, dass dieser Text Kafkas zu einer wichtigen Inspirationsquelle für den internationalen Magischen Realismus wurde. In mehreren Hinsichten bestätigt sich, dass das Fundament einer magisch-realistischen Ästhetik, wie sie in der *Verwandlung* schon ins Spiel gebracht worden war, zentral wurde für literarische Formen der Traumaverarbeitung und -darstellung.

Fazit

Neben dem Aspekt der kollektiven Traumaverarbeitung äußerst gewalttätiger historischer Ereignisse und Prozesse, der in der internationalen Forschung zum Magischen Realismus von Eugene Arva untersucht worden ist,[51] möchte ich abschließend die folgenden konstitutiven Merkmale für ein deutschsprachiges Korpus des historischen Magischen Realismus benennen: eine besondere Raumpoetik, die Landschaften und Schwellenorten eine existenzielle Kraft verleiht (wie exemplarisch in Langgässers Erzähltexten oder in Hermann Kasacks damals viel beachtetem Nachkriegsroman *Die Stadt hinter dem Strom*, 1947); eine unmissverständliche Vorliebe für Identitätsstörungen, die oft mit der Verarbeitung von Traumata zusammenhängen, was aus dem Magischen Realismus ein besonders geeignetes Mittel für die Darstellung imaginärer Kriegswelten macht (so in den Erzählungen eines George Saiko aber auch in Ilse Aichingers Roman *Die größere Hoffnung*, 1948); die schon angedeuteten epiphanischen Augenblicke als Manifestationen einer Bewusstseinsspaltung und -erweiterung (so auch in ausgewählten Passagen von Hans Henny Jahnns Roman *Die Niederschrift des Gustav Anias Horn*); eine implizit kontradiktorische Logik von poetischer Verschlüsselung und Enträtselung mit starken historisch-politischen Implikationen unter anderem im Sinne einer (in Langgässers Roman *Der Gang durch das Ried* vorbildlich vertretenen) Ästhetik der Subversion. Dies nicht nur in der Literatur der ›inneren Emigration‹, sondern auch in ausgewählten Texten der Exilliteratur wie etwa in Anna Seghers' Erzählung *Der Ausflug der toten Mädchen* (1946), die in diesem Zusammenhang von der Forschungsliteratur bisher noch nicht behandelt wurde.[52] Mit Seghers bestätigt sich die fruchtbare Interpretationsachse einer Reflexionsfläche der Ortsgestaltung und einer Semantik der

---

51 Eugene Arva: The Traumatic Imagination: Histories of Violence in Magical Realist Fiction. Amherst, New York 2011.

52 Mit Ausnahme von Schuster, der in *Die andere Moderne* (S. 106ff.) auf Grundlage der Idee einer Verwandlung der Wirklichkeit Seghers' Romane *Transit* und *Das Siebte Kreuz* quasi magisch-realistische Züge verleiht. Im 5. Kapitel meiner Monographie biete ich eine magisch-realistische Interpretation des *Ausflugs der toten Mädchen*.

Grenzorte und weiteren unbestimmten (topographischen und existenziellen) Zwischenräumen, ein Weg, den sowohl Scheffel als auch Leine aus unterschiedlichen Perspektiven schon eröffnet haben.[53]

Literaturverzeichnis

Arva, Eugene und Hubert Roland (Hg.): Magical Realism as narrative Strategy in the Recovery of Historical Traumata. In: Interférences littéraires. Literaire Interferenties (2014), Nr. 14, http://www.interferenceslitteraires.be/index.php/illi/issue/view/25; Zuletzt aufgerufen: 05.10.2020.

Arva, Eugene: The Traumatic Imagination: Histories of Violence in Magical Realist Fiction. Amherst, New York 2011.

Baßler, Moritz: Deutsche Erzählprosa 1850–1950. Eine Geschichte literarischer Verfahren. Berlin 2015.

Breton, André: L'art magique. In: Etienne-Alain Hubert (Hg.): Œuvres complètes, IV: Écrits sur l'art. Paris 2008 [1957], S. 47–289.

Carpentier, Alejo: Das Reich von dieser Welt. Aus dem Spanischen von Doris Deinhard. Mit dem Vorwort zur Originalausgabe und einem Nachwort von Mario Vargas Llosa. Frankfurt a. M. 2004, S. 115–121.

Denis, Benoît (Hg.): Revue des lettres belges de langue française (2002), Nr. 21: Du fantastique réel au réalisme magique. https://journals.openedition.org/textyles/878. Zuletzt aufgerufen: 21.04.2020.

Durst, Uwe: Das begrenzte Wunderbare. Zur Theorie wunderbarer Episoden in realistischen Erzähltexten und in Texten des ›Magischen Realismus‹. Berlin, Münster 2008.

Faris, Wendy B.: Ordinary Enchantments. Magical Realism and the Remystification of Narrative. Nashville 2004.

Flores, Angel: Magical Realism in Spanish American Fiction. In: Lois Parkinson Zamora und Wendy B. Faris (Hg.): Magical Realism. Theory, History, Community. Durham 1995, S. 109–117.

Flores, Angel (Hg.): The Kafka Problem. With a new, up-to-date bibliography & a complete list of Kafka's works in English. New York 1963 (Reprint der Ausgabe von 1946).

Frank, Gustav und Stefan Scherer: Komplexer Realismus bei Elisabeth Langgässer. In: Claudia Öhlschläger, Lucia Perrone Capano und Vittoria Borsó (Hg.): Realismus nach den europäischen Avantgarden. Ästhetik, Poetologie und Kognition in Film und Literatur der Nachkriegszeit. Bielefeld 2012, S. 13–40.

Grathoff, Stefan und Stefan Dumont über diese Schlacht: Zur Geschichte von Pfeddersheim. https://www.regionalgeschichte.net/rheinhessen/pfeddersheim.html. Zuletzt aufgerufen: 07.06.2020.

Heimböckel, Hendrick: Epiphanien: religiöse Erfahrungen in deutschsprachiger Prosa der ästhetischen Moderne. Paderborn 2020.

---

53 Michael Scheffel: Die poetische Ordnung einer heillosen Welt und Leine: Magischer Realismus, S. 237f.

Heimböckel, Hendrick: Epiphanien – Zur Poetik religiöser Erfahrungen in der ästhetischen Moderne – Novalis, Hofmannsthal, Jahnn. In: Tomas Sommadossi (Hg.): Polytheismus der Einbildungskraft. Wechselspiele von Literatur und Religion von der Aufklärung bis zur Gegenwart. Würzburg 2018, S. 193–213.

Jaloux, Edmond: »L'esprit des livres: Le Rôdeur par Pierre Herbart; Le Vol de Nuit par Antoine de Saint-Exupéry«. In: Les Nouvelles littéraires, 7. November 1931.

Jünger, Ernst: Das Abenteuerliche Herz. [Erste Fassung]. Aufzeichnungen bei Tag und Nacht. Berlin 1929.

Kafka, Franz: Die Verwandlung. In: Die Erzählungen und andere ausgewählte Prosa. Hg. von Roger Hermes. Frankfurt am Main 1996, S. 96–161. [Textgrundlage: *Schriften. Tagebücher. Briefe. Kritische Ausgabe*. Hg. von Jürgen Born, Gerhard Neumann, Malcolm Pasley und Jost Schillemeit. Frankfurt a. M. 1982 ff.]

Koschorke, Albrecht: Wahrheit und Erfindung. Grundzüge einer Allgemeinen Erzähltheorie. Frankfurt a. M. 2012.

Landsberg, Paul L.: The Metamorphosis. In: Angel Flores (Hg.): The Kafka Problem. New York 1963, S. 122–133.

Landsberg, Paul L.: Franz Kafka et la ›Métamorphose‹. In: Esprit. Revue Internationale, 6. Jahrg., Nr. 72, 1. September 1938, S. 671–684.

Langgässer, Elisabeth: Der Gang durch das Ried. Leipzig 1936.

Leine, Torsten: Magischer Realismus als Verfahren der späten Moderne. Paradoxien einer Poetik der Mitte. Berlin, Boston 2018, S. [XV].

Leonardy, Ernst: Traces d'›épiphanies‹ dans la littérature narrative du 20e siècle. In: Martha Vanbiesem de Burbridge und Mónica Jongewaard de Boer (Hg.): La Literatura comparada, hoy. Buenos Aires 2007, S. 43–61.

Lerner, Max: The Human Voyage. In: Angel Flores (Hg.): The Kafka Problem. New York 1963, S. 38–46.

Pillet, Fabien: Vers une esthétique interculturelle de la réception. Heidelberg 2016, S. 247–307.

Reeds, Kenneth: Magical Realism: a Problem of Definition. In: Neuphilologus (2006), Nr. 90 Heft 2, S. 175–196.

Roland, Hubert: Magischer Realismus und Geschichtsbewusstsein in der deutschsprachigen Literatur. Würzburg 2021.

Schäfer, Burkhard: Unberührter Ort. Die Ruderalfläche im Magischen Realismus und in der Trümmerliteratur. Frankfurt a. M. [u. a.] 2001.

Scheffel, Michael: Magischer Realismus. In: Harald Fricke (Hg.): Reallexikon der deutschen Literaturwissenschaft. 3. Auflage, Berlin, New York 2007.

Scheffel, Michael: Die poetische Ordnung einer heillosen Welt. Magischer Realismus und das ›gespaltene Bewußtsein‹ der dreißiger und vierziger Jahre. In: Matías Martínez (Hg.): Formaler Mythos. Beiträge zu einer Theorie ästhetischer Formen. Paderborn [u. a.] 1996, S. 163–180.

Scheffel, Michael: Magischer Realismus. Die Geschichte eines Begriffes und ein Versuch seiner Bestimmung. Tübingen 1990.

Schuster, Jörg: Die vergessene Moderne. Deutsche Literatur 1930–1960. Stuttgart 2016, S. 96–102.

Warren, Austin: Kosmos Kafka. In: Angel Flores (Hg.): The Kafka Problem. New York 1963, S. 60–74.

Zaiser, Rainer: Die Epiphanie in der französischen Literatur: zur Entmystifizierung eines religiösen Erlebnismusters. Tübingen 1995.

Peter Stöger

Martin Buber und der Chassidismus mit Annotierungen zum Magischen Realismus und zur Jüdischen Renaissance

Einleitend ein Panoramablick

Das Thema »Martin Buber und der Chassidismus« ist vielschichtig. Wie lässt sich Buber in Bezug zum Chassidismus beschreiben? Und wie sieht seine Beziehung zum Magischen Realismus sowie zur Jüdischen Renaissance aus?

Buber war ein bildungshungriger, vor allem durch seine Großeltern sensibilisierter Jugendlicher, der mit seinem Vater Carl auch die Bukowina kennenlernte. In deren Hauptstadt Czernowitz lernte er das in der Nähe gelegene *Sadagora* kennen. Dort war der Sitz der Friedmannschen Rabbinerdynastie. Sie stand in chassidischer Tradition, war dann aber doch nicht ganz typisch, denn sie war recht wohlhabend und demonstrierte dies auch. Buber begann sich für diese spirituell geleitete Erneuerungsbewegung zu interessieren. Damit war er dem nahe, was in der Literaturgattung facettenreich, kunstgattungsgemäß und geographisch differenziert wie überlappend, legitim und weniger legitim getrennt, nicht immer trennscharf, mit vielen verschiedenen Verortungen als Magischer Realismus beschrieben wird. Dabei ist es wichtig, historische Stränge nachzuzeichnen: Jüdische Renaissance und Magischer Realismus erfahren, genauso wie die Rezeption Bubers selbst, ihre je spezifischen epochalen und kulturgeschichtlichen Gewichtungen mit ihren je unterschiedlichen Akzentsetzungen.

Das Argument nach Ende des Ersten Weltkrieges, es gelte nun, sich der neuen Wirklichkeit zu stellen, ist freilich so neu nicht, es wiederholt sich auch nach dem Ende des Zweiten Weltkrieges. Dieser Ruf erscholl auch schon lange davor, beispielsweise nach dem Ersten Weltkrieg, nicht zuletzt als Replik darauf, wie sich da doch sehr viele Künstler und Literaten verfangen hatten (siehe die Idee vom Krieg als ›reinigendem Gewitter‹). Ja, Buber war auch einer von jenen, die damals meinten, dass dem so sein könnte. Pazifistisch wurde er erst später, nicht zuletzt unter dem Eindruck der Misshandlung und Ermordung seines Freundes Gustav Landauer, dem Exponenten der Bayerischen Räterepublik, der ihn so kritisch wie zornig (und in der Freundschaft trotzdem weiterhin treu verbunden) den ›Kriegsbuber‹ nannte.

Natürlich haben die Formen des Magischen Realismus[1] ihre Eigendynamik, nicht zuletzt in Bezug auf den Zweiten Weltkrieg, doch das Entsetzen über den Krieg, zusammen mit der Forderung nach dem nun endlich radikalen Neu-Anfangen (als heilmachende postultimative Lösung), war wie gesagt nicht neu. Die nicht unverständliche ›Innere Migration‹ hatte mitunter eine Komponente, die der politischen Rücknahme. Es war eine Reaktion auf 1933. Für dieses Sich-Zurück-Nehmen stand Buber nicht.

Wenn Paul Celan das alte Kronland Bukowina, das sich aus dem älteren Galizien und Lodomerien emanzipiert hatte, als »das Land wo Menschen und Bücher lebten«[2] zeichnete, so traf er doch einen Wesenszug des Magischen Realismus, der auch innereuropäisch den Vernunftlinien klarer Objekt-Subjektsplitterungen zu widersprechen scheint. Paul Celan und der Magische Realismus (in seiner Pluralität) treffen sich in einem Neologismus, der mit »Metaphysik der Geographie« nachzeichenbar wäre. Chassidische Strömungen gibt es schon von alters her. Doch hier, im Kronland Galizien und Lodomerien, in Podolien und Wolhynien erstand der Chassidismus, diese spirituelle Erneuerungsbewegung, wieder auf. Rund um Baalschem Tow (ca. 1700–1760), den »Meister des Guten Namens«, dem Buber zwei Bücher gewidmet hat,[3] gruppierte sich ein System von Zaddikim (»Gerechte« = Lehrmeister) und Chassidim (»Holdselige« = Schüler), beginnend im 18. Jahrhundert, schwerpunktmäßig dann in den ersten zwei Dritteln des 19. Jahrhunderts, deutlich abklingend im Zuge der Industriellen Revolution, aber späterhin auch noch um den Ersten Weltkrieg.[4] Die »Schuel« des Zaddiks war Lehrraum, Gebetsraum, Tanzraum und ›Mensa‹ in einem.

Relativ schnell bildeten sich Lehrschulen, die sich im Gefolge Baalschem Tows herauskristallisierten. »[M]it diesem Mann begann, mitten in der Aufklärung [...] eine religiöse Erneuerungsbewegung, von deren Intensität und Ausmaß wir nur noch eine unzureichende Vorstellung haben. Daß wir davon wissen ist primär Buber zu verdanken.«[5] Leuchtende Namen waren Dow Bär, Schnëur Salman

1 Vgl. Michael Scheffel: Magischer Realismus. Die Geschichte eines Begriffes und ein Versuch seiner Bestimmung. Stauffenburg Colloquium, Band 16, Tübingen 1990.
2 Roman Vishniac: Wo Menschen und Bücher lebten. München 1993, S. 15.
3 Martin Buber: Die Legende des Baalschem. Zürich 1955 [1908]; Martin Buber: Des Baal-Schem-Tow Unterweisung im Umgang mit Gott. Des Rabbi Israel Ben Elieser genannt Baal-Schem-Tow, das ist Meister vom guten Namen, Unterweisung aus den Bruchstücken gefügt von Martin Buber. Mit Nachwort und Kommentar von Lothar Stiehm, 4. Aufl., Heidelberg 1981 [1927].
4 Vgl. Wassyl Lopuschanskyj: Martin Buber – Überlegungen zum Chassidismus. In: Thomas Krobath, Amena Shakir und Peter Stöger (Hg.): Buber begegnen. Interdisziplinäre Zugänge zu Martin Bubers Dialogphilosophie, Wuppertal, Wien 2017, S. 65–81, hier: S. 69.
5 Lothar Stiehm: Nachwort. Anmerkungen. Kommentar. In: Martin Buber: Des Baal-Schem-Tow Unterweisung im Umgang mit Gott, S. 121.

(»der Raw« genannt), Rabbi Mendel von Kotzk, Rabbi Susja (eine jüdische Parallelfigur zum christlichen hl. Franziskus).

Buber lernte diese Kultur schon in ihrem Abgesang, in ihrer letzten Leuchtkraft kennen. Er war nicht ohne Wehmut begeistert. Er erkannte in diesen Traditionsläufen so viel gelebten Dialog, so viel Weisheit und so viel Solidarität, dass er sich in dieses ›Geheimnisland‹ hineinbegab und deren Narrationen sammelte.[6] Er tat dies in den *Geschichten des Rabbi Nachman*[7], schwerpunktmäßig dann aber in dem Standardwerk *Die Erzählungen der Chassidim*[8].

›Geheimnisland‹ ist in der Tat ein Ausdruck, der in unser lineares Wissen nicht hineinzupassen scheint. Der Magische Realismus macht es uns viel leichter, diese Dimension wahrzunehmen. Das auf der linearen (Wort- und Bild- und Wortbild-)Schiene Unverständliche wird auf ein zyklisches Bildungsverständnis gebracht, psychodynamisch und vor allem mit einer Vokabel, die Sigmund Freud 400 Jahre später spannungsgeladen und widersprüchlich bekannt machen wird, *psychoanalytisch* logisch. Es beinhaltet diese Weisheit des Cusaners. Das prima vista einmal Unverständliche weitet sich in den von Buber gesammelten Weisheitssprüchen zu einem »Ahnbaren«. Die chassidischen Erzählungen führen in solch fruchtbare Widersprüchlichkeiten. Die Welt »voll der Wunder« und das sogenannte Reale, das dieses »so kindlich Wundersame« auszuschließen scheint, sind einander im Magischen Realismus ganz nahe; in diesem Sinne profilierte sich die Literatur des lateinamerikanischen Magischen Realismus nicht als eine *Fortschreibung* des deutschsprachigen Magischen Realismus' der 1920er und 30er Jahre, sondern als ein *Gegenentwurf* zur kalten Rationalität der Europäer, als solcher wurden die Werke etwa von Gabriel García Marques und Mario Vargas Llosa in Deutschland in den 1980er Jahren wahrgenommen und rezipiert. Deren Paradoxien, deren ›Unlogik‹ kennen das Prinzipium des Brixner Kardinals. Das mittel-osteuropäische Judentum chassidischer Prägung führt uns, im Zeitkleid von damals, zu besagtem Ahnbaren, zu einem Anklang von dem, was Shakespeare in *Hamlet* so ausdrückte: »There are more things in heaven and earth, Horatio, Than are dreamt of in your philosophy.«[9] Das wird oft mehr holprig als recht übersetzt mit: »Es gibt mehr Dinge zwischen Himmel und Erde, Horatio, als Dir Deine Schulweisheit träumen lässt.« Indes gilt auch die Übersetzung: »Es gibt mehr Dinge zwischen Himmel und Erde, Horatio, als Du Dir je erträumen

---

6 Vgl. Martin Buber: Briefwechsel aus sieben Jahrzehnten. In 3 Bänden, herausgegeben und eingeleitet von Grete Schaeder in Beratung mit Ernst Simon und unter Mitwirkung von Rafael Buber, Margot Cohn und Gabriel Stern, Band 3: 1938–1965, Heidelberg 1975, S. 967f.

7 Martin Buber: Die Geschichten des Rabbi Nachman. Nacherzählt von Martin Buber, Freiburg et al. 1992 [1906].

8 Martin Buber: Die Erzählungen der Chassidim. Zürich 1949.

9 William Shakespeare: Hamlet, 1603. Act I, Scene V, S. 186–187 (Prestwick House Literary Touchstone Classics, Delaware 2005, S. 39).

könntest.« Dazu gesellt sich die Sukzessionslinie der Erzähler als partizipatives Moment.[10]

In der Pädagogik stellt sich dies unter den Titel »relationale Pädagogik«. Sie zeigt sich nicht nur in der chassidischen Variante, sie zeigt sich nicht nur in der besonderen Note des Magischen Realismus in Lateinamerika, sie zeigt sich auch in der von Buber mitbeeinflussten Befreiungspädagogik Paulo Freires, des dialogpädagogischen Pendants Bubers aus Brasilien.

Jüdische Renaissance – Einige Notizen

Die Jüdische Renaissance lässt sich an diesem Gedankengang mitanknüpfen. Es ist eine Renaissance nicht im Sinne eines *Retro*, eines plumpen Rückgriffs auf Gehabtes (abgeleitet vom Habensmodus), nein, Renaissance kann wortwörtlich genommen werden: »wiederum Geburt«. Die Jüdische Renaissance ist ja keineswegs monolith. In der Nationalfrage bzw. in der Frage nach dem Staat Israel, zentrales Thema der Zionistenkongresse, scheiden sich die Geister. (Der Begriff ›Israel‹ ist zweifach zu verstehen, einmal religiös, und ein anderes Mal politisch im Sinne des Staatsgebildes, wie es 1948 Gestalt wird.) Hier nahm Buber eine mittlere, auch vermittelnde Position ein. Buber war Kulturzionist, ihm ging es bei der Jüdischen Renaissance primär um den Biblischen Humanismus (Bibel studieren, Hebräisch lernen), der schon im Jüdischen Lehrhaus und in der Mittelstelle für Jüdische Erwachsenenbildung (beide befanden sich in Frankfurt) das zentrale Anliegen war. Der Hintergrund seiner Erwachsenenbildung, speziell in den Jahren bis 1938, war »Aufbau im Untergang«[11]. Sein Motto war: Wenn wir schon verfolgt werden, dann sollen wir wenigstens wissen, warum wir verfolgt werden. Der Trotz hatte auch in der Jüdischen Renaissance eine nicht zu übersehende pädagogische Funktion. Dann kam, was kommen musste: Bubers Wohnung (er selbst war, sehr spät, wenige Monate zuvor nach Palästina ins Exil gegangen) wurde in der Reichskristallnacht schwer beschädigt.

Man kann sich nun der Jüdischen Renaissance religionskritisch wie religionsfreundlich, kulturgeschichtlich, agnostisch wie kulturreligiös, aber auch spirituell und gläubig nähern. Martin Buber hat das spirituelle Erbe stets betont, ohne sich deshalb einer Synagoge und den Riten verbunden zu wissen. Die Kabbala war ihm, was hermetische Aspekte betrifft, fern. Nahm er nun die Renaissance nur als Beobachter musealer Traditionen wahr? Nein, das auch nicht.

---

10 Es ist kennzeichnend, dass in den Geschichten mit oraler Tradition die Sukzessionslinien von besonderer Bedeutung sind. Das betrifft nicht nur die chassidischen Geschichten, aber eben auch diese.

11 Ernst Simon, zit. in: Gerhard Wehr: Martin Buber. Reinbek bei Hamburg 1986, S. 36.

Er verstand das reiche geistig-spirituelle kollektive Erbe als einen großen, unerschöpflichen und stets erneuerbaren Erinnerungsschatz. Dieser Schatz war für ihn aber nicht zwingend an institutionelle, dogmatisierte Kontexte gebunden, im Gegenteil: Er verstand ihn vielmehr als unabhängig von all dem, was ihm geistig hermetisch erschien – so hat er wohl tendenziell die Kabbala wahrgenommen –, und unabhängig von all dem, was ihm institutionell hermetisch vorkam, vornehmlich in religiösen Zusammenhängen. Solche Erdbebenfalten hier hermetisch, dort offen – ziehen sich ja in unterschiedlichsten historisch nachzeichenbaren Nuancierungen durch alle Religionsgemeinschaften.

Buber schreibt dreizehn Jahre vor dem Ausbruch des Ersten Weltkrieges im nicht unüblichen Pathos jener Zeit: »Wir leben in einer Epoche der Kulturkeime.«[12] Und setzt an anderer Stelle fort: »Dem jüdischen Volke steht eine Auferstehung von halbem Leben zu ganzem bevor. Darum hat man seine Teilnahme an der modernen national-internationalen Kulturbewegung eine Renaissance genannt.«[13] Dieses Auferstehen schöpft aus dem Reichtum der Vergangenheit und stellt diesen in die Gegenwärtigkeit von Identitätsfindung. Diese Erkenntnis will und darf politisch vorauslaufen, ja diese erst begründen. Das, in großen Umrissen, war die Kernaussage der Kulturzionisten: Der äußeren (politischen) Wandlung muss eine innere (kulturelle) vorausgehen.[14]

Die Entwicklung der Jüdischen Renaissance ist nicht unabhängig von Entwicklungen im 18. und 19. Jahrhundert zu betrachten. Der anfangs noch eher religiös, späterhin dann stärker kulturell, politisch und wirtschaftlich bestimmte Antisemitismus war nun für die Jüdinnen und Juden die Folie für eine Reaktion. Sie hieß: Besinnung. Was sind unsere innersten Werte, was macht uns aus?

Dies ist eine der Wurzeln für das Erstehen zionistischer Re-Aktion, fokussiert um Theodor Herzl, wobei diese Bewegung keineswegs homogen war. Die Fragen entlang von Religion und Ethnie, Fragen nach konfessionell nichtjüdischen Juden (wie Atheisten, Buddhisten, Christen), die politischen Fragen, die Frage nach Israel als schließlich 1948 begründeter Staat, die Frage nach den Arabern, die Buber besonders berührte, bildeten schon bald Schlüsselthemen und sind es noch heute. Sie sind Stolpersteine in puncto jüdisches Selbstverstehen in- und außerhalb Israels.

Dazu kann die Frage postiert werden, hier nicht näher ausfaltbar, wie Begriffe (z. B. ›Israel‹) und Gegenstände (z. B das staatlich-territoriale Gebilde der Idee ›Israel‹ ab 1948) in eine interpretative »Deckung« gebracht sein können.[15] Dies steht im Rahmen der Reflexion unterschiedlichster, z. T. in sich widersprüchli-

---

12 Buber: Briefwechsel 1897–1918, S. 143.
13 Buber: Briefwechsel 1897–1918, S. 144.
14 Vgl. Buber: Briefwechsel 1897–1918, S. 146.
15 Vgl. Hans Czuma: Versuch über Rekonstruktion [1975]. In: Helmwart Hierdeis (Hg.): Hans Czuma: Philosophische Texte. Innsbruck 2020, S. 23–46, hier: S. 23.

cher, oft genug ambivalenter Einspeisungen von philosophischen, religiösen, nationalen, stammesgeschichtlichen, sozial- und wirtschaftshistorischen, religionspsychologischen und zeitgeschichtlichen – nicht zuletzt auf Grund der Shoah – Kon-Texten und Narrationen.

Hinzu kommt auch die Frage nach Sprache und Identität als eines der Kernthemen. Diese kulturpsychologische, kulturzionistische Frage hat immer schon ein Ureigenes berührt: Was macht uns Jüdinnen und Juden als kulturelle Wesen aus?

Mittendrin steht, wie schon Nathan Birnbaum und andere, Martin Buber, und mit ihm die geistige Gründungsriege der Hebräischen Universität samt ihren Vorläufern. Sie alle waren Kulturzionisten. Buber verhielt sich dem Staate Israel gegenüber späterhin wohl loyal, im Zentrum seines zionistischen Verständnisses lagen aber erstrangig kulturelle bzw. religiöse Fragestellungen. Diese hatte man auch schon bald nach den ersten Zionistenkongressen moniert. Schon früh (1895) hatte Achad-Ha'am (Ascher Ginsberg) aus Skwyra darauf gedrungen. Die jüngeren Martin Buber und Ernst Simon insistierten ebenfalls darauf. Buber erkannte im politischen Zionismus wohl auch ein wichtiges, aber nicht das vordringlichste Moment. Dies war auch der Grund für die Entfremdung zwischen ihm und Theodor Herzl. Es war die Demokratische Fraktion, die rund um und nach dem Fünften Zionistenkongress in Basel (1901) diese Bewegung bündelte, die in einem gewissen Kontrapunkt zum primär politisch gedachten Zionismus stand. Buber, einer der Exponenten, war damals 23 Jahre alt.

Buber plädierte dafür, jüdische Literatur in den verschiedensten Sprachen in ein »gemeinsames jüdisches Haus« zu übertragen, wobei das Hebräische dieses Sprachhaus jüdischer Identität sein solle.[16] Dem kulturzionistischen Gedanken und damit auch Buber nahe stand beispielsweise Chaim Weizmann, der in der Aufbauarbeit der 1918 in Jerusalem gegründeten Hebräischen Universität mit Hugo Bergmann, Albert Einstein und Buber und in der Gründungsgeschichte des späteren Staates Israel eine wichtige Rolle spielte.[17]

Im Diskurswurzelwerk der Philosophischen Anthropologie wird Buber fürderhin über Jahrzehnte eine gewichtige Position im Rahmen der Personalismusdiskurse einnehmen und innerhalb dieser – ebenso wie später in ganz anderen Zusammenhängen der brasilianische Pädagoge Paulo Freire – die Dialogphilosophie mitprägen. Der bereits erwähnte Bar-Kochba-Kreis umfasste, neben Buber selbst, so illustre Namen wie Nathan Birnbaum, Hans Kohn, Max

---

16 Vgl. Andreas B. Kilcher: Jüdische Renaissance und Kulturzionismus. In: Hans Otto Horch (Hg.): Handbuch der deutsch-jüdischen Literatur. Berlin et al. 2016, S. 99–121, hier: S. 104f.

17 Weizmann gehörte, freundschaftlich mit Buber verbunden, zum zionistischen Prager Bar-Kochba-Kreis, leitete die Nationalbibliothek in Jerusalem, die dann in die Bibliothek der Hebräischen Universität übergeleitet wurde, und war ab 1936 Präsident derselben.

Brod, Georg Langer, Felix Weltsch und Franz Kafka.[18] Epochemachend waren in diesem Kreis u. a. auch die von Buber 1910/11 in Prag gehaltenen »Drei Reden zum Judentum«[19]. Bubers Haltung zur deutschen Sprache war differenzierend, er aberkannte nicht den Wert dieser Sprache, sah aber im Hebräischen den mütterlichen Boden jüdischer Identität und jüdischer Literatur. Diese Haltung brachte ihm auch Kritik ein. Besonders prominent unter seinen Kritikern war Max Brod, dabei nicht eben zimperlich mit Bubers Freunden Herman Hesse und Franz Werfel umgehend: »Ich für meinen Teil spüre gar keinen Zusammenhang mit dem deutschen Schrifttum. In die Reihe der deutschen Literaturentwicklung gehöre ich nicht hinein; oder höchstens als Fremdkörper. Auch was das Sprachliche anlangt nicht. Wir Juden behandeln doch das Deutsche ganz anders als ein wirklicher Deutscher, z. B. Gerhart Hauptmann, Robert Walser, ja selbst als eine Mittelmäßigkeit wie Hesse. Uns ist die Sprache nur anvertraut, daher sind wir im rein Sprachlichen unschöpferisch oder springen mit der Sprache so frei um wie es Wolfenstein, Werfel u. a. tun. Es kann kaum ein Deutscher an unsere deutschen Neubildungen anknüpfen, Beispiel: Heine. Daher ist der jüdische Dichter zu Lebzeiten für die deutsche Literatur ein Blender [...]«.[20] Buber hat Brod in seiner Antwort darauf nur eingeschränkt beigepflichtet.[21] Differenzierungen und Nähe-Distanzverhältnisse in Balance zu bringen, war eben auch in der jüdischen Gemeinde schwer genug.

Buber war in der Jüdischen Renaissance vielen literarisch wie kulturzionistisch und religionsanthropologisch eine orientierende, einigen gar eine leitende Figur. Er war so manchen wohl auch ein Feuerstein, aus dem heraus sie Funken für ein Mehr an Bewusstheit schlagen konnten.

Grund-Sätze zum Chassidismus und ein Einordnungsversuch

Die Israelfrage teilt auch heute noch die Chassiden. Etliche von ihnen anerkennen Israel nur als geistige, nicht jedoch als politische Heimat, dies deshalb, weil der Messias noch nicht gekommen ist. Nicht jeder Chassid ist Kulturzionist, nicht jeder politischer Zionist, nicht alle sind beides, auch der Biblische Humanismus ist manchen zu liberal, zu wenig spirituell bzw. traditionell, nicht jeder Traditionelle ist spirituell und nicht jeder Spirituelle automatisch Chassid. Über-

---

18 Kilcher: Jüdische Renaissance, S. 112.
19 Martin Buber: Drei Reden über das Judentum [1911]. In: Martin Buber Werkausgabe, Band 3: Frühe jüdische Schriften 1900–1922. Herausgegeben, eingeleitet u. kommentiert von Barbara Schäfer, Gütersloh 2007, S. 219–256.
20 Max Brod in einem Brief an Martin Buber vom 20. 1. 1917; In: Buber: Briefwechsel 1897–1918, S. 461 f [Brief Nr. 332].
21 Vgl. Buber: Briefwechsel 1897–1918, S. 479 [Brief Nr. 338].

schneidungen gab und gibt es wohl, doch kann generaliter nicht genug differenziert sein. In seiner Relation zum Chassidismus war Buber eines nicht,
nämlich Chassid. Der Buchtitel *Mein Weg zum Chassidismus* von 1918 könnte auf
den ersten Blick irreführend verstanden werden. Wohl hat Buber noch die Ab-
klänge des Chassidismus in Galizien und in der Bukowina, in den Landen zwischen Dnjestr und Pruth, kennengelernt, doch seine Beschäftigung war wesentlich eine ›von außen‹, außerhalb chassidischer Gemeindebildung. Das will aber
nicht heißen außerhalb des Judentums. Das drückte sich zwar nicht durch eine
aktive Teilnahme im synagogalen Sinne aus, wohl aber – und das zutiefst – durch
seine theoretische, forschende, multiplikatorisch breit wirksame lehrende Tätigkeit. Die chassidische Lehre wurde zur Basis seiner weiteren dialogphiloso-
phischen und dialogpädagogischen Tätigkeit, die in seinem dialogischen Prinzip,
dargestellt in seinem Werk *Ich und Du*[22], den Höhepunkt fand.

Bubers Beschäftigung mit dem Chassidismus resultiert aus zweierlei: (1) aus
Bubers tiefer Verwurzelung in dieser Expression seiner Kultur im Erlöschen,
(2) aus Bubers feinem Gespür für den relationalen pädagogischen Bezug dieser
lebensbejahenden, froh gestimmten spirituellen Wegführung.[23] Anschlussmo-
mente zu den Diskurslinien im Kontext des Magischen Realismus sind auf-
spürbar. Es geht um eine Wiederherstellung einer Holistik. Ahnbares, Wunderbares sind aussprechbar, ja notwendig aussprechbar, ihr Verstecken hinter
der Engführung rein linearer Denkmuster eben nicht realistisch. Der Realismus
darf weiter greifen und kann deshalb den Alltag als wundersam, ja heilig (s. o.)
miteinschließen.

Den Chassidismus als Zusammenschluss der Bundestreuen gab es in dieser
ost-mitteleuropäischen Prägung auch in Bessarabien bzw. Moldawien. Jiddisch
war die Alltagssprache, in der Synagoge herrschte das Hebräische vor. Um Bubers
Sammeltätigkeit besser verstehen zu können, ist es dienlich, einiges Grundge-
setztes im Chassidismus näher zu betrachten.

Lässt sich nun der Chassidismus dieser mittel-osteuropäischen Prägung so
einfach in die Jüdische Renaissance einordnen? Die Frage verrät schon die
Antwort: So einfach ist das nicht. Eher kann man das schon von der Rezeptionsgeschichte sagen. Nicht zu übersehen ist jedoch der Gedanke der Erneuerung,
was schon ein wenig die Bewegung hin zum Zionismus im Allgemeinen anzeigt.
Aufbruch signalisierte ja auch die *Haskala*, die den Anschluss an die ›Moderne‹
respektive an das mitteleuropäische ›aufklärerische‹ Geistesleben suchte und
nicht ohne größere Probleme an eine irrlichternde Assimilation glaubte. Genau
das ist aber nicht der Mainstream der Jüdischen Renaissance. Sie verstand Er-

---

22 Martin Buber: Ich und Du. 11. Aufl., Heidelberg 1983 [1923].
23 Vgl. Martin Buber: Der Weg des Menschen nach der chassidischen Lehre. 10. Aufl., Gerlingen
    1993 [1947].

neuerung als ein Zurück zu den Quellen, ohne aber ein Gestern gleichsam als etwas Eingefrorenes in ein Heute retten zu wollen. Dem Chassidismus ging es um Erneuerung. Insofern ist er eine wichtige Einspeisung für die Jüdische Renaissance, so breit und mitunter oszillierend dieser Begriff auch sein mag. Erneuerungen in der Paradigmatik Welt zu sehen, Menschen zu sehen, betreffen selbstredend nicht genuin den Magischen Realismus, auch nicht den Biblischen Humanismus eines Martin Bubers als Ausdruck einer Jüdischen Renaissance allein. Aber es sind – vor allem was das Judentum betrifft – notgedrungene ›Movements‹ hin zu einem Aufbrechen von denkkolonialen Strukturen, die sich bislang entlang einer Schiene von Welt- und Menschenwahrnehmung bewegten, die die Zyklik auf ihrer monolinearen Scharnierung nicht (mehr) wahrnehmen und für wahr nehmen konnte.

Was will erreicht sein in dieser Wanderung der Bundestreuen – in Gemeinschaften, die es da und dort auch heute noch gibt, in Brooklyn (New York), Jerusalem, London und anderswo? Es geht darum, die einwohnenden Funken Gottes ans Tageslicht zu bringen, nachdem sie vorher von den Schmutzschichten befreit worden sind. Die Lehre »unterwies, wie man ihnen nahen, mit ihnen umgehen, ja sie ›heben‹, sie erlösen, sie mit ihrer Urwurzel wiederverbinden könne«[24]. Dazu gehören »Sorgfalt, Wohlwollen und Treue«[25]. Dieser Gedanke ist am Beispiel der *scintilla animae*, des »Seelenfunken«, auch dem Christentum nicht fremd. Dabei erzählt der Chassidismus auch von der *Schechina*, der Einwohnung Gottes in allem. Der Begriff der *Schechina* (»Einwohnung Gottes«) steht wohl im Zusammenhang mit der Zeit des jüdischen Exils, er trägt sich aber über die Jahrhunderte hinweg und findet in den chassidischen Erzählungen eine besondere Ausformung, ja Renaissance. Er wurde vor allem immer dann aktuell, als die Jüdische Gemeinde über die Jahrhunderte hinweg in Gefahr war. Das Licht ans Licht zurückbringen, heißt demnach die Lösung, die Erlösung des Lichtes aus einer Gefangenschaft. »Ich stoße das Fenster auf und zeige hinaus«,[26] meinte Buber und erklärte damit auch sein Anliegen, sich mit dieser dialogpädagogischen Tradition zu beschäftigen.

Der Zaddik sammelt in zweierlei Hinsicht. Er sammelt die Schüler um sich, und er hilft ihnen, dass sie sich sammeln, in ihrem Tun bei der Sache sind: »[Er] lehrt dich deine Geschäfte so verwalten, daß dein Gemüt frei wird, und er lehrt dich dein Gemüt so in sich zu festigen, daß du den Geschicken standhalten kannst. Und immer wieder weiß er dich soweit an der Hand zu führen, bis du dich

---

24 Buber: Erzählungen der Chassidim, S. 799f.
25 Buber: Erzählungen der Chassidim, S. 800.
26 »Ich stoße das Fenster auf und zeige hinaus« – Martin Buber. Eine Filmdokumentation von Richard Rimmel, München 1981 (KinoVision).

allein weiterzuwagen vermagst [...].«[27] Es ist ein Grundsatz, der unter dem Titel »Subsidiäres Lernen« aktuell bleibt.

Nicht alle Schüler lebten im Ort des Zaddiks. Am Sabbat und an hohen Feiertagen kamen sie oft von weit her. Die Frau des Rabbis (Rebbe) wusste oft nicht die Schar der Schüler zu verköstigen und unterzubringen. Der Grundtenor war: Das Volk Israel ist im Exil, und wir, die Lerngemeinschaft, sind es auch. Das Lernen besteht im Wieder-Heimfinden. Der größte und wichtigste Lernort ist dabei der Alltag. Religion – im Sinne von *re-ligere* – heißt Rückbindung an den Alltag, zu der unmittelbaren und oft übersehenen, selbst-verständlichen, doch nicht immer *von* selbst verständlichen Umgebung von Familie und Arbeit. Der Zaddik leistet, in einfache Worte gefasst, spirituell-pädagogische Arbeit. Dazu gehört das alltägliche Bündel an Sorgen, das nicht nur den Einzelnen belastet. Die nachfolgende Hilfsanweisung ist dann durchaus (selbst-)therapeutisch: »Wenn du einen Menschen aus Schlamm und Kot heben willst, wähne nicht, du könntest oben stehenbleiben und dich damit begnügen, ihm eine helfende Hand hinabzureichen. Ganz musst du hinab, in Schlamm und Kot hinein. Da fasse ihn dann mit starken Händen und hole ihn und dich ans Licht.«[28]

Subsidiär, pädagogisch-spirituell-therapeutisch ist dieses Tun. Es geht um die Reinigung der Schmutzschichten, die sich um die Seelenfunken gelegt haben. Eine wichtige Funktion liegt im wechselseitigen Fragen und Antworten zwischen Lehrer und Schüler: »Der Schüler fragt, und durch die Art seiner Frage erzeugt er, ohne es zu wissen, im Geist des Lehrers eine Antwort, die ohne diese Frage nicht entstanden wäre.«[29] Den Zaddik sieht Buber als den Mitmenschen, »der die *Tiefe der Verantwortung allstündlich mit dem Senkblei seines Wortes vermißt. Er spricht und weiß, daß seine Rede Schicksal ist*«[30]. Dazu gehört eine spezielle Gehörsamkeit. Auf die eigene Stimme, in der Gottes Stimme gründet, hören, in diesem Sinne ›gehorchsam‹ sein, analog zum Urgebet *Schma Jisrael*, »Höre Israel«.

Bubers Sammlung der chassidischen Erzählungen – Annäherungen

Buber hat sich schrittweise dem Chassidismus angenähert. Diese Annäherung war mitunter durchaus ambivalent. Buber sieht einerseits die Entfremdungsposition seiner Minderheit im gar nicht gastlichen Mehrheitsland, andererseits

27 Buber: Erzählungen der Chassidim, S. 21.
28 Buber: Erzählungen der Chassidim, S. 427.
29 Buber: Erzählungen der Chassidim, S. 25.
30 Martin Buber: Mein Weg zum Chassidismus. In: Martin Buber: Werke (W), Band 3: Schriften zum Chassidismus. München, Heidelberg 1963 [1918], S. 959–973, hier: S. 972f [Hervorh. durch den Autor].

aber auch die Gefahr einer in erstarrenden Traditionen sich selbst strangulie-
renden Kultur. Ungestüm schreibt er 23-jährig: »Die äußere Knechtung der
›Wirtsvölker‹ und die innere Zwingherrschaft des Gesetzes trugen in gleichem
Masse dazu bei, das Lebensgefühl von seinem natürlichen Ausdruck, dem freien
Schaffen in Wirklichkeit und Kunst abzulenken ([...] es verirrte sich in krank-
hafte Erscheinungen, wie Chuzpe und Chassidismus).«[31]

Er erkannte früh, dass ein nationales Bekennen allein den jüdischen Menschen noch nicht verwandle.[32] Der zweite Schritt war ein Erkennen: »[D]amit
meine ich«, schreibt er, »nicht eine Aufspeicherung anthropologischer, historischer, soziologischer Kenntnisse, so wichtig diese auch sind; ich meine [...] Aug-
in-Auge-Erkennen des Volkstums in seinen schöpferischen Urkunden.«[33]

Buber las im ureigentlichen Sinne der Lese, der Sammlung, indem er die
Fremdheit der Geschichten zuließ, das Andere und Fremde anders und fremd
sein ließ. So konnte er erst Fremdes in sich entdecken, ein Eigen-Fremd, ein im
Eigentlichen oft Fremdsein und im Fremden oft Ureigentlich-Sein. Dieses In-
der-Spannung-Bleiben. Somit geschah es: »Urwüchsiges stieg in mir auf, im
Dunkel des Exils zu neubewußter Äußerung aufgeblüht: die Gottesebenbild-
lichkeit des Menschen [...].«[34] Diese neubewusste Äußerung sieht er als Werden
und als Werdeauftrag an sich sowie als ein Angebot an Leserin wie Leser. Dialog –
wie friedenspädagogisch ist dieser Gedanke in seinem Werk bestimmend geworden. »Und dieses Urjüdische war ein Urmenschliches, der Gehalt mensch-
lichster Religiosität. Das Judentum als Religiosität, als ›Frömmigkeit‹, als Chas-
siduth ging mir da auf.«[35] Daraus leitete Buber die Sinnhaftigkeit, ja den als
solchen empfundenen Auftrag ab, die Schätze der Erzählungen von Zaddikim
und deren Schülern, den Chassidim, fürderhin weiterzuerzählen. Mit 26 Jahren
hat sich Buber vermehrt mit diesen Erzählungen auseinandergesetzt, um, wie er
es nennt, ›Geheimnisland‹ zu finden.[36]

Der Glaube an das Kommen des Messias zieht sich durch alle Erzählungen, die
Buber in den unterschiedlichsten Lehrschulen des Chassidismus sammelte. Der
Mensch selbst fördert oder behindert auch dieses Kommen.[37] Nicht das Außer-
gewöhnliche, das Gewöhnliche als Lernort ist das zentrale Thema.[38] Die Geschichten sammelte Buber nicht nur als Erbstück für die Juden alleine, sondern

---

31 Buber: Jüdische Renaissance, S. 146.
32 Vgl. Buber: Jüdische Renaissance, S. 967.
33 Buber: Jüdische Renaissance, S. 967.
34 Buber: Jüdische Renaissance, S. 967 f.
35 Buber: Jüdische Renaissance, S. 968.
36 Vgl. Buber: Jüdische Renaissance, S. 968.
37 Vgl. Martin Buber: Das Problem des Menschen. 5. verb. Aufl., Heidelberg 1982 [1942 (hebr.),
    1948 (dt.)], S. 50.
38 Vgl. Buber: Die chassidische Botschaft, S. 804 f.

als Geschenk an alle Menschen guten Willens (*bonae voluntatis*). Wie eben auch zenbuddhistische Geschichten oder die heilenden Geschichten der alten Ägyptischen Wüstenväter, Geschenke an alle Menschen sind, unabhängig davon, wie oder ob sie überhaupt gläubig sind. Es gab ja unter den Juden große Assimilationsprozesse an eine bürgerliche, oberflächlich christliche, das Materielle bevorzugende Gesellschaft. Und mancher ›westliche‹ Jude schaute auf die verarmten Verwandten aus dem östlichen Mitteleuropa herab. Entwurzelte Juden waren hinsichtlich ihrer Identitätsfindungen besonders gefährdet. So war Bubers Sammeltätigkeit natürlich eine wertvolle Brücke über Angestammtes, Tradiertes (wieder) nachzudenken. Schalom Ben-Chorin erklärte es einmal so: »Buber wollte nie den Chassidismus als solchen propagieren, sondern der Chassidismus war ihm ein eindrückliches Beispiel für eine lebensverbundene Art der Frömmigkeit, welche die unheilvolle Scheidung in sakrale und profane Gebiete (›Raum und Kirche‹) durch Einheiligung des ganzen Lebens überwunden hatte. Buber sah hier eine Möglichkeit, die auch in andere Lebensformen transponiert werden konnte.«[39]

Buber hatte eine Unmenge an Überlieferungen gesammelt. In und mit dieser intensiven Beschäftigung blitzte ihm so etwas wie seine »eingeborene innere Verbindung mit der chassidischen Wahrheit«[40] auf. Bubers Geschichtensammlung illustriert die Schnittstellen, besser gesagt Spannungsbögen, zwischen Idee und Leben, zwischen Geschichte und Religion. Wohl wirkt Bubers Sprache oft – zeitgeistig bedingt – antiquiert, außer Mode, doch die Leser und Leserinnen sehen, dass er keine getarnte Sprache, keine verbrämte Sprache in Floskeln (vor-) führt. Das ist ja der Grund, warum der humanwissenschaftliche ›Sprechtech‹ zurecht oft als Hohn, zumindest als Last empfunden wird. Es fehlt das Zeugnisgeben. Bezeugung und Lauterkeit wirken bei Buber, trotz des antiquiert erscheinenden Pathos, bis heute – so sperrig auch manche Texte für das Heute herüberkommen mögen. Die Leser und Leserinnen spüren, dass Buber im Worte »standhält«.[41] Und sie spüren, dass Buber nicht bekehren will. Er lässt die Geschichten aus sich wirken. Dogmatismen aller Art und missionarischer Übergriff sind ihm fremd. Bubers Annäherung an den Chassidismus ist außerhalb von Konvention oder Entfremdung. Seine Annäherung besteht in der Frage: Was kann ich für mein Leben lernen? Wenn Leser oder Leserin ähnlich lernen wollen, liegt das schon außerhalb von Bubers Sammeltätigkeit.

39 Schalom Ben-Chorin: Zwiesprache mit Martin Buber. Erinnerungen an einen großen Zeitgenossen, Gerlingen 1978 [1966], S. 33.
40 Fridolin Stier: Betroffen. In: Eleonore Beck und Gabriele Miller (Hg.): Ich führe ein Gespräch. Martin Buber Lesebuch. Hildesheim 1993, S. 30.
41 Vgl. Peter Stöger: Martin Buber. Der Pädagoge des Dialogs. Einblicke und Ausblicke unter besonderer Berücksichtigung von »Ich und Du« und »Erzählungen der Chassidim«. Mit einem Geleitwort von Helmwart Hierdeis, 2. Aufl., Szombathely 2000, S. 86f.

Die Lese

Wie Briefmarken können auch Geschichten gesammelt, (auf-)gelesen werden. Das ist ein komplexes Geschehen. In den *Erzählungen der Chassidim* (das Buch ist 1946 auf Hebräisch und 1949 auf Deutsch erschienen) erklärt Buber diese Sammlung (›Lese‹) so:

> Wenn man die Erzeugnisse der literarischen Korruption ausscheidet, aus denen die ursprünglichen Motive oft gar nicht mehr herauszuretten sind, bleibt uns in den Händen eine ungefüge Masse größtenteils fast ungeformten Materials: entweder (das ist der günstigste Fall) knappe Notizen ohne gestaltende Bewältigung des Vorgangs oder, weit häufiger, unbeholfene und verworrene Versuche ihn zu erzählen, entweder zu wenig oder zu viel.[42]

Wichtig war Buber, »die fehlende reine erzählerische Linie herzustellen«[43]. Es ging ihm um die Rekonstruktion verschiedenster Verlaufsfäden und Wirkmusterungen, die die Erzählungen in einer Dynamik von »Wir« (die Gemeinschaft, von der ich mein »Ich« ableitete) illustrieren, aus der sie gleichsam ausfließen und zurückfließen. Es ist ein je approximatives (Nach-)Erzählen. Buber schmolz gleichsam aus unzähligen Varianten seine Erzählungen, die dann doch wiederum nicht die Seinen waren. Traditionstreue war die Basis der Werktreue.

Die Musterungen dieser Geschichten sind dem Erzählstil des Magischen Realismus nahe, doch stellt sich die Frage, ob die Erzählungen der Chassidim per se als Vor- oder späterhin als Mitläufer einer solchen Strömung zu erachten sind. In jedem Fall sind zufallende, zufällige Parallelitäten symbolischer Verdichtungen an ›magischer Realität‹ nicht zu übersehen.

Sammeln, Übersetzen und Nacherzählen, das war der didaktische Dreischritt in allen Facetten. Da vieles nur allzu fragmentarisch vorhanden war, das Überlieferte oft in Erzählschichten vorlag, die nicht trennscharf genug differenzierbar waren, war das Unternehmen eine Herausforderung. Respektvoll versuchte Buber die Authentizität durch die Findung des jeweiligen Kerns zu (be-)wahren. Leicht war dies nicht, weil Fragmente oft verderbt bzw. nur lückenhaft vorlagen. Die Textredaktion forderte Askese, Empathie und den didaktisch vielgepriesenen Mut zur Lücke. Der Text sollte ja nicht von Buber, sondern vom Geist von damals künden. Buber ging keinesfalls als ›neutraler‹ Historiker ›aseptisch‹ ans Werk, so als berühre ihn das alles nicht. Seine Verbundenheit mit dem Dargestellten und seine Begeisterung dafür scheinen durch.

Es sind vier Themenbereiche, die sich radial durch die Geschichten ziehen, sie kennzeichnen: (1) die Einwohnung Gottes (*Schechina*) in der Welt, (2) das Bei-Gott-Sein, (3) das In-der-Welt-Sein und (4) die tiefe innere Verbindung von

---

42 Buber: Erzählungen der Chassidim, S. 8.
43 Buber: Erzählungen der Chassidim, S. 9.

Lehrer und Schüler als Lehrer-Schüler bzw. als Schüler-Lehrer. Schon vier-
zehnjährig, knapp vor Ausbruch des Ersten Weltkrieges, erfasste er ahnender-
weise diese Welt und sollte sich fortan mit ihr beschäftigen. In ihr geht es um
Gemeinde, Relation und Solidarität. Das *Ich-Ich* (Ich bin ich, weil ich Ich bin) darf
sich zu einem *Wir-Ich* (Ich bin ich, weil ich zu einem Wir-Ich gehöre, ich leite
mich, mein Ich, von einem Gemeinsamen her) hin öffnen. So schreibt denn
Martin Buber: »Damals ging mir eine Ahnung davon auf, dass gemeinsame
Ehrfurcht und gemeinsame Seelenfreude die Grundlagen der echten Men-
schengemeinschaft sind.«[44] Das Lernen geschieht im Tun, und es geschieht in
Begeisterung. Diese wiederum schafft die Kraft zur Konzentration. Die Kräfte
der Seele, des Geistes und des Körpers sind gebündelt. Diese gebündelte Kraft
nennt sich *Kawanna*. In aller Gebrochenheit darf sich der Chassid, so unrund er
auch sein mag, gemeinschaftlich aufgenommen fühlen. Dieser Gedanke nimmt
das vorweg, was später einmal Inklusive Pädagogik genannt sein wird.

Buber sieht sich in einer Generationenkette. 1908 schreibt er: »Ich stehe in der
Kette der Erzähler, ein Ring zwischen Ringen. Ich sage noch einmal die alte
Geschichte, und wenn sie neu klingt, so schlief das Neue in ihr schon damals, als
sie zum ersten Mal gesagt wurde.«[45] Das Erzählen in der Generationenkette ist
freilich nicht neu. Es erinnert etwa an die Figur der Storyteller in den Kulturen
der Natives und ganz generell an internationale Märchen- und Sagentraditionen.
Freilich erfährt dies im Chassidismus seine eigene traditionsreich gesponnene
Gewandung (Text und Textil haben nicht umsonst dasselbe Urwort). Die Sprache
wird dabei nicht als etwas Funktionales, rein Nützliches verstanden. Vielmehr ist
sie ein Korpus, der lebt und atmet. Das Heilige und der Alltag sind auch in ihr. Die
Genauigkeit der alltäglichen Wahrnehmung ermöglicht erst das Betreten des
Geheiligten, sodass die Nüchternheit die Konsequenz aus der Liebe ist. Die innere
Struktur der chassidischen Erzählungen besteht aus Fügungen, die oft genug die
Schüler auf das Herz ihres Zaddiks herunterflehen. In dieser inneren Bündelung
verdichten sich Bildung und Liebe als ein ABC-Lernen des Lebens. Das Geheimnis, z. B. das »ABC der Vögel«, nistet im Kleinen, so leicht Übersehbaren. Ein
oberflächlicher Realismus wird durchbrochen und inmitten von Alltagssorge
leuchtet es auf. Die Realität ist entstaubt und das Reale dahinter leuchtet auf. Die
Glanzlichter, ›stumme Berednis‹ hinweisender Lichter, der Ikonen sind ein
malerisches und uraltes Pendant dazu.

---

44 Buber: Mein Weg zum Chassidismus, S. 964.
45 Eleonore Beck und Gabriele Miller (Hg.): Ich führe ein Gespräch. Martin Buber Lesebuch.
   Hildesheim 1993, S. 120.

Skizze einiger Charakteristika

Wie alle Weisheitsgeschichten wirken auch die Erzählungen aus der chassidischen Welt, je nach Lebensalter und Lebenssituation, sehr unterschiedlich. Die
Grundthemen sind zeitlos wiederkehrend. Die Geschichten sind pädagogisch,
ohne es auf einen ›Mehrwert‹ angelegt zu haben. Sie lassen sich schwer katego-
risieren. Immer sind sie in einen Tagesablauf eingebettet. Sie sind kurz, naiv,
rührend und an der Oberfläche oft widersprüchlich. Es ist gerade die Naivität, die
mitunter erschrecken lässt, denn die Einfachheit, ja die Einfalt, sind nicht leicht
zu nehmen. Eine Geschichte soll dies illustrieren:

> Sussja war einmal bei dem Rabbi von Neshiž zu Besuch. Der hörte nach Mitternacht ein
> Geräusch aus der Kammer des Gastes, trat an die Tür und lauschte. Da hörte er, wie
> Sussja in der Stube auf und nieder lief und redete: »Herr der Welt, sieh, ich liebe dich,
> aber was vermag ich zu tun, ich kann ja nichts!« Danach lief er weiter auf und nieder und
> redete das gleiche, bis er sich plötzlich bedachte und rief: »Hei, ich kann ja pfeifen, da
> will ich dir was vorpfeifen.« Als er aber zu pfeifen begann, erschrak der Rabbi von
> Neshiž.[46]

Das ›Liebe und Nette‹ bei diesen Geschichten soll nicht täuschen. Was die Geschichten freilegen, sind innerseelische Tektoniken. Dies zeigt sich in der ›Unlogik‹ und im Stilmittel der paradoxen Intention, wie wir sie z. B. auch von der
Psychotherapie her kennen (Alfred Adler, Viktor Frankl). Damit arbeiten viele
Weisheitsgeschichten nicht nur des Judentums, sondern auch des Zen-Bud-
dhismus oder der Apophtegamta der alten Ägyptischen Wüstenväter. Das Einfache, Liebe und Nette führt mitten in den Schrecken hinein.

Die Frage nach der Ursprache ist eine zutiefst philosophische und verbindet
sich mit der Frage nach der Weltformel Werner Heisenbergs genauso wie mit der
Philosophie Noam Chomskys in *Sprache – Denken – Wirklichkeit*. Dafür steht
zum Beispiel die Geschichte von Rabbi Schnëur Salman, der mit seinem Enkel
über das Land fuhr:

> Überall hüpften und zwitscherten die Vögel. Der Rabbi hielt eine Weile den Kopf aus
> dem Wagen. »Wie flink sie reden!«, sagte er dann zu dem Kind. »Sie haben ihr eigenes
> Alphabet. Man braucht nur gut zu hören und gut zu fassen, um ihre Sprache zu ver-
> stehn.«[47]

Die Geschichten provozieren auf der einen Seite, strahlen aber auch, ohne Wi-
derspruch, Heiterkeit aus. Reinigung, Überraschung und Humor des Lebens sind
Charakteristika. Das Reden und das Tun sind eine Einheit. Einmal schreibt
Buber:

---

46 Buber: Erzählungen der Chassidim, S. 388.
47 Buber: Erzählungen der Chassidim, S. 414.

Seit ich, vor zwanzig Jahren [es muss um 1900 gewesen sein, Anm. des Autors] die Arbeit am chassidischen Schrifttum begonnen habe, ist es mir um die Lehre und den Weg zu tun. Aber damals meinte ich, das sei etwas, was man auch bloß betrachten könne und dürfe; seither habe ich erfahren, daß die Lehre zum Lernen und der Weg zum Gehen da ist.[48]

All die Geschichten sind voll von Ambivalenz, Sublimierung, Entdeckung von Verschüttetem und Annehmen von sich selbst. Darin gleichen sich auch alle Weisheitsgeschichten (vom Zenbuddhismus bis hin zu den Apophthegmata der alten Ägyptischen Wüstenväter). Die Geschichten erzählen von Spontaneität und Lebensfreude, von Heiligem und Weltlichem. »Ohne die messianische Hoffnung abzuschwächen, erregte die chassidische Bewegung sowohl in den geistigen, wie in den ›einfachen‹ Menschen, die ihr anhingen, eine Freude an der Welt wie sie ist, am Leben wie es ist, an der Stunde des Lebens in der Welt, wie diese Stunde ist.«[49]

Die Geschichten illustrieren die Mächtigkeit und Kräftigkeit eines Glaubens, der – sprichwörtlich – Berge versetzen kann. So hat man einen Rabbi gebeten, eine Geschichte zu erzählen.

»Eine Geschichte«, sagte er, »soll man so erzählen, dass sie selber Hilfe sei.« Und er erzählte: »Mein Großvater war lahm. Einmal bat man ihn, eine Geschichte von seinem Lehrer zu erzählen. Da erzählte er, wie der heilige Baalschem beim Beten zu hüpfen und tanzen pflegte. Mein Großvater stand und erzählte, und die Erzählung riss ihn so hin, dass er hüpfend und tanzend zeigen musste, wie der Meister es gemacht hatte. Von der Stunde an war er geheilt. So soll man Geschichten erzählen.«[50]

In diesem Sinne wird die Kraft des Glaubens mit dem Glauben an die Kraft des Erzählens verbunden. Die Traditionslinien der Weitergabe chassidischer Erzählungen bekräftigen dies.

Würdigung und Kritik

Eine der schönsten Würdigungen erfuhr Buber durch Franz Werfel. Dieser bedankte sich bei ihm für die Bücher *Baal-Schem* und *Rabbi Nachman:* »Ich selbst habe ungeahnt viel Vaterland in den beiden Werken gefunden, oft kam mir mein Geheimnis entgegen.«[51]

Die von Buber gesammelten Erzählungen fußen auf umfangreicher Recherchearbeit. Er war natürlich nicht der einzige, der sich mit ihnen beschäftigte,

---

48 Zitiert nach Stiehm, in: Buber: Des Baal-Schem-Tow Unterweisung, S. 126.
49 Buber: Erzählungen der Chassidim, S. 18.
50 Buber: Erzählungen der Chassidim, S. 5f.
51 Buber: Briefwechsel 1897–1918, S. 491 [Brief Nr. 355 vom 18.4.1917].

wurde aber doch der bekannteste. Religionshistorisch wie literaturhistorisch blieb Bubers Beschäftigung nicht unwidersprochen. Von Gershom Scholem[52] kam die Kritik, er habe sich zu sehr auf eine heilige Anekdote beschränkt, auch seien Lehrgebäude und theoretisches Framing nicht genug berücksichtigt. Riwka Schatz-Uffenheimer[53] kritisiert das Fehlen ontischer (das Sein betreffender) Fragestellungen und eine praktische Verabsolutierung des Konkreten. Das mag wohl dazu geführt haben, dass Bubers chassidische Schriften so breitenwirksam wurden, doch ist anzufügen, dass in der ›Heiligung des Alltags‹ einem Begriff, der z. B. in christlichen Kontexten gerade in der Rezeption Theresa von Avilas immer wieder angeführt wird – das ontische Moment enthalten ist. Liebe und Alltag fallen nicht auseinander, beide sind ineinander verwirkt. Sowohl Scholem als auch Schatz-Uffenheimer bemängeln, dass Buber historisch-analytische, historisch-kritische Gesichtspunkte zu wenig ausdifferenziert eingebracht habe. Die Heiligung des Alltags negiert aber, das wäre wiederum bei Schatz-Uffenheimer anzumerken, keineswegs den Bezug Gott-Mensch bzw. Mensch-Gott. Die Sorge um Alltag und Konkretes nichtet nicht die Grundbedeutung des Chassidismus. Zöge man aber die prinzipielle Verbindung des Spirituellen vom Alltag ab, so verstünde man Schatz-Uffenheimer sofort. Anekdoten und Aphorismen sind für Buber Beispiele gelebten Lebens und die Buber'sche Auswahl ist daran orientiert. Buber verteidigt dies in *Zur Darstellung des Chassidismus:* »Die innere Dialektik der chassidischen Bewegung ist die zwischen einem im Bereich der ›geistigen‹ Menschen verbleibenden unoriginalen Kabbalistik und einem unerhört neuen, weil Volksgeschlecht um Volksgeschlecht ergreifenden Leben mit der Welt.«[54]

Buber saß als Wissenschaftler immer zwischen allen Stühlen, die zur Verfügung standen, zu sehr war er eben auch Literat. Er schrieb zum chassidischen Thema auch tatsächlich einen Roman: *Gog und Magog*[55], ein Werk über den Seher von Lublin, das hier wohl erwähnt sei, aber dessen Besprechung den Rahmen sprengte.

Schatz-Uffenheimer machte darauf aufmerksam, dass das »synthetische Gewebe« bei Bubers Erzählungen aus »selektiven Fäden gewirkt« sei. Dadurch hätte diese Auswahl die »Farbe des Ganzen« bestimmt.[56] Die Dynamik zwischen Buber und Schatz-Uffenheimer ist eine alte und durchzieht die Wissenschaftsge-

52 Vgl. Gershom Scholem: Judaica 1. Frankfurt a. M. 1963, S. 207–215.
53 Vgl. Riwka Schatz-Uffenheimer: Die Stellung des Menschen zu Gott und Welt in Bubers Darstellung des Chassidismus. In: Paul Arthur Schilpp und Maurice Friedman (Hg.): Martin Buber. Stuttgart 1963, S. 275–302.
54 Martin Buber: Zur Darstellung des Chassidismus. In: Martin Buber: Werke (W), Band 3: Schriften zum Chassidismus. München, Heidelberg 1963 [1918], S. 975–988, hier: S. 984; vgl. auch Ernst Simon: Martin Buber, der Erzieher. In: Paul Arthur Schilpp und Maurice Friedmann (Hg): Martin Buber. Stuttgart 1963, S. 479–507, hier: S. 480.
55 Martin Buber: Gog und Magog. Eine chassidische Chronik. 4. Aufl., Gerlingen 1993 [1949].
56 Schatz-Uffenheimer: Die Stellung des Menschen, S. 276.

schichte. Sie erinnert auch ein wenig an die Diskussionen unter Restauratoren: Was hat unrenoviert – und damit ursprünglich – zu bleiben, was nicht? Buber hat im Zweifelsfalle wohl eher zu viel restauriert und die von Schatz-Uffenheimer erwähnte Farbgebung damit beeinflusst. Das ist einfach zu konstatieren, nimmt aber nichts von der Redlichkeit beider Positionen weg. Bringen wir noch einmal Gershom Scholem in die Diskursführung mit hinein, so ist eine Crux im wissenschaftlichen Gespräch zwischen Kunst, Literatur, Religion, Methodologie und Wissenschaftsgeschichte umrissen. Die Crux ist nicht aufgelöst, aber ein Partiturlesen der Positionen kann hilfreich sein, ohne deshalb Widersprüche schon auflösen zu können. Es zeigt sich auch deutlich das Spannungsgefüge zwischen dem Ontischen und dem Existentiellen. Hier bricht Buber klar als Pädagoge durch. Der pädagogische Bezug liegt für ihn im Existentiellen *hic et nunc*. Darin ergießt sich das Sein. Spuren der späteren Beschäftigung Bubers mit *Ich und Du*[57] sind hier bereits auffindbar. Buber versucht es auf einen Punkt zu bringen:

> Die ›Anekdoten‹ erzählen vom Leben der Zaddikim, und die ›Aphorismen‹, die dem Mund von Zaddikim abgelauscht sind, sprechen den Sinn dieses Lebens mit großer Prägnanz aus. Die zentrale Bedeutung des Zaddiks ist kein Gegenstand der inneren Didaktik; sie ist von Anbeginn der Bewegung das Gemeinsame und Tragende, und zwar nicht als Theorem, sondern als Faktum, das von der Lehre interpretiert wird.[58]

Insgesamt lässt sich sagen, dass Bubers Erzählungen über die chassidische Welt bei Judaisten auf Kritik stießen, wohingegen sie in der nicht-jüdischen Welt wesentlich besser aufgenommen wurden. Auch Pädagogen und Psychologen inner- und außerhalb der jüdischen Welt wussten den erzieherischen Wert von Bubers Sammeltätigkeit zu schätzen. Das betrifft die unterrichtswissenschaftliche und therapeutische Relevanz dieser Weltsicht. »Lernen am Modell« (Paul Bandura), Relationale und Dialogische Pädagogik (Ernst Simon, einer der engsten pädagogischen Weggefährten Bubers), aber auch Psychotherapie (Ruth Cohn) sind humanwissenschaftliche Eckpfeiler in der Auseinandersetzung mit Bubers dargestellter chassidischer Welt-an-schauung.[59]

---

57 Buber: Ich und Du, S. 9f.
58 Martin Buber: Antwort [1963]. In: Martin Buber Werkausgabe, Band 12: Schriften zu Philosophie und Religion. Herausgegeben, eingeleitet von Ashraf Noor, kommentiert von Ashraf Noor und Kerstin Schreck, Gütersloh 2017, S. 517.
59 Vgl. Peter Stöger: Martin Buber (1923), Ich und Du. In: Michael Kühnlein (Hg.): Religionsphilosophie und Religionskritik. Ein Handbuch. Berlin 2018, S. 525–532.

Schlussbemerkung

Wie sieht nun das Verhältnis von Buber und der Jüdischen Renaissance bzw. Jüdischer Renaissance und Magischem Realismus aus?

Die Frage nach der Jüdischen Renaissance lässt sich leicht beantworten, weil ja Buber selbst einer der wichtigsten Proponenten der Jüdischen Renaissance war. Zweiteres ist schon schwieriger zu beantworten.

Leserinnen wie Leser tauchen in unserem Lesebogen ›Buber – Jüdische Renaissance – Magischer Realismus‹ in Resonanzwelten ein. Immer wieder erinnern die Chassidischen Erzählungen nach Buber an Formen des Magischen Realismus. Allemal begegnen wir humanwissenschaftlich respektive psychoanalytisch betrachtet einem heuristischen Movens.

Magischer Realismus kann in Spirituelles führen oder den empfänglichen Lesern ein Fenster dahin öffnen helfen. Bubers gesammelte chassidische Welt- und Menschenbilder sind ohne die Spiritualität der über die Jahrhunderte, seit der Babylonischen Gefangenschaft waltenden ›Einwohnung Gottes‹ (*Schechina*) nicht begreifbar.

Allemal geht es bei den Erzählungen aus dieser Welt um Fragen der Identität. Auf der Symbolebene hat nachfolgende Geschichte eine Bedeutung, die in postmodernen Zeiten nicht weniger zählt:

> Rabbi Chanoch erzählte:»Es gab einmal einen Toren […]. Am Morgen beim Aufstehn fiel es ihm immer so schwer, seine Kleider zusammenzusuchen, dass er am Abend, dran denkend, oft Scheu trug, schlafen zu gehen. Eines Abends fasste er sich schließlich ein Herz, nahm Zettel und Stift zur Hand und verzeichnete beim Auskleiden, wo er jedes Stück hinlegte. Am Morgen zog er wohlgemut den Zettel hervor und las: ›Die Mütze‹ – hier war sie, er setzte sie auf. ›Die Hosen‹, da lagen sie, er fuhr hinein, und so fort, bis er alles anhatte. ›Ja aber, wo bin ich denn?‹, fragte er sich nun ganz bang, ›wo bin ich geblieben?‹ Umsonst suchte und suchte er, er konnte sich nicht finden.« – »So geht es uns«, sagte der Rabbi.[60]

Literaturverzeichnis

Ben-Chorin, Schalom: Zwiesprache mit Martin Buber. Erinnerungen an einen großen Zeitgenossen. Gerlingen 1978 [1966].

Buber, Martin: Drei Reden über das Judentum [1911]. In: Martin Buber Werkausgabe, Band 3: Frühe jüdische Schriften 1900–1922. Herausgegeben, eingeleitet und kommentiert von Barbara Schäfer, Gütersloh 2007, S. 219–256.

Buber, Martin: Der Weg des Menschen nach der chassidischen Lehre. 10. Aufl., Gerlingen 1993 [1947].

---

60 Buber: Erzählungen der Chassidim, S. 837.

Buber, Martin: Gog und Magog. Eine chassidische Chronik. 4. Aufl., Gerlingen 1993 [1949].
Buber, Martin: Die Geschichten des Rabbi Nachman. Nacherzählt von Martin Buber, Freiburg et al. 1992 [1906].
Buber, Martin: Antwort [1963]. In: Martin Buber Werkausgabe, Band 12: Schriften zu Philosophie und Religion. Herausgegeben, eingeleitet von Ashraf Noor, kommentiert von Ashraf Noor und Kerstin Schreck, Gütersloh 2017, S. 467–524.
Buber, Martin: Ich und Du. 11. Aufl., Heidelberg 1983 [1923].
Buber, Martin: Das Problem des Menschen. 5. verb. Aufl., Heidelberg 1982.
Buber, Martin: Des Baal-Schem-Tow Unterweisung im Umgang mit Gott. Des Rabbi Israel Ben Elieser genannt Baal-Schem-Tow, das ist Meister vom guten Namen, Unterweisung aus den Bruchstücken gefügt von Martin Buber. Mit Nachwort und Kommentar von Lothar Stiehm, 4. Aufl., Heidelberg 1981 [1927].
Buber, Martin: Briefwechsel aus sieben Jahrzehnten. In 3 Bänden, herausgegeben und eingeleitet von Grete Schaeder in Beratung mit Ernst Simon und unter Mitwirkung von Rafael Buber, Margot Cohn und Gabriel Stern, Band 3: 1938–1965, Heidelberg 1975.
Buber, Martin: Mein Weg zum Chassidismus. In: Martin Buber: Werke (W), Band 3: Schriften zum Chassidismus. München, Heidelberg 1963 [1918], S. 959–973.
Buber, Martin: Zur Darstellung des Chassidismus. In: Martin Buber: Werke (W), Band 3: Schriften zum Chassidismus. München, Heidelberg 1963 [1918], S. 975–988.
Buber, Martin: Die Legende des Baalschem. Zürich 1955 [1908].
Buber, Martin: Die Erzählungen der Chassidim. Zürich 1949.
Czuma, Hans: Versuch über Rekonstruktion [1975]. In: Helmwart Hierdeis (Hg.): Hans Czuma: Philosophische Texte. Innsbruck 2020, S. 23–46.
»Ich stoße das Fenster auf und zeige hinaus« – Martin Buber. Eine Filmdokumentation von Richard Rimmel, München 1981 (KinoVision).
Kilcher, Andreas B.: Jüdische Renaissance und Kulturzionismus. In: Hans Otto Horch (Hg.): Handbuch der deutsch-jüdischen Literatur. Berlin et al. 2016, S. 99–121.
Lopuschanskyj, Wassyl: Martin Buber – Überlegungen zum Chassidismus. In: Thomas Krobath, Amena Shakir und Peter Stöger (Hg.): Buber begegnen. Interdisziplinäre Zugänge zu Martin Bubers Dialogphilosophie. Wuppertal, Wien 2017, S. 65–81.
Schatz-Uffenheimer, Riwka: Die Stellung des Menschen zu Gott und Welt in Bubers Darstellung des Chassidismus. In: Paul Arthur Schilpp und Maurice Friedman (Hg.): Martin Buber. Stuttgart 1963, S. 275–302.
Scheffel, Michael: Magischer Realismus. Die Geschichte eines Begriffes und ein Versuch seiner Bestimmung. Stauffenburg Colloquium, Band 16, Tübingen 1990.
Scholem, Gershom: Judaica 1. Frankfurt a. M. 1963, S. 207–215.
Shakespeare, William: Hamlet, 1603. Act I, Scene V, 186–187 (Prestwick House Literary Touchstone Classics, Delaware 2005, S. 39).
Simon, Ernst: Martin Buber, der Erzieher. In: Paul Arthur Schilpp und Maurice Friedmann (Hg): Martin Buber. Stuttgart 1963, S. 479–507.
Stier, Friedolin: Betroffen. In: Eleonore Beck und Gabriele Miller (Hg.): Ich führe ein Gespräch. Martin Buber Lesebuch. Hildesheim 1993.
Stöger, Peter: Martin Buber (1923), Ich und Du. In: Michael Kühnlein (Hg.): Religionsphilosophie und Religionskritik. Ein Handbuch. Berlin 2018, S. 525–532.

Stöger, Peter: Martin Buber. Der Pädagoge des Dialogs. Einblicke und Ausblicke unter besonderer Berücksichtigung von »Ich und Du« und »Erzählungen der Chassidim«. Mit einem Geleitwort von Helmwart Hierdeis. 2. Aufl., Szombathely 2000.

Vishniac, Roman: Wo Menschen und Bücher lebten. München 1993.

Wehr, Gerhard: Martin Buber. Reinbek bei Hamburg 1986.

Katharina Baur

Magisch-Realistisches Erzählen bei Paula Buber: Liminalität in der Novelle *Die Weidenmutter*[1]

Vorbemerkung

Berlin, 13. Januar 1910. Donnerstagabend im Weinlokal Steiner im Berliner Westen: »Es waren da die Maler: Orlik, E. R. Weiß, Müller, Christophe, Dichter u. Schriftsteller: Heimann, Stucken, Holitscher, v. Havatny, M. Buber, Rupé, der Verleger Diederichs. – Ich war zum zweiten Mal in dieser Gesellschaft.«[2] Jenes Ich, das diesen Satz in sein Tagebuch schrieb, ist kein geringerer als der Schriftsteller Oskar Loerke: Die betreffende Gesellschaft war die Donnerstagsgesellschaft, eine Berliner Gruppe von Intellektuellen, Künstlern und Literaten, die sich zwischen 1910 und 1917 regelmäßig traf. Die Mitglieder prägten maßgeblich den zeitgenössischen Kultur- und Literaturbetrieb, wie etwa Oskar Loerke, Mischa Bin Gorion, Moritz Heimann oder Martin Buber. Als Gast verkehrte dort auch der Schriftsteller Wilhelm Lehmann sowie Alfred Mombert: Damit sind nicht nur einige der Hauptvertreter des deutschsprachigen Magischen Realismus[3] genannt, auch maßgebliche Vertreter der jüdischen Erneuerungsbewegungen finden sich darunter. In den wöchentlichen Zusammenkünften kreuzten sich die Wege des deutschsprachigen Magischen Realismus mit der Bewegung der Jüdischen Renaissance.

In der Forschung wurden diese Bereiche bisher zumeist nicht zusammengebracht, eine Zusammenschau blieb aus. Der Umstand, dass sich beide Bewe-

---

1 Der hier vorliegende Beitrag basiert auf Forschungsarbeiten zu einer Dissertationsschrift über Person und Werk Paula Bubers, die unter dem Titel *Das Kunstwerk Leben zu gestalten. Leben und Werk Paula Bubers (1877–1958)* 2021 veröffentlicht wird.

2 Tagebucheintrag Oskar Loerke. Berlin, 13. 01. 1910. In: Reinhard Tgahrt (Hg.): Oskar Loerke: Literarische Aufsätze aus der ›Neuen Rundschau‹ 1909–1941. Heidelberg, Darmstadt 1967, S. 385.

3 Der Begriff des *Magischen Realismus* wird nach Michael Scheffel verwendet: Michael Scheffel: Magischer Realismus: Die Geschichte eines Begriffes und ein Versuch seiner Bestimmung. Tübingen 1990; vgl. auch den Beitrag von Scheffel im vorliegenden Band. Siehe auch: Uwe Durst: Das begrenzte Wunderbare. Zur Theorie wunderbarer Episoden in realistischen Erzähltexten und in Texten des ›Magischen Realismus‹. Berlin 2008.

gungen wechselseitig bedingten und beeinflussten, wurde dabei übersehen. Dabei ist die Rolle der Donnerstagsgesellschaft kaum zu unterschätzen. Sie ist gewissermaßen eine ›Keimzelle‹, ein Ort der Begegnung und Intensivierung, Magischer Realismus und Jüdische Renaissance treffen hier aufeinander und geraten in einen fruchtbaren Austausch: Die persönlichen, kreativen Begegnungen innerhalb der interreligiösen, Ost- und Westjuden sowie Christen vereinende[4] Donnerstagsgesellschaft war für alle Beteiligten anregend und produktiv. Am Beispiel des Ehepaares Paula und Martin Buber lässt sich dies veranschaulichen: Während der Berliner Jahre des Paares (1907–1916) war Martin Buber – zu diesem Zeitpunkt schon eine prominente, jüdische und als jüdisch wahrgenommene Persönlichkeit im öffentlichen Leben – regelmäßiger Teilnehmer der Donnerstagsgesellschaft. Sie war ein Männernetzwerk. Nur bei gemeinsamen Veranstaltungen, Ausflügen und privaten Treffen kamen auch die Frauen über die jeweiligen Teilnehmer in Kontakt mit- und zueinander. Fortan waren sie Teil dieses intellektuellen Netzwerkes. Daraus entstand etwa zwischen dem Ehepaar Buber, Fega und Efraim Frisch eine intensive Freundschaft, die sich auch in Plänen für eine Zusammenarbeit der Männer zeigen sollte. Denn genau aus dieser Zeit datieren die ersten Bibelübersetzungspläne Martin Bubers: 1914 entstand die erste Idee zu diesem Projekt, entwickelt von dem jüdischen ›Dreigestirn‹ der Donnerstagsgesellschaft: Martin Buber, Moritz Heimann und Efraim Frisch.[5] Die Idee konnte, mitunter aufgrund des Ausbruchs des Ersten Weltkriegs, nicht umgesetzt werden, und erst ab 1925 sollten die Pläne in der Zusammenarbeit mit Franz Rosenzweig und Martin Buber realisiert werden.

Die Zusammenkünfte sollten sich auch für Paula Buber als prägend erweisen:[6] Ab 1898 hatte die junge Schriftstellerin programmatische Essays zum Judentum

---

4 Die Interreligiösität war eines der wichtigsten Charakteristika der Donnerstagsgesellschaft (Vgl. Steven Aschheim: Brother and Strangers. The East European Jew in German and German Consciousness, 1800–1923. Wisconsin 1982, S. 129).
5 Siehe: Emily D. Bilski, Heike Breitenbach, Freddie Rokem und Bernd Witte (Hg.): Martin Buber Werkausgabe. Band 7: Schriften zu Literatur, Theater und Kunst. Lyrik, Autobiographie und Drama. Gütersloh 2016, S. 744–747, hier: S. 744.
6 Paula Winkler wurde 1877 in München geboren, sie wuchs katholisch auf. 1907 konvertierte sie zum Judentum. Nach 8 Jahren unehelicher Beziehung erfolgte im gleichen Jahr die Heirat mit Martin Buber. Die literarischen Arbeiten, mit denen sie in diesen Jahren erfolgreich war, zeichnete sie mit dem männlichen Pseudonym Georg Munk. Zu ihren Arbeiten zählten u.a. *Die unechten Kinder Adams* (1912), *Irregang* (1916), *Die Gäste* (1927), *Am lebendigen Wasser* (1952), *Muckensturm* (1953). Gemeinsam mit Martin Buber emigrierte sie 1938 nach Palästina. 1958 starb Paula Buber in Venedig, ihr literarisches Werk geriet in Vergessenheit. Vgl. auch Katharina Baur: Die Schriftstellerin Paula Buber (1877–1958): Sei mir Alles: Frau, Liebste, Freund und Kamerad. In: Zeitschrift für christlich-jüdische Begegnung im Kontext. (ZfBeg). (2019) Heft 2/3, S. 195–203.

verfasst[7], ab 1905 arbeitete sie gemeinsam mit Martin Buber an den Neuübersetzungen der *Chassidischen Erzählungen*[8]. Die Bewegung der Jüdischen Renaissance wurde in dieser Zeit maßgeblich von Martin Buber als dem ›Kopf‹ des Kulturzionismus beeinflusst; in einem Aufsatz aus dem Jahr 1900 prägte er den Terminus.[9] Über ihren Ehemann kam Paula Buber nicht nur in direkten Kontakt zu wichtigen Vertretern der Jüdischen Renaissance, sondern auch zu den Vertretern der literarischen Avantgarde – wenn auch nur als ›Ehefrau von‹.

Unmittelbar im Anschluss an die ersten Begegnungen mit der Donnerstagsgesellschaft veränderte sich das Schreiben Paula Bubers auf mehreren Ebenen: Sie publizierte unter Pseudonym, sie verfasste Novellen, sie widmete sich nach Ausflügen in das erst neu durch die Beziehung zu Martin Buber entdeckte Judentum, zugleich auch den kulturellen Schätzen jener Religion, in der sie selbst großgezogen worden war: 1912 erschien unter dem Namen Georg Munk die Novellensammlung *Die unechten Kinder Adams*[10] im renommierten Insel-Verlag. Diese Erzählungen situieren sich zwischen Judentum und Christentum, zwischen Traum und Realität, zwischen Magie und Wirklichkeit. Die Nähe Paula Bubers zur Donnerstagsgesellschaft zeigt sich in den persönlichen Kontakten zu den Vertretern des Magischen Realismus wie Oskar Loerke oder Wilhelm Lehmann, in den magisch-realistischen Prägungen ihrer Schreibweise bis hinein in die Buchgestaltung. Layout und Umschlag für *Die unechten Kinder Adams* besorgte die Grafikerin und Bildhauerin Renée Sintensis, die einzige Frau und das einzige weibliche und reguläre Mitglied der Donnerstagsgesellschaft.[11] Mit Oskar Loerke, dem paradigmatischen Vertreter des deutschsprachigen Magischen

7 Paula Winkler: Betrachtungen einer Philozionistin. In: Die Welt. 5. Jg., Heft 36 (06.09.1901), S. 4–6; Paula Winkler: Die jüdische Frau. In: Die Welt. 5 Jg., Heft 45 (08.11.1901), S. 2–4; Heft 46 (15.11.1901), S. 6–7.
8 Siehe hierzu: Katharina Baur: Die *Chassidischen Erzählungen* im Kontext der Debatten um nationale Identität: Bedingungen und Konsequenzen der Zusammenarbeit von Martin Buber und Paula Winkler. In: Bettina Bannasch, Carmen Reichert und Alfred Wildfeuer (Hg.): Zukunft der Sprache, Zukunft der Nation (im Erscheinen).
9 Martin Buber: Jüdische Renaissance. In: Ost und West. Illustrierte Monatsschrift für modernes Judentum 1. Jg. (1901), Heft 1, Sp. 7–10. Jetzt in: Barbara Schäfer (Hg.): Martin Buber Gesamtausgabe. Band 3: Frühe jüdische Schriften 1900–1922. Gütersloh 2007, S. 143–147.
10 Georg Munk: Die unechten Kinder Adams. Ein Geschichtenkreis. Leipzig 1912.
11 Die Bekanntschaft und Zusammenarbeit zwischen Paula Buber und Renée Sintensis ist bis heute völlig unbekannt. So verwundert es nicht, dass in Forschungsarbeiten zu Sintensis diese Verbindung nicht einmal erwähnt wird. Siehe beispielsweise: Silke Kettelhake: Renée Sintensis. Berlin, Boheme und Ringelnatz. Berlin 2010. Seit den 1910er Jahren verkehrte Sintensis in den im Hause von E. R. Weiss stattfindenden privaten Zusammenkünften von Künstlern und Intellektuellen. Sie wurde ab 1913 seine Geliebte und war als einzige Frau im Männerbund bald festes Mitglied der Donnerstagsgesellschaft. Als Freundin von Johanna Weiss, der ersten Frau von E. R. Weiss, war Paula Buber unmittelbare Zeugin, als sich bereits 1913 eine Liaison zwischen Sintensis und Weiss anbahnte.

Realismus[12], trat Paula Buber in einen nachhaltigen literarisch-künstlerischen Dialog, der bis in die 1930er Jahre die gegenseitige Lektüre der jeweiligen Werke beinhaltete.[13]

Georg Munk im zeitgenössischen Literaturbetrieb

Die biografische wie auch literarische Nähe Paula Bubers zu den Vertreterinnen und Vertretern des Magischen Realismus sowie der Jüdischen Renaissance und den damit einhergehenden literarischen und religiösen Erneuerungsbewegungen ist offensichtlich. Während sich die Jüdische Renaissance im deutschsprachigen Raum seit der Jahrhundertwende kontinuierlich fortentwickelt und sich somit auch diskursiv etabliert hatte, war der Magische Realismus als literarische Erneuerungsbewegung in Deutschland eine relativ junge Bewegung, die erst ab den 1920er Jahren als literarische Strömung in Deutschland wahrgenommen werden und Karriere machen sollte: Diese zeitlichen Umstände spiegeln sich auch in der Forschung wider, indem die meisten Autorinnen und Autoren der ›Blütezeit‹ des deutschsprachigen Magischen Realismus zwischen 1920 und 1950 gut erforscht und beleuchtet sind. Gilt es jedoch die Anfänge dieser Entwicklung in den Blick zu nehmen, ist der bisherige Umfang des Kanons und die Forschung dazu zu weiten: Dabei erweisen sich heute neben bekannten Autoren und Autorinnen wie Elisabeth Langgässer, Wilhelm Lehmann oder Oskar Loerke auch nicht als maßgeblich für die Entwicklung dieser literarischen Strömung: In ihre Reihe gehört auch Paula Buber mit ihrem literarischen Werk.

---

12 Scheffel präzisiert in seiner Arbeit die formalen und inhaltlichen Kriterien des Begriffs Magischer Realismus anhand einer Autorengeneration (1920–1950) und nähert sich dem Begriff somit über die Literaturgeschichte. Der vorliegende Beitrag schließt zwar eng an Scheffel an, plädiert jedoch für eine Weitung der allzu engen zeitlichen Eingrenzung sowie eine offenere Beschreibung der einzelnen Charakteristika – und schließlich mit Paula Buber um die Berücksichtigung einer einschlägigen Autorin.

13 Loerke schickte Paula Buber zudem Karten für von ihm organisierten Kulturveranstaltungen, die von ihr auch besucht wurden; Als Paula und Martin Buber 1916 Berlin aufgrund ihres Umzuges in die hessische Kleinstadt Heppenheim verließen, blieb der Kontakt zu den Mitgliedern der Donnerstagsgesellschaft erhalten. Auch spätere Werke Munks (d. i. Paula Bubers) wurden von den Mitgliedern besprochen, etwa *Sankt Gertrauden Minne* (1921). Siehe: Oskar Loerke: Georg Munk [Paula Buber]. Sankt Gertrauden Minne. Leipzig Insel-Verlag 1921. In: Helmuth Kasack (Hg.): Oskar Loerke: Der Bücherkarren. Besprechungen im Berliner Börsen-Courier 1920–1928. Heidelberg 1965, S. 101–102. Moritz Heimann hatte sich ganz dem Duktus der Donnerstagsgesellschaft entsprechend mit dem Werk kritisch-verbessernd in einem persönlichen Brief auseinandergesetzt. Moritz Heimann an Paula Buber. Moritz Heimann an Martin und Paula Buber. In: Grete Schaeder (Hg.): Briefwechsel Martin Buber. Bd. II. Heidelberg 1973. S. 95–96. Kagel, 29.12.1921.

Die fast gänzlich unbekannte Autorin fällt zumeist durch das Raster des literarischen Kanons. Die Konzentration auf ihre Person richtete sich bisher vor allem auf die Tatsache, dass sie die Ehefrau des berühmten Religionsphilosophen Martin Buber war. Ihre Werke werden daher auch nicht herangezogen, wenn es um eine Beschreibung und Konkretisierung der zeit-, literatur- und religionsgeschichtlichen Epochenbestimmungen zwischen 1900 und 1933 geht. Die Gründe dafür sind vielfältig: Zum einen veröffentlichte Paula Buber ihre Werke unter dem männlichen Pseudonym Georg Munk.[14] Zum anderen wurden unter diesem Namen literarische Texte und keine poetologische Programmatik publiziert. Zudem situieren sich ihre Texte außerhalb des aktuellen Zeitgeschehens und nahmen schon zu ihren Lebzeiten eine Sonderstellung ein. Die Berühmtheit des Ehemannes sowie die Emigration nach Palästina 1938, der damit einhergehende unterbrochene Kontakt und Zugang zum deutschsprachigen Lesepublikum stellen mit Sicherheit die wesentlichen Faktoren bei ihrer verhinderten Rezeption und ihrer späteren Vernachlässigung in der germanistischen Forschung dar.[15] Gilt es nach einem Zusammenspiel von Magischem Realismus und Jüdischer Renaissance zu fragen, ist der Name Paula Buber jedoch an vorderster Stelle zu nennen. Denn auf einzigartige und originelle Weise werden in ihrem Werk diese beiden Bereiche miteinander verschränkt.

Die Weidenmutter (1923/1924)[16]

1912 machte sich Georg Munk mit *Die unechten Kinder Adams* einen Namen in der literarischen Welt. Es folgten einige Jahre der Stille, bevor 1927 im Insel Verlag in Leipzig die zweite Novellensammlung Georg Munks erschien. Dort

---

14 1912 trat Paula Buber mit dem Novellenband *Die unechten Kinder Adams* an die literarische Öffentlichkeit. Da das Geheimnis um das Pseudonym erst Mitte der zwanziger Jahre gelüftet wurde, konnten zeitgenössische Leser die Verbindung zu Martin Buber und die mit ihm besetzten Themenfelder wie Jüdische Renaissance, Zionismus, etc. nicht herstellen: Erst später erfolgte die (Re-)Lektüre der Werke Paula Bubers in diesem Wissen. Auch ihre Zugehörigkeit zum Judentum – Paula Buber konvertierte 1907 – ist heute bekannt. Die Leserinnen und Leser dieser Zeit konnten auf dieses uns heute zugängliche Wissen noch nicht oder nur teilweise zurückgreifen.

15 Das Werk Paula Bubers und damit ein Stück Zeitgeschichte der deutsch-jüdischen Kultur kann heute nur mehr in wenigen Bibliotheken, Antiquariaten und Archiven eingesehen werden. Zu Lebzeiten erregten ihre literarischen Arbeiten große Aufmerksamkeit, dies belegen nicht zuletzt die Publikationszahlen ihrer Werke deutlich.

16 Georg Munk: Die Weidenmutter. In: Georg Munk (Hg.): Die Gäste. Sieben Geschichten. Leipzig 1927, S. 9–15; Georg Munk: Die Weidenmutter. In: Martin Buber (Hg.): Georg Munk. Geister und Menschen. Ein Sagenbuch. München 1961, S. 233–239. Im Folgenden wird unter dem Kürzel *DW* mit Angabe der Seitenzahl die letzte Ausgabe zitiert.

wurden unter dem Titel *Die Gäste*[17] sieben Geschichten abgedruckt:[18] Die Zahl
der Erzählungen ist kein Zufall, verweist diese doch auf die magische Zahl sieben.
Die dialogarmen Erzählungen tragen knappe Titel wie *Wasserlegende* oder *Der
Feilenhauer*. Manche Geschichten verweisen im Titel auf den Handlungsort und
die Handlungszeit, beispielsweise die *Geschichte einer brabantischen Heiligen*
oder *Irisches Heiligenleben*. Die Erzählungen sind inhaltlich nicht miteinander
verbunden. Lediglich in den Themengebieten, allen voran in der Verhandlung
von Magie und Magischem, kann eine Zugehörigkeit gesehen werden. Exemplarisch wurde für den vorliegenden Beitrag die in den Jahren 1923/1924 geschriebene Erzählung *Die Weidenmutter* ausgewählt, deren Inhalt im Folgenden
zunächst wiedergegeben wird.

Die Geschichte beginnt mit den Worten: »Als der große Krieg geendet, der
König gefangen, das Heer geschlagen und über das wüste Land zerstreut war, zog
ein Soldat den Strom entlang auf der Suche nach Haus und Brot. Wo seine
Heimat lag, war ihm nicht bewusst.« (DW 233) Die Handlung fängt mit der
Einführung des Soldaten an, dem die ganze Erzählung über keine eindeutige
Identität zugewiesen werden kann. Der Protagonist befindet sich in einem Li-
minalitätszustand, bei dem keine weiteren persönlichen Zuschreibungen möglich sind: Er trägt keinen Namen und hat keinen festen Wohnsitz, seine Kleidung
ist anonymisiert und auch Zuschreibungen in Rang, Rolle oder Positionen sind
nicht möglich. Lediglich der Hinweis, dass seine Hände »in fruchtbarer Arbeit
unerfahren« (DW 233) sind, weisen ihn als einen Menschen aus, der kein Bauer
oder Handwerker ist. Der ehemalige Soldat, damit deutlich der (bildungs-)
bürgerlichen Ordnung zugewiesen, steht außerhalb einer Arbeitergesellschaft.[19]
Er wird als Fremder gekennzeichnet.[20]

---

17 Georg Munk: Die Gäste. Sieben Geschichten. Leipzig 1927.
18 Ein Teil der Geschichten war schon in früheren Jahren als Feuilletonbeilagen in unter-
    schiedlichen Zeitungen publiziert worden waren, so auch die hier untersuchte Geschichte Die
    Weidenmutter: Georg Munk: Die Weidenmutter. In: Das Inselschiff. Eine Zeitschrift für die
    Freunde des Insel Verlags. Jg. 5 (1924), Heft 2, S. 78–84; Georg Munk: Die Weidenmutter. In:
    Schweizer Frauenblatt. Organ für Fraueninteressen und Frauenkultur. Zürich, 11. 11. 1927. IX.
    Jg, S. 1–3.
19 Der Soldat wird als Vertreter des Bildungsbürgertums ausgewiesen. In seiner Darstellung
    wird dabei Zeitkritik geäußert, die sich ganz im Sinne der Lebensreformbewegung des
    20. Jahrhunderts auf eine Rückbesinnung zu Ursprünglichkeit und Natürlichkeit konzen-
    trierte: Der vergeistigte Mensch sollte sich und seinen eigenen urmenschlichen Rhythmus
    wiederfinden und somit, nach Friedrich Nietzsche, ein »neuer Mensch« werden. Diese
    menschliche Metamorphose wird in der vorliegenden Geschichte anhand des Soldaten er-
    zählt, der sich, ähnlich wie in der Geschichte *Gang durch das Ried* (1936) von Elisabeth
    Langgässer, ins Private zurückzieht: Symbol dieses Rückzugs kann der sprachliche Rückzug
    sein, der in der Stummheit des Protagonisten zu Tage tritt. Direkte Rede, sowohl von Seiten
    des Mannes wie auch der Frau, findet sich in der Geschichte Munks nicht. Zu Langgässers
    Erzählung siehe: Hubert Roland: Magischer Realismus und Innere Emigration. Das Störpo-
    tential einer Poetik in Elisabeths Langgässers Roman *Gang durch das Ried* (1936). In: Moritz

Die zeitliche Einordnung erlaubt die Positionierung der Erzählung unmittelbar nach dem Ende des »großen Krieg[s]« (DW 233), der als Dreißigjähriger Krieg gelesen werden kann. Die Geschichte gibt jedoch zugleich auch einen Hinweis auf den zum Zeitpunkt des Verfassens der Geschichte erst kürzlich vergangenen Ersten Weltkrieg.[21] In der figürlichen Ausgestaltung des Soldaten, der, im Bild einer Wanderung festgehalten, auf der Suche nach etwas ist, ist somit eine implizite, Epochen überdauernde Zeitkritik eingeschrieben. Das Gebiet, das der Protagonist der Erzählung durchwandert, bleibt anonym. In der Erzählung heißt es lediglich: »Altes Fruchtland trat jetzt ans Ufer, dürftig bestellt oder brach unter Unkraut und Dorn. Noch siedelte Bauernvolk in ruinengleichen Höfen, Landstreicher hatten in den verlaßnen Hütten sich seßhaft gemacht.« (DW 234). In der Beschreibung finden sich geografisch gestaltete Ambivalenzen: Etwa in den Dichotomien von Stadt und Land, aber auch von Natur- und Kulturraum, so wie etwa in der Gegenüberstellung von Klöstern und Wildnis. Mit den Klöstern wird eine christliche Institution thematisiert, die jedoch lediglich bei der Versorgung des herumstreunenden Soldaten behilflich ist. Der ganzen Geschichte ist keine religiöse Prägung oder Ausrichtung zuzuordnen, sie ist »religionsneutral«[22].

In seinem ziellosen Herumziehen findet der namenlose Protagonist die Kulisse einer größeren Stadt vor sich, und vor dieser ein Häuschen, das an einem See gelegen ist. Das Haus und der Kahn zeigen, ebenso wie auch die heruntergekommene Bekleidung des Mannes, deutliche Spuren der Verwahrlosung: »Ein kleines Haus lag nah daran, im Schilf morschte am Pfahl verpflockt ein großer Kahn, Netzwerk hing faulend in Fetzen vom Dach.« (DW 234) Die verkommene Topografie ist, so Burkhard Schäfer in seiner 2001 publizierten Studie *Unberühmter Ort: Die Ruderalfläche im magischen Realismus und in der Trümmerliteratur*[23], ein immer wiederkehrendes Merkmal in Texten des Magischen Realismus. Die Verlassenheit des Hauses wird mit »gähnte der Raum« (DW 234) anschaulich wiedergeben. Die Umgebung ist verödet, die Hütten »ausgestorb-

Baßler, Hubert Roland und Jörg Schuster (Hg.): Poetologien deutschsprachiger Literatur 1930–1960. Kontinuitäten jenseits des Politischen. Berlin 2016, S. 51–75, hier: S. 57.

20 Siehe hierzu: Tanja Kodisch: Fremdheitserfahrungen am Tisch des europäischen Märchens: Ein Beitrag zur Kulturthemenforschung Interkultureller Germanistik. Berlin [u.a.] 1997, S. 107.

21 Mit der Bezeichnung des *Großen Krieges* wurde lange Zeit im deutschsprachigen Raum der Dreißigjährige Krieg bezeichnet. Erst mit Ausbruch des Ersten Weltkriegs kam es zu einer Verschiebung des Begriffs, der nunmehr vor allem für diesen Krieg verwendet wurde und zwar in Übersetzung auch in den Sprachen der Kriegsbeteiligten. So sprach man von *Great War* (Großbritannien), *Grande Guerre* (Frankreich) oder auch *Grande Guerra* (Italien).

22 Religion bzw. die mit ihr verbundene Spiritualität spielt, solange sie nicht konfessionell gebunden ist, in den Geschichten Georg Munks eine wichtige Rolle.

23 Burkhart Schäfer: Unberühmter Ort. Die Ruderalfläche im Magischen Realismus und der Trümmerliteratur. Frankfurt a. M. 2001.

[n]e[n]« und »leer[e].« (DW 233) Lediglich ein die Aufmerksamkeit des Soldaten erregendes Merkmal in diesem morbid anmutenden Bild der Landschaft, das eine gewisse Lebendigkeit aufweist, ist ein am Wasser eingewurzelter Baum: »[M]it nacktem, glühendem Geäst [griff] ein Weidenbaum flammenschlagend ins Blau.« (DW 234) Gerade die Verlassenheit des Ortes, die das Innere und das Äußere des Soldaten widerspiegelt, wird damit für ihn zu einem möglichen Ort der Zuflucht.[24] Das Häuschen wird ihm zur neuen Heimat, die mit dem Häuschen verbundene Arbeitsstelle als Fährmann wird ihm zur neuen Aufgabe. Die Fahrt auf dem Strom, um zwischen Stadt und Dorf zu passieren, wird ihm von den Gästen entlohnt. Damit verbunden ist der Wendepunkt in seinem Leben: Von einem umherziehenden Gefährten wird er zum sesshaften, einem festen Beruf nachgehenden Fährmann.[25]

Eines Tages sieht der ehemalige Soldat ein Mädchen am Weidenbaum: »Anderntags zur Mittagsstunde traf er sie halb hängend, halb liegend ins Geäst verflochten, ihre nackten Füße spielten im Wasser.« (DW 235) Immer häufiger hält sie sich tagsüber an dem Baum auf, abends verschwindet sie spur- und klanglos. Ihre Anwesenheit umweht etwas Mythisches: »weder sah er sie kommen noch gehen, doch um die glühende Stunde war sie Tag um Tag unter der Weide, ihre Scheu schwand, sie fand Worte und lächelte ihm zu.« (DW 235) Das Mädchen ist die Personifikation der Liminalität selbst: Denn sie begibt sich in eine »Schwellenphase«, wie der Ethnologe Arnold van Gennep diesen Zustand in seinem Buch *Übergangsriten* beschreibt:[26] Sie wechselt von einer Sphäre in die andere. Sie befindet sich eine Zeit sowohl räumlich wie auch magisch-religiös in einer besonderen Situation, indem sie zwischen den beiden Welten schwebt. Dementsprechend ist auch ihre Beschreibung angelegt: Sie ist anmutig und anziehend, klug und freundlich, belastbar und tüchtig, ist zugleich *femme fatale* und *femme fragile*. Eines Tages verschwindet das Mädchen nicht wie bisher üblich bei Sonnenuntergang: Es bleibt bei dem Soldaten und somit ist der – nicht rechtskräftig ausgesprochene, doch nach dem Gesetz der Mahrtenehen unverbrüchliche – Ehebund geknüpft.

---

24 Schäfer: Unberühmter Ort, S. 128.
25 Fast zeitgleich wie Georg Munk nahm auch Hermann Hesse das Motiv des Fährmanns in seinem Buch *Siddharta* (1922) auf. Der Fährmann wird dabei zur Allegorie des Lebens, der zum Zeitpunkt eines Übergangs zwischen den zwei Abschnitten des Alten-Nun Verlassenen und des Neuen-Noch unbekannten vermittelt. Damit ist der Figur des Fährmanns sowohl Wandel wie auch Kontinuität, Vielfalt wie auch Einheit eingeschrieben. In der vorliegenden Geschichte ist der Mann, anders als der weibliche Dämon, kein Grenzgänger zwischen den Räumen und stellt somit im hier betrachteten Fall keine männliche Entsprechung dar. Das Motiv des Fährmanns wird hier nicht als Übersetzungsmöglichkeit zwischen Ufer und Ufer, als Charon-Figur zwischen Leben und Tod verwendet.
26 Arnold van Gennep: Übergangsriten. (Les rites de passage). Aus dem Franz. von Klaus Schomburg und Sylvia M. Schomburg-Scherff. Frankfurt, New York. 2005.

Das Haus wird durch den Aufenthalt der Frau künftig zu einem Zwischenraum im Zusammenleben von Mensch und Dämon. Der Weidenbaum wird zu einem Grenzbereich zwischen Wasser und Land.[27] Die dieser Aufteilung zugeschriebenen Räume entsprechen den Handlungselementen des Narrativs: Die Beziehung zum nichtmenschlichen, liminalen Wesen wird in der Natur aufgenommen, im Haus wird jedoch die Beziehung gelebt. Zum Wendepunkt der Geschichte und damit zum Abschied des Zwischen-Welten-Daseins kommt es an der Grenze derselben, symbolisiert durch den Weidenbaum. Damit wird die Beziehung in ihrem Anfang und ihrem Ende in liminalen Räumen positioniert.

Für Beziehungen, wie die hier zwischen dem Mädchen und dem Soldaten dargestellte, in der ein Mensch eine Verbindung mit einem »übernatürlich-jenseitigen Wesen« eingeht, wird in der Terminus der »gestörten Mahrtenehe« verwendet.[28] Mahrtengeschichten finden sich sowohl im jüdischen wie auch im christlichen Kontext und orientieren sich an narrativen Strukturen der Verbindung eines Mannes mit einer nichtmenschlichen Frau.[29] In den Mahrtenerzählungen finden sich verschiedene, von den Halbdämonen aufgestellte Gesetze, denen die Menschen zu folgen haben: Als Beispiele seien hier das Treuegebot, das Sichtverbot der Melusine oder das Gebot, über Herkunft und Existenz des Dämons zu sprechen, genannt.[30] Das Schweigegebot findet sich auch in *Die Weidenmutter*, wenn es heißt: »Nur wenn er sie um ihre Herkunft bedrängte, wurde sie schweigsam.« (DW 235)

---

27 Grenzgänger sind sich der herrschenden Grenzen bewusst. Territorial gesehen definieren oftmals natürliche Strukturen wie Flüsse, Seen und Berge die Erdoberfläche. Dem Grenzraum wird damit ein eigener Charakter zugeschrieben. »Demons frequented uninhabited places, deserts and forests and fields, as well as unclean places.« (Joshua Trachtenberg: Jewish Magic and Superstition: a Study in Folk Religion. Philadelphia 2004, S. 32). Bei der Auslotung der Grenzräume gilt es jedoch nicht nur die begrenzenden, sondern ebenso die verbindenden Elemente zu berücksichtigen. Denn gerade die Suche von Vertrautem und Unbekanntem, von Altem und Neuem in jenen Grenzräumen und somit in ihren Vertretern zeigen sowohl die individuelle wie auch gesellschaftliche Bereitschaft von Wagnissen und Risikofähigkeit auf.

28 Lutz Röhrich: Art. Mahrtenehe: Die gestörte Mahrte. In: Wilhelm Brednich (Hg.): Enzyklopädie des Märchens. Handwörterbuch zur historischen und vergleichenden Erzählforschung. Band 9, Berlin, New York 1999, S. 44–53 hier: S. 45; Lutz Röhrich: Die gestörte Mahrtenehe. Peter von Staufenberg. In: Lutz Röhrich (Hg.): Erzählungen des späten Mittelalters und ihr Weiterleben in Literatur und Volksdichtung bis zur Gegenwart: Sagen, Märchen, Exempel und Schwänke mit einem Kommentar. Band 1, Bern 1962, S. 244–245, hier: S. 244.

29 Astrid Lembke: Dämonische Allianzen. Jüdische Mahrtenerzählungen der europäischen Vormoderne. Tübingen 2013, S. 57. In der Forschung kann, wie Astrid Lembke in ihrer Studie über jüdische Mahrtenerzählungen gezeigt hat, die Differenz zwischen den einzelnen Religionen nicht mehr klar getrennt werden, da es zu Vermischungen und Weiterentwicklungen kam. Verwendet Paula Buber also narrative Vorbilder des Mittelalters, die sich sowohl im Judentum wie auch im Christentum finden und bereits zu dieser Zeit vermischt haben, schreibt sie sich ganz in diese Tradition ein.

30 Melanie Komorowski: Meerjungfrauen in der Literatur. http://www2.hhu.de/mythos-maga zin/mythosforschung/mk_meerjungfrauen.pdf. Zuletzt aufgerufen: 08.06.2020.

Das zentrale Problem der Mahrtenehe in der hier wiedergegebenen Erzählung von Georg Munk/ Paula Buber ist die mit der Frage der Herkunft verbundenen Suche nach der fehlenden Seele. Als eine Wasserfrau ist das junge Mädchen im Sinne der Paracelsischen Elementenlehre seelenlos. Im Text wird dies ausgewiesen mit: »Während der langen winterlichen Dämmerzeit bedrückte es ihn zuweilen, daß die Frau nur mit ihrer Gegenwart ihm zugehöre.« (DW 236) Eine Reflexion über die fehlende Seele auf Seiten der Frau, wie sie sich in den Undine-Erzählungen findet, gibt es hier nicht. Da die junge Frau keine Seele besitzt, wird sie als Heidin gezeichnet: Folglich ist ihr Inneres mit dem mythisch-heidnischen Naturraum verbunden und nicht mit dem religiös bestimmten Menschenraum. Die Andersartigkeit der Frau beängstigt den Mann jedoch immer nur in kurzen Momenten des Nachsinnens, ist doch die die Kraft ihrer natürlichen, physischen Liebe überwältigend und erfüllend. In Verbindung mit der körperlichen Vereinigung wird in der Erzählung nun nicht nur die Schwangerschaft der Frau thematisiert. Die erwartete Geburt des Kindes wird zugleich mit dem Erhalt einer Seele verbunden. »Zur Zeit, da ihre Gemeinsamkeit sich jährte, sollte,« so heißt es in einer beide Ereignisse einschließenden Formulierung, »das Dritte sich ihnen gesellen.« (DW 236) Die junge Frau bringt einen Jungen zur Welt, auch er bleibt namenlos. Bald nach der Niederkunft verstärken sich jedoch die Zweifel des Mannes an seiner Frau wieder.

> Im kaum gebrochenen Ring der Nächte, wenn der Strom unter seinem Eisgrab klagte, schlichen Zweifel aus der Schwärze und nagten das Herz des Mannes an. Sah er aber dann des Morgens beim Öllicht die Frau im engen Raum so frei sich regen, so reinlich schaffen, und die Arbeit schlüpfte ihr aus den Händen, jede Speise geriet ihr wohl, jedes Nadelwerk wuchs lieblich aus ihren Fingern, da ging ein großes Freudenlicht in seiner Brust auf. (DW 236)

So vergehen trotz der Zweifel, die den Mann umtreiben, zwei Jahre in einem ruhigen beschaulichen Rhythmus. Eines Tages erwacht der Mann jedoch um Mitternacht. Er sieht seine Frau zum Weidenbaum am Ufer eilen und in ihm vergehen. Die Frau neben ihm im Ehebett, die äußere Hülle gewissermaßen, ist starr und reglos wie Holz. Dieser Vorgang des Entschwindens wiederholt sich Nacht für Nacht.

Das sich jede Mitternacht wiederholende Verschwinden der Frau konfrontiert den Mann mit seinen eigenen Ängsten. Er ist unfähig, die zweite Welt zu akzeptieren, der seine Frau (auch) zugehört.

> Mittnachts wachte er auf und sah im grellen Mond das Leben seines Weibes zum Baum ziehn. Er riß sich hoch, griff die Axt aus der Ecke, sprang gegen den Strom hinunter, hieb das Beil in den Weidenstamm, hieb, hieb wieder, Aufruhr seines Geblüts schlug mit schwarzer Trübung seine Augen. War's sein Blut, das rauschte, war's der empörte

Strom? Wer schrie den niegehörten Schrei, der die Nacht zerschnitt? War es der Baum, der jetzt unter seinen Hieben zusammenbrach, war er es selbst? (DW 238)

Mit dem Tod seiner Frau altert der Protagonist schlagartig. Dem Sohn, der seine Mutter vermisst, baut der Mann aus dem Weidenholz des Baumes eine Wiege. Diese, Sinnbild der mütterlichen Umarmung, kann als Metapher verstanden werden: Als Verschmelzung von Mutter und Sohn, als Einheit von Christentum und Heidentum, als Verschmelzung von Gott und Natur, als Gespräch zwischen zwei Welten. Als das Kind größer wird, schnitzt der Vater ihm eine Flöte aus den Sprösslingen des Weidenbaums. Nun wird ihm diese zum Ersatz für die zu klein gewordene Wiege, mit ihr kann er fortan das Gespräch mit der verlorenen Mutter aufrechterhalten.

In den Bildern der Wiege und Flöte ist die Deutung der Geschichte vorgegeben: Sie erzählt von einer Harmonisierung und Zusammenführung zweier Welten. Die Integration kann sowohl von Scheitern wie auch von Gelingen bestimmt sein: »Die beiden Welten sind durch komplementäre Defizite und Überschüsse gekennzeichnet, die einander kompensieren können.«[31] Anfänglich gelingt in der Geschichte von der *Weidenmutter* die Integration der fremdartigen Frau. Doch unmittelbar nach Sicherung des Fortbestands des eigenen Geschlechts gewinnen in ihrem Mann die Zweifel Oberhand, der christlich-jüdische Raum verschließt sich dem mythisch-heidnischen Naturraum.[32]

Magisch-realistische Einflüsse in *Die Weidenmutter*

Die Mahrtengeschichte Georg Munks trägt viele Kennzeichen des Magischen Realismus, wie sie von Scheffel in seiner einschlägigen Arbeit *Magischer Realismus. Die Geschichte eines Begriffs und ein Versuch seiner Bestimmung* definiert wurden.[33] Macht man sich auf die Suche nach magisch-realistischen Einflüssen in der Geschichte *Die Weidenmutter*, können diese folgendermaßen zusammengefasst werden: Die Novelle ist im Ansatz realistisch, wenn auch die zeitliche Verortung nicht zwingend in der Gegenwart festzumachen ist; allerdings spricht auch nichts dagegen. Es finden sich jedoch keine Erwähnungen des modernen Lebens, wie etwa ein Telefon oder ein Auto. Der Aufbau der Handlung folgt einer

31 Volker Mertens: Melusinen, Undinen. Variationen des Mythos vom 12. bis zum 20. Jahrhundert. In: Johannes Janota (Hg.): Festschrift Walter Haug und Burghart Wachinger. Band 1, Tübingen 1992, S. 201–231, hier: S. 202.
32 In den jüngeren, jüdischen Mahrtengeschichten kommt der Suche nach einem exogamen Partner und somit einer Seelen-Erlangung keine derartige Gewichtung zu wie in den christlichen Erzählungen. Siehe hierzu: Astrid Lembke: Dämonische Allianzen. Jüdische Mahrtenerzählungen der europäischen Vormoderne. Tübingen 2013, S. 46–49.
33 Scheffel: Magischer Realismus, S. 111.

geschlossenen Erzählform, auch die beiden Protagonisten der Novelle weisen eine entsprechende, finale Getriebenheit auf. Die erzählte Welt ist homogen gestaltet, ihre Stabilität zunächst gesichert. Mit dem Erscheinen der Weidenmutter kommt ein Geheimnis in die erzählte Welt, die ihr realistisches System durchbricht.[34] Insgesamt kommt es zu einer Darstellung der Wirklichkeit, der etwas Unheimliches anhaftet und zugleich merkwürdig entfremdet wirkt. Zu einer überscharfen Beschreibung kommt es hier nicht, auch ist keine Neigung zur Detailtreue zu beobachten, wie sie Scheffel für die paradigmatischen Werke des deutschsprachigen Magischen Realismus ausmacht[35], lediglich eine gewisse Statik kann in Teilen der Erzählung aufgezeigt werden.

Was hier am Beispiel der Erzählung *Die Weidenmutter* aufgezeigt wurde, gilt auch für die weiteren Novellen aus der Feder Paula Bubers, die sie unter dem Namen Georg Munk veröffentlichte. Die Novellensammlungen *Die unechten Kinder Adams* (1912) und *Die Gäste* (1927) können als bisher kaum berücksichtigte Zeugnisse magisch-realistischen Erzählens im deutschsprachigen Raum betrachtet werden. Im Unterschied dazu stießen die Novellenbände in der zeitgenössischen Rezeption auf großes Interesse, und hier stand oftmals gerade die Gestaltung des Wunderbaren und Magischen im Vordergrund. So wurde in den Rezensionen stets der Eintritt des Numinosen als Besonderheit des Munkschen Erzählstils betont. Als 1912 die Erzählungen *Die unechten Kinder Adams* veröffentlicht wurden, wies eine Rezension auf die »wunderbare Verschmelzung von Realem und Phantastischem«[36] hin und hob hervor, dass es den Novellen gelinge, »das Wunderbare in die reale Welt zu stellen«[37]. Zusammenfassend kann Paula Buber die Fähigkeit zugesprochen werden, in ihren unter dem Namen Georg Munk veröffentlichten Novellen literarische Bilder zu entwerfen, die als Sinnbilder ihrer Zeit verstanden wurden. Trotz des großen Erfolgs blieb eine Fortsetzung der schriftstellerischen Tätigkeit aufgrund der eingangs skizzierten privaten und beruflichen Gründe nach der Publikation des letzten Novellenbandes im Jahr 1927 zunächst aus. Erst 1953 erschien der Zeitroman *Mucken-*

---

34 Während in der Hochphase des Magischen Realismus vor allem die Götter der Antike, in Form des Lieblingsgottes Pan, Demeter und Merkur auftauchten, waren die ersten Versuche magisch-realistischen Erzählens im deutschsprachigen Raum auch geprägt von Göttern des Heidentums. Siehe: Almut-Barbara Renger: Klassische Griechische und Römische Antike. In: Hans Richard Brittnacher und Markus May (Hg.): Phantastik. Ein interdisziplinäres Handbuch. Stuttgart, Weimar 2013, S. 5–7.
35 Oskar Loerke: Der Oger (1921); Wilhelm Lehmann: Die Schmetterlingspuppe. Roman (1918); Elisabeth Langgässer: Gang durch das Ried (1936).
36 Unbekannt: Rezension: Die unechten Kinder Adams. Leipziger Neueste Nachrichten, 22.10. 1912. In: Newspaper Clippings about Her and Her Writings. ARC. 4* 1689 04 111. Paula Buber archive. NLI.
37 Max Pirker: Rezension: Die unechten Kinder Adams. Tagespost, Graz, 01.09.1912. In: Newspaper Clippings about Her and Her Writings. ARC. 4* 1689 04 111 Paula Buber archive. National Library of Israel, Jerusalem (NLI).

sturm, der sich zeitlich und inhaltlich stark von den Novellen absetzte. Der Nationalsozialismus markierte eine deutliche Wendung im Leben und Werk Paula Bubers. Als Autorin des Magischen Realismus stellte sie aufgrund ihrer Emigration und dem damit verbundenen Verlust ihres muttersprachlichen Umfelds für lange Zeit ihre schriftstellerische Arbeit ein und nahm auch am Literaturbetrieb in den deutschsprachigen Emigrantenkreisen in Palästina, später Israel nicht mehr aktiv teil.[38]

Zusammenfassend gilt somit festzuhalten: Die Texte Paula Bubers/ Georg Munks sind weder prototypische Texte der Jüdischen Renaissance[39] noch des Magischen Realismus. Betrachtet man diese produktivste, schriftstellerische Schaffensphase Paula Bubers (1912–1927) unter Berücksichtigung der Entwicklungen des Magischen Realismus im deutschsprachigen Raum, zeigen sich in ihnen jedoch frühe Formen eines magisch-realistischen Erzählens. Damit ergibt sich eine zeitliche Diskrepanz gegenüber der in der Forschungsliteratur herausgearbeiteten zeitlichen Fixpunkte von etwa einem Jahrzehnt: Erst Anfang der 1920er Jahre wurde mit Franz Roh der Begriff des Magischen Realismus für die bildende Kunst eingeführt, von dort wurde er auf die Literatur übertragen. Narrative Verfahren, die sich dieser literarischen Strömung zuordnen lassen, finden sich jedoch bereits deutlich früher, nicht nur in den Werken Paula Bubers. Parallel zur Bewegung der Jüdischen Renaissance verlaufend und von diesen Ideen maßgeblich beeinflusst, entdeckte sie bereits Anfang der 1910er Jahre das magisch-realistische Schreiben für ihre Themen. Ihre produktivste Schaffenszeit, die Jahre zwischen 1912 und 1927, weisen über allzu eng gefasste Eingrenzungen des Magischen Realismus hinaus.[40] Die Texte Paula Bubers sprechen dafür, sowohl die Zeitspanne, in der man von dem deutschsprachigen Magischen Rea-

---

38 1935 wurde Paula Buber aus der Reichsschrifttumskammer ausgeschlossen. Eine weitere Teilhabe am öffentlichen literarischen Leben war nicht mehr möglich. Paula Buber: Ausschluss aus der Reichsschrifttumskammer. Privatnachlass Goldschmidt-Buber, Jerusalem.

39 Wie Nassrin Sadeghi in ihrer Dissertationsschrift über Paula Buber ausweist, waren die Texte Georg Munks ab 1912 keine Texte, die für die jüdische Renaissance geschrieben wurden. Nassrin Sadeghi: Paula Buber. Selbst- und Weiblichkeitsentwürfe in ihrem Werk. Gießen 2015, S. 153.

40 Der in der Sekundärliteratur ausgewiesenen zeitlichen Bindung des Magischen Realismus an die rund um die literarische Zeitschrift *Die Kolonne* angesiedelten Autorinnen und Autoren wird hier nicht gefolgt. Zahlreiche Autorinnen und Autoren, etwa Oskar Loerke oder Gertrud Fussenegger werden als Vertreter des Magischen Realismus gesehen, waren jedoch nicht in jenem Zeitschriften-Umfeld aktiv. Siehe: Jörg Schuster: Die vergessene Moderne. Deutsche Literatur 1930–1960. Stuttgart 2016, S. 34–40; Michael Scheffel: Die poetische Ordnung einer heillosen Welt. Magischer Realismus und das ›gespaltene Bewußtsein‹ der dreißiger und vierziger Jahre. In: Martin Martinez (Hg.): Formaler Mythos. Beiträge zu einer Theorie ästhetischer Formen. Paderborn 1996, S. 163–180, hier: S. 179f; Paula Bubers spätere erschienene Romanen *Am lebendigen Wasser* (1952) und *Muckensturm* (1953) und weisen ebenfalls Spuren magisch-realistischen Erzählens auf. Damit fallen auch diese Werke aus dem von Scheffel gesetzten Zeitabschnitt. Siehe hierzu: Fußnote 12.

lismus spricht, weiter zu fassen wie auch den eng gefassten, überwiegend männlich besetzten Kanon[41] um eine bemerkenswerte weibliche Vertreterin zu erweitern.

Literaturverzeichnis

Aschheim, Steven: Brother and Strangers. The East European Jew in German and German Conscousness, 1800–1923. Wisconsin 1982.

Baur, Katharina: Die Chassidischen Erzählungen im Kontext der Debatten um nationale Identität: Bedingungen und Konsequenzen der Zusammenarbeit von Martin Buber und Paula Winkler. In: Bettina Bannasch, Carmen Reichert und Alfred Wildfeuer (Hg.): Zukunft der Sprache, Zukunft der Nation. [Voraussichtl. Erscheinen: 2020]

Baur, Katharina: Die Schriftstellerin Paula Buber (1877–1958): »Sei mir Alles: Frau, Liebste, Freund und Kamerad«. In: Zeitschrift für christlich-jüdische Begegnung im Kontext. (ZfBeg) (2019), Heft 2/3, S. 195–203.

Bilski, Emily D., Heike Breitenbach, Freddie Rokem, Freddie und Bernd Witte (Hg.): Martin Buber Werkausgabe. Band 7: Schriften zu Literatur, Theater und Kunst. Lyrik, Autobiographie und Drama. Gütersloh 2016, S. 744–747.

Buber, Martin: Jüdische Renaissance. In: Ost und West. Illustrierte Monatsschrift für modernes Judentum 1. Jg. (1901), Heft 1, Sp. 7–10. In: Barbara Schäfer (Hg.): Martin Buber Gesamtausgabe. Band 3: Frühe jüdische Schriften 1900–1922. Gütersloh 2007, S. 143–147.

Durst, Uwe: Das begrenzte Wunderbare. Zur Theorie wunderbarer Episoden in realistischen Erzähltexten und in Texten des ›Magischen Realismus‹. Berlin 2008.

Gennep, Arnold van: Übergangsriten. (Les rites de passage). Aus dem Franz. von Klaus Schomburg und Sylvia M. Schomburg-Scherff. Frankfurt, New York. 2005.

Kettelhake, Silke: Renée Sintenis. Berlin, Boheme und Ringelnatz. Berlin 2010.

Kodisch, Tanja: Fremdheitserfahrungen am Tisch des europäischen Märchens: Ein Beitrag zur Kulturthemenforschung Interkultureller Germanistik. Berlin [u. a.] 1997.

Komorowski, Melanie: Meerjungfrauen in der Literatur. http://www2.hhu.de/mythos-magazin/mythosforschung/mk_meerjungfrauen.pdf. Zuletzt aufgerufen: 08.06.2020.

Lembke, Astrid: Dämonische Allianzen. Jüdische Mahrtenerzählungen der europäischen Vormoderne. Tübingen 2013.

Loerke, Oskar: Georg Munk [Paula Buber]. Sankt Gertrauden Minne. Leipzig Insel-Verlag 1921. In: Helmuth Kasack (Hg.): Oskar Loerke: Der Bücherkarren. Besprechungen im Berliner Börsen-Courier 1920–1928. Heidelberg 1965, S. 101–102.

Mertens, Volker: Melusinen, Undinen. Variationen des Mythos vom 12. bis zum 20. Jahrhundert. In: Johannes Janota (Hg.): Festschrift Walter Haug und Burghart Wachinger. Band 1, Tübingen 1992, S. 201–231.

Munk, Georg: Die Gäste. Sieben Geschichten. Leipzig 1927.

---

41 Als weibliche Vertreterinnen des Magischen Realismus seien hier genannt: Elisabeth Langgässer (1899–1950), Martha Saalfeld (1898–1976) und als spätes Beispiel Marlen Haushofer (1920–1970).

Munk, Georg: Die unechten Kinder Adams. Ein Geschichtenkreis. Leipzig 1912.

Munk, Georg: Die Weidenmutter. In: Martin Buber (Hg.): Georg Munk. Geister und Menschen. Ein Sagenbuch. München 1961, S. 233–239.

Munk, Georg: Die Weidenmutter. In: Georg Munk (Hg.): Die Gäste. Sieben Geschichten. Leipzig 1927, S. 9–15.

Pirker, Max: Rezension: Die unechten Kinder Adams. Tagespost, Graz, 01.09.1912. In: Newspaper clippings about her and her writings. ARC. 4* 1689 04 111 Paula Buber archive. National Library of Israel, Jerusalem (NLI).

Renger, Almut-Barbara: Klassische Griechische und Römische Antike. In: Hans Richard Brittnacher und Markus May (Hg.): Phantastik. Ein interdisziplinäres Handbuch. Stuttgart, Weimar 2013, S. 5–7.

Röhrich, Lutz: Art. Mahrtenehe: Die gestörte Mahrte. In: Wilhelm Brednich (Hg.): Enzyklopädie des Märchens. Handwörterbuch zur historischen und vergleichenden Erzählforschung. Band 9, Berlin, New York 1999, S. 44–53.

Röhrich, Lutz: Die gestörte Mahrtenehe. Peter von Staufenberg. In: Lutz Röhrich (Hg.): Erzählungen des späten Mittelalters und ihr Weiterleben in Literatur und Volksdichtung bis zur Gegenwart: Sagen, Märchen, Exempel und Schwänke mit einem Kommentar. Band 1, Bern 1962, S. 244–245.

Roland, Hubert: Magischer Realismus und Innere Emigration. Das Störpotential einer Poetik in Elisabeths Langgässers Roman Gang durch das Ried (1936). In: Moritz Baßler, Hubert Roland und Jörg Schuster (Hg.): Poetologien deutschsprachiger Literatur 1930–1960. Kontinuitäten jenseits des Politischen. Berlin 2016, S. 51–75.

Sadeghi, Nassrin: Paula Buber. Selbst- und Weiblichkeitsentwürfe in ihrem Werk. Gießen 2015.

Schaeder, Grete (Hg.): Briefwechsel Martin Buber. Bd. II. Heidelberg 1973.

Schäfer, Burkhart: Unberühmter Ort. Die Ruderalfläche im Magischen Realismus und der Trümmerliteratur. Frankfurt a. M. 2001.

Scheffel, Michael: Die poetische Ordnung einer heillosen Welt. Magischer Realismus und das ›gespaltene Bewußtsein‹ der dreißiger und vierziger Jahre. In: Martin Martinez (Hg.): Formaler Mythos. Beiträge zu einer Theorie ästhetischer Formen. Paderborn 1996, S. 163–180.

Scheffel, Michael: Magischer Realismus: Die Geschichte eines Begriffes und ein Versuch seiner Bestimmung. Tübingen 1990.

Schuster, Jörg: Die vergessene Moderne. Deutsche Literatur 1930–1960. Stuttgart 2016.

Strauß, Ludwig: Georg Munk. In: Der Kunstwart. Rundschau über alle Gebiete des Schönen. Monatshefte für Kunst, Literatur und Leben. 42. Jg. (Januar 1929), Heft 4. S. 225–232. Jetzt in: Tuvia Rübner (Hg.): Ludwig Strauß. Gesammelte Werke. Band 2: Schriften zur Dichtung. Göttingen 1998, S. 318–328.

Tgahrt, Reinhard (Hg.): Oskar Loerke: Literarische Aufsätze aus der »Neuen Rundschau« 1909–1941. Heidelberg, Darmstadt 1967.

Trachtenberg, Joshua: Jewish Magic and Superstition: a Study in Folk Religion. Philadelphia 2004.

Unbekannt: Rezension: Die unechten Kinder Adams. Leipziger Neueste Nachrichten, 22.10.1912. In: Newspaper clippings about her and her writings. ARC. 4* 1689 04 111. Paula Buber archive. NLI.

Winkler, Paula: Betrachtungen einer Philozionistin. In: Die Welt. 5. Jg., Heft 36 (06. 09.
1901), S. 4–6.
Winkler, Paula: Die jüdische Frau. In: Die Welt. 5 Jg., H. 45 (08. 11. 1901), S. 2–4; Heft 46
(15. 11. 1901), S. 6–7.

Gerold Necker

»...und danach kommt der Friede«: S. J. Agnons Traumnotizen in den 1930er Jahren

Als Samuel Josef Agnon 1966 den Literaturnobelpreis zusammen mit Nelly Sachs erhielt, war er neunundsiebzig Jahre alt und hatte in so unterschiedlichen kulturellen Räumen wie seiner Heimat Buczacz im habsburgischen Galizien, dem Berlin der Kaiserzeit sowie Jerusalem unter und nach der britischen Mandatsherrschaft gelebt.[1] Sein narratives Werk galt als Höhepunkt einer künstlerischen Entwicklung, die noch aus der vitalen jiddischen Sprache schöpfte, die literarische Vielfalt des religiösen Erbes einfließen ließ und sich auch in der Auseinandersetzung mit der nicht-jüdischen Avantgarde produktiv auf Hebräisch bewähren konnte. Sein eigenwilliger, verhaltener Stil, mit dem er in unterschiedlichen Genres glänzte, lässt sich im Ansatz auf eine neoromantische Frühphase zurückverfolgen, die während seines Aufenthalts in Deutschland (1912–1924) zusätzliche Impulse erhielt. Dazu gehört bei Agnon ebenso wie für ein ganzes Netz von Schriftstellerpersönlichkeiten die immer wieder neu zu diskutierende Ausdrucksebene des Verhältnisses von Raum, Zeit und Lebenswirklichkeit, für die speziell das Kafka'sche Oeuvre paradigmatische Bedeutung gewonnen hat.

Zur Einordnung von S. J. Agnon

Die Frage, in welcher Weise und ab wann beispielsweise Jorge Luis Borges, ein ausgesprochener Liebhaber von Franz Kafkas Werk, tatsächlich von diesem beeinflusst wurde, ist nicht nur von chronologischem Interesse, sondern stellt sich

---

1 Eine umfassende Biographie zu Agnon bietet Dan Laor: Ḥayye 'Agnon. Tel Aviv 1998. Zur umfangreichen Literatur über Agnons Leben und Werk vgl. Werner Martin: Samuel Josef Agnon. Eine Bibliographie seiner Werke. Hildesheim, New York 1980, sowie die im Kapitel »Literary Criticism of the Works of S. Y. Agnon« angegebene Literatur in Sarit Ezekiel: Where Agnon and Jung Meet. Travels along an External and Internal Path in the Novel ›The Bridal Canopy‹. Newcastle upon Tyne 2019, S. 27–29. Eine ausführliche Bibliographie findet sich unter: www.library.osu.edu/projects/hebrew-lexicon/02005.php. Zuletzt aufgerufen: 27.10. 2020.

auch im Rahmen einer Rekonstruktion des Magischen Realismus als globales literaturgeschichtliches Phänomen.[2] Ein wichtiger Hinweis zur Klärung der Chronologie ergab sich jüngst aus einer Entdeckung in einem Archiv in Buenos Aires: Borges' Notizen samt Unterschrift finden sich in dem Sammelband *Der Almanach der Neuen Jugend auf das Jahr 1917*, in den Kafkas »Ein Traum« aufgenommen wurde, nachdem die geplante Veröffentlichung dieser Kurzgeschichte in Martin Bubers neuer Zeitschrift *Der Jude* im Herbst 1916 nicht zustande gekommen war.[3] Immerhin trug Max Brod in dem dafür vorgesehenen Oktoberheft in seinem eigenen Beitrag »Unsere Literaten und die Gemeinschaft« eine bemerkenswerte Würdigung Kafkas vor, einschließlich der »(zum Teil noch unveröffentlichten) Visionen«.[4] Brods Unterstützung mag mitgeholfen haben, dass 1917/18 in der zweiten Ausgabe von *Der Jude* – in der im vierten Heft Max Strauß' Übersetzung »Die Erzählung vom Toraschreiber« aus dem hebräischen Manuskript *Agadat ha-Sofer* des seit 1913 in Berlin lebenden Shmu'el Josef Czaczkes' unter dessen Künstlernamen Agnon abgedruckt wurde[5] – auch der Titel »Zwei Tiergeschichten« von Franz Kafka erschien, zu dem »Schakale und Araber« (Heft 7) sowie »Ein Bericht für eine Akademie« (Heft 8) gehörten.

Ähnliche Fragestellungen, wie sie das literarische Verhältnis zwischen Borges und Kafka nahelegt, drängen sich auch für Borges' Kenntnis der Prosa des israelischen Schriftstellerkollegen Agnon auf. Wichtig ist eine Präzisierung dieser Beziehung vor allem im Kontext von Borges' Affinität zu Motiven aus der Welt der jüdischen Mystik, die sich in Erzählungen wie *El Aleph* oder *Las ruinas circulares* Bahn gebrochen haben. Bekanntlich konnte Borges viele Anregungen aus der frühen und später mit Gershom Scholem – wie inspirierend dessen persönliche Bekanntschaft war, zeigt sich in seinem Gedicht »El Golem« – in der modernen Forschung etablierten Sekundärliteratur zur Kabbala schöpfen.[6] Doch mit Agnon kommt eine Kunst ins Spiel, die den kreativen Umgang mit den

---

2 Die Frage der Datierung von Borges' Übersetzung der Erzählungen Kafkas und deren Wirkung in Südamerika wird unterschiedlich diskutiert, vgl. Michael Scheffel: Magischer Realismus. Die Geschichte eines Begriffes und ein Versuch seiner Bestimmung. Tübingen 1990, S. 43 f., 134.

3 Vgl. Carlos García: Borges und Kafka (2011). In: The Kafka Project by Mauro Nervi, www.kaf ka.org/index.php?aid=236. Zuletzt aufgerufen: 05.04.2020; zuerst erschien »Ein Traum« in: Hermann Bahr (Hg.): Das jüdische Prag. Eine Sammelschrift. Prag 1917 [Dezember 1916]; im Verlag *Selbstwehr*, zu dessen Redaktion auch Martin Buber gehörte, dann im *Prager Tagblatt* vom 6. Januar 1917 und schließlich in Kafkas Band *Ein Landarzt* (München, Leipzig 1920). Nach García ist es wahrscheinlich, dass Borges spätestens mit der Publikation von *Ein Landarzt* auch Zugang zur Erzählung *Vor dem Gesetz* hatte.

4 Max Brod: Visionen. In: Der Jude (1916), Nr. 1, S. 457–465, hier: S. 463.

5 Max Strauß: Die Erzählung vom Toraschreiber (1917/18), Nr. 2, S. 253–263.

6 Nach Ilan Stavans: Borges, the Jew. Albany, NY 2016, S. 50; rezipierte Borges zunächst ältere Darstellungen wie diejenigen von Arthur E. Waite, Henri Sérouya und Adolphe Franck. Inwieweit er die lateinischen Übersetzungen in Christian Knorr von Rosenroths Kabbala Denudata verwertete, müsste noch gezeigt werden.

kabbalistischen Quellen selbst widerspiegelt.[7] In der Erzählung *Ido und Enam* weist auch Agnon auf den mit ihm befreundeten Scholem (ebenfalls im Kontext eines Golem-Motivs) in der literarischen Gestalt des Gerhard Greifenbach hin.[8] Borges mag auf Agnon schon früh durch dessen Sammelarbeit zu chassidischen Geschichten im Allgemeinen und die Zusammenarbeit mit Martin Buber im Besonderen gestoßen sein.[9] Aber er sprach darüber erst 1967 in seiner Rede »Über Agnon« am Instituto Cultural Argentino-Israelí in Buenos Aires.[10] Die neun französischen Übersetzungen des Bandes *Contes de Jérusalem* standen dabei im Mittelpunkt; man müsse diese zugleich tragischen und komischen Geschichten mit ihrem Symbolreichtum so lesen, wie man Dante liest, empfahl Borges. Er ging auf den Golem in *Ido und Enam* ein, auch auf sprachmystische Ideen in dieser Erzählung. Sein Lob für die Nobelpreisvergabe der Schwedischen Akademie machte er aber an Agnons Ausdrucksfähigkeit fest, die sozusagen einem geduldigen Abwarten auf das ruhige Ende Raum gibt, ganz im Gegensatz zur uferlosen Verzweiflung Franz Kafkas, viel eher wie Bernard Shaw einer Tragik

---

7   Vor allem Tzahi Weiss hat viele solcher Bezüge offengelegt, vgl. z. B. seine Studie: Death of the Shekhinah in S. Y. Agnon's Oeuvre. A Reading in Four Stories and their Sources (hebr.), Ramat Gan 2009; vgl. auch Elhanan Shiloh: Kabbalistic Influences. A Look at ›Aggadat Hasofer‹ and ›Ma'aseh Azriel Moshe Shomer Ha-sfarim‹. In: Hans-Jürgen Becker und Hillel Weiss (Hg.): Agnon and Germany. The Presence of the German World in the Writings of S. Y. Agnon. Ramat Gan 2010, S. 391–426. Die erste Analyse zu Agnons kabbalistischen Quellen stammt von Gershom Scholem: Die Quellen der Geschichte von Rabbi Gadiel dem Kind in der kabbalistischen Literatur [hebr.]. In: Dov Sadan und Ephraim E. Urbach (Hg.): Le-'Agnon Shay. Devarim 'al ha-sofer u-sefaraw. Jerusalem 1958, S. 289–305.

8   Zur Interpretation dieser 1950 publizierten Erzählung vgl. Gershon Shaked: S. J. Agnon – ›Ido und Enam‹. Versuch einer Interpretation. In: Colloquia Germanica (1970), Nr. 4, S. 83–99; in Shakeds Vergleich zwischen Agnon und Kafka wird eine Reihe von Kriterien aufgezählt (Shaked: S. J. Agnon, S. 87), die durchaus denjenigen von Michael Scheffel zur Definition des Magischen Realismus angegebenen entsprechen, wie vage Orts- und Zeitbestimmung, eine im Ansatz realistische Erzählweise, andere Sinnebene, die durch ein Geheimnis angezeigt wird (vgl. Michael Scheffel: Magischer Realismus. In: Georg Braungart et al. (Hg.): Real-Lexikon der deutschen Literaturwissenschaft. Berlin 2010, S. 526). Detaillierte Analysen und Kritiken bieten der zweite und dritte Band von *'Agnon – 'Agunot, 'Ido ve-'Enam. Meqorot, mivnim, mashma'uyot*, 3 Bände, herausgegeben von Hillel Weiss, Tel Aviv 1979. Auf die naheliegende Identifikation des »Gerhard Greifenbach« mit Gershom Scholem, in dessen Haus Agnon diese Erzählung schrieb, wies zuletzt auch Avner Falk hin: Agnon's Story. A Psychoanalytic Biography of S. Y. Agnon. Leiden 2018, S. 447. Das Golem-Motiv spielt auf einen angeblich weiblichen Golem an, der von dem mittelalterlichen Dichter Salomo ibn Gabirol erschaffen worden sein soll. In der Erzählung betrifft es eine Frauengestalt, die Hymnen in einer fremden Sprache singt, siehe dazu unten.

9   Seine Erzählungen zu Ba'al Shem Tov wurden 1962 in dem Band *Ha-Esh ve-ha-'Etsim* (»Das Feuer und das Holz«) in die Gesammelten Werke aufgenommen; eine frühe Anthologie, die er zusammen mit Buber erarbeitet hatte, fiel 1923 dem großen Wohnungsbrand in Bad Homburg zum Opfer, vgl. Dan Laor: Agnon in Germany, 1912–1924. In: AJS Review (1993), Nr. 18.1, S. 75–93.

10 Vgl. Stavans: Borges, S. 67 ff. Stavans paraphrasiert die Rede nach einem offenbar unzulänglichen spanischen Skript in Englisch.

auf der Spur, die schließlich doch noch zur Zufriedenheit führen kann. Diesen Eindruck erhält Borges ausgerechnet von Agnons Erzählung *Ein ganzer Brotlaib*, die besonders charakteristisch für jene in den 30er und 40er Jahren verfassten Kurzgeschichten ist, die gesammelt und ergänzt als *Sefer ha-Ma'asim* zwischen 1932 und 1951 veröffentlicht wurden. Der Titel bedeutet schlicht »Buch der Geschichten« und ist in der jüdischen Tradition auch schon verwendet worden;[11] den Inhalt trifft aber besser die Übersetzung »Buch der Taten« – auch »Buch der Ereignisse« wäre möglich – denn, wie Gershom Scholem formulierte, »gerade die Unmöglichkeit, auch nur die kleinste Tat zu vollziehen, ist es, um die es sich in diesem Buche dreht. Mit jedem Versuch zu solchem Vollzug tut sich ein unentwirrbares und trostloses Durcheinander auf, aus dem es kein Entrinnen gibt, es sei denn durch ein Aufwachen aus einem Alptraum«[12]. Es liegt nahe, diese Erzählungen als Traumerlebnisse zu deuten.[13] Die Grenzen von Raum und Zeit sind nicht mehr festgelegt, doch der irritierende und trotzdem unspektakuläre, homogene Handlungsverlauf fügt sich überschaubar in das wie auch immer von ihnen vorgegebene Koordinatensystem ein. Die Wirklichkeit ist brüchig, kann dämonisch wirken, Detailbeschreibungen können mitunter übersteigerter Wahrnehmung folgen, und in der immer wieder durchscheinenden Sinnebene jüdischer Tradition, deren Symbole auch im Modernhebräischen präsent sind, kommt die unstillbare Sehnsucht nach ihrer spirituellen Überlegenheit genauso wie ihr ernüchternder Realitätsverlust im Alltagsgeschehen zur Sprache. Gleichwohl ist sie die treibende und bestimmende Kraft, der die Protagonisten schicksalshaft ausgeliefert sind. Meist ergibt sich aus einer unerwarteten Begegnung eine Spannung, die Neigungen, Wünsche und Pflichtgefühl in eine Aporie geraten lässt. Agnon beschritt mit diesen Erzählungen einen überraschend neuen Weg. Trat er bis dahin bereits durch seinen Verzicht auf sonst in der »jüdischen Renaissance«[14] durchaus gängiges »neoromantisches Pathos« ebenso wie auf die nicht seltenen elegischen Töne »schwermütiger Selbstkritik« hervor und hatte vielmehr stilistische Annäherungen an die Traditionsliteratur

---

11 So für die mittelalterliche Sammlung von sog. Fallgeschichten, Sefer ha-Ma'asim, und die populäre jiddische Adaption, Mayse-Buch, vgl. Dan Laor: S. Y. Agnon [hebr.]. Jerusalem 2008, S. 88. Dan Miron: From Continuity to Contiguity. Toward a New Jewish Literary Thinking. Stanford, Calif. 2010, S. 233, betont deshalb, dass die englische Wiedergabe »Book of Deeds« zwar häufig zu finden, aber im Grunde genommen falsch sei.

12 Gershom Scholem: S. J. Agnon – der letzte hebräische Klassiker? In: Judaica 2. Frankfurt a. M. 1970, S. 109.

13 Vgl. Gerold Necker: Nachwort. In: Samuel Joseph Agnon: Buch der Taten. Erzählungen. Frankfurt a. M. 1995, S. 147–153.

14 Zu dieser Einordnung vgl. Andrea Weilbacher: Agnon and the Jewish Renaissance. In: Hans-Jürgen Becker und Hillel Weiss (Hg.): Agnon and Germany. The Presence of the German World in the Writings of S. Y. Agnon. Ramat Gan 2010, S. 17–39. Vgl. auch Andreas B. Kilcher: Jüdische Renaissance und Kulturzionismus. In: Hans Otto Horch (Hg.): Handbuch der deutsch-jüdischen Literatur. Berlin 2016, S. 99–121.

sowie Gespür für existentielle, emotionale Verunsicherungen und »realistische Detailtreue« zu seinen Markenzeichen gemacht,[15] so bekam sein damals in einer immerhin schon vierbändigen, gefeierten Gesamtausgabe[16] vorliegendes narratives Werk plötzlich ein neues Merkmal: opak, oder »seltsam«, wie Berl Katznelson die ersten fünf dieser Erzählungen nannte, die ihm Agnon zur Veröffentlichung in der Zeitung *Davar* zugeschickt hatte.[17] Da sie befremdlich, expressionistisch und surreal wirkten, wurde ein Schüssel zu dieser neuen Erzählweise entweder im Vergleich mit Kafkas Erzählungen gesucht,[18] oder mit Hilfe psychologischer Interpretationen gefunden.[19] Eine spannende Variante ist Moshe Goultshins Argumentation, die darauf abzielt, dass Agnon literarisch auf die zwar singuläre, aber unerwartet scharfe Kritik von Micha Josef Ben-Gurion (Berdiczewski) reagiert habe, der seiner sonst vielgelobten Erzählung *Und das Krumme wird gerade* eine Art pseudo-chassidischen Duktus vorwarf und den Künstler schalt, dass ihm manierierter Stil wichtiger als eigener Inhalt sei.[20] In jedem Fall spricht viel dafür, diesen Teil von Agnons erzählerischem Werk, der ab den 1930er Jahren entstand, mit dem ästhetischen Konzept des Magischen Realismus in Verbindung zu bringen.

---

15 Eleonore Lappin: Der Jude 1916–1928. Jüdische Moderne zwischen Universalismus und Partikularismus. Tübingen 2000, S. 332, 334f.

16 Am 8. April 1932 erschien in Davar ein achtseitiger Beitrag namhafter Autoren zur Feier der Publikation dieser Gesamtausgabe, vgl. Laor: S. Y. Agnon [hebr.], S. 86.

17 Der Brief Katznelsons, des Herausgebers von Davar (die Erzählungen ha-Autobus ha-aḥaron, ha-Te'udah, el ha-Rofe, ha-Nerot und Yedidut erschienen in der Literaturbeilage der Ausgabe vom 20. April 1932) wird bei Laor: S. Y. Agnon [hebr.], S. 87, wiedergegeben und zusammen mit weiteren kritischen Reaktionen diskutiert.

18 Siehe unten Anm. 22, sowie Gershon Shaked: Shmuel Yosef Agnon. A Revolutionary Traditionalist. New York 1989. Bezüglich des *Sefer ha-Ma'asim* regten vor allem die Arbeiten des einflussreichen israelischen Literaturkritikers Baruch Kurzweil (z. B. Baruch Kurzweil: Masot 'al sippure Sh.Y. Agnon. Jerusalem 1975.) zur Diskussion einer vielfältig bestimmbaren Nähe zu Kafka an.

19 Dass ein psychologischer Ansatz dazu hilfreich sein könnte, formulierte zuerst Dov Sadan: Le-inyan Sefer ha-Ma'asim. In: Beyn din le-ḥeshbon. Masot 'al sofrim u-sefarim. Tel Aviv 1963, S. 204–211. Für einen allgemeinen psychologischen Ansatz zur Agnon-Interpretation, speziell zur Auslegung der Träume, vgl. Dvora Shreibaum: Pesher ha-ḥalomot bi-yetsirotaw shel Sh. Y. 'Agnon. Tel Aviv 1993, S. 215–256. Mit Bezug auf die Erzählung »Zum Haus des Vaters« aus Sefer ha-Ma'asim, bes. 226ff). Sie weist auch auf den wichtigen Ansatz von Avraham Holtz hin (Shreibaum: Pesher ha-ḥalomot, S. 131), der in Anlehnung an Agnons literarische Inspiration aus der Traditionsliteratur unter anderem auf die Deutung dieser Erzählungen als »offene Gleichnisse« eingeht, da sie sich einseitigen Interpretationen entzögen und allein über vielfältige Erklärungsweisen Annäherungen ermöglichten.

20 Moshe Goultschin: Candles over Troubled Water. Sefer Hama'asim and Agnon's Unfinished Business. In: Journal of Jewish Identities (2013), Nr. 6.2, S. 3–24.

Im Folgenden soll mit Hilfe der Notizen, die Agnon in den dreißiger Jahren offenbar als eigene Traumerfahrungen aufzeichnete,[21] ein Zugang gefunden werden, der die im *Sefer ha-Ma'asim* auffällige Erzählweise nicht als reine literarische Imitation beschreibt, sondern als autobiographische Skizzen, deren künstlerische Präsentation dann im bewussten Rückgriff auf Formen geschehen konnte, wie sie bei der Herausbildung des Magischen Realismus überhaupt zu beobachten sind. Bereits Arnold Band und Gershon Shaked haben zum einen auf die Verwandtschaft des *Sefer ha-Ma'asim* zu Agnons Frühwerk hingewiesen, das groteske oder alptraumartige Elemente enthält (etwa die jiddische Erzählung *Toytntanz* [1911]),[22] zum anderen auf entsprechende literarische Einflüsse, wie Knut Hamsun, Nikolai Gogol und eben auch Kafka (obwohl Agnon selbst dessen Einfluss explizit bestritt).[23] Auch die Kategorie ›Magischer Realismus‹ wurde schon vereinzelt auf Agnons Prosa bezogen, am überzeugendsten in Vered Weiss' Diskussion der Erzählungen *Avi ha-Shor* (wörtl. »Der Vater des Ochsen«; 1945) und *Tehilla* (wörtl. »Lobpreis«; 1950) – tituliert nach den beiden anspielungsreichen Namen der jeweiligen Hauptpersonen – die ihrer Meinung nach eine »hybride« Stellung zwischen »Gothic and magic realism« einnehmen, in Entsprechung zum historischen Übergang von imperialer zu postkolonialer Lebenswirklichkeit, d. h. vom britischen Palästina zum Staat Israel.[24] Für einzelne Erzählungen sind solche Überschneidungen in Gattungsfragen sicher hilfreich, zumal der Nachweis bestimmter Elemente für sich genommen die Entscheidung für eine eindeutige Einordnung weder unbedingt forcieren noch notwendiger-

---

21 Die Notizen mit dem Titel Ḥalomot (»Träume«) aus dem Nachlass wurden 1997 im Agnon-Archiv der Israelischen Nationalbibliothek unter der Nummer ARC. 4* 1270 02 1284 zugänglich. Ich danke Frau Dr. Barbara Schäfer, die mich auf diesen Fund aufmerksam gemacht hat.

22 Der Kern dieser Erzählung geht auf zwei ältere Stücke zurück, während die jiddische Version in die Erzählung Maḥolet ha-mawet (»Totentanz«), die in 1916 in der Sammlung *Das Buch von den Polnischen Juden* veröffentlicht wurde, vgl. Boris Kotlerman: Historical Time and Space in S. Y. Agnon's Sippure Polin. In: Hans-Jürgen Becker und Hillel Weiss (Hg.): Agnon and Germany. The Presence of the German World in the Writings of S. Y. Agnon. Ramat Gan 2010, S. 361–374.

23 Vgl. Arnold J. Band: Nostalgia and Nightmare. A Study in the Fiction of S. Y. Agnon. Berkeley, Los Angeles 1968, S. 448; sowie Gershon Shaked: After the Fall. Nostalgia and the Treatment of Authority in the Works of Kafka and Agnon, Two Habsburgian Writers. In: Partial Answers. Journal of Literature and the History of Ideas (2004), Nr. 2, S. 81–111, hier: S. 97.

24 Vered Weiss: Generic Hybridity, or Mediating Modes of Writing. Agnon's Magical Realistic and Gothic National Narration. In: Symbolism. An International Annual of Critical Aesthetics (2013), Nr. 12/13, S. 69–91 [Special issue »Jewish Magic Realism«, hg. von Axel Stähler], hier: S. 84. Gleichzeitig entsprechen die Kategorien ›Gothic‹ und Magischer Realismus jeweils den unterschiedlichen Perspektiven der Kolonialherren und der von ihnen beherrschten Bevölkerung, Weiss: Generic Hybridity, S. 88.

weise verhindern muss.[25] Der historische Hintergrund zu *Avi ha-Shor* (eine he-bräische Übersetzung des Jerusalemer Bezirks mit dem arabischen Namen Abu-Tor) wurde schon von Arnold Band mit Agnons Erzählungen der 30er Jahre in Verbindung gebracht, die arabisch-jüdische Spannungen thematisieren.[26] Das eigentlich ›magische‹ Element in beiden Erzählungen nun hat subversiven Charakter, ist religiös konnotiert und indiziert ein Spannungsfeld zwischen ge-sellschaftlicher Realität, biblischer Verheißung und jüdischer Identität. Genau diese Faktoren werden auch bei der Bedeutung der »Traumnotizen« eine ent-scheidende Rolle spielen.

Agnons Traumnotizen

In den folgenden Übersetzungen sollen Agnons relevante Notizen aus dem Nachlass, die von seiner Tochter Emuna Yaron am 1. Oktober 1997 in der Lite-raturbeilage der Zeitung *Ha-Arets* publiziert wurden, zuerst mit einem einlei-tenden Kommentar vorgestellt und danach im Kontext seiner Motivationslage für das *Sefer ha-Ma'asim* ausgewertet werden, um damit die Kategorie des Ma-gischen Realismus als Zugang für wesentliche Teile von Agnons Prosa zu er-schließen.[27] Diese Aufzeichnungen, von denen eine genau datiert und bei einer weiteren die Tageszeit vermerkt ist, befinden sich im Agnon-Archiv in einem Ordner mit der Aufschrift »Träume«. Sie sind jeweils auf getrennten Blättern notiert, nur diejenigen unter der zweiten Überschrift »Traum« (siehe unten) stehen zusammen auf einem Blatt. Bis auf das letzte, offenbar später hinzuge-kommene Stück sind sie nach Emuna Yarons Urteil bezüglich der Handschrift ihres Vaters – die mit den Jahren kleiner und unleserlicher wurde – und dem verwendeten Papiermaterial in die 30er Jahre zu datieren.[28]

Die erste, undatierte Notiz beschreibt das Eintreffen des Erzählers in einer genossenschaftlichen Siedlung (Kwuza), die typisch für zionistische Gemein-schaften während der langen vorstaatlichen Zeit waren, d.h. in den dreißiger Jahren noch unter britischer Mandatsherrschaft. Zu Anfang wird Ruchama er-

---

25 Das gilt gerade auch für Robert Alters Ausschluss des Magischen Realismus aus der israeli-schen Literatur vor 1980 (Robert Alter: Magic Realism in the Israeli Novel. In: Prooftexts (1996), Nr. 16.2, S. 151–168), denn Weiss erwähnt zu Recht dessen Hinweis auf »fantastic and neo-Gothic elements«, die Alter bei Agnon findet, vgl. Weiss: Generic Hybridity, S. 77.

26 Band: Nostalgia, S. 409; vgl. Weiss: Generic Hybridity, S. 83.

27 Die Notizen erschienen unter dem Titel »Sh. Y. 'Agnon: Hi va'ah etsli u-fashtah lefanay et yadah ha-ḥamah. Ḥamisha ḥalomot shel 'Agnon« (»S. J. Agnon: Sie kam zu mir und streckte ihre warme Hand vor mir aus. Fünf Träume von Agnon«) in der ganzseitigen Literaturbeilage »Tarbut ve-Sifrut«, hg. von Benny Tsiper, in: Ha-Arets, Donnerstag, 1. Oktober 1997 (zu-sammen mit zwei Gedichten von Aharon Shabtai).

28 So Emuna Yaron in der kurzen Einleitung zur Veröffentlichung, Tsiper: Ha-Arets.

wähnt, der Name eines Mädchens in der 1931 in revidierter Fassung erschienenen Erzählung *Leylot* (»Nächte«),[29] die sozusagen völlig im Dunkeln spielt, wie
Episoden einer im Traum erlebten nächtlichen Liebesgeschichte, durchsetzt mit
makabren Details.[30] Die »Traumnotiz« beginnt dagegen in der Mittagszeit:[31]

> Kurz vor Mittag erreichte ich eine Kwuza; dort bin ich nicht mehr gewesen, seit ich mich
> von Ruchama getrennt hatte. Damit Ruchama nicht glaubte, ich sei ihretwegen ge-
> kommen, legte ich mir etwas zurecht: fragt sie, dann sage ich, ich sei dort und dort
> gewesen und hätte eine Abkürzung gefunden, die mich an einem gespaltenen Baum
> vorbei bis hierher geführt habe. So spann ich mir eine Art Dichtung zusammen.
> Die Chaverim saßen schon zu Tisch. Man gab mir den Platz neben Ruchama, die wie
> üblich am Tischende saß. Ruchama fragte mich nicht, ob ich hungrig sei und etwas essen
> wolle. Ich dachte mir, eigentlich braucht sie mich nicht danach zu fragen, ich bin ja in
> einer Kwuza, und wenn das Essen aufgetischt wird, gibt man auch mir etwas.
> Ein großer, voller Topf wurde hingestellt, und ich bekam eine Schüssel. Ein Bursche, der
> mir gegenüber saß, fand eine Fliege in seinem Essen. Er zerdrückte sie und aß.[32] Ich
> wollte meine Schüssel wegschieben, aber ich war hungrig und aß. Während ich beim
> Essen saß, dachte ich: von allen Menschen hier kenne ich nur Ruchama, wenn sie nun
> plötzlich aufsteht und ihrer Wege geht, bleibe ich allein unter Fremden, da ich keinen
> von ihnen kenne. Ich erinnerte mich, dass es hier einen Alten gab, der mir gut Freund
> war. Ich wollte nach ihm fragen, rang mich aber nicht dazu durch. Aus irgendeinem
> Grund war mir die Zunge schwer geworden, und ich zerbrach mir den Kopf, ob ich von
> ihm reden sollte oder nicht. Ich saß und nahm meine Mahlzeit ein.

---

29 Samuel J. Agnon: Leylot. In: Aḥdut 'Avodah (1931), Nr. 2,3–4, S. 287–296, zuerst in: Yehoshua
    Feldman (Hg.): Bentayim. Jaffa 1913, S. 13–31.
30 Etwa der Totenschädel einer jungen Frau mit Kerzenlicht (S. J. Agnon: Leylot. In: Gesammelte
    Werke [Kol sippuraw shel Shmu'el Yosef 'Agnon]. Jerusalem, Tel Aviv 1978, Band 3 ['Al
    kappot ha-man'ul], S. 391) oder die Aufzählung der Erinnerungen an geküsste, nun tote
    Mädchen (S. 397).
31 Meine deutsche Übersetzung basiert hier (und im Folgenden) auf der in Anm. 26 genannten
    Veröffentlichung der hebräischen Archivquelle.
32 Offensichtlich eine Anspielung auf Umgangsformen und Geschlechterverhältnis in der
    Kwuza. Im babylonischen Talmud wird im Kontext möglicher Scheidungsgründe auch die
    Ungenießbarkeit einer Mahlzeit etwa durch eine Fliege im Essen diskutiert (sinnbildlich für
    den u. U. begründeten Verdacht unsittlichen Verhaltens). In Traktat Gittin 90a–90b heißt es:
    »Rabbi Meir pflegte zu sagen: So, wie es einen unterschiedlichen Umgang mit dem Essen gibt,
    gibt es auch einen unterschiedlichen Umgang mit Frauen. Mancher Mann entfernt eine
    Fliege, wenn sie in seinen Becher fiel, und trinkt nicht. Das entspricht der Handlungsweise
    von Papus ben Juda, der abzuschließen pflegte, wenn er seine Frau daheim ließ. Ein anderer
    Mann entfernt die Fliege aus seinem Becher, wenn eine hinein fiel, und trinkt. So handeln alle
    Männer, die nichts dagegen haben, dass sich ihre Frauen mit ihren Geschwistern und Ver-
    wandten unterhalten. Wieder ein anderer Mann, dem eine Fliege in die Schüssel mit Essen
    fiel, zerdrückt sie und isst. Das entspricht einem schlechten Mann, der mitansieht, dass seine
    Frau barhäuptig das Haus verlässt [verheiratete Frauen müssen ihr Haar bedecken, vgl.
    Mischna, Traktat Ketubbot 7:6] [...] dass sie ein schulterfreies Kleid trägt und mit Männern
    badet [...]«. Ich danke Dr. Vladislav Slepoy für den Hinweis auf diese Talmudstelle und die
    Diskussion der Texte mit mir.

Plötzlich kamen schwarzgekleidete Menschen, und mir wurde klar, dass es hier einen Toten gab. Nun soll man nicht beim Essen sitzen, wenn sich Leute mit einem Toten nähern. Einer aus der Gemeinschaft blickte zu mir und sagte, noch haben sie den Toten nicht gebracht. Ich blieb sitzen und setzte meine Mahlzeit fort.

Die zweite Notiz, die ebenso wie die folgende die Überschrift »Traum« trägt, ist am Ende auf den 17. Nisan (5)694 datiert, das entspricht dem 2. April 1934, ein Dienstag, der dritte Tag in der Feier der Pesachwoche. Die Hauptperson ist Sir Moses Montefiore (1784–1885) – ein erfolgreicher britisch-jüdischer Unternehmer, der unter anderem 1860 das jüdische Viertel *Mishkenot Sha'ananim* des neuen Jishuv in Jerusalem erbauen ließ. In Agnons Werk wird er einige Male erwähnt und als »Baron« (wörtl. »Fürst«, hebr. *sar*), »Wohltäter« oder auch als »Rabbi« bezeichnet.[33] Der Traum handelt von einem Treffen des Erzählers mit dem Mäzen und dessen Frau:

> In meinem Traum sah ich Moses Montefiore und seine ehrenwerte Gemahlin. Mich erstaunte der Staub auf seinen Kleidern. Seine greisen und gütigen Augen strahlten Milde und Liebe aus. Seine ehrenwerte Gemahlin stand etwas entfernt von ihm, dennoch schienen sie nah beieinander zu sein. Mir war, als hielte seine Hand die ihre. Auch sie war voller Herzensgüte. Ich dachte mir, ist denn dies der Baron Montefiore, und ist denn jene die Baronin Montefiore. Sie, die an alle möglichen Ehrbezeugungen und Rühmungen gewöhnt waren, standen nun still da und regten sich nicht darüber auf, dass sie kein Mensch beachtete. Unterdessen holte Montefiore seine Uhr heraus, ein dickes Gerät aus Silber in einem Futteral, warf einen Blick auf die Uhr und sagte zu mir, dass er um soundso viel Uhr bei dem ehrenwerten Herrn Soundso auf ein Glas Tee eingeladen sei. Der ehrenwerte Herr Soundso kam aus ärmlichen Verhältnissen und wurde reicher als die Reichsten in der Stadt. Ich befürchtete, dass dieser Reiche Montefiore nicht ehrerbietig behandeln könnte und wollte schon zu ihm gehen, um ihm von der Größe dieses Barons zu erzählen, und von dessen gütigen Taten, die er dem Volk Israel erwiesen hatte. Aber noch während ich diesen Gedanken hatte, fiel mir ein, dass ich vor Jahren bei dem ehrenwerten Herrn im Ansehen gesunken war und möglicherweise würde er mich nicht empfangen. Aber selbst wenn er mich empfinge, wäre es zweifelhaft, ob er sich meine Worte zu Herzen nähme. Oder noch schlimmer, er empfinge mich, hörte mich an, würde mir aber zeigen wollen, dass ich und meinesgleichen in seinen Augen bedeutungslos seien, und er würde sich ungebührlich gegen Baron Montefiore betragen. Ich ging nicht zu dem ehrenwerten Herrn. Inzwischen hatte sich Montefiore mit seiner ehrenwerten Frau gutgesinnt einfach auf den Weg gemacht. Man sah ihm seine Größe nicht an. Als ob die Sache für ihn beschlossen sei, als ob es so seine Richtigkeit habe. Mir wurde plötzlich klar, dass er in den Tagen seiner Größe und seines Ruhmes so den Weg Richtung Ehre beschritten hatte. [17. Nisan (5)694]

---

33 Z. B. in der Erzählung S. J. Agnon: Zwei Gelehrte, die in unserer Stadt lebten. In: Gesammelte Werke [Kol sippuraw shel Sh.Y. 'Agnon]. Jerusalem, Tel Aviv 1979, Band 6 [Samukh wenireh], S. 46 f. Vgl. auch die Hinweise in seiner autobiographischen Schrift, S. J. Agnon: Me-'atsmi el 'atsmi. Jerusalem, Tel Aviv 1976, S. 203, 347.

Unter der zweiten Überschrift »Traum« sind drei unterschiedliche Abschnitte angeordnet, von denen die ersten beiden offenbar zusammengehören und mit der Datierung »23. Av, morgens« enden, ein Jahr wurde nicht vermerkt. Der Monat Av entspricht dem Juli bzw. August, am 9. Av wird der beiden Tempelzerstörungen gedacht. Agnon hat den 9. Av 5648 (17. Juli 1888) als Geburtstagsdatum angegeben und in Israel auch offiziell gefeiert, obwohl er nach österreichischen Dokumenten in seiner Heimatstadt Buczacz am 8. August 1887 geboren wurde.[34]

Im ersten Abschnitt geht es um Chiromantie. Einer Frau mit Namen Dina, die sich aus der Hand lesen lässt, wird das gleiche, als bedrohlich aufgefasste Schicksal wie der biblischen Rachel prophezeit.[35] Agnon verwendet den Namen Dina öfter in seinen Erzählungen;[36] eine Verbindung mit himmlischen Beschlüssen wird auch in der Erzählung *Der Arzt und seine geschiedene Frau* hergestellt: Dina bezeichnet ihre bevorstehende Scheidung als etwas, das »im Himmel über uns beschlossen ist«.[37]

Der zweite Abschnitt besteht eigentlich nur aus einem Diktum des Rabbi Eliezer von Amsterdam (gest. 1741), dem in chassidischen Legenden messianisches Engagement zugeschrieben wird.[38] Seine kurze Erklärung zu Psalm 29,11 wird als Traumoffenbarung ausgegeben, die Agnon offenbar nach dem Erwachen festhielt.

Der dritte Abschnitt steht ganz im Zeichen esoterischer Engelslehre. Bereits in der frühjüdischen Mystik wird die Beschwörung des »(Engel-)Fürsten der Tora« beschrieben, i. e. ein Ritual, das auf magische Weise die himmlischen Geheimnisse und die Kenntnis der Tora vermittelt.[39] Die im Text hervorgehobene Engelklasse der Serafim steht bei der Berufung des Propheten Jesaja im Mittelpunkt: einer dieser Engel berührt mit einer glühenden Kohle den Mund des Propheten, damit er von Schuld befreit Gottes Botschaft verkünden kann (Jesaja 6, 5–7). Die symbolische Gesamtzahl der siebzig Sprachen aller Weltvölker korrespondiert

---

34 Vgl. Dan Laor: Ḥayye ’Agnon. Tel Aviv 1998, S. 19.
35 Damit könnte eine lebensgefährliche Geburt gemeint sein, da Rachel bei der Geburt Benjamins stirbt, oder aber die zunächst unerfüllt gebliebene Liebe zu Jakob, der ihre Schwester heiratete.
36 Bereits in seiner ersten hebräischen Erzählung »Agunot« (1908) erwartet Dina, die den Künstler Ben-Uri liebt, ein unglückliches Schicksal, da ihr Bräutigam, mit dem sie verheiratet wird, ebenfalls eine andere Liebe hat.
37 S. J. Agnon: Der Arzt und seine geschiedene Frau. In: Gesammelte Werke [Kol sippuraw shel Shmu'el Yosef ’Agnon]. Jerusalem, Tel Aviv 1978, Band 3, S. 487, 489. Vgl. meine deutsche Übersetzung in S. J. Agnon: Liebe und Trennung. Frankfurt a. M. 1998, S. 100, 103.
38 Vgl. zu Eliezer (El'azar Roqeach) von Amsterdam (geboren ca. 1685, gestorben am 27. Tishri 5742 [1741]), der ins damalige Osmanische Palästina auswanderte, siehe unten.
39 Vgl. Peter Schäfer: Der verborgene und offenbare Gott. Tübingen 1991, S. 52, 101 (in der späteren Überlieferung fließen die Vorstellungen von *Sar ha-Torah, Sar ha-Panim* [Fürst des Angesichts] und dem Engel Metatron zusammen).

mit den »siebzig Aspekten der Tora«, d.h. mit ihrer Bedeutungsvielfalt, wie in Agnons Roman *Hakhnasat Kallah* erklärt wird.[40] Die Biblizismen in diesem Abschnitt und das Thema des Erlernens der hebräischen Sprache erinnern an Agnons Erzählung *In der Mitte ihres Lebens*,[41] dort kämpft allerdings eine weibliche Hauptperson, das Mädchen Tirza, mit der hebräischen Grammatik, und sie hat einen Sprachlehrer, aber keine Engelsvision.

> Sie kam zu mir, streckte ihre warme Hand vor mir aus und sagte: »was siehst du in meiner Hand?« Als sie mir ihre Hand zeigte, tat sie es so, dass ich in den Furchen ihrer Handlinien die Zeichen von Dinas Schicksal sehen würde. Kaum hatte ich ihre Hand gesehen, erschrak ich, denn ich sah, dass ihr Gott ein Schicksal wie dasjenige von Rachel zugeteilt hatte.

> Im Traum sagte man mir im Namen von Rabbi Elieser von Amsterdam, sein Andenken zum Segen: *Der Herr möge seinem Volk Stärke geben, der Herr möge sein Volk segnen mit Frieden* (Psalm 29,11), zuerst muss es Stärke und Kraft für das Volk geben und danach kommt der Friede. [23. Av, morgens]

> Ein Mann kam zu mir, und sein Aussehen war von furchtbarer Hoheit.[42] Ich sah den Mann und erschauerte voller Schrecken. Er ließ sein Angesicht über mir leuchten[43] und sprach: »fürchte dich nicht, denn um deinetwillen wurde ich hierher gesandt.[44] Man hat mich vom Himmel zu dir geschickt, um dich die siebzig Sprachen zu lehren.« Ich sagte: »bitte, mein Herr, lass dir meine Rede gefallen,[45] ich will dich etwas fragen«, und er sagte: »frag.« Ich sagte: »kannst du mich Hebräisch lehren?« Der Engel, der mit mir redete, blickte mich an und war erstaunt über meine Worte. Dann sagte er zu mir: »das vermag ich nicht, nur einer der Serafim, die dem König, dem Herrn der Heerscharen, am nächsten sitzen, kann diese große Tat an dir vollbringen.« Er sah, dass ich traurig war, und sagte zu mir noch: »da ich gesehen habe, dass du wahrhaftig und aufrichtig He-

---

40 S. J. Agnon: Hakhnasat Kallah. In: Gesammelte Werke [Kol sippuraw shel Shmu'el Yosef 'Agnon]. Jerusalem, Tel Aviv 1978, Band 1 [Hakhnasat Kallah], S. 73f.; vgl. Babylonischer Talmud, Traktat Sanhedrin 17a, und Traktat Menachot 65a, wonach Mordechaj den zusätzlichen Namen Petachja erhielt, da er die Bedeutungen »öffnete« (hebr. pataḥ) und 70 Sprachen sprach. Ich danke Dr. Bill Rebiger für den interessanten Hinweis, dass Agnon (auch aufgrund seines zweiten Vornamens Josef) in diesem Kontext außerdem eine Tradition zum biblischen Josef konnotieren konnte, da das Motiv des Erlernens bzw. Beherrschens der 70 Sprachen in der rabbinischen Literatur Josef zugeschrieben wurde, der sie vom Engel Gabriel gelernt hatte (siehe Numeri Rabba 19,3 und babylonischer Talmud, Traktat Sota 36b); die Sonderstellung der Heiligen Sprache wird in dieser Tradition dadurch betont, dass auch der Pharao 70 Sprachen beherrschte, aber es nicht vermochte, die Heilige Sprache zu lernen, als er Josef darum bat. Agnon legt in der Traumnotiz Wert auf die Unterscheidung zwischen (modern-)hebräischer und Heiliger Sprache.

41 Die Erzählung *Bidmi yameha* erschien 1922, vgl. Gerold Necker: Nachwort. In: S. J. Agnon: In der Mitte ihres Lebens. Berlin 2013, S. 98.

42 Im Hebräischen Anspielung auf Richter 13,6 (»seine Gestalt war wie die Gestalt eines Engels Gottes, sehr schrecklich«) und Hiob 37,22 (»um Gott ist furchtbare Hoheit«).

43 Vgl. Numeri 6,25.

44 Im Hebräischen Anspielung auf Daniel 10,11.

45 Vgl. Richter 13,8 (Manoachs Gebetseröffnung) und Ende des *Shir ha-Kavod* (Lied der Ehre) in der Liturgie.

bräisch können willst, darum werde ich ihm erzählen, worum du mich gebeten hast, vielleicht wird er dir diese Gnade erweisen.« Ich sagte: »oh bitte, mein Herr!« In der zweiten Nacht lag ich auf meinem Bett und mein Herz klopfte in meiner Brust, denn ich hatte mich den ganzen Tag mit einer hebräischen Verbwurzel abgemüht. Plötzlich sah ich ein großes und furchtbares Licht, und ich hörte ein Flügelrauschen, und inmitten der Flügel war ein siebenfältiges Licht,[46] und siehe, ich sah einen Mann wie ich hoheitsvoller noch keinen gesehen hatte. Ich fragte nichts, denn ich war gänzlich verstummt.[47] Doch der Mann fragte mich: »bist du nicht derjenige, der darum bat, Hebräisch zu können?« Ich neigte mein Haupt[48] und antwortete dem Mann: »es ist so, wie Ihr sagt, ich bin derjenige, der dies erbittet; doch aus lauter Furcht wagte ich nicht auszusprechen, worum ich bitte.« Er sagte: »wohl erkenne ich daran, dass du wahr gesprochen hast, siehe, ich werde dir alle Sprachen in den Mund legen, zusätzlich zu der, um die du gebeten hast.« Ich sagte: »ich verzichte auf alle Sprachen, nur richtiges Hebräisch will ich können.« Er sagte: »weil du zugunsten des Hebräischen um die Kenntnis keiner anderen Sprache gebeten hast, darum sollst du sowohl das Hebräische als auch die Heilige Sprache können.«

Die letzte Notiz mit der Überschrift »Inmitten des Kreises (Traum)« ist nach Emuna Yarons Einschätzung auf Papier aus jüngerer Zeit geschrieben und Agnons Schrift zeigt deutlichere Spuren seines Alters. Der Inhalt weist unzweifelhaft Bezüge zu der Erzählung *Ido und Enam* auf: die »Greifenbachs« beziehen sich auf Gerhard Greifenbach und seine Frau, die während ihres Auslandsaufenthalts dem Erzähler ihre Wohnung überlassen. Tatsächlich wohnte Agnon, als er diese Erzählung schrieb, im Haus von Gershom (Gerhard) Scholem, der mit seiner Frau verreist war. Der Erzähler erfährt dort von einem Bündel mit Blättern voll eigenartiger Schriftzeichen, die aus einem Tonkrug stammten, der in einer Felsenhöhle gefunden worden war, und von dem Mädchen Gemula, das in einer fremden Sprache singt. *Ido und Enam* wurde erst 1950 veröffentlicht. Trotzdem soll die Notiz der Vollständigkeit halber hier übersetzt werden, außerdem korrespondiert die Klassifizierung als Traum mit den anderen, älteren Notizen.

.... plötzlich trat ein Mädchen ein, besah sich die Worte und sagte wie jemand, der etwas allgemein Bekanntes ausspricht: »Ist das nicht das Buch von ....«[49], und hier nannte sie einen von jenen Namen, die du nicht über die Lippen bringen kannst, unsicher, ob es so einen Gelehrten überhaupt gibt, es dir aber trotzdem scheint, dass du seinen Namen schon gehört hast. Als sich das Mädchen die Worte besah, begann es, daraus große und erhabene Dinge vorzulesen. Noch während sie las, wurde ein Kreis um uns gezogen. Und hinter diesem Kreis – ein zweiter, dritter und vierter Kreis. Ich bin inmitten des

---

46 Vgl. Jesaja 30,26.
47 Zitat aus Psalm 39,3.
48 Im hebräischen Text schlägt Emuna Yaron diese Lesart statt »meinen Herrn« vor.
49 Nach Emuna Yaron stehen die vier Punkte hier (wie an vergleichbaren Stellen in Agnons späterer Schaffensperiode) für das Tetragramm (in den dreißiger Jahren genügten ihm dafür drei Punkte).

Kreises innerhalb des Kreises, in meinem Körper ist ein unbeschreibliches Wohlgefühl. Das Mädchen rezitiert aus den Blättern, und ein großes Licht kommt aus der Stimme des Mädchens hervor, das Licht erfüllt das ganze Haus, bis meine Augen es nicht mehr fassen konnten. Ich entfernte mich von dem ersten Kreis und auch von dem zweiten Kreis und von dem dritten Kreis. Das Mädchen hob den Blick, und ihre süßen Augen sahen mich an wie man jemand ansieht, der das Gute nicht zu schätzen weiß. Ich sprang auf und machte die Lampe an, die ich vorher gelöscht hatte (als ich von Rabbi Chajim Schlomo zurückkehrte), und ein gewöhnliches Licht erhellte mein Zimmer. Ein Licht, wie es von jeder kleinen elektrischen Lampe ausgeht. Ich legte mich wieder ins Bett und dachte über alles nach, was mir passiert ist, und ich bemühte mich, eine Verbindung, einen Zusammenhang zwischen den Ereignissen herauszufinden. Kaum hatte ich etwas wie einen Zusammenhang zwischen dem einen und dem anderen Ereignis gefunden, tauchten sofort alle anderen Ereignisse auf, zwischen denen es nicht die Spur einer Verbindung, eines Zusammenhangs gibt. Meine Seele war müde, aber ich fand keine Ruhe.[50] Durch Gottes Erbarmen begannen meine Augen zuzufallen, und mein Körper begann einzuschlummern. Ich streckte meine Hand aus, machte die Lampe aus und drehte mich zur anderen Seite. Als ich mich umdrehte, kam mir eine Erkenntnis, ich sagte mir: wozu mühe ich mich ab, ich liege in meinem Bett, weil ich den Greifenbachs versprochen habe, ihr Haus vor Eindringlingen zu schützen, bis sie von ihrer Reise zurückkehren und ich ihnen den Schlüssel wiedergebe. Und wieder befand ich mich inmitten des Kreises, der alle wunderbaren Kreise übertrifft, nämlich im Kreis des Schlafes, in dem die Glieder des Menschen ruhig werden und er nicht den Wunsch hat, den Kreis zu verlassen. Mitten im Schlaf hörte ich eine Art Picken. Es kam nicht von Menschen, sondern vom Laut der Wörter; und darauf waren Buchstabenlinien, die liebliche Melodien in einer fremden Sprache spielten.[51]

S. J. Agnons Magischer Realismus im Kontext der Traumnotizen

Sowohl in seinen Erzählungen als auch in den großen Romanen verwendet Agnon häufig unerklärliche Erlebnisse oder Emotionen, die seine realistischen Schilderungen verfremden.[52] Aber nicht im Sinne eines numinosen Eindrucks-effektes, sondern als Gegenteil einer Selbstvergewisserung, d. h. in einer Art Selbst-Verunsicherung der Protagonisten (und damit auch der Leser und Lese-

---

50 Angelehnt an den Sprachgebrauch in Proverbia 25,25, der traditionell auf die Tora bezogen wird, die der Seele im Gegensatz zur Gottesferne Ruhe geben kann.

51 Der letzte Satz kann sich nur auf die mit Buchstabenformen beschriebenen Pflanzenblätter beziehen, die in *Ido und Enam* als »magische Rezepte« (*segullot*) bezeichnet werden. Der Hinweis auf das »Picken« findet sich in *Ido und Enam* im zweiten Kapitel, wo von einem pickenden Geräusch (*qol niqur*) gesprochen wird, das der Erzähler kurz vor dem Einschlafen zuerst für Mäuse hält (S. J. Agnon: Ido und Enam. In: Gesammelte Werke [Kol sippuraw shel Shmu'el Yosef 'Agnon]. Jerusalem, Tel Aviv 1977, Band 7 ['Ad hena], S. 353).

52 Für den Roman *Shira* vgl. Gerold Necker: Schira. In: Dan Diner (Hg.): Enzyklopädie Jüdischer Geschichte und Kultur. Band 5, Stuttgart 2014, S. 358–366, bes. 364f.

rinnen), bringt Agnon eine Realitätserfahrung zum Ausdruck, die zwischen-
menschliche oder gesellschaftliche Verwerfungen sowie das Scheitern an oder
mit der Tradition widerspiegelt. Früh setzt Agnon Elemente ein, die einen Bezug
zum Magischen Realismus erlauben, aber erst in den 1930er Jahren entstehen
ganze Geschichten, die sich auch mit Hilfe von formalen Vorgaben eines Magischen Realismus wie der geschlossenen Erzählform charakterisieren lassen; diese
Metamorphose wird im *Sefer ha-Ma'asim* als eine Art Untergattung im narrativen Werk Agnons greifbar. Da sie in den 1930er Jahren begann, bietet sich mit
den aus dieser Zeit stammenden »Träumen« aus dem Nachlass ein autobiogra-
phischer Zugang an, obwohl auch Erzählungen aus seiner letzten Schaffensperiode im Kern auf diese »Träume« zurückgehen.[53] Agnon hat seine Notizen im
wörtlichen Sinne als Träume, die er offenbar hatte, aufgezeichnet, literarisch
ausgefeilt, wie insbesondere bei der Engelsvision, oder eher als Entwurf. Vor-
herrschend sind darin die Elemente Zögern, Zweifel, Unsicherheit und – im
Unterschied zu den alptraumähnlichen Situationen im *Buch der Taten* – hoff-
nungsvolle Auflösungen. Wenn man die kurzen Notizen für sich nimmt, stehen
am Ende keine ausweglosen Fortsetzungen einer unbeeinflussbaren Situation,
die immer neue Schwierigkeiten bereithält, kurz, das Leben in dem der Erzähler
gefangen ist, sondern so unterschiedliche Aufheiterungen wie die Erfüllung eines
Herzenswunsches (in der Engelsvision), die ungestörte Schlafruhe mit überir-
disch schönen Wortklängen (inmitten des Kreises), das erhabene Beispiel eines
vorbildlichen Wohltäters (Moses Montefiore) und, zumindest als vorläufige,
positive Wendung, der unerwartete Zuspruch des Sitznachbarn beim Mittagessen
(in der Kwuza). Doch vor allem trifft dies auf die Gestalt des Eliezer von Amsterdam zu, dessen Auslegung zu Psalm 29,11 (»Der Herr möge seinem Volk
Stärke geben, der Herr möge sein Volk segnen mit Frieden«) durchaus untypisch
ist: wird in der Traditionsliteratur gewöhnlich die Tora als »Stärke« gewertet und
der »Friede« als Folge des Jüngsten Gerichts – oder als eine vom Mystiker kab-
balistisch initiierte Vereinigung göttlicher Kräfte[54] – so scheint die Traumaus-
legung eine ganz wörtliche, realistische Bedeutung zu implizieren, d.h. nur für
ein stark gewordenes Volk Israel gibt es die Perspektive des Friedens. Agnons
Haltung zu den arabisch-jüdischen Auseinandersetzungen, die in den 30er
Jahren einen ersten Höhepunkt erreichten, passt zu dieser Deutung.[55] Nichts-

---

53 So Emuna Yaron in der Einleitung zur Veröffentlichung der »Träume« in *Ha-Arets*, s. o.
    Anm. 26.
54 Vgl. *Sefer ha-Zohar* 3:13a (englische Übers.: Daniel C. Matt (Hg.): The Zohar. Pritzker Edition.
    Stanford, Calif. 2012, Band 7, S. 76).
55 Ganz im Gegensatz zu Gershom Scholem, vgl. Gerold Necker: Gershom Scholem and Shmu'el
    Yosef Agnon. Metamorphoses of a Friendship. In: Hans-Jürgen Becker und Hillel Weiss (Hg.):
    Agnon and Germany. The Presence of the German World in the Writings of S. Y. Agnon.
    Ramat Gan 2010, S. 41–62, bes. 55f.

destotrotz verrät gerade der Bezug zu Eliezer aus Amsterdam eine weitere Konnotation, nämlich eine historisch-literarische. Die Motivation des aus Krakau stammenden ashkenazischen Oberrabbiners von Amsterdam, der 1740 ins Heilige Land auswanderte, wird in den hagiographischen Geschichten des Israel ben Eliezer Baal Shem Tov (*Shivḥe ha-Besht*) damit erklärt, dass er dort Rabbi Nachman von Horodenka (der Großvater des Rabbi Nachman von Bratslaw) wiedersehen wollte, da er mit ihm gemeinsam das Kommen ›des Erlösers‹ erwirken könne.[56] Als er aber im Land Israel eintraf, erfuhr er, dass Rabbi Nachman außer Landes weilte; doch als dieser um seinetwillen zurückkehrte, starb Rabbi Eliezer (1741) kurz vor dessen Ankunft. Genau diese Art einer tragischen, schicksalhaften Verkettung kennzeichnet im allgemeinen Agnons Erzählungen, deren Weiterentwicklung aus dem Stoff chassidischer Legenden oft betont wurde.[57] Doch in den Erzählungen der 30er Jahre findet das Scheitern nicht nur auf eine neue, surreale Art und Weise statt, sondern auch seine Zuspitzung, wie Anne Golomb Hoffman formuliert: Im *Buch der Taten* passiert nichts mehr – außer dem Akt des Schreibens bzw. Erzählens des Autors selbst.[58] Auch die Nähe zu den *Shivḥe ha-Besht* findet Hoffman in einer 1934 entstandenen Erzählung, nämlich *Auf einem Stein* ('*Al even eḥad*), worin eine ganze Passage aus der berühmten Hagiographie des Besht imitiert wird.[59] Aber Agnon ist nicht nur der Stilist, der sich selbst als modernen Nachfolger jener Verfasser der Traditionsliteratur sieht, für die noch eine andere Wirklichkeit sinnstiftend war. Im Vergleich mit dem chassidischen Legendenstoff konstatiert Hoffman eine Art Nachahmung, die darin besteht, dass er auch als moderner Erzähler seinen Text Gott anvertrauen will, selbst wenn er dafür den Preis eines sinnbildlich beschriebenen Kontrollverlusts über seine Kunst bezahlen muss – das Geschriebene wird im Stein verschlossen.[60] Zur Erklärung des Magischen Realismus bei

---

56 Vgl. Dov Baer ben Shmu'el: Shivḥe ha-Besht. Kopys 1814, Nr. 131; in der Agnon wohl ebenfalls bekannten Edition von Samuel A. Horodetzky: Shivḥe ha-Besht. Berlin 1922, S. 46. Zur jiddischen Fassung siehe Karl-Erich Grözinger (Hg.): Die Geschichten vom Ba'al Schem Tov. Schivche ha-Bescht. Wiesbaden 1997, Band 2, S. 100 [J 124] (zur hebräischen Version Band 1, S. 161 [H 192]).

57 Nicht Teil der hier vorgestellten Sichtweise ist das ironische Element bei Agnon oder grundsätzlich die Bedeutung des Humors. Besonders hervorzuheben sind noch die *Sippure Ma'asiot* (Nachman von Bratslaws *Erzählungen von Fallgeschichten*), deren Titel sich Agnon in einem Abschnitt in der Geschichte *Ḥush ha-reaḥ* bedient, der mit »Das Geheimnis des Schreibens von *Sippure Ma'asiot*« überschrieben ist, seine Ehrfurchts- und Liebesbezeugung für die Sprache der Traditionsliteratur, in deren Nachfolge er sich sieht (S. J. Agnon: Ḥush ha-reaḥ. In: Gesammelte Werke [Kol sippuraw shel Shmuel Yosef 'Agnon]. Tel Aviv 1978, Band 2 [Elu ve-elu], S. 296).

58 Anne Golomb Hoffman: Between Exile and Return. Albany, NY 1991, S. 106: »›*Sefer ha-ma'asim*‹, the book of deeds, in which nothing happens, but the act of telling itself«.

59 Hoffman: Between Exile, S. 107.

60 Hoffman: Between Exile, S. 109.

Agnon darf man aber noch einen Schritt weiter gehen. Wozu der Autor die Mittel dieser Erzählform nämlich einsetzt, kann – durchaus im Unterschied zur eingangs vorgestellten Einschätzung von Borges – gerade daran abgelesen werden, wie er auf die gesellschaftliche Situation, die ihn in den 1930er Jahren umtreibt, reagiert: im Anschluss an Vered Weiss' Analyse im kulturgeschichtlichen Horizont kolonialer und postkolonialer Strukturen kann man für Agnons Erzählungen dieser Zeit festhalten, dass er ihnen und dem darin glücklos agierenden Erzähler die Auflösung des Spannungsfeldes, auf die er im Traum kommt, absichtsvoll vorenthält. Dadurch bleiben seine Texte subversiv und mehrdeutig.

Literaturverzeichnis

Agnon, Samuel Joseph: Hakhnasat kallah. In: Gesammelte Werke (Kol sippuraw shel Shmu'el Yosef Agnon). Jerusalem, Tel Aviv (1952) 1978, Band 1 (Hakhnasat kallah).

Agnon, Samuel Joseph: Ḥush ha-reaḥ. In: Gesammelte Werke (Kol sippuraw shel Shmuel Yosef 'Agnon). Tel Aviv 1978, Band 2 (Elu ve-elu), S. 296–302.

Agnon, Samuel Joseph: Leylot. In: Gesammelte Werke (Kol sippuraw shel Shmu'el Yosef Agnon). Jerusalem, Tel Aviv (1952) 1978, Band 3 ('Al kappot ha-man'ul), S. 390–403.

Agnon, Samuel Joseph: Der Arzt und seine geschiedene Frau. In: Gesammelte Werke (Kol sippuraw shel Shmu'el Yosef 'Agnon). Jerusalem, Tel Aviv (1952) 1978, Band 3 ('Al kappot ha-man'ul), S. 469–490.

Agnon, Samuel Joseph: Zwei Gelehrte, die in unserer Stadt lebten. In: Gesammelte Werke (Kol sippuraw shel Shmu'el Yosef Agnon). Jerusalem, Tel Aviv (1952) 1978, Band 6 (Samukh we-nireh), S. 5–53 [deutsche Übers. von Karl Steinschneider in S. J. Agnon: Im Herzen der Meere und andere Erzählungen. Zürich 1966, S. 137–236].

Agnon, Samuel Joseph: Ido und Enam. In: Gesammelte Werke (Kol sippuraw shel Shmu'el Yosef 'Agnon). Jerusalem, Tel Aviv (1953) 1977, Band 7 ('Ad hena), S. 343–395.

Agnon, Samuel Joseph: Liebe und Trennung. Übers. Von Gerold Necker. Frankfurt a. M. 1998.

Agnon, Samuel Joseph: Me-'atsmi el 'atsmi. [Jerusalem, Tel Aviv 1976]. Hg. von Chanoch Albeck: Mishnah. Band 3 (Seder Nashim), Jerusalem 1954.

Alter, Robert: Magic Realism in the Israeli Novel. In: Prooftexts (1996), Nr. 16.2, S. 151–168.

Bahr, Hermann (Hg.): Das jüdische Prag. Eine Sammelschrift. Prag 1917.

Band, Arnold J.: Nostalgia and Nightmare. A Study in the Fiction of S. Y. Agnon. Berkeley, Los Angeles 1968.

Brod, Max: Visionen. In: Der Jude (1916/17), Nr. 1, S. 457–465.

Ezekiel, Sarit: Where Agnon and Jung Meet. Travels along an External and Internal Path in the Novel ›The Bridal Canopy‹. Newcastle upon Tyne 2019, S. 27–29.

Falk, Avner: Agnon's Story. A Psychoanalytic Biography of S. Y. Agnon. Leiden 2018.

Goultschin, Moshe: Candles over Troubled Water. Sefer Hama'asim and Agnon's Unfinished Business. In: Journal of Jewish Identities (2013), Nr. 6.2, S. 3–24.

Grözinger, Karl-Erich (Hg.): Die Geschichten vom Ba'al Schem Tov. Schivche ha-Bescht. 2 Bände. Wiesbaden 1997.

Hoffman, Anne Golomb: Between Exile and Return. Albany, NY 1991.

Horodetzky, Samuel A. (Hg.): Shivḥe ha-Besht. Berlin 1922.

Kotlerman, Boris: Historical Time and Space in S. Y. Agnon's Sippure Polin. In: Hans-Jürgen Becker und Hillel Weiss (Hg.): Agnon and Germany. The Presence of the German World in the Writings of S. Y. Agnon. Ramat Gan 2010, S. 361–374.

Kurzweil, Baruch: Masot 'al sippure Sh. Y. Agnon. Jerusalem, erw. 4. Auflage 1975.

Laor, Dan: S. Y. Agnon [hebr.]. Jerusalem 2008.

Laor, Dan: Ḥayye 'Agnon. Tel Aviv 1998.

Laor, Dan: Agnon in Germany, 1912–1924. In: AJS Review (1993), Nr. 18.1, S. 75–93.

Lappin, Eleonore: Der Jude 1916–1928. Jüdische Moderne zwischen Universalismus und Partikularismus. Tübingen 2000.

Martin, Werner: Samuel Josef Agnon. Eine Bibliographie seiner Werke. Hildesheim, New York 1980.

Matt, Daniel C. (Hg.): The Zohar. Pritzker Edition. Band 7, Stanford, Calif. 2012.

Midrasch Rabba. Band 2, Warschau 1924.

Miron, Dan: From Continuity to Contiguity. Toward a New Jewish Literary Thinking. Stanford, Calif. 2010.

Necker, Gerold: Schira. In: Dan Diner (Hg.): Enzyklopädie Jüdischer Geschichte und Kultur. Band 5, Stuttgart 2014, S. 358–366.

Necker, Gerold: Nachwort. In: S. J. Agnon: In der Mitte ihres Lebens. Berlin 2013.

Necker, Gerold: Gershom Scholem and Shmu'el Yosef Agnon. Metamorphoses of a Friendship. In: Hans-Jürgen Becker und Hillel Weiss (Hg.): Agnon and Germany. The Presence of the German World in the Writings of S. Y. Agnon. Ramat Gan 2010, S. 41–62.

Necker, Gerold: Nachwort. In: Samuel Joseph Agnon: Buch der Taten. Erzählungen. Frankfurt. a. M. 1995, S. 147–153.

Sadan, Dov: Le-inyan Sefer ha-Ma'asim. In: Beyn din le-ḥeshbon. Masot 'al sofrim u-sefarim. Tel Aviv 1963, S. 204–211.

Samuel, Dov Baer ben: Shivḥe ha-Besht. Kopys 1814.

Schäfer, Peter: Der verborgene und offenbare Gott. Tübingen 1991.

Scheffel, Michael: Magischer Realismus. In: Georg Braungart et al. (Hg.): Real-Lexikon der deutschen Literaturwissenschaft. Berlin 2010.

Scheffel, Michael: Magischer Realismus. Die Geschichte eines Begriffes und ein Versuch seiner Bestimmung. Tübingen 1990.

Scholem, Gershom: S. J. Agnon – der letzte hebräische Klassiker? In: Judaica 2. Frankfurt a. M. 1970.

Scholem, Gershom: Die Quellen der Geschichte von Rabbi Gadiel dem Kind in der kabbalistischen Literatur [hebr.]. In: Dov Sadan und Ephraim E. Urbach (Hg.): Le-'Agnon Shay. Devarim 'al ha-sofer u-sefaraw. Jerusalem 1958, S. 289–305.

Shaked, Gershon: After the Fall. Nostalgia and the Treatment of Authority in the Works of Kafka and Agnon, Two Habsburgian Writers. In: Partial Answers. Journal of Literature and the History of Ideas (2004), Nr. 2, S. 81–111.

Shaked, Gershon: Shmuel Yosef Agnon. A Revolutionary Traditionalist. New York 1989.

Shaked, Gershon: S. J. Agnon – ›Ido und Enam‹. Versuch einer Interpretation. In: Colloquia Germanica (1970), Nr. 4, S. 83–99.

Shiloh, Elhanan: Kabbalistic Influences. A Look at ›Aggadat Ha-sofer‹ and ›Ma'aseh Azriel Moshe Shomer Ha-sfarim‹. In: Hans-Jürgen Becker und Hillel Weiss (Hg.): Agnon and

Germany. The Presence of the German World in the Writings of S. Y. Agnon. Ramat Gan 2010, S. 391–426.

Shreibaum, Dvora: Pesher ha-ḥalomot bi-yetsirotaw shel Sh. Y. 'Agnon. Tel Aviv 1993, S. 215–256.

Stavans, Ilan: Borges, the Jew. Albany, NY 2016.

Strauß, Max (Übers.): Die Erzählung vom Toraschreiber (1916/17), Nr. 2, S. 253–263.

Weilbacher, Andrea: Agnon and the Jewish Renaissance. In: Hans-Jürgen Becker und Hillel Weiss (Hg.): Agnon and Germany. The Presence of the German World in the Writings of S. Y. Agnon. Ramat Gan 2010, S. 17–39.

Weiss, Hillel (Hg.): 'Agnon – 'Agunot, 'Ido ve-'Enam. Meqorot, mivnim, mashma'uyot. 3 Bände. Tel Aviv 1979.

Weiss, Tzahi: Death of the Shekhinah in S. Y. Agnon's Oeuvre. A Reading in Four Stories and their Sources [hebr.]. Ramat Gan 2009.

Weiss, Vered: Generic Hybridity, or Mediating Modes of Writing. Agnon's Magical Realistic and Gothic National Narration. In: Symbolism. An International Annual of Critical Aesthetics (2013), Nr. 12/13, S. 69–91 [Special issue »Jewish Magic Realism«, hg. von Axel Stähler].

Yaron, Emuna (Hg.): Ḥamisha ḥalomot shel 'Agnon. In: Ha-Arets (1. Oktober 1997), Tarbut ve-Sifrut.

Shira Miron

Gertrud Kolmar und Chaim Nachman Bialik – Formen literarischer Renaissance zwischen Aggada und Poesie

Als Chaim Nachman Bialik (1873–1934) im Dezember 1921 anlässlich einer Versammlung in Beth Ha-Vaad Ha-Ivri [Haus des hebräischen Klubs] in Berlin den literarischen Raum um sich herum als eine »warme, lebendige hebräische Umgebung« [סביבה עברית חיה וחמה] beschrieb,[1] war diese geistige Landschaft, einer der zentralen Knotenpunkte der Jüdischen Renaissance in der Zwischen-kriegszeit,[2] der damals 27-jährigen Dichterin Gertrud Kolmar (1894–1943) noch völlig fremd. Als schließlich 1936 damit begonnen wurde, die Gedichte der deutsch-jüdischen Berlinerin bei den Vortragsabenden des Jüdischen Kultur-bundes zu rezitieren,[3] war die Jüdische Renaissance der Weimarer Republik und die aus ihr abgezweigten literarischen Diskurse eine Erinnerung aus vergangenen Zeiten.[4]

Mein großer Dank gilt Felix Schölch für seine sorgfältige Lektüre dieses Beitrags.

1 »Me-avodat Bet Ha-Vaad«, in Bet Ha-Vaad. Kli Mivtao shel Bet Ha-Vaad Ha-Ivri be-Berlin, 1–2 (1922), S. 5, und vgl. hierzu Michael Brenner: Jüdische Kultur in der Weimarer Republik. München 2000, S. 218.
2 Vgl. Brenner: Jüdische Kultur, S. 217ff. und Andreas Kilcher: Jüdische Renaissance und Kulturzionismus. In: Hans Otto Horch (Hg.): Handbuch der deutsch-jüdischen Literatur. Berlin 2016, S. 99–121, hier: S. 116f. Kilcher verfolgt die bedeutende Position Berlins während der Nachkriegszeit als Fortsetzung ihrer seit dem Ende des neunzehnten Jahrhunderts zu-nehmenden Zentralität für die verschiedenen Zweige der Jüdischen Renaissance.
3 Kolmars Hauptschreibphase ist erst ab 1927 zu verzeichnen, vgl. z.B. Regina Nörtemann: Nachwort. In: Regina Nörtemann (Hg.): Gertrud Kolmar. Das lyrische Werk. Bd. III, Anhang und Kommentar, Göttingen 2003, S. 335ff. Die Publikation von Kolmars Werken wurde bald darauf durch die politischen Umstände erschwert, bis sie schließlich durch das Publikati-onsverbot im Jahre 1935 eingestellt wurde. Unter den Restriktionen wurde nur noch eine Veröffentlichung auf jüdischen Bühnen gestattet, wofür Kolmar auch späte, zwar auf den jüdischen Kreis begrenzte, aber dennoch lobende Anerkennung erhielt. Vgl. Johanna Wolt-mann: Gertrud Kolmar. Leben und Werk. Göttingen 1995, S. 207ff.
4 Sowohl Kilcher als auch Brenner deuten das Ende der Weimarer Republik 1933 als Ende der Jüdischen Renaissance in Deutschland und somit als markante Zäsur in allen Kulturbereichen der jüdischen Gemeinde. Dieses Ende auf verschiedenen Ebenen war sowohl »von außen« durch die vom NS-Regime ausgeführte politische Ausschließung als auch »von innen« durch die zunehmende zionistische Perspektive verursacht. Vgl. Kilcher: Jüdische Renaissance, S. 118; Brenner: Jüdische Kultur, S. 231ff.

Um diese Erinnerung als lebendige kulturelle Kraft innerhalb der sich unter dem NS-Regime in sich einschließenden jüdischen Gemeinde in Deutschland zu bewahren, forderten Vertreter des deutschen Kulturzionismus wie Martin Buber und Ernst Simon die Einrichtung von Kultur- und Erziehungsinitiativen und riefen auch einige selbst ins Leben.[5] In diesem Zusammenhang erschien auch Ernst Simons 1935 entstandene Monographie über den ein Jahr zuvor verstorbenen Chaim Nachman Bialik als Doppelband in der renommierten Buchreihe der Schocken-Bücherei.[6] Ebenfalls in Berlin und noch im selben Jahr wurde von Saul Kaléko eine, für Hebräisch-Lernende vorgesehene, kurze Auswahl von Bialiks Dichtungen herausgegeben.[7] Diese beiden Publikationen stehen exemplarisch für den Geist der Werke der hebräischen Renaissance, die Gertrud Kolmar in den Dreißigerjahren beeinflusst haben. Ihr hingebungsvolles Studium der hebräischen Sprache, worauf sie in mehreren Briefen aus dem Jahre 1940 Bezug nimmt und das sie weder als politischen Akt noch als gezielte Vorbereitung auf die Migration ansah, verdeutlicht die starke geistige Prägung Kolmars durch die für sie noch immer anhaltende Präsenz von Bialiks »warme[r], lebendige[r] hebräische[r] Umgebung«.[8]

Die Resonanz der Ideen und der Programmatik der Jüdischen Renaissance sowie ihre neue poetische Existenz in Gertrud Kolmars Lyrik werden in der vorliegenden Abhandlung durch eine vergleichende Untersuchung von Bialiks und Kolmars Form der poetischen Auseinandersetzung mit überlieferten Texten,

---

5 Kilcher: Jüdische Renaissance, S. 214ff.

6 Ernst Simon: Cahjjim Nachman Bialik. Eine Einführung in sein Leben und sein Werk mit einigen Übersetzungsproben und Gedichtanalysen. Berlin 1935. Simons ausgedrücktes Vorhaben, in der von ihm verfassten Monographie, »etwas von dem zu vermitteln, was gerade ein deutscher Jude von ihm [Bialik] lernen durfte und was deshalb vielleicht für andere deutsche Juden in dieser Schicksalsstunde von Wert sein mag« (S. 8), bezeichnet den Wunsch, die Kluft zwischen der deutsch-jüdischen und hebräischen Renaissance während der Weimarer Republik und dem jüdischen Kulturleben in Deutschland nach 1933 zu überbrücken. Über die Bedeutung und Rolle der Schocken-Bücherei zwischen 1933 und 1939. Siehe: Matthias Hambrock: Schocken-Bücherei. In: Dan Diner (Hg.): Enzyklopädie jüdischer Geschichte und Kultur. Bd. V, Stuttgart 2014, S. 378ff. und Brenner: Jüdische Kultur, S. 232ff.

7 Saul Kaléko (Hg.): Ch. N. Bialik. In: Sofrejnu: Schriftenreihe aus der neu hebräischen Literatur. Berlin 1935 [auf Hebräisch, deutscher Titel im Original].

8 Es bleibt unbekannt, wann Kolmar angefangen hat, Hebräisch zu lernen. In einem Brief an ihre Schwester von Mai 1940 erzählt sie jedoch, dass sie seit einem Monat »hebräische Konversation« mit einer kürzlich gefundenen Lehrerin betreibt, nachdem sie die Sprache nur autodidaktisch gelernt habe. Die sich wiederholenden Erwähnungen ihrer Bemühung um das Erlernen der hebräischen Sprache erscheinen immer im Zusammenhang mit ihren Versuchen, auf Hebräisch zu dichten. Diese Gedichtentwürfe sind jedoch bis heute verschollen. Allein der von ihr in einem Brief wiedergegebene Titel »Ha Zaw« [הצב], den sie ins Deutsche als »die Kröte« anstatt »die Schildkröte« fehlerhaft übersetzt, ist überliefert (»Die Kröte« ist allerdings der Titel eines deutschsprachigen Gedichts von Kolmar aus ihrem 1933 entstandenen Gedichtzyklus *Das Wort des Stummen*). Siehe: Gertrud Kolmar: Briefe. Hg. von Johanna Woltmann, Göttingen 2014, S. 76, 80, 97f.

Ideen und Motiven gezeigt. Somit wird der hier kurz skizzierte historische Rahmen von Kolmars später Rezeption der Jüdischen Renaissance als Nachhall, Erinnerung und Fortsetzung als im weiteren Sinne poetologischer Themenkomplex auftreten. Demnach wird in erster Linie und jenseits der Suche nach direkten intertextuellen Spuren die Entwicklung und Verzweigung poetologischer Denkweisen von Bialik und Kolmar verfolgt. Die Annahme einer poetischen Verbindungslinie zwischen den Dichtern und ihrem jeweiligen literarischen Umfeld führt dann im letzten Abschnitt zur Erörterung des thematischen Schnittpunkts zwischen Jüdischer Renaissance und Magischem Realismus in ihrer eigentümlichen Verschränkung in Kolmars Dichtung.

Als Prolog und Wegweiser wird aber zunächst die einzige direkte literarische Begegnung der beiden Dichter, die sich nie persönlich getroffen haben, aufgezeigt.

Zwischen »Tikun Chazot« und »Herbstnacht«

Im Sommer 1939, kurz vor Kriegsausbruch, schickte Gertrud Kolmar einen Lebenslauf zusammen mit verschiedenen anderen Zeugnissen an ihre bereits im schweizerischen Exil lebende Schwester Hilde Wenzel. Aller Wahrscheinlichkeit nach ging es um einen der letzten Migrationsversuche, der aber nie erfolgte. Der Lebenslauf, mit dem Namen Gertrud Sara Chodziesner unterzeichnet,[9] verschwieg jede Spur von Kolmars dichterischer Tätigkeit und hob stattdessen ihre berufliche Sprachkompetenz hervor. Neben Diplomen, die ihre Französischkenntnisse und Arbeitserfahrungen als Dolmetscherin bescheinigten, befand sich darunter auch ein Dokument, das Kolmar mit den Worten »Bialik-Übersetzung (als Nachweis für meine hebräischen Kenntnisse)« beschriftete. Der Übersetzung fügte sie eine kurze Notiz hinzu, in der sie handschriftlich das hebräische Gedicht kopierte und darüber hinaus erklärte:»[W]ortgetreu konnte ich es natürlich nicht übersetzen, wenn Reim und Versmaß gewahrt werden

---

9 Im Jahr 1939 verdeutlichte die Unterschrift als »Gertrud Sara Chodziesner« die antijüdischen Verordnungen durch die Nationalsozialisten in doppeltem Sinne: einerseits durch die Zwangsannahme des zweiten Vornamens »Sara« nach der Verabschiedung der »zweite[n] Verordnung zur Durchführung des Gesetzes über die Änderung von Familiennamen und Vornamen«, andererseits durch die Auslöschung des Künstlernamens Kolmar, den die Dichterin anlässlich ihrer ersten Publikation im Jahr 1917 gewählt hatte und nach dem 1936 verabschiedeten »Verbot der Führung von Deck- und Sammelnamen durch Ausländer« 1939 nicht mehr führen durfte. (Siehe: Karl-Friedrich Schrieber (Hg.): Das Recht der Reichskulturkammer. Sammlung der für den Kulturstand geltenden Gesetze und Verordnungen, der amtlichen Anordnungen und Bekanntmachungen der Reichskulturkammer und ihrer Einzelkammern. Bd. V, Berlin 1937, S. 28.)

sollten«.[10] Die Anmerkung sollte offenkundig einer Einordnung der Übersetzung als bloße Überführung eines Ausgangstexts in eine fremde Sprache dienen und dabei Kolmars Selbstdarstellung als professionelle Übersetzerin untermauern.[11]

Doch ein näherer, vergleichender Blick entlarvt die einschränkende Ergänzung, die zusammen mit Kolmars Lebenslauf als Peritext vor der Übersetzung steht, als Ablenkung vom eigentlichen dichterischen Akt, der durch das Verfahren der Übersetzung zu Tage tritt. Dies bedeutet zunächst das Verschweigen einer Abweichung vom hebräischen Original, die weit über den Reim und Versmaß geschuldeten Verzicht auf Wortwörtlichkeit hinausgeht. Denn Chaim Nachman Bialik, der schon lange vor seinem Tod im Jahr 1934 von seinen Zeitgenossen zum nationalen Dichter gekrönt und dessen lyrisches Werk breit rezipiert wurde,[12] hatte nie ein Gedicht mit dem von Kolmar kopierten hebräischen Titel »Leil-Stav« (״ליל סתיו״, von Kolmar als »Herbstnacht« übersetzt) verfasst. Kolmars angebliche Kopie des hebräischen Gedichts stellt sich als eine selektive, neubetitelnde Umschreibung von Bialiks doppelt so langem Gedicht »Tikun Chazot« [תִּקּוּן חֲצוֹת] heraus. Dieses hatte der Dichter 1898 in Sosnowicz verfasst und ein Jahr darauf in der zu jener Zeit von Achad Ha-am (1856–1927) herausgegebenen Zeitschrift »Haschiloach« publiziert.[13]

Der Originaltitel von Bialiks Gedicht »Tikun Chazot« weist auf das um Mitternacht gesprochene jüdische Gebet hin, in dem ein Betender die Zerstörung des Tempels betrauert. In den ersten sieben Strophen des Gedichts wird eine in entsetzlicher Finsternis versinkende Kleinstadt beschrieben. In der abschlie-

---

10 Das Manuskript des Lebenslaufs mit der beigefügten Gedichtübersetzung befindet sich im Deutschen Literaturarchiv Marbach. Es wurde im Marbacher Magazin 63 (1993, S. 113 ff.) nachgedruckt und ist später erschienen als Anhang in Woltmann: Gertrud Kolmar, S. 328 ff.

11 Vgl. Evelyn Dueck: Diener zweier Herren. Der Übersetzer zwischen Fergendienst und Autorschaft: In: Matthias Schaffrick und Marcus Willand (Hg.): Theorien und Praktiken der Autorschaft. Berlin 2014, S. 287–306, hier: S. 289.

12 Vgl. Avner Holtzman: Haim Nachman Bialik. Jerusalem 2008, S. 97, 105 ff. [auf Hebräisch] und Avner Holtzman: The Rise and Decline of the National Poet. In: Iyunim Bitkumat Israel (2011), Vol. 21, S. 1–37 [auf Hebräisch, originaler englischer Titel].

13 Chaim Nachman Bialik: Ha-Tikun. In: Haschiloach. Literarisch-wissenschaftliche Monatsschrift 5 (1899), S. 60. In der Erstausgabe wurde der ursprüngliche Gedichttitel »Tikun Chazot« auf Anforderung des Herausgebers Achad Ha-am in »Ha-Tikun« gekürzt. Damit wollte der Herausgeber eine mögliche irrtümliche Annahme des Lesers vermeiden, in dem Gedicht eine detaillierte Beschreibung der jüdischen Tradition von Tikun Chazot zu finden, darüber hinaus wollte er vermeiden, die von ihm wahrgenommene (von Bialik jedoch selbst geleugnete) Ironisierung der Tradition im Gedicht herauszustellen. Siehe: Haim Nachman Bialik: Shirim [Gedichte]. Hg. von Dan Miron, Tel Aviv 1983, S. 407 ff. [auf Hebräisch], und vgl. Reuven Shoham: ›Exposure and Coverage‹ (giluy vekisuy) in Bialik's ›Beit-Hamidrash‹ Early Poems. In: Dappim: Research in Literature (2008/09), Nr. 17/16, S. 138–180, hier: S. 165. In den späteren Veröffentlichungen wird das Gedicht wieder unter seinem Originaltitel angeführt. Über die entscheidende Rolle von Achad Ha-am als Förderer des Kultur-Zionismus und insb. der Renaissance neuhebräischer Literatur, siehe Kilcher: Jüdische Renaissance, S. 102 f.

ßenden Strophe, als Kontrast zur Stadt und als Fortsetzung ihres Bildes zugleich, erhebt sich aus der expressionistisch dargestellten Dunkelheit die alleinstehende Figur eines betenden Juden, der zum Mitternachtsgebet aufsteht. Die Worte »Tikun Chazot« beenden das Gedicht (יְהוּדִי קָם לְתִקּוּן חֲצוֹת / jehudi kam le-tikun chazot) und spannen einen Bogen zum gleichnamigen Titel. Dabei verleihen sie dem ursprünglichen Gedicht eine immerwährende kreisförmige Struktur und erklären den Text selbst zum Mitternachtsgebet.[14]

Werden nicht nur das hebräische Original, sondern auch die schon ab 1911 erschienenen deutschen Übertragungen von Bialiks »Tikun Chazot«, darunter auch die Übersetzung Ernst Simons aus seiner bereits erwähnten Monographie, mit Kolmars Übersetzung von 1939 verglichen, so ist die Umschreibung des Originaltitels nicht mehr zu übersehen.[15] Mit der neuen Überschrift »Herbstnacht« statt »Tikun Chazot« legt Kolmar den Schwerpunkt des Gedichtes auf das Natur- und Stadtbild der ersten Strophen und nimmt die im Original aufgebaute Erwartung an das menschliche Handeln zurück. Hinzu kommt, dass in den letzten Versen ihrer Übersetzung der Betende nicht als »Jude«, wie in Bialiks Original, sondern als ein »Fromme[r], der sich zur Mitternachtsklage hebt« in Erscheinung tritt. Zwar enthält die Übertragung des Juden in einen Frommen einen unverkennbaren Nachhall der von Martin Buber ins Deutsche übersetzten und herausgegebenen, chassidischen Erzählungen, in denen der jüdische Chassid als »Frommer« aufgeführt wird. Dennoch bedeutet Kolmars implizite Anspielung auf Bubers chassidische Erzählungen keine Verdeutlichung des jüdischen Betenden, sondern eine verallgemeinernde Abstraktion der Figur.[16] Diese wird in der Übersetzung zu einem bloßen Detail, das im Schatten der jetzt titelgebenden »Herbstnacht« steht und somit auf Kolmars universelle Lektüre von Bubers Erzählungen verweist. Die früher entstandenen Übersetzungen der letzten Gedichtzeile »ein Jude stellt sich beten: Mitternacht« (Simon), »betet ein Jude zu Nacht« (Weinberg) und »ein Jude, der zum Beten wacht« (Müller) dienen

---

14 Vgl. Tuvia Ruebner: Tikun Chazot. In: Gershon Shaked (Hg.): Bialik: Critical Essays on his Work. An Anthology. 2. Auflage, Jerusalem 1992, S. 127–137 [auf Hebräisch, originaler englischer Buchtitel].

15 »Chazot« in Chaim Nachman Bialik: Gedichte. Übs. von Ernst Müller, Köln 1911, S. 69 [eine revidierte Fassung dieser Übersetzung unter gleichem Titel ist in einer Neuausgabe 1922 erschienen]; »Tikun Chazoth« in: Chaïm Nachman Bialik: Gedichte. Übs. Von Louis Weinberg, Berlin 1920, S. 62f.; »Mitternachtsgebet« übs. von Ernst Simon in: Simon: Cahjjim Nachman Bialik, S. 42f.

16 In seiner Einleitung zu den Nacherzählungen der Geschichten des Rabbi Nachman erklärt Martin Buber die Übersetzung als wortwörtlich: »Chassid bedeutet: der Fromme.« Siehe: Martin Buber: Rabbi Nachman und die jüdische Mystik. In: Die Geschichte des Rabbi Nachman. Frankfurt a. M. 1906, S. 13. Kolmar war mit Bubers chassidischen Erzählungen eng vertraut und verwies in ihren Briefen an ihre Schwester Hilde oft darauf. Siehe: Kolmar: Briefe, S. 105, 203.

ferner dem Erkennen und dem Nachspüren von Kolmars poetischen Entschei-
dungen.

Das expressionistische aber doch realistische Bild der Stadt in strömendem
Regen, das in »Tikun Chazot« sowohl als Kulisse dient, als auch als Motivation
und Innenwelt des handelnden, sich zum Gebet erhebenden Subjekts dargestellt
wird, wird von Kolmar durch die erheblichen Abweichungen vom Originaltext in
den Vordergrund gestellt und als eigene Welt nachgedichtet, die unabhängig vom
beschriebenen Subjekt allein durch den Vollzug der poetischen Sprache entsteht.
Die performative Sprache, die nicht nur beschreibt, sondern vielmehr vollzieht,
ist ein zentrales Merkmal von Kolmars eigenem Gedichtzyklus *Welten*, der zwei
Jahre zuvor, 1937, entstand. In diesem oft poetologisch reflektierenden Zyklus,
aus dem ein Gedicht im letzten Teil des vorliegenden Aufsatzes noch ausführlich
diskutiert wird, unterminiert Kolmar die Idee einer absoluten Welt oder Realität
kraft einer dialogischen Sprache, die eine Pluralität von Welten entwirft und
damit die poetische Sprache als schöpferische definiert.[17] Wird Kolmars Übersetzung von Bialiks »Tikun Chazot« also im Lichte ihrer eigenen Dichtung und
Poetologie betrachtet, so erscheint sie als mögliche Brücke zwischen den Dichtern und ihren Dichtungen.

Kolmars Übersetzung widerlegt ihre eigene Offenbarung »wortgetreu konnte
ich es natürlich nicht übersetzen«, die sich schließlich als eine irreführende
Selbstinszenierung der Dichterin herausstellte.[18] Denn es geht hier weder um ein
schlichtes Versagen der steifen, »wortgetreuen« Übersetzung, noch um das Un-
terfangen »zwei Herren zu dienen«, das Franz Rosenzweig als die ständige, aus
der Spannung zwischen den verschiedenen Sprachräumen abgeleitete Bewegung zwischen Original und Übersetzung beschreibt.[19] In der Kluft zwischen
»Tikun Chazot« und »Herbstnacht« tritt in erster Linie die Dichterin selbst zu
Tage, deren eigene dichterische Autorschaft zur Schaffung einer, im Sinne des
frühromantischen Begriffs Novalis', *verändernden Übersetzung* führt, in der der

---

17 Über Kolmars Poetologie in *Welten* siehe: Arlette Schnyder: Asien, das Sein ohne Tun oder der
    Ort der Dichtung. In: Heidy Margrit Müller (Hg.): Klangkristalle Rubinene Lieder: Studien
    zur Lyrik und Poetik Gertrud Kolmars. Göttingen 2007, S. 121 ff., und Shira Miron: Polyphon
    gefasstes Weiß – das weiße Papier in Gertrud Kolmars Welten. In: Yearbook for European
    Jewish Literature Studies 6:1, Berlin 2019, S. 207–232.

18 Im Feld der Übersetzungskritik war es Antoine Berman, der in seinem Versuch eine neue
    Übersetzungskritik zu entwerfen, den Schwerpunkt auf die Frage »qui est le traducteur«
    gelegt hat. Die Frage soll den Kritiker auf die »position traductive« der Übersetzer führen, die
    das »se-poser du traducteur vis-à-vis de la traduction« anhand ihrer Repräsentationen (etwa
    durch Einleitungen oder Anmerkungen des Übersetzers) zum Ausdruck bringt. Diese Re-
    präsentationen können auch von der eigentlichen Position des Übersetzers ablenken, wie sich
    am Beispiel der Spannung zwischen Kolmars Notiz und Übersetzung zeigen lässt: Antoine
    Berman: Pour une critique des traductions: John Donne. Paris 1995, S. 73 ff.

19 Franz Rosenzweig: Die Schrift und Luther. In: Franz Rosenzweig: Der Mensch und sein Werk.
    Bd. III, hg. von Reinhold und Annemarie Mayer, Dordrecht 1984, S. 749–772.

Übersetzer »der Dichter des Dichters seyn und ihn also nach seiner und des Dichters eigner Idee zugleich reden lassen können [muss]«.[20]

* * *

Die poetische Berührung zwischen Gertrud Kolmar und Chaim Nachman Bialik in der Form einer *verändernden Übersetzung,* in der sich die Autorschaft der Dichterin Kolmar im Werk des Dichters Bialik offenbart, schließt Spuren einer dichterischen Verschränkung der Autoren mit ein, die über die einzige Übersetzung und die in den Briefen an die Schwester überlieferten Verweise hinausreichen.[21] Das poetische Verfahren der Erweiterung und des Fortschreibens des Existierenden durch die Ausprägung der eigenen Autorschaft legt nahe, Bialiks eigene Form der Auseinandersetzung mit überlieferten Stoffen zu betrachten. Diese ist selbst Teil und Ausdruck einer entscheidenden Dimension der Jüdischen Renaissance.

Die entfaltete Spannung zwischen Übersetzung und Umschreibung, Wiedergabe und Veränderung, führt somit im weiteren Sinne zu Martin Bubers programmatischer Definition der Erneuerung des jüdischen Geistes in seinem 1901 erschienenen Aufsatz »Jüdische Renaissance« als »Neuschaffen aus uraltem Material« zurück.[22] Während Bubers Aufgreifen des italienischen Quattrocento das Vorbild der »Wiedergeburt des ganzen Menschen« und somit die Idee der »Wiedergeburt des Judenvolkes« einführen sollte, schließt es auch einen Verweis auf die Erneuerungsformen der künstlerischen Tradition in der italienischen Renaissance mit ein.[23] Die während der Renaissance entwickelte aktive Herangehensweise an das aus der Antike stammende »uralte Material« kann hier unter dem Gesichtspunkt ihrer modernen Rezeption nach der Definition des französischen Übersetzungswissenschaftlers Antoine Berman begriffen werden. Dieser beschreibt den künstlerischen Paradigmenwechsel des Übersetzungsprozesses

---

20 Novalis: Blüthenstaub. In: Richard Samuel (Hg.): Schriften II. Das philosophische Werk I. Stuttgart 1960, S. 439f. und vgl. Dueck: Diener zweier Herren, S. 295f.

21 Kolmar: Briefe, S. 80, 98, 103.

22 Martin Buber: Juedische Renaissance. In: Barbara Schäfer (Hg.): Werkausgabe 3. Frühe jüdische Schriften 1900–1922. Gütersloh 2007, S. 143–147, hier: S. 146.

23 Vgl. Biemann zu Bubers Renaissancebegriff in der Nachfolge der Renaissancerezeption von Jacob Burckhardt und Friedrich Nietzsche und die daraus abgeleitete Bedeutung von Kunst und Künstler in seinem Renaissance-Programm: Asher D. Biemann: Aesthetic Education in Matin Buber, Jewish Renaissance and the Artist. In: Michael Zank (Hg.): New Perspectives on Martin Buber. Tübingen 2006, S. 85–110. Wie Kilcher deutlich zeigt, war Buber keinesfalls der erste, der den Begriff der »Wiedergeburt« im Kontext der jüdischen nationalen Terminologie einführte. Dennoch war er, neben Achad Ha-am, derjenige, der die Begriffe »Widergeburt« oder »Renaissance« als Inbegriff des Kulturzionismus prägte. Vgl. Kilcher: Jüdische Renaissance, S. 101 ff.

als »processus actifs régis par un sujet«[24], als Wiedertaufe. Dieses Vorbild des von Renaissanceübersetzern herauskristallisierten Erneuerungsaktes liegt den deutschen Übersetzungstheorien der Romantik zugrunde, in denen die Übersetzung als Prozess der Erweiterung und Veränderung erscheint.[25] Anfang des 20. Jahrhunderts wurde es zum Modell und Hintergrund der literarischen und textbezogenen Wirkung von Bubers Worten.

Die literarische Verkörperung des von Buber beschworenen »Neuschaffen[s]« spiegelt Bialiks Werk in einem breiten Spektrum. Sie beginnt beim Herausgeben, Bearbeiten und Übersetzen von Texten aus der rabbinischen Literatur und erstreckt sich bis zur Verfassung von Legenden unter dem eigenen Namen des Dichters. Diese basieren zwar auf biblischen oder rabbinischen Quellen, sollten aber dennoch – im Unterschied zu den vom Dichter als auf einer Quelle basierend markierten – als unabhängige Texte definiert und gelesen werden. Zusammengeführt bilden die verschiedenen Auseinandersetzungsarten mit dem überlieferten Stoff das Spektrum, das Bialik zur Herausbildung eines neuen Kanons in der hebräischen Literatur versteht und damit als einen Akt der jüdischen, und in erster Linie *hebräischen* Renaissance begreift.[26]

Als zweiter wichtiger Aspekt dieses Spektrums und unter Berücksichtigung der Entwicklung und Radikalisierung von Entwürfen der dichterischen Autorschaft, deren Bedeutung und Steigerung in Gertrud Kolmars Lyrik schließlich analysiert werden soll, werden nun die von Bialik mitherausgegebene Anthologie *Sefer Ha-Aggada* [ספר האגדה] und die eröffnende Legende aus seinem 1933 erschienenen Legendenbuch *Vayehi Hayom* [ויהי היום] diskutiert.

Der Weg zur Aggada – Von der Sammlung bis zur Erfindung

Im Erscheinungsjahr des ersten Bandes von *Sefer Ha-Aggada* 1908, den Bialik in Zusammenarbeit mit Yehoshoua Chana Rawnitzki herausgab, konstatierte Bialik in seiner Abhandlung »Zum Einsammeln der Aggada«[27] (לכינוסה של האגדה) den

---

24 Antoine Berman: Tradition, Translation, Traduction. In : Le Cahier. Collège international de philosophie (1988), Nr. 6, S. 21–38, hier: S. 32 ff.

25 Berman: Tradition, S. 34 ff. Berman verfolgt die Auswirkung der deutschen Romantik bis ins 20. Jahrhundert. Zur Rolle der Erneuerung in den deutschen romantischen und frühromantischen Übersetzungstheorien vgl. Dueck: Diener zweier Herren, S. 293 ff.

26 Vgl. Chaim Nachman Bialik: Das hebräische Buch. In: Neue Jüdische Monatshefte 4, Sonderheft: Das jüdische Buch. Oktober 1919, S. 25–36 [ursprünglich auf Hebräisch erschienen in *Haschiloach* 1913]. Vgl. hierzu Kilcher: Jüdische Renaissance, S. 103.

27 Chaim Nachman Bialik: Zum Einsammeln der Aggada. In: Chaim Nachman Bialik (Hg.): Essays, übersetzt von Viktor Kellner, Berlin 1925, S. 72–81 [ursprünglich 1908 auf Hebräisch erschienen]. In seinem 1917 Aufsatz »Halacha und Agadda« fordert Bialik die traditionelle Unterscheidung zwischen den gesetzlichen und literarischen Teilen der rabbinischen Lite-

Bedarf einer umfassend zugänglichen Anthologie der aggadischen Quellen. Die Aggada, ein Überbegriff für die erzählerischen, nicht gesetzgebenden Teile der antiken und mittelalterlichen rabbinischen Literatur, definiert Bialik in diesem Aufsatz als »die wesentlichste Literaturform, die viele Jahrhunderte hindurch in der jüdischen Nation die Welt der freien Schöpfung des Volkes wie der Einzelnen beherrscht hat«.[28] Die Entstehung von *Sefer Ha-Aggada*, »eine Art große und reiche literarische Anthologie«, wurde dabei zum wesentlichen Fundament des aus uraltem Material neugeschaffenen hebräischen Kanons erklärt.[29] Die ausgesprochene Dringlichkeit dieser Aufgabe in Anbetracht der historischen Stunde, die Bialiks »Zum Einsammeln der Aggada« den früheren programmatischen Schriften der Vertreter des hebräischen Zweiges des Kulturzionismus zuordnen lässt, kommt mit den feierlich schließenden Worten »und auf ein solches Buch wartet die hebräische Literatur« zum Ausdruck.[30]

Doch es existierten bereits zuvor moderne Anthologien der Aggada, wie Bialik selbst wusste und auf die er sich in seinem Aufsatz auch explizit bezieht.[31] Die ersten Versuche, von den Vertretern der *Wissenschaft des Judentums* durchgeführt, den Begriff der Aggada ästhetisch und wissenschaftlich zu erörtern und ihn durch seine Bedeutung für den jüdischen Geist neu zu denken, traten bereits am Anfang des 19. Jahrhunderts auf. Entstanden sind sie unter unmittelbarer Nachwirkung des in der zweiten Hälfte des 18. Jahrhunderts in Westeuropa grassierenden Diskurses um Volk und Volksgeist und insbesondere unter dem Einfluss des von Johann Gottfried Herder eingeführten Begriffs der »Volkspoesie«.[32] Diesen Abhandlungen folgten Mitte des 19. Jahrhunderts erste moderne

---

ratur, vgl. Johannes Sabel: Die Geburt der Literatur aus der Aggada. Formationen eines deutsch-jüdischen Literaturparadigmas. Tübingen 2010, S. 235 ff.

28 Bialik: Zum Einsammeln, S. 72.

29 Vgl. auch Bialiks Auflistung der »Agada des babylonischen und jerusalemischen Talmud und der Midraschim« als Teil des Programms eines neuen hebräischen Kanons in »Das hebräische Buch«, S. 34.

30 Vgl. Kilcher: Jüdische Renaissance, S. 102 ff.

31 Die folgende kurze Aufzeichnung des historischen Zusammenhangs von Bialiks Zugriff auf die Aggada soll keinesfalls als erschöpfend betrachtet werden. Sie hat vielmehr eine Erörterung der Besonderheit von Bialiks entfalteter Position in Anbetracht von Bubers Ruf nach »Neuschaffung aus uraltem Material« zum Ziel.

32 Für Herders Einführung des Begriffes siehe Johann Gottfried Herder: Vorrede zu »Alte Volkslieder«. In: Johann Gottfried Herder: Volkslieder, Übertragungen, Dichtungen. Hg. von Ulrich Gaier, Frankfurt a. M. 1990, S. 15 ff. Zu Herders Begriff der Volkspoesie unter dem Gesichtspunkt seines maßgebenden Beitrags zur Entwicklung des allgemeinen nationalen Diskurses von Märchen und Legenden als Ausdruck und Herkunft des Volkes siehe Theresia Dingelmaier: Das Märchen vom Märchen. Eine kultur- und literaturwissenschaftliche Untersuchung des deutschsprachigen jüdischen Volks- und Kindermärchens. Göttingen 2019, S. 73 ff. und vgl. Herman Bausinger: Formen der »Volkspoesie«. 2. Aufl., Berlin 1980, S. 11 ff. Zu den ersten Auseinandersetzungen mit der Aggada in diesem Zusammenhang siehe Dingelmaier: Das Märchen vom Märchen, S. 121 ff.; Sabel: Die Geburt der Literatur, S. 60 ff.

Anthologien der Aggada, die unter dem neuen Akzent der Literarizität des aggadischen Stoffes herausgegeben wurden.[33] Dennoch unterschieden sich diese von Herders Herausgeberschaft und Einstellung zu Fragen der Tradition und Authentizität, auch wenn die anthologische Tätigkeit Herders am Beispiel seines Werkes *Vom Geist der Ebräischen Poesie*, das seinen Begriff der Volkpoesie untermauerte, als Vorbild dieser neuen Anthologien gesehen werden muss.[34] Während Herders aktive Autorschaft beim Zugriff auf die Quellen sich durch erhebliche Umschreibungen und sogar durch die Einfügung »Gedichte aus der eigenen Feder« nachweisen lässt,[35] blieben die Herausgeber der ersten aggadischen Anthologien im breiteren Zusammenhang der Haskala und der *Wissenschaft des Judentums* mit eigenen Hinzufügungen zurückhaltend. Tonangebend war die wissenschaftlich-philologische Herangehensweise. Diese markierte die Grenze zu den ab der Jahrhundertwende unter verschiedenen Ausprägungen der Jüdischen Renaissance erschienenen Anthologien.[36]

Die von Bialik in »Zum Einsammeln der Aggada« formulierte Kritik zielt auf eben diese wissenschaftliche Herangehensweise ab. Mit vitalistischer Metaphorologie wendet er sich gegen die wissenschaftliche Einstellung zur Aggada als einer Haltung, die in dieser keinen »lebendigen Leib« erkennt, »sondern eine versunkene Welt und eine[n] toten Leib, zu nichts anderem gut, als daß die Forschung sie abtaste und die Bearbeitung als Stoff mißbrauchte«.[37] Statt diesem

---

und Tsafi Sebba-Elran: In Search of New Memories. The Aggadic Anthologies and their Role in the Configuration of the Modern Hebrew Canon. Jerusalem 2017, S. 39f. [auf Hebräisch, originaler englischer Titel]. Sebba-Elran verweist auf frühere kritische Forschungen zur Aggada von Wissenschaftlern aus der Zeit vor der Haskala, die entweder verbannt oder vergessen wurden, S. 39 Anm. 2. Neben Herders Begriff der Volkspoesie beeinflusste auch Goethes späterer Begriff der *Weltliteratur* die ersten gesetzten Rahmen der Aggada, vgl. Sabel, S. 3ff., 39, 65ff., zum breiteren Zusammenhang der paradoxalen Verflechtung beider Begriffe im Literaturbegriff der *Wissenschaft des Judentums* s. Andreas B. Kilcher: ›Jüdische Literatur‹ und ›Weltliteratur‹. Zum Literaturbegriff der Wissenschaft des Judentums. Aschkenas (2008/ 2009), 18–19 (2), S. 465–483.

33 Sabels detaillierte Auseinandersetzung mit den deutsch-jüdischen aggadischen Anthologien im 19. Jahrhundert bietet einen Überblick über Gemeinsamkeiten und Besonderheiten. Er gruppiert sie schließlich unter zwei zentralen Paradigmen (das frühere moralische Paradigma und das spätere, um die Mitte des 19. Jahrhunderts zu erkennende literarisch-philologische Paradigma), die die früheren Anthologien von den späteren Anthologien der Jüdischen Renaissance trennen, vgl. Sabel: Die Geburt der Literatur, S. 168ff.

34 Sabel: Die Geburt der Literatur, S. 169ff.

35 Franz-Josef Deiters: Das Volk als Autor? Der Ursprung einer kulturgeschichtlichen Fiktion im Werk Johann Gottfried Herders. In: Heinrich Detering: Autorschaft. Positionen und Revisionen. Stuttgart 2002, S. 181–201, hier: S. 197; vgl. hierzu Dingelmaier: Das Märchen vom Märchen, S. 73 und ihren Verweis auf Bausinger: Formen der »Volkspoesie«, S. 12.

36 Sabel: Die Geburt der Literatur, S. 173; Sebba-Elran: The Aggadic Anthologies, S. 41f.

37 Bialik: Zum Einsammeln der Aggada, S. 77. In der englischen Fassung seines Aufsatzes »›Jüdische Literatur‹ und ›Weltliteratur‹« verknüpft Kilcher Bialiks Kritik mit Gershom Scholems noch radikalerer Kritik an der *Wissenschaft des Judentums* und versteht beide

in erster Linie durch die *Wissenschaft des Judentums* vertretenen Ansatz trat
Bialik für eine neue ideologische und textuelle Herangehensweise ein, um die
Aggada in einen Teil des neuen hebräischen Kanons und somit in einen weiter
verbreiteten Kulturbesitz verwandeln zu können.

Gleichzeitig unterscheidet sich Bialiks Darlegung des neuen Verständnisses
von Herausgeberschaft grundlegend von Herders Modell der aktiven Autorschaft und den aus diesem abgeleiteten romantischen Anthologien. Wenngleich
Bialiks Streben in »Zum Einsammeln der Aggada« den prägenden Ruf Bubers
zum »Neuschaffen aus uraltem Material« in die Praxis umzusetzen scheint und
somit dem breiteren Programm der hebräischen Renaissance zugehört, lehnt er
in seinem Aufsatz doch zugleich die in diesem Rahmen entstandenen Versuche
der Erneuerung und Modernisierung der Aggada ab. Diese führten seiner Auffassung nach zur Verfremdung von deren »wahre[m] Sein«.[38] Damit kritisiert
Bialik die verschiedenen um die Jahrhundertwende und kurz danach in Europa
und Palästina sowohl auf Hebräisch als auch in anderen Fremdsprachen entstandenen Anthologien, die trotz dem ausdrücklichen Ziel, die Aggada dem Volk
näher zu bringen, bei der Wiedergabe der Aggada »aus ihr selbst, aus erster
Quelle« versagten.[39] Anstatt solcher »›Schöpfungen‹ voll Erneuerungen« hatten
Bialik und Rawnitzki vor, die aggadischen Quellen, in der von ihnen herausgegebenen Anthologie, so »wie sie sind« wiederzugeben, mit dem Argument, dass
»die ›Künstler‹ und ›Schöpfer‹ unserer Zeit viel vom Geheimnis der jüdischen
Schöpfung aus der Aggada lernen und nicht umgekehrt«.[40]

Positionen als Vertreter des nach 1900 aufkommenden Aufrufs zur Entfesselung des Begriffs
der jüdischen Literatur als Teil des Archivs der Weltliteratur zugunsten einer Erneuerung und
Belebung der hebräischen Literatur: Andreas B. Kilcher: ›Jewish Literature‹ and ›World Literature‹. Wissenschaft des Judentums and its Concept of Literature. In: Andreas Gotzmann
und Christian Wiese (Hg.): Modern Judaism and Historical Consciousness. 2007, S. 299–325,
hier: S. 323 f., und vgl. hierzu Sabel: Die Geburt der Literatur, S. 231 und Mark W. Kiel: Sefer
Ha'aggadah. Creating a Classic Anthology. In: David Stern (Hg.): The Anthology in Jewish
Literature. New York 2004, S. 226–243, hier: S. 227 ff. Kiel zeichnet den Weg von den akade-
misierenden Abhandlungen der *Wissenschaft des Judentums* zu Bialiks Auffassung der
Aggada nach. Diese Entwicklung zeichnet sich durch eine auffällige Aufnahme von Bialiks
Kritik aus, aber auch durch eine Verfolgung der stufenweisen Änderungen in den vor-bia-
likschen Anthologien, die zur allmählichen Etablierung von Bialiks eigener Herangehensweise beigetragen haben.

38 Bialik: Zum Einsammeln der Aggada, S. 77 ff.

39 Bialik: Zum Einsammeln der Aggada, S. 77 ff.; vgl. Sabel, Die Geburt der Literatur, S. 233. Für
einen kurzen Überblick der hebräischen Anthologien unter dem Gesichtspunkt des reisenden
nationalen Bewusstseins in Sebba-Elran: The Aggadic Anthologies, S. 64 ff.

40 Bialik: Zum Einsammeln der Aggada, S. 77. Auch im Vorwort zu »Sefer Ha-Aggada« betonen
Bialik und Rawnitzki, dass »die Aggadot in dem vorliegenden Buch [...], *so wie sie sind*
[erscheinen]« [meine Übersetzung, Hervorhebung im Original], »Hakdama« [Vorwort], *Sefer
Ha-Aggada*, 2. Auflage, Tel Aviv 1950, S. VI.

Bialiks und Rawnitzkis Wiederherstellung der Aggada als ›lebendiger Leib‹
erfolgte dann in einem dialektischen Verhältnis zu Bubers Idee der ›Neuschaffung‹. Trotz der Ablehnung der verändernden Nachdichtungen der aggadischen
Quellen, war der Umfang ihrer Herausgeberschaft, wie von den zeitgenössischen
Rezensionen umgehend nachgewiesen wurde, keinesfalls geringfügig.[41] Ein
entscheidender Aspekt, der *Sefer Ha-Aggada* von anderen Sammlungen der Jüdischen Renaissance unterscheidet, war der durchgängig zu beobachtende Versuch seiner Herausgeber, die oft unvollkommenen und verstreuten Texte der
Aggada durch ein Zusammenbringen von verschiedenen Fassungen oder gar
durch ihre eigene Bearbeitung und Fortsetzung zu vervollständigen und sie zum
ersten Mal vollständig darzulegen.[42] Diese Art von Herausgeberschaft versuchte
somit, die unvermeidbaren palimpsestartigen Unebenheiten der gesammelten
Texte zu nivellieren, indem sie die Vorstellung erweckte, dass die Aggadot, »so,
wie sie sind«, einer einzigen höheren Autorschaft entstammen, die keine historische, sondern vielmehr eine kulturell und literarisch definierte Entität sei und
den Texten eine symbolische, überzeitliche Qualität verleihe. So sollte *Sefer Ha-
Aggada* den aggadischen Quellen unter dem Vorzeichen zwar »moderner«, nicht
aber »neuer Schöpfungen« den Weg zum erneuerten hebräischen Kanon bahnen;
und in der Tat wurden sie auch in dieser Weise rezipiert.[43]

Im Jahr 1933, ein Jahr vor seinem Tod und 21 Jahre nach der Vollendung der
ersten Ausgabe von *Sefer Ha-Aggada*, publizierte Bialik die Legendensammlung
Vayehi Hayom.[44] Die Texte bezeichnet er im Untertitel als Legenden, Aggadot
[דברי אגדה], in einem hebräischen indefiniten Status constructus, der im Gegensatz zu dem definiten »Buch der Legenden« im Titel von *Sefer Ha-Aggada*
steht. In einer kurzen Vorbemerkung erklärt er, dass die vorliegende Legendensammlung die literarische Bearbeitung von hebräischen und fremdsprachi-
gen überlieferten Legenden sowie Legenden-Fragmenten darstelle, die von ihm
erweitert und neu ›aufgebaut‹ worden seien und dadurch eine »besondere Fär-
bung und Charakter« bekommen hätten, die sie in ihrer ursprünglichen Form

41 Vgl. Jacob Elbaum: ›Sefer Ha-Aggadah‹ – A Prolegomenon. Jerusalem Studies in Hebrew
    Literature (1987), Nr. 10–11, S. 375–397, hier: S. 376 ff. [auf Hebräisch, originaler englischer
    Titel].
42 Sabel und Sebba-Elran diskutieren diesen Aspekt als Teil der thematischen Untergliederung
    der Anthologie: Sabel: Die Geburt der Literatur, S. 232 und Sebba-Elran: The Aggadic An-
    thologies, S. 97 ff. David Stern definiert dieses Verfahren als »reconstruction« und »restora-
    tion« und erkennt in ihm die symbolische Bedeutung von der »restoration of the Jewish
    ethos«, In: David Stern: Introduction. In: Chaim Nachman Bialik und Y. H. Rawnitzky (Hg.):
    The Book of Legends. Sefer Ha-Aggadah, New York 1992, S. xvii–xxii, hier S. xix.
43 Sebba-Elran: The Aggadic Anthologies, S. 165 f, 262.
44 Chaim Nachman Bialik: Vayehi Hayom. Tel-Aviv 1957. M. W. wurde die Sammlung noch
    nicht ins Deutsche übersetzt. Der hebräische Sammlungstitel, der sich wörtlich als »Und der
    Tag ward« übersetzen lässt, ist durch seinen biblischen Tonfall charakteristisch und wird von
    Bialik häufig in den Legenden verwendet.

nicht hatten. Die erneute Verwendung von Schlüsselbegriffen, wie *Einsammlung* (כִּנּוּס) und *Aufbau* (בִּנְיָן oder בְּנִיָּה), die in den einleitenden Texten zu *Sefer Ha-Aggada* eine wesentliche Rolle spielen, betont ihre erneute, umgekehrte Bedeutung in *Vayehi Hayom* als Akte der dichterischen Autorschaft. Waren die aggadischen Quellen bereits von Anfang an ein wesentliches Fundament für Bialiks eigene dichterische Werke, mit denen er sich aktiv und oft polemisch auseinandersetzte, lange bevor er mit der Arbeit an *Sefer Ha-Aggada* begann,[45] diente die nun abgeschlossene Herausgeberschaft von *Sefer Ha-Aggada* und dessen Einfassung in Texte wie »Zum Einsammeln der Aggada« jedoch als ein neuer und unmittelbarer Hintergrund für *Vayehi Hayom*. Hier entfaltet sich eine neuartige, eingebettete Spannung zwischen Herausgeberschaft und Nachdichtung angesichts der überlieferten Quellen in einem erweiterten Spektrum zwischen dichterischer Bearbeitung und Erfindung.[46]

Die erste Legende in der Sammlung, *Megilat Orpa* [Das Buch Orpa, מְגִלַּת עָרְפָּה], versinnbildlicht die erneuerte Rolle der sammelnden und vervollständigenden Herangehensweisen im Umgang mit den rabbinischen Legenden als Vehikel der eigenen dichterischen Erfindung. Die unmittelbar nach dem Haupttitel in Klammern gesetzte Aufführung der Legende als »(Nachtrag zum Buch Ruth)« [תוספת למגילת רות] bezeichnet sie als neu hinzugefügten Beitrag zur überlieferten Tradition. Bialik verschiebt das biblische und somit das aggadische Schwergewicht auf Ruth und teilt es mit der Figur von Orpa durch die Umkehrung der biblischen Fokalisierung, indem er verstreute Motive aus Fragmenten von aggadischen Quellen in ein komplementäres Narrativ verwandelt. So beginnt die Handlung in *Megilat Orpa* im Land Moab mit der Einführung der heidnischen Orpa und Ruth. Im Kontrast dazu findet der biblische Ausgangspukt in Bethlehem statt, wo erst die Auswanderung der jüdischen Familie die Handlung in Gang setzt, deren Söhne Orpa und Ruth heiraten werden.

Die Figur von Orpa, zu der der biblische Text sich nur wenig äußert und die, im Gegensatz zu Ruth, der Schwiegermutter Neomi nach dem Tod der beiden Söhne nicht weiter nach Israel folgt, wird in der Tradition in wenigen, hauptsächlich negativen Strichen skizziert. Ihr Verbleiben in Moab wird als starker Kontrast zu Ruths unerschütterlicher Treue zu Neomi und der jüdischen Religion betrachtet.

---

45 Wie z. B. in seinen zentralen poetischen Werken *Die Toten der Wüste* (1902, מֵתֵי מִדְבָּר), *In der Stadt des Mordes* (1903, בְּעִיר הַהֲרֵגָה) und *die Flammenrolle* (1905, מְגִלַּת הָאֵשׁ).

46 Mordechai Ben-Yehezkels Studie unterscheidet verschiedene Haupttypen von Legenden in *Vayehi Hayom* nach ihrer Einordnung zwischen einer Erweiterung von bereits existierenden Legenden bis hin zu ihrer Neuerfindung. Im zweiten Teil seiner Studie erfolgt eine ausführliche Darlegung der verschiedenen Quellen, die als Grundlage für Bialiks Legenden gedient haben: Das Buch *Vayehi Hayom*. In: Gershon Shaked (Hg.): Bialik: Critical Essays on his Works. An Anthology 2. Auflage, Jerusalem 1992 [auf Hebräisch, originaler englischer Buchtitel], S. 385–420, und vgl. Dan Miron: Bemerkungen zu *Agaddat Schloscha Ve-Arba'a*. In: Bialik: Critical Essays [auf Hebräisch], S. 421–447, hier: S. 423.

Dies wird durch eine typologische Darlegung ihrer sündigen Charaktermerkmale begründet. Exemplarisch dafür steht Orpas Darstellung im Talmud als untreue Frau und Dirne.[47] Bialiks *Megilat Orpa* hängt der Resonanz der rabbinischen Interpretation an und übernimmt Motive davon. Dennoch wird in seinem Text Orpa zum ersten Mal in eine ausgeglichene Figur verwandelt, deren Motivation und Leidenschaft ein eigenes Narrativ bilden, das sich parallel zu, zugleich aber auch losgelöst von Ruths Narrativ entfaltet. Die Geschichte wird dann bis zur Geburt ihres Nachfahren Goliat und dessen Krieg mit David, der im biblischen Text der Nachfahre Ruths ist, fortgesetzt. Die aggadische Verwandtschaft zwischen Orpa und Goliat, die in den Quellen als die göttliche Belohnung für Orpas kurze Begleitung von Neomi am Anfang ihrer Rückkehr nach Bethlehem begründet wird, und die Niederlage Goliats vor David, die in ähnlicher Weise, wenngleich nur implizit, als Strafe ihrer Untreue im Vergleich zu Ruths Hingebung gedeutet wird,[48] tragen in Bialiks Legende realistische Züge, die keine übernatürliche Deutung einschließen. Bialiks Vervollständigung und Erweiterung der aggadischen Quellen dient somit der Tilgung der mythischen oder gar mystischen Elemente zugunsten einer Erzählung von menschlichem Handeln, deren Sinn- und Deutungskonstitution in erster Linie Aufgabe des Lesers und der Leserin sind.[49] Diese scheinbar nur geringfügig abweichende, tatsächlich jedoch entscheidend neue Herangehensweise wurde auch in der Forschung zu *Sefer Ha-Aggada* als ein editorischer Ansatz erörtert, der nicht nur den epischen Tonfall von früheren Anthologien unterminiert, sondern in erster Linie die aggadischen Quellen aktiv umformt und neu deutet.[50] In *Megilat Orpa* wird diese realistische Darstellungsweise in einem neuem Narrativ fortgeschrieben; einem Nachtrag, zu dem in *Sefer Ha-Aggada* bereits etablierten aggadischen Kanon.[51]

Bialiks Neugestaltung der aus *Sefer Ha-Aggada* übernommenen textuellen Verfahren entlarvt *Megilat Orpa* als eine konsequente Verkörperung von Bubers Forderung nach »Neuschaffen aus uraltem Material«. Das »Neuschaffen« der Figur Orpa und ihrer Geschichte offenbart sich dabei als eine Neuerung, die das »uralte Material« durch ein realistisches Narrativ fortsetzt und die Entwicklung seiner poetischen Auseinandersetzung mit den aggadischen, uralten Materialien

---

47 Sota, 42b.
48 Sota, 42b und Ruth Rabba, 2, 20.
49 Über die minimalistische Bearbeitung der aggadischen Quellen in *Vayehi Hayom* vgl. Ben-Yehezkel: Das Buch Vayehi Hayom, S. 395.
50 Als zentrale und umfassende Auseinandersetzung mit den realistischen Zügen in *Sefer Ha-Aggada* ist Sebba-Elrans Analyse einer Entfaltung des von ihr in diesem Zusammenhang geprägten Begriffes des »Jüdischen Realismus« in der Anthologie: The Aggadic Anthologies, S. 219 ff. zu nennen.
51 Die zentralen aggadischen Motive zur Figur Orpa, die in Bialiks Legende bearbeitet werden, sind in *Sefer Ha-Aggada* nicht enthalten. Bialiks *Megilat Orpa* kann daher auch als Nachtrag zum Abschnitt »Megilat Ruth« in *Sefer Ha-Aggada* betrachtet werden.

schließlich als Dichtung definieren lässt. Mit seiner Forderung nach einer Auflösung der wissenschaftlich-philologischen Ansätze der *Wissenschaft des Judentums* und durch den Versuch, die aggadischen Quellen »so, wie sie sind«
mittels aktiver Rekonstruktion in *Sefer Ha-Aggada* in den neuen Kanon der
wiederbelebten Nation und Sprache zu verwandeln, entsteht Bialiks eigene
aggadische Dichtung als Prosa mit realistischen Zügen. Diese ersetzt durch
Vervollständigung der aggadischen Quellen das Mythische und Mystische durch
Leerstellen, die Raum für neue Interpretationen öffnen.[52] Die eingebettete historische, ideologische und politische Spannung zwischen Kontinuität und Erneuerung in Bubers geistigem Programm der Jüdischen Renaissance wird somit
in Bialiks jahrzehntelanger Auseinandersetzung mit den aggadischen Quellen
durch poetische und literarische Verfahrensweisen verwirklicht und weiter dy-
namisiert.

Das Aufspüren dieser Spannung in Gertrud Kolmars Lyrik entlarvt eine
weitere Radikalisierung in der poetischen Auseinandersetzung mit dem »uralten
Material«. Sie bietet eine neue poetologische Umsetzung der Worte Bubers. Die
vergleichende Erörterung dieser Spannung in Kolmars Werk wird im letzten Teil
dieses Beitrages in Anbetracht der indirekten poetischen Abhängigkeit der
Dichterin zum Diskurs der jüdischen und hebräischen Renaissance und im
breiteren Zusammenhang von Kolmars literarischen Inspirationsquellen und
ihrer kulturellen Verwurzelung in der deutschsprachigen Literatur durchgeführt.
In diesem Rahmen erfolgt hier die Lektüre ihres Gedichtes »Die Tiere von Ninive«
vor dem Hintergrund der Diskussion von Bialiks *Megilat Orpa* im Sinne einer
literarisch-poetischen Gegenüberstellung; es lässt sich nicht belegen, dass Kolmar mit *Sefer Ha-Aggada* und seiner Entstehungsgeschichte vertraut gewesen
wäre und die marginale Rezeption der erst spät entstandenen Sammlung *Vayehi
Hayom*, die in der deutsch-jüdischen Leserschaft kaum bekannt war, schließt
Kolmars Lektüre mit größter Wahrscheinlichkeit aus.[53]

Kolmars »Die Tiere von Ninive« – Ein Nachtrag poetischer Art

»Die Tiere von Ninive« ist das sechste Gedicht in Gertrud Kolmars 1937 ent-
standenem Gedichtzyklus *Welten*, dem letzten Werk der Dichterin, das der
Forschung bekannt ist. Es ist das einzige Gedicht in dem Zyklus, das klaren Bezug
auf eine biblische Quelle nimmt. Im Vergleich zu den früheren bibel- und reli-

---

52 Für die Einführung des Begriffs der »Leerstelle« in Wolfgang Iser: Der implizierte Leser.
   München 1972, S. 62 ff.
53 Über die marginale Rezeption von *Vayehi Hayom* in: Miron: Bemerkungen zur *Agaddat
   Schloscha Ve-Arba'a*, S. 423 und Ben-Yehezkel: Das Buch *Vayehi Hayom*, S. 389.

gionsbezogenen Gedichten Kolmars weist es einen neuartigen Umgang mit dem biblischen Narrativ auf.[54]

Die eingeklammerte Subskription des Gedichts »(Jona, Schlußwort.)«, die Bialik ebenfalls als eingeklammerten Untertitel im *Buch Orpa* »(Nachtrag zum Buch Ruth)« verwendet, bezeichnet sofort den neuartigen dichterischen Verweis auf einen überlieferten Text.[55] Dennoch ist die Funktion des »Schlußwort[es]« im Vergleich zu Bialiks »Nachtrag« verdoppelt. Als Gattungsbezeichnung umfasst es das darauffolgende Gedicht, als Schlusswort der biblischen Quelle und als Quellenverweis der im Titel vorgestellten »Tiere von Ninive« deutet es auf den letzten Bibelvers im Buch Jona hin. In diesem Vers rügt Gott seinen Propheten Jona, nachdem dieser sich über die Begnadigung Ninives und die Nichterfüllung seiner Prophezeiung empört:

> Und der Herr sprach: Dich jammert der Rizinus, um den du dich nicht gemüht hast, hast ihn auch nicht aufgezogen, der in einer Nacht ward und in einer Nacht verdarb, und mich sollte nicht jammern Ninive, eine so große Stadt, in der mehr als hundertzwanzigtausend Menschen sind, die nicht wissen, was rechts oder links ist, dazu auch viele Tiere? (Jona, 10–11).[56]

Die Stadt Ninive und ihre Tiere werden von Kolmar zur Gelenkstelle zwischen biblischem Text und Gedicht. Dabei wird die biblische Perspektive verkehrt, da der erste Teil des Gedichtes den Tieren gewidmet ist:

> Die Tiere von Ninive
> *(Jona, Schlußwort.)*
>
> Die Nacht
> Neigte goldblasse Schale, und Mondmilch troff
> In das kupferne Becken
> Auf dem Dache des weißen Hauses,

---

54 Für eine kurze Aufzeichnung der wesentlichen Unterschiede zwischen Kolmars *Vier Religiöse Gedichte* und den früheren religiös- oder biblisch bezogenen Gedichten Kolmars und ihres Zyklus *Welten* vgl. Nörtemann: Nachwort, S. 387 ff. Hierin vertritt Nörtemann eine relativ neu aufgekommene Tendenz in der Forschung zu Kolmars Lyrik, die die Suche nach einer biographischen bzw. politischen Interpretation von *Welten* ablehnt und stattdessen den Zyklus als ein poetologisches Werk erkennt, das den Höhepunkt von Kolmars Lyrik bildet. Vgl. hierzu die bibliographischen Verweise in Miron: Polyphon gefasstes Weiß, S. 209 f.

55 Vgl. Birgit R. Erdle: Antlitz-Mord-Gesetzt. Figuren des Anderen bei Gertrud Kolmar und Emmanuel Lévinas. Wien 1994, S. 242 f.

56 Lutherübersetzung. In einem Brief an die Schwester vom 16. Dezember 1941 listet Kolmar die Bibelausgaben auf, die sie besitzt. Neben der kurz zuvor von Torczyner (Tur-Sinai) herausgegebenen Übersetzung und der hebräischen Bibel betont Kolmar die zentrale Bedeutung der Lutherübersetzung für ihre Bibelkenntnis und ihre Dichtung: »Die Lutherbibel las ich mein ganzes Leben lang, und Menschen, die darüber urteilen können, haben behauptet, daß ihre Sprache die meine als Dichterin ganz deutlich beeinflußt hat«. Kolmar: Briefe, S. 131.

Und eine blaugraue Katze mit Agtsteinaugen
Schlich und hockte und trank.

In einer Nische bröckelnden Tempelgemäuers
Saß Racham der Geier regungslos mit gesunkenen Flügeln
Und schlief.
Fern
Hinter den Weingärten lag an wüstem Ort ein gestürzter, verendeter Esel.
In seinem gebrochenen Blick fraßen Würmer,
Und sein Geruch ward stinkend und befleckte die reine Luft
    und verhöhnte den leisen Tau, der ihn netzte.
Und er harrte spitzer, fallender Fittiche, des gelben, häßlich
    nackten Vogelgesichts, bohrender Krallen und des
    zerreißenden tilgenden Schnabels,
Auf daß bestattet werde, was Erde und Wind verpestet ...
Der Geier träumte.

Nah dem Tore der Stadt
Ruhte am Hügel, den gebogenen Stab zur Seite, ein junger Hirt.
Sein Knabenantlitz, erhoben wie leerer empfangender
    Becher, füllte sich schimmernd mit dem rieselnden Licht der Gestirne,
Quoll über,
Und ihr schwebend sirrendes, singendes Kreisen
    in unendlichen Räumen rührte sein Ohr.
Rings zerging das weiche Vließ seiner Lämmer in dunstig dünnes Gewölk.

Ein Kind,
Kleiner abgezehrter, schmutziger Leib,
Bedeckt mit Fetzen, bedeckt mit Schwären,
Über die Schwelle der Grabkammer hingeworfen,
Streckte sich, schlief.
Es kannte nicht Vater noch Mutter, und nur ein Hund,
Einer der Ausgestoßenen, Verachtetsten,
Gleich arm, gleich krank, geplagt und zerschrunden,
Kratzte sich, duckte den Kopf und leckte liebreich die
    Wange unter den strähnig schwarzen verfilzten Haaren. -
Und das Kind ballte die Faust und schlug ihn im Traum.[57]

Ähnlich wie Bialik beleuchtet auch Kolmar einen Aspekt am Rande der biblischen Geschichte, jedoch nicht in Form einer Rekonstruktion durch Erweiterung und Fortsetzung von überlieferten Fragmenten und Motiven, sondern, wie gleich zu zeigen sein wird, durch die Schöpfung einer neuen Welt und Ordnung, die schließlich die biblische Geschichte destabilisiert. Kolmars Ninive entsteht dabei nicht als Vervollständigung der biblischen Referenz, sondern als eigene poetische Realität, die mit dem Gedicht zu Tage tritt. Somit steht es neben weiteren er-

---

57 Gertrud Kolmar: Das lyrische Werk. Band II, Gedichte 1927–1937, Göttingen 2003, S. 518 ff.

schaffenen Räumen im Zyklus, wie beispielsweise »Asien« und »Die Mergui-Inseln« in den gleichbetitelten Gedichten, in denen sich der Raum in einem ganzen Kosmos entfaltet.

Der Blick von oben senkt sich auf das nächtliche Ninive herab, das von »Mondmilch« trieft. Es ist eine Nacht, die, ähnlich der »Herbstnacht« Kolmars, nicht den Hintergrund zu irgendeiner Handlung bildet. Vielmehr ist sie Ursprung einer allmählich entstehenden Welt, ein Prozess, in dem auch der »Nachtsee« in »Die Mergui-Inseln« mitschwingt, aus dem die Inseln »schweigsam im stetig tageslosen Dämmern empor[tauchen]«.[58] Im Licht der Nacht offenbaren sich nun die Seienden Ninives, indem sie, zwischen Traum und Tod, die Nacht in ihren eigenen Existenzen verwirklichen. Die wechselseitige Bindung dieser beiden einander entgegengesetzten Existenzmodi wird in der zweiten Strophe durch die Gegenüberstellung und die darauffolgende Verschmelzung in dem synästhetischen Bild eines verwesten Eselskadavers mit dem Bild des träumenden Geiers »Racham«[59] gestaltet. Der »verendete Esel«, der in der Forschung bereits mit Baudelaires »Une charogne« verglichen wurde,[60] wird dabei dem träumenden Geier entgegengestellt, der selbst einen klaren Bezug zum schlafenden Kondor in Leconte de Lisles »Le sommeil du condor« herstellt; einem Gedicht, zu dem sich Kolmar in einem Brief an ihren Cousin Walter Benjamin als Vorbild für den Elch in ihrem früheren Gedicht *Wappen von Allenburg* bekannte.[61] Mit der Verknüpfung der beiden Tiere, die nicht nur durch ihre bloße Gegenüberstellung in der Strophe, sondern auch durch die Deutung des Eselbildes als Traum des Geiers zu verstehen ist,[62] verbindet Kolmar zwei

---

58 Kolmar: Das lyrische Werk, S. 503.
59 Racham ist der hebräische Name des Schmutzgeiers, der hier von Kolmar als Eigenname verwendet wird. Im babylonischen Talmud, Chulin, 63a, wird sein Name mit dem zur selben Wurzel gehörigen hebräischen Wort für Mitleid [Erbarmen, רחמים] gleichgesetzt. Darauf verwies bereits Heidy Margrit Müller in: Lufthauch, Leidbringer, Leidgenosse, Lichtschimmer: Gottesvorstellungen in Gedichten Gertrud Kolmars. In: Heidy Margrit Müller (Hg.): Klangkristalle Rubinene Lieder. Studien zur Lyrik Gertrud Kolmars. Bern 1996, S. 216–240, hier: Anm. 12, S. 227.
60 Darauf verwies bereits erster Hans-Peter Bayerdörfer: Die Sinnlichkeit des Widerlichen. Zur Poetik der ›Tierträume‹ von Gertrud Kolmar. In: Hansgerd Delbrück (Hg.): Sinnlichkeit in Bild und Klang. Festschrift für Paul Hofmann zum 70. Geburtstag. Stuttgart 1987, S. 449–463, hier: S. 459f. Und siehe dazu auch den wichtigen differenzierenden Vergleich zwischen Baudelaires »charogne« und Kolmars »verendete[m] Esel« von Jost Eickmeyer: Vom Scheitern und von der Hoffnung. Facetten der Jona-Figur in der deutschen Lyrik des 20. Jahrhunderts. In: Johann Anselm Steiger und Wilhelm Kühlmann (Hg.): Der problematische Prophet. Die biblische Jona-Figur in Exegese, Theologie, Literatur und Bildender Kunst. Berlin 2011, S. 391–428, hier: S. 417f. Für die Diskussion von »Une charogne« im Rahmen des breiteren Einflusses Baudelaires auf Kolmar siehe Nowak: Sprechende Bilder, S. 108ff.
61 Kolmar: Briefe, S. 208 und Kolmar: Das lyrische Werk, Band II, S. 9f.
62 Vgl. Eickmeyer: Vom Scheitern und von der Hoffnung, S. 418.

entgegengesetzte Bilder und poetische Wahrnehmungen von Verfall und Mächtigkeit und dabei zugleich ihre realistischen und symbolistischen Züge.[63]

Diese Art von Verschmelzung, die sich im ersten Teil des Gedichtes zudem durch die Figuren des ruhenden Hirten, des träumenden Waisenkindes und des »gleich arm, gleich krank geplagt und zerschunden[en]« Hundes als roter Faden zwischen Leben, Tod und Traum, Tier und Mensch in der allmählichen Entfaltung von Ninive vertieft, wurde in der Forschung durch den Blick auf mehrere Motive nachverfolgt und verschiedenartig aufgefasst, unter anderem als gewalttätiges »totalitäre[s] Universum«[64] oder auch als andauernde Konfrontation zwischen »ewiger Sphärenharmonie« und dem Ausdruck der Verachtung sowie Verrottung im Lichte einer kohärenzbildenden »Metaphorik von Flüssigkeit und Gefäß«.[65] Zusammen mit diesen Charakterisierungen und im Vergleich zu Bialiks Art der realistischen Vervollständigung der biblischen Handlung scheint Heidy Margrit Müllers Bezeichnung von Kolmars Ninive als eine »von magischen Erscheinungen belebte Landschaft« besonders aufschlussreich.[66] Dadurch kann die in »Die Tiere von Ninive« zu Tage tretende Sprache und Poetik als Teil einer allgemeineren Tendenz in der deutschsprachigen Lyrik der Zwischenkriegszeit betrachtet werden. Im Sonderheft »Magische Dichtung« (1933) der literarischen Zeitschrift *Der Weisse Rabe* wird diese Tendenz als poetischer Zug einer großen Gruppe von Dichtern bezeichnet, »die aus einer neuen und modernen Geisteshaltung heraus dem Gedanken der Magie nahekomm[en]«, und dennoch, im Vergleich zu anderen »magischen« Dichtern, »[v]om Magischen, im strengen Sinne des Wortes her gesehen […] am weitesten entfernt [sind]«.[67]

Die Wahrnehmung magischer Züge in Kolmars Ninive, das als gottloser Kosmos entsteht, indem Natur- und menschliche Erscheinungen in einer allumfassenden Ordnung zusammengebracht werden, mag weiterhin zur Zuordnung von Kolmars Gedicht zu den facettenreichen Darstellungen des Magischen Realismus in der deutschsprachigen Literatur führen. Zwar ist die zum ersten Mal von Michael Scheffel geprägte und seither in einer oft direkten Auseinandersetzung mit seiner Studie weiterentwickelte Definition des literarischen Magischen Realismus im deutschsprachigen Kontext fast ausschließlich auf die Er-

---

63 In dem Brief an Benjamin [Anm. 62] nennt Kolmar de Lisles Kondor »ein[en] mächtige[n] Vogel«.

64 Erdle: Antlitz-Mord-Gesetzt, S. 242.

65 Dieses komplexe System ist nur ein Teil der besonders detaillierten Lektüre von Eickmeyer: Vom Scheitern und von der Hoffnung, S. 416 ff.

66 Müller: Gottesvorstellungen, S. 223.

67 Werner Milch: Magische Dichtung. In: Der weisse Rabe. Zeitschrift für Vers und Prosa. Sondernummer: Magische Dichtung (1933), Nr. 3/4, S. 1–4, hier: S. 2. Gedichte Kolmars erschienen seit seiner Gründung im Jahre 1933 bis 1934, ein Jahr vor ihrem Publikationsverbot, in anderen Ausgaben des *Weissen Raben*. Für eine vollständige Auflistung von Kolmars Veröffentlichungen zu Lebzeiten siehe Nörtemann: Anhang und Kommentar, S. 403 ff.

zählliteratur begrenzt geblieben.[68] Die Lektüre von »Die Tiere von Ninive« als eine Um-Schreibung des biblischen Narrativs zeigt jedoch eine überraschende Übereinstimmung mit zentralen definitorischen Merkmalen des Begriffes und führt dabei zu einer neubeleuchtenden, radikaleren Interpretation von Kolmars dichterischer Erneuerung der biblischen Quelle.

Die detailreiche Schaffung einer Welt, in der alle Motive durch eine unsichtbare Linie miteinander verbunden sind,[69] und in der der Begriff der Realität erweitert wird, bis Traum und Tod zusammen mit dem Leben vom selben Mondlicht gefärbt sind,[70] entwickelt einen von Scheffel definierten »mythischen Sinnhorizont« hinter der Welt, die dennoch unbestimmt und daher nicht als göttlich zu sehen ist.[71] Während Bialiks realistische Vervollständigung der aggadischen und biblischen Quellen ihre übernatürliche Dimension beseitigt, konstituiert Kolmars detaillierte Entfaltung der biblischen »viele[n] Tiere [...]« in einer neuen Existenzform, die die göttliche Herrschaft über Ninive durch eine andere kosmische Ordnung ersetzt. Darauf folgt fast unvermeidlich die Frage, die in der Forschung bisher noch nicht direkt gestellt wurde: Steht Kolmars Ninive vor oder nach der Zerstörung der Stadt? Die Überlegung, Ninives Gestalt durch Burckhard Schäfers Kategorie der *Ruderalfläche*, die er aus der botanischen Terminologie übernimmt und als Begriff für poetische »Unorte« zwischen Natur und Kultur, zwischen Erinnern und Vergessen und zwischen Verlassenheit und Verwilderung als Topos des Magischen Realismus weiterentfaltet,[72] zu erklären, mag die Frage umformen. Als Ruderalfläche gedacht, legt Ninives Ordnung die Frage nach der unmittelbaren Zerstörung dar, indem es durch seine magische Belebung vielmehr als Schwellenort zwischen Leben und Tod und daher jenseits einer historischen und dabei teleologischen Kontinuität steht, auf die sich das

---

68 Die Etablierung des »Magischen Realismus« als brauchbarer Begriff im Kontext der deutschsprachigen Literatur wurde erstmals von Michael Scheffel in *Magischer Realismus. Die Geschichte eines Begriffes und ein Versuch seiner Bestimmung* (Tübingen 1990) unternommen. Zudem wird er in seinem Beitrag zum vorliegenden Band wieder aufgegriffen, wobei der ausschließliche Fokus auf die Erzählliteratur ebenfalls deutlich wird. Eine markante Abstrahierung des Begriffes, die seine poetologische Überlegung auch für andere literarische Gattungen ermöglicht, erscheint im letzten Teil von Torsten W. Leines: Übersetzung als Konkretisierung der magisch-realistischen Poetik. Magischer Realismus als Verfahren der späten Moderne. Paradoxien einer Poetik der Mitte. Berlin 2018, S. 227 ff.
69 Diese entscheidende Dimension des Magischen Realismus erschließt Scheffel aus Franz Rohs Aufsatz zu Karl Haide, vgl. Michael Scheffel: Magischer Realismus: Konzept und Geschichte im vorliegenden Band, S. 21 f. und Scheffel: Magischer Realismus (1990), u. a. S. 50 f. und S. 80 f., dazu auch Leines kritische Auseinandersetzung in Magischer Realismus als Verfahren der späten Moderne, S. 30 ff.
70 Zur Erweiterung des Realitätsbegriffs im Magischen Realismus siehe Scheffel: Magischer Realismus (1990), S. 55.
71 Scheffel: Magischer Realismus, S. 36, und Scheffel: Magischer Realismus (1990), S. 94 ff.
72 Burkhard Schäfer: Unberühmter Ort. Die Ruderalfläche im Magischen Realismus und in der Trümmerliteratur. Frankfurt a. M. 2001, S. 76 ff.

biblische Narrativ gründet.[73] Infolgedessen soll der sich in der Forschung wiederholende Vergleich von Kolmars Ninive und Bialiks dichterischem Bericht über die Pogrome in Kishinev in seinem Gedicht »In der Stadt des Mordes« (בְּעִיר הַהֲרֵגָה, Be-Ir ha-Haregah) infrage gestellt werden.[74] Denn, wenngleich auch in Kolmars Gedicht detaillierte Tod- und Leidbilder hervortreten, haben diese mit den grausamen Darstellungen der menschlichen Barbareien in Bialiks Gedicht wenig gemein. Tod und Krankheit in Kolmars Ninive sind von Natur und Verlassenheit verursacht und gehören dabei zur geheimen kosmischen Ordnung, die hinter der Stadt steht. Als im zweiten Teil des Gedichtes Jona auftritt, kann und will er gegen diese Ordnung nichts mehr unternehmen:

Und ein Sturm flog auf mit mächtigem Braus,
Ein großer Sturm fuhr von Osten auf und kam und fegte
    die Weide, entsetzte die Herden und wirbelte totes Geäst
Und griff wie mit Nägeln in des Propheten Bart, zerrte und zauste.

Doch Jona ging,
Und die Last über Ninive, die er geschaut, hing über seinem
    Scheitel.
Er aber wandelte in schwerem Sinnen.–

Von der starken Säule des Königsschlosses schmetterte ein bemalter Stein,
Und es heulte im Sturm und es schrie im Sturme und eine Stimme rief:
»Um dieser willen!
Um dieser Tiere, reiner und unreiner, willen!«
Und der Gesandte des Herrn schrak und sah; aber nur
    Finsternis war, und er hörte nichts als ein unablässiges
    Wehen und Sausen,
Das seinen Mantel faßte und zog und schüttelte wie eines
    Bittenden Hand das Kleid des unbarmherzig
    Enteilenden.
Er aber kehrte sich nicht; er schritt
Und raffte und hielt den Mantel.[75]

---

73 Vgl. hierzu Erdles Einführung der Kategorie des *Vorraums* in Zusammenhang mit Kolmars lyrischem Werk, die zentrale Merkmale mit Schäfers *Ruderalfläche* teilt: Antlitz-Mord-Gesetzt, S. 197 ff.

74 Dieser Vergleich wurde zum ersten Mal von Bayerdörfer: Die Sinnlichkeit des Widerlichen, S. 460 ff. gemacht und basiert auf einer falschen Identifizierung der Entstehungsumstände der Gedichte. Bayerdörfer, der seinen Aufsatz vor der grundlegenden biographischen Monographie Johanna Woltmanns (s. Anm. 3), die eine neue wissenschaftliche Basis zur Forschung von Kolmars Werk etablierte und publizierte, verstand Kolmars 1937 geschriebenes Gedicht als poetische Reflexion über den noch nicht ereigneten Holocaust, den er als »analoge Erfahrung« zu dem Pogrom in Kishinev betrachtete. Daraus schloss er, dass Bialik mit »die Stadt des Schlächtens« und Gertrud Kolmar mit »Ninive« denselben Ort umschrieben.

75 Kolmar: Das lyrische Werk, Band 2, S. 518 ff.

Im Unterschied zum biblischen Sturm, den Gott auf seinen ungehorsamen Propheten schickt,[76] wird hier der Ursprung des Sturmes nicht genannt. Stattdessen scheint er der Welt selbst zu entstammen, wenn er dem ersten Gedichtteil mit einem additiven Attribut folgt (»Und ein Sturm flog auf«), das das »Und« im letzten Satz anaphorisch wiederholt (»Und das Kind [...]«). Somit wird der Sturm ebenfalls in der kosmischen Ordnung hinter Ninive gebunden, die durch den Wind die ganze Welt zusammenwirbelt. Jonas Position außerhalb von Ninive, dessen Wind ihn bald ereilt, wird in der darauffolgenden Strophe mit den entgegengestellten Modalpartikeln »aber« und »doch« vergegenwärtigt, die sein physisches Wegdrehen in Anbetracht der additiven Natur des ersten Gedichtteils hervorheben. Die undefinierte Stimme, die, ähnlich dem Sturm, der sie trägt, der Ordnung Ninives angehört, ruft das titelgebende Ende des biblischen Schlusswortes in Erinnerung, indem sie die Tiere als Grund für die Existenz der Stadt beschwört. Im Unterschied zur biblischen Gottesrede (»und der Herr sprach«) beschreibt sie, von dem unbestimmten Pronomen »es« ausgehend, kein gerettetes Ninive, sondern eines, das der Zeit des biblischen Narrativs nicht mehr beigeordnet ist.

Die Bezeichnung Jonas als »der Gesandte des Herrn«, der »die Last über Ninive« schaute, steht als Erinnerung an seine biblische Rolle, die hier weder gültig ist noch erfüllt wird. Der »Herr«, der Jona sandte, beherrscht Kolmars Ninive nicht. Daher kann Jona die Stimme, die nicht vom Herrn stammt, gar nicht hören: »[A]ber nur Finsternis war, und er hörte nichts als ein unablässiges Wehen und Sausen«. Jonas Unfähigkeit zu hören, die seine Position außerhalb des poetisch und magisch gegründeten Kosmos aufdeckt, verbindet seine Figur mit anderen nicht hörenden Figuren in Kolmars Werk, die das Geheimnis hinter der vor ihnen stehenden Welt nicht erfassen können. Diese sind am deutlichsten in Kolmars den *Welten* Zyklus abschließendem Gedicht »Kunst« zu sehen. Darin steht eine Gruppe von »Menschen« vor einem Bild, das sie als die Welt des weiblichen Subjekts nicht erkennt und es daher als »ohne Stimme« abtut, ehe sie weitergeht: »Farbenlos, wesenlos ist dies, ohne Stimme; es redet zu uns nicht. Kommt weiter«.[77] Kolmar übernimmt damit Jonas biblische Verweigerung zusammen mit seiner physischen und geistigen Distanz von der Stadt und deren Schicksal und gestaltet diese um. Sie konstruiert Ninive als vollen Kosmos, der jenseits von Jonas Prophezeiungen und der göttlichen Bedrohung als magische Schwellenordnung existiert. Ähnlich der Verschiebung des handelnden Subjekts und seines Gebets in »Herbstnacht«, der Übersetzung von Bialiks »Tikun Chazoth«, wird Jona in »Die Tiere von Ninive« zum Subjekt im Schatten der Stadt

---

76 Jona 1, 4.
77 Kolmar: Das lyrische Werk, Band 2, S. 545; vgl. Erdle: Antlitz-Mord-Gesetz, S. 177 und Miron: Polyphon gefasstes Weiß, S. 229f.

und ihrer Tiere sowohl in der Titelkonstruktion als auch im Gedicht selbst. Die in der Forschung verbreitete Auffassung von seiner Figur im Gedicht als »stummer Statist«[78] oder als einer, der in einer Haltung von »Überlegenheit« der Stadt gegenüber in seiner »übergeordnete[n] Betrachterposition« steht,[79] entspricht damit Jonas Standpunkt außerhalb von Ninive und seiner Ordnung. Die Distanz zwischen Jona und dieser Welt wird schließlich durch das Veranschaulichen des erneuten Ergreifens seines Mantels durch Ninives Sturm, »wie eines Bittenden Hand das Kleid des unbarmherzig Enteilenden«[80], dargestellt, in einem Bild, das nicht nur Ninives Not, sondern auch Jonas Zurückschrecken umfasst und das den Propheten veranlasst, seinen Mantel zu raffen und abzugehen. Seine Figur, die als bloßes Zeichen des biblischen Narrativs in Ninives Ruderalflächen auftritt, verlässt die Stadt schweigend, während Ninives Kosmos weiter besteht und eine der *Welten* im Zyklus bildet.

* * *

Kolmars Schöpfung von Ninive als magisch gebundene Realität geht im Vergleich zu Bialiks Neuschaffen von Orpa einen Schritt weiter. Die Leerstellen, die Bialik durch die Vervollständigung des realistischen Narrativs aufmacht, werden durch den poetischen Vollzug Kolmars gebunden, indem die Dichterin den Sinn hinter der biblischen Vorlage neu konstituiert und dabei ihre ursprüngliche Ordnung sowie theologische Gestaltung aktiv negiert. Sie ersetzt diese schließlich durch eine neue Historie.

Betrachten wir nun das »Neuschaffen aus uraltem Material« in »Die Tiere von Ninive« unter dem Gesichtspunkt des indirekten Einflusses der Jüdischen Renaissance auf Gertrud Kolmar, so wird die Befreiung von Bubers Formel aus ihrem programmatischen Kontext und folglich ihre vollendete Metamorphose zum puren poetischen Komplex deutlich. Bialiks direkte Teilnahme an Konzeption und Aufbau des hebräischen Kanons setzt hingegen seine Nachdichtung des überlieferten Materials unter ständige Spannung durch die Rolle des Dichters und die Rechtfertigung für die Umsetzung von eigenen dichterischen Ideen. Während Bialiks Neuerzählung von *Megilat Orpa* die Umwandlung seiner Herausgeberschaft in seiner Dichtung markiert, entlarvt Kolmars historischer und poetischer Standpunkt, der am Ende der 1930er Jahre etliche Einflussquellen verbindet und außerhalb eines definierten Programms oder literarischen Kreises liegt, eine radikale Ausübung der dichterischen Autorschaft, sowohl in ihrer veränderten Übersetzung »Herbstnacht« als auch im Umgang mit dem bibli-

---

78 Müller: Gottesvorstellungen, S. 224.
79 Bayerdörfer: Die Sinnlichkeit des Widerlichen, S. 421 f.
80 Kolmar: Das lyrische Werk. Band 2, S. 518 ff.

schen Stoff. Es ist diese beinahe heterotypische Position, die das verflochtene, zweifache Wesen der Um-Schreibung von Jonas Buch in »Die Tiere von Ninive« erkennen lässt – sowohl als Form der poetischen Erneuerung unter dem Nachhall der Jüdischen Renaissance als auch in einer Steigerung des »Neuschaffens« und somit nahezu Negierung des »uralten Materials« durch eine lyrische Verwendung von Elementen, die einen Anklang zur Erzählliteratur des deutschsprachigen Magischen Realismus erzeugen.

Literaturverzeichnis

Bausinger, Herman: Formen der »Volkspoesie«. 2. Aufl., Berlin 1980.

Bayerdörfer, Hans-Peter: Die Sinnlichkeit des Widerlichen. Zur Poetik der »Tierträume« von Gertrud Kolmar. In: Hansgerd Delbrück (Hg.): Sinnlichkeit in Bild und Klang. Festschrift für Paul Hofmann zum 70. Geburtstag. Stuttgart 1987, S. 449–463.

Ben-Yehezkel, Mordechai: Das Buch *Vayehi Hayom*. In: Gershon Shaked (Hg.): Bialik, Chaim Nachman: Critical Essays on his Works. An Anthology, 2. Auflage. Jerusalem 1992. S. 385–420 [auf Hebräisch].

Berman, Antoine: Pour une critique des traductions: John Donne. Paris 1995.

Berman, Antoine: Tradition, Translation, Traduction. In: Le Cahier (Collège international de philosophie) (1988), Heft 6, S. 21–38.

Bialik, Haim Nachman: Shirim [Gedichte]. Hg. von Dan Miron, Tel Aviv 1983 [auf Hebräisch].

Bialik, Chaim Nachman: Vayehi Hayom. Tel-Aviv 1957.

Bialik, Chaim Nachman: Zum Einsammeln der Aggada. In: Chaim Nachman Bialik (Hg.): Essays, übersetzt von Viktor Kellner. Berlin 1925, S. 72–81.

Bialik, Chaim Nachman: Das hebräische Buch. In: Neue Jüdische Monatshefte 4 (1919), Sonderheft: Das jüdische Buch, S. 25–36.

Bialik, Chaim Nachman: Gedichte. Übersetzt von Ernst Müller. Köln 1911.

Bialik, Chaïm Nachman: Gedichte. Übersetzt von Louis Weinberg, Berlin 1920.

Bialik, Chaim Nachman: Ha-Tikun. Haschiloach. Literarisch-wissenschaftliche Monatsschrift 5 (1899), S. 60.

Biemann, Asher D.: Aesthetic Education in Matin Buber, Jewish Renaissance and the Artist. In: Michael Zank (Hg.): New Perspectives on Martin Buber. Tübingen 2006, S. 85–110.

Brenner, Michael: Jüdische Kultur in der Weimarer Republik. München 2000.

Buber, Martin: Juedische Renaissance. In: Barbarar Schäfer (Hg.): Werkausgabe 3. Frühe jüdische Schriften 1900–1922. Gütersloh 2007, S. 143–147.

Buber, Martin: Rabbi Nachman und die jüdische Mystik. In: Martin Buber (Hg.): Die Geschichte des Rabbi Nachman. Frankfurt a. M. 1906.

Deiters, Franz-Josef: Das Volk als Autor? Der Ursprung einer kulturgeschichtlichen Fiktion im Werk Johann Gottfried Herder. In: Heinrich Detering (Hg.): Autorschaft. Positionen und Revisionen. Stuttgart 2002, S. 181–201.

Dingelmaier, Theresia: Das Märchen vom Märchen. Eine kultur- und literaturwissenschaftliche Untersuchung des deutschsprachigen jüdischen Volks- und Kindermärchens. Göttingen 2019.

Dueck, Evelyn: Diener zweier Herren. Der Übersetzer zwischen Fergendienst und Autorschaft. In: Matthias Schaffrick und Marcus Willand (Hg.): Theorien und Praktiken der Autorschaft. Berlin 2014, S. 287–306.

Eickmeyer, Jost: Vom Scheitern und von der Hoffnung. Facetten der Jona-Figur in der deutschen Lyrik des 20. Jahrhunderts. In: Johann Anselm Steiger und Wilhelm Kühlmann (Hg.): Der problematische Prophet. Die biblische Jona-Figur in Exegese, Theologie, Literatur und Bildender Kunst. Berlin 2011, S. 391–428.

Elbaum, Jacob: Sefer Ha-Aggadah: A Prolegomenon. In: Jerusalem Studies in Hebrew Literature 10–11 (1987), S. 375–397.

Erdle, Birgit R.: Antlitz-Mord-Gesetzt. Figuren des Anderen bei Gertrud Kolmar und Emmanuel Lévinas. Wien 1994.

Hambrock, Matthias: Schocken-Bücherei. In: Dan Diner (Hg.): Enzyklopädie jüdischer Geschichte und Kultur. Bd. V, Stuttgart 2014.

Herder, Johann Gottfried: Volkslieder, Übertragungen, Dichtungen. Hg. von Ulrich Gaier, Frankfurt a. M. 1990.

Holtzman, Avner: The Rise and Decline of the National Poet. In: Iyunim Bitkumat Israel (2011), Vol. 21, S. 1–37 [auf Hebräisch].

Holtzman, Avner: Haim Nachman Bialik. Jerusalem 2008 [auf Hebräisch].

Iser, Wolfgang: Der implizierte Leser. München 1972.

Kaléko, Saul (Hg.): Chaim Nachman Bialik. In: Sofrejnu: Schriftenreihe aus der neu hebräischen Literatur. Berlin 1935.

Kiel, Mark W.: Sefer Ha'aggadah. Creating a Classic Anthology. In: David Stern (Hg.): The Anthology in Jewish Literature. New York 2004, S. 226–243.

Kilcher, Andreas B.: Jüdische Renaissance und Kulturzionismus. In: Hans Otto Horch (Hg.): Handbuch der deutsch-jüdischen Literatur. Berlin 2016, S. 99–121.

Kilcher, Andreas B.: »Jüdische Literatur« und »Weltliteratur«. Zum Literaturbegriff der Wissenschaft des Judentums. In: Aschkenas, 18/19 (2008/2009), Heft 2, S. 465–483.

Kilcher, Andreas B.: »Jewish Literature« and »World Literature«: Wissenschaft des Judentums and its Concept of Literature. In: Andreas Gotzmann und Christian Wiese (Hg.): Modern Judaism and Historical Consciousness. Leiden, Boston 2007, S. 299–325.

Kolmar, Gertrud: Briefe. Hg. von Johanna Woltmann. Göttingen 2014.

Kolmar, Gertrud: Das lyrische Werk. Bd. II, Gedichte 1927–1937. Göttingen 2003.

Kolmar, Gertrud: Das lyrische Werk. Hg. von Regina Nörtemann, Bd. III, Anhang und Kommentar. Göttingen 2003.

Leine, Torsten W.: Magischer Realismus als Verfahren der späten Moderne. Paradoxien einer Poetik der Mitte. Berlin 2018.

Me-avodat Bet Ha-Vaad. In: Bet Ha-Vaad. Kli Mivtao shel Bet Ha-Vaad Ha-Ivri be-Berlin (1922), Nr. 1–2, S. 5.

Milch, Werner: Magische Dichtung. In: Der weisse Rabe. Zeitschrift für Vers und Prosa. (1933), Sondernummer: Magische Dichtung, Nr. 3–4, 1933, S. 1–4.

Miron, Dan: Bemerkungen zu Agaddat Schloscha Ve-Arba'a. In: Gershon Shaked (Hg.): Bialik: Critical Essays on His Works. Jerusalem 1992, S. 421–447 [auf Hebräisch].

Miron, Shira: Polyphon gefasstes Weiß – das weiße Papier in Gertrud Kolmars Welten. In: Yearbook for European Jewish Literature 6:1 (2019), S. 207–232.

Müller, Heidy Margrit: Lufthauch, Leidbringer, Leidgenosse, Lichtschimmer: Gottesvorstellungen in Gedichten Gertrud Kolmars. In: Heidy Margrit Müller (Hg.): Klangkristalle Rubinene Lieder. Studien zur Lyrik Gertrud Kolmar. Bern 1996, S. 216–240.

Novalis: Blüthenstaub. In: Novalis Schriften II. Das philosophische Werk I. Hg. von Richard Samuel et. al. Stuttgart 1960.

Nowak, Silke: Sprechende Bilder. Zur Lyrik und Poetik Gertrud Kolmars. Göttingen 2007.

Nörtemann, Regina: Nachwort. In: Regina Nörtemann (Hg.): Gertrud Kolmar. Das lyrische Werk. Band 3, Anhang und Kommentar, Göttingen 2003.

Rosenzweig, Franz: Die Schrift und Luther. In: Reinhold und Annemarie Mayer (Hg.): Franz Rosenzweig: Der Mensch und sein Werk. Band 3, Dordrecht 1984, S. 749–772.

Ruebner, Tuvia: Tikun Chazot. In: Gershon Shaked (Hg.): Bialik: Critical Essays on His Works. Jerusalem 1992, S. 127–137 [auf Hebräisch].

Sabel, Johannes: Die Geburt der Literatur aus der Aggada. Formationen eines deutschjüdischen Literaturparadigmas. Tübingen 2010.

Schäfer, Burkhard: Unberühmter Ort. Die Ruderalfläche im Magischen Realismus und in der Trümmerliteratur. Frankfurt a. M. 2001.

Scheffel, Michael: Magischer Realismus. Die Geschichte eines Begriffes und ein Versuch seiner Bestimmung, Tübingen 1990.

Schnyder, Arlette: Asien, das Sein ohne Tun oder der Ort der Dichtung. In: Klangkristalle Rubinene Lieder. Studien zur Lyrik Gertrud Kolmar. In: Heidy Margrit Müller (Hg.): Klangkristalle Rubinene Lieder. Studien zur Lyrik Gertrud Kolmar. Bern 1996, S. 112–138.

Schrieber, Karl-Friedrich: Das Recht der Reichskulturkammer. Sammlung der für den Kulturstand geltenden Gesetze und Verordnungen, der amtlichen Anordnungen und Bekanntmachungen der Reichskulturkammer und ihrer Einzelkammern, Bd. V. Berlin 1937.

Sebba-Elran, Tsafi: In Search of New Memories. The Aggadic Anthologies and their Role in the Configuration of the Modern Hebrew Canon. Jerusalem 2017 [auf Hebräisch].

Shoham, Reuven: ›Exposure and Coverage‹ (giluy vekisuy) in Bialik's ›Beit-Hamidrash‹ Early Poems. In: Dappim: Research in Literature (2008/09), Nr. 17/16, S. 138–180 [auf Hebräisch].

Simon, Ernst: Cahjjim Nachman Bialik. Eine Einführung in sein Leben und sein Werk mit einigen Übersetzungsproben und Gedichtanalysen. Berlin 1935.

Stern, David: Introduction. In: Chaim Nachman Bialik und Y. H. Rawnitzky (Hg.): The Book of Legends. Sefer Ha-Affadah. New York 1992, S. xvii–xxii.

Woltmann, Johanna: Gertrud Kolmar. Leben und Werk. Göttingen 1995.

Georg B. Deutsch

Soma Morgenstern, der Magische Realismus und die Jüdische Renaissance: Morgensterns Romane *Der Tod ist ein Flop* und *Der Sohn des verlorenen Sohnes*

Soma Morgenstern wurde 1890 in Ostgalizien in einem kleinen Dorf südlich von Tarnopol (Ternopil) in einer frommen jüdischen Familie geboren, ging in Tarnopol in die Mittelschule, übersiedelte nach der Matura nach Wien und beschloss Autor zu werden, nicht in seiner Muttersprache Jiddisch, sondern in Deutsch; wurde Journalist, Kulturkorrespondent der Frankfurter Zeitung. 1935 erschien sein erster Roman. Nach seiner Flucht vor den Nazis aus Wien, die ihn 1941 nach New York brachte, erschienen Werke von ihm in englischer Übersetzung in den USA und einige wenige in Europa auf Deutsch. Die meisten seiner Arbeiten blieben jedoch zu seinen Lebzeiten unveröffentlicht. 1976 ist er in New York als wenig bekannter Schriftsteller gestorben. Anfang der 1990er Jahre wurde sein Werk aus seinem Nachlass aufgearbeitet und sein gesamtes Oeuvre 1994–2001 in einer mustergültigen elfbändigen Ausgabe (ca. 4000 Seiten) in Deutschland publiziert. Seine Werke erschienen seitdem in mehreren Ausgaben, auch in Übersetzungen in weiteren sechs Sprachen. Der Umfang der Sekundärliteratur zu Morgenstern übersteigt heute bereits den seines eigenen Werkes. Morgenstern ist heute kein unbekannter Schriftsteller mehr, als Schriftsteller des jüdisch-österreichischen Kanons der deutschsprachigen Literatur, wie Schnitzler, Zweig, Roth oder Werfel wird er aber bisher meist (noch?) nicht gesehen.

Soma Morgenstern und der Magische Realismus in *Der Tod ist ein Flop*

Morgenstern gilt nicht als ein typischer Vertreter des Magischen Realismus,[1] doch weist sein Schaffen vor allem in einem seiner Werke deutliche Anklänge daran auf: In seinem unvollendeten Spätwerk *Der Tod ist ein Flop*[2] gibt es Bezüge

---

1 Der Begriff »Magischer Realismus« wird hier verwendet für einen Erzählstil, der Merkmale aufweist, die Michael Scheffel am Ende seines Beitrages in diesem Band »Magischer Realismus: Konzept und Geschichte«, S. 35 ff.

zu dieser literarischen Strömung. Diese Arbeit unterscheidet sich unter anderem
durch die Betonung der magischen Komponente stark von seinem gesamten
anderen Oeuvre. Es stellt sich die Frage, inwieweit Morgenstern bei der Verfassung von *Der Tod ist ein Flop* von anderen Werken beeinflusst oder inspiriert
wurde. Er war mit der österreichischen Literatur, dem deutschsprachigen Wiener
Literaturleben der 20er und 30er Jahre vertraut, war mit mehreren österreichischen Schriftstellern befreundet, vor allem mit Roth und Musil, auch mit Zweig
und Werfel, und kannte und schätzte Kafka. Doch mit Ausnahme des Letzten
werden diese Schriftsteller im Allgemeinen nicht in erster Linie mit dem Magischen Realismus assoziiert. Zwei prominente und als solche ›ausgewiesene‹
österreichische Vertreter dieses Erzählstils aber kannte Morgenstern ebenfalls:
Leo Perutz und Alexander Lernet-Holenia. Leo Perutz ist erst in den letzten
Jahrzehnten wieder bekannter geworden. 1975 konnte Friedrich Torberg noch
(richtig) von Perutz prophezeien, dass »sich [von dem] noch herumsprechen
wird, daß er zu den Meistern des phantastischen Romans gehört – er könnte
einem Fehltritt Franz Kafkas mit Agatha Christie entsprossen sein«[3]. Morgenstern verkehrte in Wien in denselben Kreisen wie Perutz und erwähnt seine
Bekanntschaft mit ihm auch einmal in seinen Erinnerungen.[4] Mit Lernet-Holenia
war Morgenstern jedenfalls in den 1950er Jahren durch Torberg bekannt, als er
bei seinen Wienbesuchen 1950 und 1957 an Torbergs literarischer Runde im Café
Herrenhof teilnahm, der eben auch »Lernet« angehörte.[5] Ob aber Morgenstern
mit dem Werk Perutz' und Lernet-Holenias überhaupt vertraut war, ist unbekannt. Einen Einfluss von deren Arbeiten kann man jedenfalls bei Morgenstern
nicht erkennen.

Einen späte Auswirkung hatte das Oeuvre der beiden aber bis ins 21. Jahrhundert in Österreich: Daniel Kehlmanns Werk orientiert sich an Perutz und
Lernet-Holenia.[6] Vor Kehlmann – um diesen kleinen Exkurs über Magischen

---

2 Soma Morgenstern: Der Tod ist ein Flop. Lüneberg 1999.
3 Friedrich Torberg: Die Tante Jolesch oder der Untergang des Abendlandes in Anekdoten.
   München 1975, S. 191. Torbergs Wortwahl entspricht nicht notwendigerweise der heute in der
   Literaturwissenschaft üblichen Terminologie, in der Phantastik vom Magischen Realismus
   unterschieden wird. Man darf vermuten, dass Torberg, wäre er mit den (viel später verfassten)
   Definitionen Michael Scheffels vertraut gewesen, formuliert hätte »[…] dass er zu den Meistern des magisch-realistischen Romans gehört«. Perutz' Romane werden heute als Beispiele
   des Magischen Realismus gesehen und nicht als »phantastische Romane«.
4 Soma Morgenstern: Alban Berg und seine Idole. Lüneburg 1995, S. 59.
5 Marcel Faust: Persönliche Mitteilung. Wien 2002. Faust (1912–2005) kannte Morgenstern, war
   mit Torberg und mit »Lernet«, wie er ihn nannte, eng befreundet.
6 Vor allem Kehlmanns frühere Arbeiten werden als Beispiele für den Magischen Realismus
   gewertet, auch vom Autor selber. Das betrifft u. a. »Mahlers Zeit« (1999) oder auch »Ruhm«
   (2009), doch wird manchmal sein gesamtes Oeuvre in Zusammenhang mit dem Magischen
   Realismus gewertet: Michaela Kalužíková: Auf den Spuren des Magischen Realismus in den
   Romanen von Daniel Kehlmann. Masterarbeit an der Másaryk Universität, Fakultät für Phi-

Realismus in der österreichischen Literatur mit einigen Beispielen etwas zu erweitern – war George Saiko in den 1950er Jahren ein Vertreter dieser Richtung.[7] Andere Autoren sind mit einzelnen Werken dem Magischen Realismus verpflichtet: Marlen Haushofer mit ihrem Roman *Die Wand* (1963)[8], Christoph Ransmayer mit *Die letzte Welt* (1988) oder Thomas Glavinic mit *Das Leben der Wünsche* (2009).[9]

Im Interbellum, also im Zeitraum des Schwerpunktes der deutschsprachigen Literatur des Magischen Realismus, gab es neben Lernet-Holenia und dem jüdischen Perutz noch einen anderen, weniger bekannten jüdischen Österreicher mit einem dieser Stilrichtung zugehörigen Werk: der weitestgehend vergessene Schriftsteller Hermann Blumenthal mit seinem 1923 publizierten Roman *Gilgul. Ein Roman aus dieser und jener Welt*.[10] Blumenthal (1880–1942?) stammte, wie Morgenstern, aus Ostgalizien und hat vor allem in Wien gelebt und gearbeitet. Seine jüdische Themen behandelnden Werke[11] kann man zur (literarischen) Renaissance des Judentums zählen. Es ist in diesem Zusammenhang vielleicht nicht nur reiner Zufall, dass sein Buch *Gilgul* im jüdischen Verlag *Renaissance* publiziert wurde. Blumenthal beschäftigt sich in seinen Romanen und Erzählungen oft mit dem ostgalizischen Judentum, u. a. auch in dem erwähnten Roman, der sich mit der Seelenwanderung (hebr. Gilgul) befasst und Mitte des 18. Jahrhunderts spielt. Elieser, die Hauptperson des Romans, trifft auf der Suche

---

losophie, Institut für Deutsche, Skandinavische und Niederländische Studien. Brünn (Brno) 2014.

7 Saiko hat sich selber mit dem Begriff *Magischer Realismus* auseinandergesetzt und sein eigenes Werk so eingestuft. Zu Saiko und *die Tradition des magischen Realismus in der österreichischen Literatur der Nachkriegszeit* (vgl. Hubert Roland: Georg Saikos Kriegserzählungen und die Tradition des ›magischen Realismus‹ in der österreichischen Literatur der Nachkriegszeit. In: Germanistische Mitteilungen Zeitschrift für deutsche Sprache und Kultur (2008), Heft 67, S. 177.) wird auch darauf hingewiesen, dass für Saiko *Die Schlafwandler* (die 1930–1932 erschienene Romantrilogie seines Freundes Hermann Broch) wichtig war. Morgenstern dürfte ebenfalls mit Broch befreundet gewesen sein, hat jedenfalls dessen *Schlafwandler* gelesen und es als »besonders schönes Buch« gelobt: Soma Morgenstern: Alban Berg und seine Idole. Lüneburg 1995, S. 247.

8 Bei der *Wand* verwendet Haushofer magisch-realistische Mittel, um Gesellschaftskritik zu üben, was eine Parallele bei Morgensterns *Der Tod ist ein Flop* hat. Ihre indirekte aber deutliche Kritik am Patriarchat, der feministische Aspekt des Romans, war wohl einer der Gründe, dass ihr Buch noch 2018 in Frankreich ein Verkaufserfolg wurde. Vgl. Joseph Hanimann: Eine Bloggerin postet etwas über ein 55 Jahre altes Buch – und es boomt. Süddeutsche Zeitung, 19. März 2019.

9 Eine vollständige Übersicht müsste sich noch mit mehreren anderen Autoren befassen, u. a. mit dem Nationalsozialisten Franz Spunda (1890–1963) und mit Oswald Levett (1884–1942), dem von den Nationalsozialisten ermordeten Kollegen von Leo Perutz.

10 Hermann Blumenthal: Gilgul. Ein Roman aus dieser und jener Welt. Wien 1923.

11 Blumenthals Oeuvre umfasst auch andere Romane. Vgl. dazu Alois Woldan: Hermann Blumenthal im Kontext der polnischen und ukrainischen Literatur in Galizien. In: Jews and Slavs (2013), Nr. 23, S. 105–116.

nach Erlösung seiner seelischen Nöte auf Baal Schem Tov (Israel ben Elieser, ca. 1700–1760), den Begründer des Chassidismus (der das kabbalistische Konzept der Seelenwanderung in Osteuropa eingeführt haben soll). Baal Schem Tov führt Elieser durch eine bergige Landschaft, und ohne klare Grenze gelangen die beiden in ›jene Welt‹, in der Dämonen und unerlöste Seelen hausen. Die Konzeption dieser anderen Welt anscheinend inmitten der vertrauten Welt zeigt deutliche Merkmale des Magischen Realismus.

Trotz des teilweise identischen Umfeldes von Morgenstern und Blumenthal dürfte Morgenstern von Blumenthal nichts gewusst haben; jedenfalls gibt es keine Anzeichen, dass Morgenstern *Gilgul* gekannt haben und dadurch beeinflusst gewesen sein könnte.

Sehr wohl könnte es aber eine – vielleicht auch nur indirekte – Beeinflussung gegeben haben durch die Arbeit eines anderen Österreichers, die wohl einen frühen Meilenstein in der Vorgeschichte des Magischen Realismus darstellt: das 1909 veröffentlichte Werk von Alfred Kubin *Die andere Seite. Ein phantastischer Roman*. Auch hier ist nicht bekannt, ob Morgenstern das Werk gekannt hat. Doch wissen wir, dass Franz Kafka das Buch nicht nur gekannt, sondern es auch sehr geschätzt hat und davon beeinflusst sein dürfte. Kafka schrieb 1914 an Kubin »Vielleicht gelingt es mir, doch noch einmal zu sagen, was mir diese Ihre Arbeit bedeutet«[12]. Wenn nicht direkt, so könnte das Werk Kubins doch via Kafka, der seinerseits von Morgenstern außerordentlich geschätzt wurde, Auswirkungen auf Morgensterns Spätwerk gehabt haben. Am ehesten lässt sich jedenfalls in Morgensterns unvollendetem Roman *Der Tod ist ein Flop* ein Einfluss von Kafka erkennen.[13]

Kubins Roman – vor allem der Titel – erinnert, auch wenn es sonst in diesem Werk keine direkten jüdischen Aspekte gibt, an die Kabbala, die das Böse als *sitra achra* (סטרא אחרא), eben als ›Die andere Seite‹ behandelt. Es ist durchaus möglich, dass Kubin dadurch inspiriert gewesen sein könnte. In Kubins Buch handelt der relativ kurze Anfangsteil in der uns bekannten Welt (in München), der längste Abschnitt in einem (Alb-)Traumreich, das in Ostasien von einem sehr reichen Mann geschaffen wurde, der die Hauptperson des Romans in sein Reich einlädt. Dieses im Buch selber so bezeichnete Traumreich ist

---

12 Hans Dieter Zimmermann: Kafka für Fortgeschrittene. München 2004, S. 107. Jürgen Lehmann stellt auch fest, dass Kubins *Die andere Seite* ein Text ist »ohne den […] ein wichtiger Bereich deutschsprachiger Erzählprosa des vergangenen Jahrhunderts kaum denkbar ist; das gilt für Kafkas Romane *Der Prozeß* oder *Das Schloß* […]« Jürgen Lehmann: Phantastik als Schwellen- und Ambivalenzphänomen. In: Christine Ivanovic, Jürgen Lehmann und Markus May (Hg.): Phantastik – Kult oder Kultur. Stuttgart 2003, S. 26.
13 Vgl. dazu Petro Rychlos Beitrag in diesem Band »Herumtappen im Licht: Soma Morgensterns publizistische Kafka-Rezeption«, S. 159.

geprägt von der brutalen Eliminierung alles Fortschrittlichen, bestimmt durch die Relativierung von Raum und Zeit, bedrohlich durch seine vergiftende, Verderben bringende, ja tödliche Atmosphäre, doppelt zwielichtig durch das Fehlen von Sonnen- bzw. Mondlicht und durch die Undurchschaubarkeit der dies Traumreich bestimmenden Handlungen und Verhaltensweisen.[14]

Diese ›andere Seite‹ zeigt eine Irrealität, die im krassen Gegensatz zur beschriebenen realen Welt des ersten Kapitels steht – ein typisches Merkmal der Phantastik. Allgemein kann man feststellen, dass »phantastische Romane oft dualistisch geprägt sind, daß die Phantastik mit gegensätzlichen Welten, mit Polaritäten zu tun hat.«[15] Auch Michael Scheffel nennt in seinem Beitrag in diesem Band dieses Merkmal des Magischen Realismus: »homogener Bau der erzählten Welt, d.h. es gibt keinen Konflikt zwischen zwei unterschiedlich begründeten Ordnungen der Wirklichkeit wie in der Phantastik.«[16] Kubins Roman selber gilt als »opus magnum der phantastischen Literatur«[17], hat aber (u.a. eben durch Kafka) Einfluss auf die Entwicklung des Magischen Realismus genommen.

In mancher Hinsicht erscheint Morgensterns *Der Tod ist ein Flop* wie eine Spiegelung von Kubins Arbeit. Der längste Abschnitt, der erste Teil, handelt in der uns bekannten Welt (in New York), die kürzeren, aber wesentlichen Kapitel handeln in einer (Wunsch-)Traumwelt, die von einem sehr reichen Mann auf einer Südseeinsel geschaffen wurde, dessen Enkel die Hauptpersonen einlädt, auf seine Insel zu kommen. Auf dieser Insel, die bezeichnenderweise den Namen »Edenia« trägt, wurde eine Gegenwelt geschaffen mit einer Idealgesellschaft, wie sie Morgenstern offenbar vor Augen hatte. Die Parallelen zu Kubins Arbeit lassen vermuten, dass Morgenstern sich von *Die andere Seite* hat inspirieren lassen, doch gibt es keinen konkreten Hinweis darauf. Sollte es so sein, wäre es dann wohl kein reiner Zufall, dass einer der Protagonisten auf der Insel Edenia den Namen Kubin trägt.[18]

Auf Morgensterns *Der Tod ist ein Flop* treffen einige der von Michael Scheffel formulierten Merkmale des magischen Realismus zu;[19] der Entstehungszeitraum

14 Lehmann: Phantastik, S. 26.
15 Lehmann: Phantastik, S. 27.
16 Vgl. dazu Michael Scheffels Beitrag in diesem Band »Magischer Realismus: Konzept und Geschichte«, S. 36.
17 Lehmann: Phantastik, S. 28.
18 Morgenstern selber hat seinem Sohn gegenüber als eine Inspirationsquelle für seine Arbeit Samuel Butlers utopischen, gesellschaftskritischen Roman *Erewhon* (1872) und dessen Fortsetzung *Erewhon Revisited* (1901) genannt. (Mitteilung Dan Morgenstern 8. März 2020). *Der Tod ist ein Flop* weist auch deutliche Bezüge zur Utopischen Literatur auf. Morgenstern war auch mit dem namensgebenden Werk dieser Gattung bekannt, wie er selber erwähnt: »[…] der berühmte Engländer, der in seinem berühmten Buch Utopia eine ideale Menschengesellschaft schildert […]«. Soma Morgenstern: In einer anderen Zeit. Jugendjahre in Ostgalizien. Lüneburg 1995, S. 72.
19 Vgl. dazu Michael Scheffels »Magischer Realismus: Konzept und Geschichte«, S. 35ff.

fällt allerdings außerhalb des historischen Schwerpunktes von den 1920er bis zu den 1950er Jahren. Zu einzelnen Merkmalen, die Michael Scheffel anführt: »Realistischer Ansatz mit direktem Bezug auf die zeitgenössische alltägliche Welt«: Die Anfangskapitel zeigen uns die bekannte Welt in den USA, wie dort ungarische Exilanten und Exilantinnen (unter denen einer wohl als Alter Ego von Soma Morgenstern gedeutet werden kann) leben. Seltsame Ereignisse dort in New York, die surreal erscheinen und zum Magischen Realismus passen würden, erweisen sich als Inszenierung eines »practical joke«, als rational erklärbar – als ob Morgenstern damit einen Auftakt zu dem folgenden sehr wohl magisch-realistischen Teil geben wollte. Der Zeitraum der Handlung ist im ganzen Buch durch mehrere Einzelheiten recht eindeutig bestimmbar; einmal wird auch ein, offenbar kurz zurückliegendes Jahr genannt: 1973.[20]

Morgensterns Spätwerk hat im Prinzip eine geschlossene Erzählform, besitzt mehr oder weniger einen Anfang, Mitte und Ende. Die Einschränkungen beziehen sich auf das nicht ausgearbeitete Ende. Der Roman bricht abrupt ab; der Roman ist ein Torso geblieben. Morgenstern konnte ihn nicht mehr abschließen. Der Tod des Autors hat die Fertigstellung von *Der Tod ist ein Flop* verhindert.

Der oben erwähnte, bei Kubins Werk nicht gegebene *homogene Bau der erzählten Welt* ist bei Morgensterns Arbeit eher vorhanden: Auf der utopischen Insel Edenia wird wesentlich auf die reale Welt Bezug genommen.

Die Motive des Morbiden, Dämonisierung des Alltäglichen, Merkmale des Magischen Realismus, erscheinen bei Morgenstern gleichsam verdreht: Edenia, die magische Inselutopie, ist alles andere als morbid. Doch wird von dort aus die bestehende Welt betrachtet – zu sehen ist ein Albtraum, ein morbides christliches Europa, das im 20. Jahrhundert zwei Weltkriege mit unzähligen Millionen Kriegstoten und die Schoah organisiert hat. *Der Tod ist ein Flop* verweist über das magische Edenia auf die Ungeheuerlichkeiten unserer realen Welt, kritisiert auf diesem Weg unsere Gesellschaft und im speziellen die christliche, vor allem katholische Kirche, die zur Ermöglichung der Schoah wesentlich beigetragen hat. Ein besonderer Angriffspunkt ist für Morgenstern der Todeskult, die katholische Verherrlichung des Todes, ein Kult, den es in Edenia nicht gibt.

Morgenstern hat zeitlebens den Tod nicht akzeptieren können – so wie der mit ihm befreundete Elias Canetti;[21] eine Einstellung, die man öfters bei Juden finden kann, die sich im Allgemeinen mit einem allfälligen Leben nach dem Tod weniger auseinandersetzen als das im Christentum geschieht. Unser obiges Beispiel *Gilgul* stellt da im jüdischen Schrifttum eher eine Ausnahme dar. In *Der Tod ist ein Flop* findet man eine Aussage, die Morgensterns Empfinden wiedergibt: »Der

---

20 Soma Morgenstern: Der Tod ist ein Flop. Lüneburg 1999, S. 140.
21 Vgl. Elias Canetti: Das Buch gegen den Tod. München 2014.

Tod ist ein Fleck an der Schöpfung«,[22] womit der seltsame Titel des Buches etwas verständlicher wird. Morgenstern wurde in seinem Leben intensiv mit dem Tod konfrontiert: als Knabe verlor er seinen noch jungen Vater, im Ersten Weltkrieg fiel sein Bruder, später sind ihm seine besten Freunde jung weggestorben: Alban Berg mit 50, Joseph Roth mit 44, und schließlich haben die Nazis seine Mutter und zahlreiche Verwandte ermordet.»Ich habe mein Leben lang an nichts so oft gedacht als an den Tod, und ich habe damit in meiner frühesten Jugend begonnen«, schreibt Morgenstern in einer autobiographischen Notiz.[23]

In seinem Spätwerk setzt sich Morgenstern mit dem verabscheuten Tod und dem abgelehnten christlichen Todeskult auseinander, verwendet aber die utopische Insel Edenia auch um allgemeine Kritik an der westlichen Gesellschaft zu üben. Die Insulaner formulieren Sorgen, die Morgenstern sich um unseren Planeten macht. Vor etwa einem halben Jahrhundert geschrieben, bestehen die angesprochenen Probleme auch heute noch: Überbevölkerung, die Gefahr eines atomaren Krieges, die Umweltverschmutzung, die steigende Rolle der Industrialisierung der Lebensmittelherstellung und die vergiftende Rolle der chemischen Industrie bei der Nahrungsmittelproduktion.[24]

Ein wesentliches Ziel der Erzählung von der magisch-realistisch anmutenden Insel Edenia dürfte wohl sein, eine bessere Gesellschaft als die bestehende zu skizzieren. Eine Gesellschaft, die zwar keineswegs jüdisch sein muss, ja divers sein soll, die aber ohne Ressentiments allen Gruppierungen vorbehaltlos offensteht, selbstverständlich auch Juden. Der Modus des Magischen Realismus wird hier als Erzähltechnik verwendet, um eine Sozialutopie zu zeichnen.

Soma Morgenstern und die Jüdische Renaissance: *Der Sohn des verlorenen Sohnes*

Wie oben erwähnt, stammte Morgenstern aus einer frommen, religiösen Familie, die die jüdischen Gesetze einhielt. In Vergleich zu ihrem jüdischen orthodoxen Umfeld war die Familie jedoch assimiliert. Der kleine Salomon[25] hatte im Gegensatz zu seinen jüdischen Altersgenossen im Dorf keine Pejes (Schläfenlocken) und wurde von ihnen wegen seiner westlichen ›assimilierten‹ Kleidung als

---

22 Morgenstern: Der Tod ist ein Flop, S. 134.
23 Soma Morgenstern: Kritiken, Berichte, Tagebücher. Lüneburg 2001, S. 575. Bemerkenswerterweise schreibt Morgenstern jedoch gleich anschließend an diese Passage, dass es eine Gnade sei jung zu sterben.
24 Vgl. Morgenstern: Der Tod ist ein Flop, S. 117 ff.
25 »Soma« nennt sich Morgenstern erst nach dem ersten Weltkrieg.

»Dajtsch« verspottet.[26] Zwar berichtet Morgenstern selber von sich, er sei »damals«, in seiner Jugend, ein »intoleranter Gegner jeglicher Assimilation«[27] gewesen; auch später, in Wien, ärgert er sich über den »ruchlosen Assimilationswahn«[28] von Karl Kraus und warnt seinen Freund Joseph Roth, der zeitweise für die »Verlockungen der Assimilation« empfänglich gewesen war – wie Morgenstern in einem eigenen Abschnitt mit dem Titel »Assimilitis (1920)« beschreibt.[29] Dort erläutert er, dass er aus diesem Grunde auch ein distanziertes Verhältnis gegenüber dem Zionismus hat, weil »[…] der Zionismus […] schon eine Art Assimilation ist […], eine Assimilation an den Nationalismus der europäischen Völker«.[30]

Morgenstern lebte jedoch in seiner Wiener Zeit[31] (und danach) sehr wohl assimiliert – mit der essentiellen Ausnahme, dass er nicht im Entferntesten daran dachte, sich taufen zu lassen. Seine Ablehnung der Assimilation bezieht sich ganz offensichtlich in erster Linie auf den Übertritt zum Christentum. Doch er akzeptiert sogar abtrünnige Juden, solange sie nicht (wie Karl Kraus in seinen Angriffen gegen Heinrich Heine[32] oder Rathenau in seinem Aufsatz *Höre Israel*[33]) die eigene Herkunft schlecht machen: er verehrt Heinrich Heine und Gustav Mahler, und auch einer seiner besten Freunde war ein getaufter Jude.

Wie sehr Morgenstern assimiliert, jedenfalls vom traditionellen strenggläubigen Judentum entfernt war, zeigt seine Reaktion, als er 1929 mit der orthodoxen, chassidischen Bewegung der torahtreuen Juden, der Agudas Israel konfrontiert wurde. In jenem Jahr hielt diese Organisation ihren Weltkongress in Wien, und Morgenstern wurde als Journalist der Frankfurter Zeitung beauftragt, darüber zu berichten. Er hat den Bericht nie zuwege gebracht, denn:

> In diesem Kongreß […] bin ich Juden begegnet, die mir sozusagen *ad oculos* gezeigt haben, warum das jüdische Volk zweitausend Jahre der Verbannung überleben konnte.

---

26 Soma Morgenstern: In einer anderen Zeit. Jugendjahre in Ostgalizien. Lüneburg 1995, S. 64. Im osteuropäischen Jiddisch wurde von orthodoxen Juden als (verachtenswerter) »Dajtsch« (»Deutsch«) jemand bezeichnet, der (zwar nicht getauft war, aber) sich westlichen Gebräuchen assimiliert hatte bzw. unter dem Einfluss der – westlichen – Haskala stand.

27 Morgenstern: In einer anderen Zeit, S. 368.

28 Morgenstern: Alban Berg und seine Idole, S. 101.

29 Soma Morgenstern: Joseph Roths Flucht und Ende. Erinnerungen. Lüneburg 1994, S. 31–38.

30 Morgenstern: Joseph Roths Flucht und Ende, S. 35.

31 Mit Unterbrechungen 1912–1938.

32 Mit seiner Schrift gegen Heine *Eine Krone für Zion*, 1898.

33 Walter Rathenaus Artikel, von dem er sich später distanziert hat, ist 1897 erschienen. Morgenstern hielt die dort formulierte Aussage »Die Juden sind gehalten, sich sogar ihrer guten Eigenschaften zu begeben, wenn diese an sich guten Eigenschaften geeignet sein sollten, das Wirtsvolk zu reizen« für den »Ausdruck niedrigster Gesinnung, deren ein Assimilant fähig ist« (Morgenstern: Alban Berg und seine Idole, S. 103); diesen Satz Rathenaus zitiert Morgenstern auch in seinem ersten Roman. (Soma Morgenstern: Der Sohn des verlorenen Sohnes (Trilogie Funken im Abgrund Band I). Lüneburg 1996, S. 88.)

Weder die neue jiddische und nicht einmal die hebräische Belletristik hat mir das je klargemacht. Der Eindruck war so überwältigend, daß ich nach einigen Tagen den Plan, einen Artikel zu schreiben, aufgeben mußte. Ich hatte das Gefühl, daß ich diesen meinen Eindruck in einem Buch wiedergeben muß. Nach einigen Wochen hatte ich den Plan im Kopf und schrieb kein Wort nieder. Nach einigen Monaten genügte meinem Plan ein Buch nicht mehr. [...] Es dauerte ein Jahr, bis ich die Ruhe und den Mut hatte, mit dem Schreiben zu beginnen.[34]

Tatsächlich genügte Morgenstern nicht ein einziges Buch: Er begann 1930 mit der Niederschrift seines ersten Romans *Der Sohn des verlorenen Sohnes*,[35] die weiteren Bände der später *Funken im Abgrund* betitelten Trilogie[36] wurden in den nächsten zehn Jahren geschrieben. Der geplante vierte Band kam über erste Ansätze nicht hinaus – die Schoah schloss eine sinnvolle Fortsetzung aus.

Das Hauptthema der Trilogie ist die Teschuvah, der Rückkehr zum Judentum, das tätige Bereuen der vollständigen Assimilation. Der ›verlorene Sohn‹ ist Josef Mohylewski, ein aus Ostgalizien stammender Jude, der in Wien zum Christentum übergetreten war und, bevor er diesen Schritt tätig bereuen kann, im Ersten Weltkrieg fällt. Sein in Wien als Christ aufgewachsener Sohn, Alfred, die Hauptperson der Trilogie, wird mit seiner Herkunft konfrontiert und kehrt zurück zum Judentum, kehrt zurück nach Ostgalizien, wo er bei seinem frommen Onkel Welwel Mohylewski, dem Bruder seines Vaters, sein Judentum ›erlernt‹. Die Handlung spielt in den Jahren 1928–1929.[37]

Das Scheitern der Assimilation, die Renaissance des Judentums wird an der Entwicklung einer Person, dem Sohn des verlorenen Sohnes, an Alfred gezeigt. Stefan Zweig, der den Roman noch vor seiner Publikation gelesen hat, bespricht das Buch in einem Brief an Morgenstern – teilweise mit wesentlicher Kritik, teilweise mit höchstem Lob:

Ich las das Buch in zwei Abenden. Am ersten war ich fanatisiert, nun – ich übertreibe nicht, wenn ich Ihnen sage, dass ich seit langem nichts Besseres und Interessanteres gelesen habe als den ersten Teil dieses Buches bis zur Ankunft Welwels in Wien. Alles Gute gesegneter Kunst ist da beisammen, Farbe, Licht, Kraft und Spannung, so beginnt ein Buch, das den Anspruch hat als Klassisches seiner Nation zu gelten.[38]

34 Morgenstern: Joseph Roths Flucht und Ende, S. 113.
35 Soma Morgenstern: Der Sohn des verlorenen Sohnes. Berlin 1935. Bzw. Soma Morgenstern: Der Sohn des verlorenen Sohnes (Trilogie Funken im Abgrund Band I). Lüneburg 1996.
36 Soma Morgenstern: Funken im Abgrund (Der Sohn des verlorenen Sohns, Idyll im Exil und Das Vermächtnis des verlorenen Sohns). Lüneburg 1996.
37 Der Wiener Kongress der Agudas Israel spielt im Roman eine (einleitende) Rolle, ist aber dort um ein Jahr vorverlegt, in das Jahr 1928.
38 Morgensterns Roman wurde im Dezember 1935 publiziert. Zweigs Brief an Morgenstern stammt vom 22. August 1935. (Nachlass Morgenstern, Exilsammlung der Deutschen Nationalbibliothek, Signatur EB 96/242-B.01.0232) So sehr Zweig die Passagen im jüdischen Ost-

Zweig preist den Roman »als Klassisches seiner Nation« – mit »Nation« meint Zweig natürlich nicht die gemeinsame österreichische Nationalität, sondern die jüdische Nation.

Der Sohn des verlorenen Sohnes ist, wie auch auf dem Buchumschlag der Erstausgabe von 1935 gemeldet wird, »ein jüdischer Roman«; dort wird auch mitgeteilt: »Mit dem Roman ›Der Sohn des verlorenen Sohnes‹ beginnt Soma Morgenstern eine Romanreihe, die ein großes Gemälde des jüdischen Lebens bringen soll.«

Wenn wir dem israelischen (aus Wien stammenden) Literaturwissenschaftler Gershon Shaked folgen, dann ist ein Roman jüdisch, gehört zur jüdischen Literatur, wenn die Soziosemiotik jüdisch ist, also die im Roman verarbeitete »Zeichenreihe […] nur nach dem Kode einer bestimmten sozialen Gruppe [nämlich der Juden] entschlüsselt werden kann«.[39] Zweifellos kann man nicht alle Motive in *Funken im Abgrund* mit ihren Bezügen zu biblischen und rabbinischen Grundlagen erkennen, wenn man nicht eine entsprechende Vorbildung hat. Diese Grundlagen sind in der Sekundärliteratur öfters ausgearbeitet worden, u. a. von Gerhard Langer, der z. B. darlegt, dass das Verhältnis der Brüder Josef und Welwel Mohylewski sich auf die biblischen Figuren Jakob und Esau beziehen könnte.[40] Es wurde auch zu Lebzeiten Morgensterns die Ansicht geäußert, ein volles Verständnis seines Romans könne es nur bei einem relativ kleinen kundigen, jüdischen Leserpublikum geben – eine Ansicht, die Morgenstern entschieden abgelehnt hat.[41] Wohl zurecht: Alfred muss das Judentum ja gleichsam erst erlernen, ist mit jüdischen Bräuchen nicht vertraut. Sein Onkel erklärt und erläutert ihm – und damit auch dem mit jüdischen Riten nicht vertrauten Leser – den Ablauf und Sinn jüdischer religiöser Handlungen. Dass Morgenstern damit dem christlichen Leser die Lektüre erleichtert, ist ein Hauptanliegen des Autors: Er will nicht nur ein selbstbewusstes Erstarken des Judentums zeigen, sondern auch ein friedliches Zusammenleben mit Christen als möglich darstellen – eine Renaissance des Judentums innerhalb des Rahmens, der in Deutschland oft als

---

galizien lobt, sie überzeugend findet, so sehr bemängelt er die nach seinem Urteil schwachen Abschnitte, die in Wien spielen.

39 Gershon Shaked: Wie jüdisch ist ein jüdisch-deutscher Roman? Über Joseph Roths Hiob, Roman eines einfachen Mannes. In: Gershon Shaked (Hg.): Die Macht der Identität. Essays über jüdische Schriftsteller. Frankfurt 1992, S. 83.

40 Gerhard Langer: Soma Morgenstern, der Midrasch und die exegetische Erzählung. In: Jacques Lajarrige (Hg.): Soma Morgenstern – Von Galizien ins amerikanische Exil (Forum: Österreich, Band 1). Berlin 2015.

41 Vgl. dazu auch: Ingolf Schulte: Nachwort des Herausgebers, S. 373 ff. Anders ist die Situation bei dem hier nicht behandelten Roman Morgensterns *Die Blutsäule* (Wien 1964), dem »einzigen Midrasch über den Holocaust« (Abraham J. Herschel). Dieses Buch kann wohl ohne jüdische Bildung nicht in allen Aspekten verstanden werden. Es ist auch kein Zufall, dass Morgenstern dieses und vor allem dieses Buch unbedingt auch auf Hebräisch veröffentlichen wollte, was er auch erreicht hat: *Amud hadamim* (עמוד הדמים, Eked, Tel Aviv 1976).

deutsch-jüdische Symbiose beschrieben – und oft als Mythos beurteilt wurde. Morgenstern hat beim Abfassen seiner Trilogie an die nicht-jüdischen Leser gedacht, eben weil er die Idee dieser Symbiose verteidigt.[42]

Diese Symbiose, die sowohl eine (gemäßigte) Assimilation als auch zugleich eine starke, gelebte jüdische Identität voraussetzt, hat Morgenstern selbst gelebt und auch in seiner Trilogie gezeigt. Alfreds Vormund, der stellvertretende Leiter des Bundespressedienstes Dr. Frankl wird als Idealfigur eines Assimilierten eingeführt, der zugleich im »westeuropäischen Sinne des Wortes [...] sogar ein sogenannter Jude strenger Observanz«[43] ist. Frankl ist, wie Morgenstern selber festhält,[44] ein getreues Porträt seines Freundes Bernhard Fuchs.[45]

Am Ende des Romans *Das Vermächtnis des verlorenen Sohnes*, des letzten Teils der Romantrilogie, berichtet in einer fabelartigen Traumszene ein Storch von seinen zwei Heimaten. Das Gleichnis kann man auch deuten als die zwei geistigen Heimaten, die zwei ergänzenden Identitäten, die ein gläubiger, westlich assimilierter Jude – wie Soma Morgenstern – haben kann. Morgenstern war zeitlebens ein gläubiger Jude, war aber zugleich, jedenfalls vor dem Zweiten Weltkrieg, ein überzeugter Österreicher, wie er öfters festgehalten hat.[46] Er selber brauchte für sich – trotz seines oben erwähnten Erlebnisses beim Kongress der Agudas Israel – keine Jüdische Renaissance. Er hatte sich vom Judentum nicht entfernt und zugleich ein aktives westlich assimiliertes Leben geführt. Diese Möglichkeit aufzuzeigen war wohl auch sein Anliegen in der Trilogie.

Morgensterns Trilogie ist in den USA in englischer Übersetzung 1946–1950 erschienen.[47] Sein Werk steht damit am Anfang auch einer anderen Jüdischen Renaissance, der »jüdischen Renaissance in der Literatur der USA«. Diese Bezeichnung war das Etikett für ein

> bemerkenswertes literarhistorischen Phänomen, [...] daß die kleine ethnische Minorität der amerikanischen Juden, die nur etwa 2,5 bis 3 Prozent der Gesamtbevölkerung

---

42 Dass 1935 Morgensterns Roman in Deutschland nur mehr an Juden verkauft werden durfte, erscheint in diesem Zusammenhang als eine bittere Ironie.

43 Morgenstern: Der Sohn des verlorenen Sohnes, S. 81.

44 Morgenstern: Joseph Roths Flucht und Ende, S. 67.

45 Zu Bernhard Fuchs siehe Georg B. Deutsch: Bernhard Fuchs. Ministerialrat im Bundespressedienst. In: DAVID–Jüdische Kulturzeitschrift (2005), Wien, Heft Nr. 65, bzw. www.soma-morgenstern.at/userfiles/file/BernhardFuchs.pdf.

46 Belege dazu in: Georg B. Deutsch: Soma Morgenstern und Österreich. Gedanken zur Identität und Sprache des Schriftstellers. In: Jacques Lajarrige (Hg.): Soma Morgenstern – Von Galizien ins amerikanische Exil (Forum: Österreich, Band 1). Berlin 2015.

47 The Son of the Lost Son 1946, In my Father's Pastures 1947, The Testament of the Lost Son 1950; alle: Jewish Publication Society, Philadelphia.

der USA ausmacht, nach dem Zweiten Weltkrieg plötzlich eine führende Rolle im literarischen Leben Amerikas zu spielen begann.[48]

Diese Renaissance wird vor allem durch Autoren wie Saul Bellow, Bernhard Malamud oder Philip Roth verkörpert, doch gehört der (seit 1946) amerikanische Staatsbürger Soma Morgenstern eigentlich auch dazu. Nur der erste Band der Trilogie war vorher in der Originalsprache erschienen, beim zweiten und dritten Teil waren die amerikanischen Publikationen der englischen Übersetzungen Erstveröffentlichungen.

Die Gesamtausgabe der Trilogie ist in der deutschen Originalfassung erst rund ein halbes Jahrhundert nach der englischen Übersetzung erschienen, doch der erste Teil, *Der Sohn des verlorenen Sohnes*, war noch im Interbellum ein kräftiges, selbstbewusstes literarisches Zeichen der europäischen jüdischen Renaissance.

Literaturverzeichnis

Blumenthal, Hermann: Gilgul. Ein Roman aus dieser und jener Welt. Wien 1923.
Canetti, Elias: Das Buch gegen den Tod. München 2014.
Deutsch, Georg B.: Bernhard Fuchs. Ministerialrat im Bundespressedienst. In: DAVID – Jüdische Kulturzeitschrift (Juni 2005), Wien, Heft Nr. 65, S. 61–65.
Deutsch, Georg B: Soma Morgenstern und Österreich. Gedanken zur Identität und Sprache des Schriftstellers. In: Jacques Lajarrige (Hg.): Soma Morgenstern – Von Galizien ins amerikanische Exil (Forum: Österreich, Band 1). Berlin 2014, S. 361–373.
Dittmar, Kurt: Die jüdische »Renaissance« in der Literatur der USA nach 1945. In: Herbert A. Strauss und Christhard Hoffmann (Hg.): Juden und Judentum in der Literatur. München 1985, S. 367–391.
Kilcher, Andreas B.: Jüdische Renaissance und Kulturzionismus. In: Handbuch der deutsch-jüdischen Literatur. Berlin 2016, S. 99–121.
Kohlbauer-Fritz, Gabriele: Gilgul und Galizien. Der Schriftsteller Hermann Blumenthal. In: Das jüdische Echo. Europäische Forum für Kultur und Politik. Wien 1991, S. 140–144.
Kubin, Alfred: Die andere Seite. Ein phantastischer Roman. Hamburg 1994 (Erstveröffentlichung: Müller, Leipzig 1909).
Langer, Gerhard: Soma Morgenstern, der Midrasch und die exegetische Erzählung. In: Jacques Lajarrige (Hg.): Soma Morgenstern – Von Galizien ins amerikanische Exil (Forum: Österreich, Band 1). Berlin 2015, S. 313–344.
Lehmann, Jürgen: Phantastik als Schwellen- und Ambivalenzphänomen. In: Christine Ivanovic, Jürgen Lehmann und Markus May (Hg.): Phantastik – Kult oder Kultur? Stuttgart, Weimar 2016, S. 25–39.
Morgenstern, Soma: Der Sohn des verlorenen Sohnes. Berlin 1935.

---

48 Kurt Dittmar: Die jüdische »Renaissance« in der Literatur der USA nach 1945. In: Herbert A. Strauss und Christhard Hoffmann (Hg.): Juden und Judentum in der Literatur. München 1985, S. 367.

Morgenstern, Soma: Die Blutsäule. Zeichen und Wunder am Sereth. Wien 1964.

Morgenstern, Soma: Joseph Roths Flucht und Ende. Erinnerungen. Lüneburg 1994.

Morgenstern, Soma: Alban Berg und seine Idole. Lüneburg 1995.

Morgenstern, Soma: In einer anderen Zeit. Jugendjahre in Ostgalizien. Lüneburg 1995.

Morgenstern, Soma: Der Sohn des verlorenen Sohnes (Trilogie Funken im Abgrund Band I). Lüneburg 1996.

Morgenstern, Soma: Idyll im Exil (Trilogie Funken im Abgrund Band II). Lüneburg 1996.

Morgenstern, Soma: Das Vermächtnis des verlorenen Sohnes (Trilogie Funken im Abgrund Band III). Lüneburg 1996.

Morgenstern, Soma: Der Tod ist ein Flop. Lüneburg 1999.

Morgenstern, Soma: Kritiken, Berichte, Tagebücher. Lüneburg 2001.

Roland, Hubert: Georg Saikos Kriegserzählungen und die Tradition des ›magischen Realismus‹ in der österreichischen Literatur der Nachkriegszeit. In: Germanistische Mitteilungen Zeitschrift für deutsche Sprache und Kultur (2008), Heft 67, S. 172–185.

Schulte, Ingolf: Nachwort des Herausgebers. In: Soma Morgenstern: Das Vermächtnis des verlorenen Sohnes (Trilogie Funken im Abgrund Band III). Lüneburg 1996, S. 368–391.

Shaked, Gershon: Wie jüdisch ist ein jüdisch-deutscher Roman? Über Joseph Roths Hiob, Roman eines einfachen Mannes. In Gershon Shaked (Hg.): Die Macht der Identität. Essays über jüdische Schriftsteller. Frankfurt 1992, S. 81–94.

Torberg, Friedrich: Die Tante Jolesch oder der Untergang des Abendlandes in Anekdoten. München 1975.

Woldan, Alois: Hermann Blumenthal im Kontext der polnischen und ukrainischen Literatur inGalizien. In: Jews and Slavs, Volume 23 – Galicia, Bukovina and Other Borderlands in Eastern and Central Europe, Jerusalem, Siedlce 2013.

Zimmermann, Hans Dieter: Kafka für Fortgeschrittene. München 2004.

Petro Rychlo

»Herumtappen im Licht« – Soma Morgensterns publizistische Kafka Rezeption

Es ist kaum möglich, einen deutschsprachigen Schriftsteller des 20. Jahrhunderts zu nennen, dessen Werk in wenigen Jahrzehnten nach seinem Tode eine solch intensive und stürmische Rezeption erlebt hat wie das Werk Franz Kafkas. Bereits die erste größere Kafka-Bibliographie von Harry Järv, die im Jahre 1961 publiziert wurde,[1] zählte etwa 5000 Positionen. Die in den 1980er Jahren erschienene zweibändige *Internationale Bibliographie der Primär und Sekundärliteratur* zu Kafka von Maria Luise Caputo-Mayr und Julius Michael Herz, die diese Zahl um das mehrfache vervielfacht hat, erlebte dann im Jahre 2000 ihre zweite, erweiterte Auflage (in zwei Bänden, drei Teilen)[2].

Merkwürdigerweise taucht in diesen bibliographischen Standardwerken der Name von Soma Morgenstern kein einziges Mal auf. Wenn man bedenkt, dass er einer von ganz wenigen Nicht-Prager Literaten war, der Kafka noch persönlich erlebte, bereits 1924, in Kafkas Todesjahr, einen Nachruf auf sein Ableben in Deutschland publizierte und später viele Jahrzehnte hindurch als einer der glühendsten Anhänger und überzeugendsten Adepten seiner Werke galt, wirkt diese Tatsache sehr befremdend. Sie kann vielleicht nur durch einen einzigen Umstand erklärt werden – seit dem Ende der 1930er Jahre, als der Schriftsteller ins amerikanische Exil ging, und bis zu den 1990er Jahren, als sein Gesamtwerk in elf Bänden im Lüneburger zu Klampen-Verlag von Ingolf Schulte herausgebracht wurde, blieb Soma Morgenstern im deutschsprachigen Kulturraum so gut wie unbekannt. Umso notwendiger ist es, diesen frühen Kafka-Entdecker dem Vergessen zu entreißen und seinen beeindruckenden Beitrag zum Rezeptionsprozess des Werkes des Prager Schriftstellers aus dem langjährigen Schatten ans Licht zu heben. Dies wäre zugleich noch ein Pinselstrich zum Profil des im Titel

---

1 Vgl. Harry Järv (Hg.): Die Kafka-Literatur. Malmö, Lund 1961.
2 Vgl. Maria Luise Caputo-Mayer und Julius Michael Herz: Franz Kafka. Internationale Bibliographie der Primär- und Sekundärliteratur. Eine Einführung. 2., erweiterte und überarbeitete Auflage. Band I. Bibliographie der Primärliteratur 1908–1997; Bd. II. Bibliographie der Sekundärliteratur 1955–1997. Teil 1: 1955–1980; Teil 2: 1981–1997 mit Nachträgen zu Teil 1. München 2000.

des vorliegenden Bandes angekündigten Themas, denn beide Autoren haben offensichtlich Berührungspunkte sowohl mit dem Magischen Realismus, als auch mit der Jüdischen Renaissance gehabt.

Bereits in den 1960er Jahren bezeichnete Stefan de Winter Kafka als »Vorläufer und vielleicht hervorragendsten Vertreter des magischen Realismus«[3]. Heute ist die Zugehörigkeit Kafkas zum Magischen Realismus umstritten, obwohl viele Merkmale dieser literarischen Strömung, die Michael Scheffel in seiner Monographie über dieses künstlerische Phänomen[4] sowie in seinem Beitrag im vorliegenden Band anführt, auf das Werk Kafkas gut passen – so z.B. eine grundsätzlich realistische und geschlossene Erzählform, ein homogener Bau und Stabilität der erzählten Welt, Einbindung des »Geheimnisses«, ungenaue zeitliche und räumliche Lokalisierung, lückenhafte kausale Motivation, Dämonisierung alltäglicher Gegenstände, Behauptung einer transzendent begründeten »höheren Ordnung« u.a.[5] Im Grunde genommen wird Kafka in den neueren Publikationen eher die Rolle eines frühen »Vorläufers« als eines wirklichen Repräsentanten des Magischen Realismus zugewiesen, obwohl eines der Grundprinzipien dieser literarischen Strömung – das Oszillieren der Erzählung zwischen Realität und Phantasie, das in manchen Werken Kafkas deutlich ausgeprägt ist, – zu den konstruktiven Pfeilern des magischen Erzählens gehört.[6]

Was die Beziehungen Kafkas zur Jüdischen Renaissance betrifft, so muss man in dieser Hinsicht ebenfalls sehr vorsichtig sein. Natürlich hatte Kafka bereits vor dem Ersten Weltkrieg und in den Jahren danach großes Interesse für das Judentum bekundet – für die Geschichte des jüdischen Volkes, für jiddische und hebräische Sprache, das jiddische Volkstheater usw. Seine Kontakte zur Prager jüdischen Studentenverbindung *Bar Kochba*, die persönliche Bekanntschaft und kurzer Briefwechsel mit Martin Buber[7], seine Mitarbeit an der von Buber um die Jahrhundertwende gegründeten Zeitschrift *Der Jude* sowie an der Prager unabhängigen jüdischen Wochenschrift *Selbstwehr* zeigen seine behutsame Annäherung an das Judentum, das auf ihn, wie Max Brod in einem Brief an Buber schreibt, »langsam, unvermerkt übergeht«[8].

---

3 Stefan de Winter: Der magische Realismus und die Dichtung Hermann Kasacks. In: Studia Germanica Gandensia (1960), Nr. 2, S. 257.
4 Vgl. Michael Scheffel: Magischer Realismus. Die Geschichte eines Begriffes und ein Versuch seiner Bestimmung. Tübingen 1990.
5 Michael Scheffel: Siehe den Beitrag im vorliegenden Band, S. 36f.
6 Vgl. Hubert Roland: Siehe dazu die Ausführungen in diesem Band, S. 55.
7 Vgl. Drei Briefe Kafkas an Martin Buber aus den Jahren 1915 und 1917 sind in der dreibändigen Briefausgabe abgedruckt: Martin Buber: Briefwechsel aus sieben Jahrzehnten. Herausgegeben und eingeleitet von Grete Schaeder in Beratung mit Ernst Simon und unter Mitwirkung von Rafael Buber, Margot Cohn und Gabriel Stern. Band 1: 1897–1918. Heidelberg 1972.
8 Grete Schaeder (Hg.): Martin Buber. Brief vom 13. Februar 1917, S. 473.

Die Ideen der Erneuerung des jüdischen Lebens auf allen Bereichen der geistigen Tätigkeit, die um die Jahrhundertwende unter dem Namen »Jüdische Renaissance« bekannt geworden sind, hat Martin Buber in dem Januarheft der Zeitschrift *Ost und West* (1901) enthusiastisch und eindrucksvoll formuliert:

> Dem jüdischen Volke steht eine Auferstehung von halbem Leben zu ganzem bevor. Darum dürfen wir seine Teilnahme an der modernen nationalinternationalen Kulturbewegung eine Renaissance nennen. […] Von starren Denkmälern der Tradition wird sie uns zu jungen Weihegärten eines jungen Volkes führen. Sie wird uns die Schlichtheit und Wahrhaftigkeit eines freitätigen Lebens zuteilen. Sie wird uns vor einer äußeren eine innere Heimat schaffen: dadurch, dass sie uns im Neuhebräischen eine moderne Sprache schenkt, in der wir die wahren Worte für Lust und Weh unserer Seele finden können; dadurch, dass wir in eine Lebensgemeinschaft eintreten, welche die alte angestammte und doch wieder eine neue ist. Über unsere Tage wird der Glanz einer neuen Schönheit ausgegossen.[9]

Im Unterschied zur vielfältigen Tätigkeit im Zuge der Jüdischen Renaissance und den expliziten jüdischen Themen im Werk seines engsten Freundes Max Brod war das eigene Werk Kafkas mehr auf allgemeinmenschliche, existenzielle Fragen und Probleme ausgerichtet, die bereits Vorahnung naher Kataklysmen und prophetische Zeichen einer modernen Literatur aufzeigen. Gleichzeitig wurde sein persönlicher dichterischer Weg von der allmählichen Aneignung der jüdischen Geschichte und Kultur, vom Interesse für das Alte Testament und den Chassidismus bestimmt, er stand aber den Ideen des Kulturzionismus gegenüber nicht so nah wie einige seiner dichterischen Freunde aus dem Prager Kreis. Jene Berührungspunkte, die seine Annäherung an die Jüdische Renaissance jedoch verdeutlichen, bedürfen einer kritischen Überprüfung.

Aber auch im schriftstellerischen Schaffen von Soma Morgenstern finden sich Elemente des Magischen Realismus (insbesondere in seinem letzten unvollendeten Roman *Der Tod ist ein Flop*) sowie überzeugende Merkmale der Jüdischen Renaissance[10], obwohl einige seiner Prosawerke nicht in die Zeit dieser aufstrebenden Bewegung fallen. Morgensterns Trilogie *Funken im Abgrund*, deren erster Band *Der Sohn des verlorenen Sohnes* bereits 1935 im Erich Reiss Verlag Berlin erschien und den schwierigen Teschuwa-Weg seines Protagonisten Alfred Mohylewski darstellt, ist der beste Beweis dafür. Er wurde von der deutschen Literaturkritik vor allem wegen seiner plastischen, meisterhaften Darstellung der ostjüdischen Welt damals noch durchaus positiv rezipiert.[11]

---

9 Martin Buber. Die jüdische Renaissance. In: Martin Buber (Hg.): Die jüdische Bewegung. Erste Folge 1900–1914. Berlin 1916 – http://www.lexikus.de/bibliothek/Juedische-Renaissance. Zuletzt aufgerufen: 04.12.2020.

10 Vgl. Georg Deutsch: Beitrag im vorliegenden Band, S. 146.

11 Vgl. Raphaela Kitzmantel: Eine Überfülle an Gegenwart. Soma Morgenstern. Biographie. Wien 2005, S. 107–128.

In der oben erwähnten Werkausgabe Morgensterns, die auch seine zu Lebzeiten unveröffentlichten Texte enthält, finden sich einige Dutzend Seiten, die seine Beschäftigung mit dem Prager Dichter im Laufe von einem halben Jahrhundert dokumentieren. Die ersten Aufzeichnungen fallen noch in die 1920er Jahre, die letzten Äußerungen zu Kafka wurden zwischen 1973 und 1975, also kurz vor dem Tod des Autors, eingetragen. Der vorliegende Beitrag versteht sich als Versuch, dieses fast unerforschte Segment der Kafka-Rezeption im publizistischen und essayistischen Nachlass Soma Morgensterns kritisch zu durchleuchten.[12]

Franz Kafka zum Gedächtnis – Vortragsabend Ludwig Hardts in Wien

Die frühe Publikation Morgensterns über Kafka, die eigentlich sein allererster veröffentlichter Zeitungsartikel überhaupt war, erschien im *Berliner Tageblatt* vom 1. Juli 1924, also einen knappen Monat nach Kafkas Tod, unter dem Titel »Franz Kafka zum Gedächtnis. Vortragsabend Ludwig Hardts in Wien« und stellte einen kurzen Bericht über dieses einmalige Ereignis dar, das als »eine Trauerfeier von seltsamer Würde und erschütternder Reinheit«[13] charakterisiert wird und bei dem der berühmte deutsche Rezitator, mit dem Morgenstern eng befreundet war, neun Prosastücke von Kafka nebst Georg Heyms Gedicht »Der Tag liegt schon auf seinem Totenbette« und Heinrich Heines »Child Harold« vorgetragen hatte. Der Hauptakzent des Rezitationsabends sollte allerdings, schon dem Umfang des Lesepensums nach, auf den Texten von Kafka gelegen haben.

Bereits im ersten Absatz des Artikels von Morgenstern wird Kafka als »großer Dichter«[14] bezeichnet. Im Jahre 1924 war diese Einschätzung noch nicht selbstverständlich, denn sogar viele Dichterkollegen Kafkas aus Prag haben damals seine Bedeutung nicht erkannt, und solche renommierten österreichischen Autoren wie Hugo von Hofmannsthal, Robert Musil oder Ernst Weiß konnten

---

12 Bisher sind mindestens drei veröffentlichte Versuche bekannt, die diese Problematik reflektieren: Klaus Werner: Zur ›galizisch-bukowinischen‹ Kafka-Rezeption. In: Klaus Werner (Hg.): Erfahrungsgeschichte und Zeugenschaft. Studien zur deutsch-jüdischen Literatur aus Galizien und der Bukowina. München 2003, S. 239–267; Claudine Raboin: ›Wir Juden sind Erzähler‹. Soma Morgenstern et Kafka: une relation complexe. In: Jacques Lajarrige (Hg.) Soma Morgenstern – De la Galicie à l'éxil américain. Berlin 2014, S. 345–359; Georg Deutsch: Soma Morgenstern (1890–1976). In: Literatur und Kritik (Juli 2016), Salzburg, S. 101–109.
13 Soma Morgenstern: Franz Kafka zum Gedächtnis. Vortragsabend Ludwig Hardts in Wien. In: Soma Morgenstern: Kritiken, Berichte, Tagebücher. Herausgegeben und mit einem Nachwort von Ingolf Schulte. Bd. 11, Lüneburg 2001, S. 9.
14 Morgenstern: Franz Kafka zum Gedächtnis, S. 9.

damals mit Kafka gar nicht viel anfangen[15]. Aber auch später war Kafka für viele Vertreter der jüngeren Generation deutschsprachiger Autoren ein Unbekannter, was z. B. Hans Werner Richter in seinen Portraits der Mitglieder der Gruppe 47 betont. Als 1951 auf der Sitzung der Gruppe in Bad Dürkheim jemand von den Dichterkollegen Ilse Aichinger nach Ihrer Lesung mit dem Wort »Fräulein Kafka« charakterisierte, antwortete sie schroff: »Ich kenne Kafka nicht. Ich habe nie ein Wort von ihm gelesen.«[16]

> Sie war nicht allein – kommentiert diesen Sachverhalt H. W. Richter. – Die wenigsten unter uns wussten etwas von Kafka. Tatsächlich stand man zu dieser Zeit noch vor der Wiederentdeckung Kafkas, die, zumindest in Deutschland, erst Ende der vierziger Jahre begann.[17]

Umso mehr zeigt Morgenstern hier schon sehr früh ein tiefes Verständnis des Wesens des Kafka'schen Werkes, obwohl damals noch keiner von seinen bahnbrechenden Romanen veröffentlicht war, sodass seine Einschätzung nur aufgrund der bis dahin publizierten Erzählungen und kleinen Geschichten beruht. In seinem Artikel demonstriert er ein fein entwickeltes intuitives Gefühl, während er enorme Schwierigkeiten bei der Rezeption von Kafkas Werken voraussieht:

> Denn Franz Kafka, den die Vertreter der scheinlebenden Literatur sehr bald als einen »Seltsamen« und »Einsamen« zu reklamieren sich beeilen werden, war im ruhigen Grunde seines weisen Herzens kein Einsamer. Er, der sich zur Größe als zur Einsamkeit nicht erwählt, sondern verstoßen fühlte, entsagte mit beispielloser Kraft seiner Sendung, ein strenger Richter zu werden, zerbrach das über ihn verhängte Gesetz und rettete sich in die tief geborgene Güte seines großen Herzens.[18]

Kafka war für Morgenstern ein Leidender an der Welt, ein Auserwählter, den »der Genius des Dunkels gezeichnet hat«[19], der »das Entsetzen und den

---

15 Vgl. Briefe und Notizen von S. Morgenstern: Soma Morgenstern: Über Walter Benjamin. Aus Briefen an Gershom Scholem. In: Soma Morgenstern: Kritiken, Berichte, Tagebücher. Herausgegeben und mit einem Nachwort von Ingolf Schulte. Bd. 11, Lüneburg 2001, S. 505–550, hier: S. 531; Soma Morgenstern: Über Robert Musil. Aus Briefen an Karl Corino. In: Soma Morgenstern: Kritiken, Berichte, Tagebücher. Herausgegeben und mit einem Nachwort von Ingolf Schulte. Bd. 11, Lüneburg 2001, S. 551–563, hier: S. 561 f; Soma Morgenstern: Über Ernst Weiß. Aus einem Brief an Peter Engel. In: Soma Morgenstern: Kritiken, Berichte, Tagebücher. Herausgegeben und mit einem Nachwort von Ingolf Schulte. Bd. 11, Lüneburg 2001, S. 564–568, hier: S. 564; Soma Morgenstern: Notizen, Entwürfe, Varianten. Aus Notizheften. In: Soma Morgenstern: Kritiken, Berichte, Tagebücher. Herausgegeben und mit einem Nachwort von Ingolf Schulte. Bd. 11, Lüneburg 2001, S. 569–634, bes. S. 578 f.
16 Hans Werner Richter: Im Etablissement der Schmetterlinge. 21 Portraits aus der Gruppe 47. Mit Fotos von Renate von Mangoldt. Berlin 2004, S. 10.
17 Richter: Im Etablissement der Schmetterlinge, S. 10.
18 Morgenstern: Franz Kafka zum Gedächtnis, S. 9.
19 Morgenstern: Franz Kafka zum Gedächtnis, S. 9.

Schmerz«[20], die er in sich als Mensch trug, mit in sein Werk nahm. Er wollte aber kein Ankläger der Welt sein, kein »grausames Gericht«[21] über entsetzliche Zustände halten, und so ist sein Werk »ein Bericht geworden, in dem es keinen Verteidiger geben darf, weil es keinen Ankläger gibt«[22]. Dieser Gedanke stimmt mit der These Margarete Susmans überein, die bereits in ihrer 1929 geschriebenen Arbeit *Früheste Deutung Franz Kafkas* behauptete:

> Kafka klagt nicht. Es wird, anders als bei Hiob, nicht geklagt in seinen Werken. Die unerhörtesten Leiden, die schauerlichsten Schicksale werden erzählt, aber nirgends ertönt eine Klage.[23]

Er war aber Magier der Sprache, die unter seiner Feder eine unglaublich präzise Genauigkeit, »die scheinbar grausame und harte Gegenständlichkeit«[24] aufweist, und mit dieser klaren, ruhig fließenden, nirgends stolpernden Sprache konnte er auch die Magie der Dinge aufdecken, die sonst verborgen blieb. Daher ist seine Wirklichkeit, bei all ihrer empirischen Präzision und Fülle, imaginär, irreal. Kafkas Sprache bewirkt es, dass

> alles apokalyptische Weltgerichtsgetue der Moderne zum armseligen Report wird vor seinem Welt-Bericht, in dem Tag und Nacht nicht durch das Augenlicht einer Weltanschauung getrennt, sondern durch das Herzlicht Dostojewskischer Menschenanschauung zu visionärer Wirklichkeit vereint wird.[25]

Als einer der ersten hebt Soma Morgenstern hier Kafkas tiefe innere Verwandtschaft mit Dostojewski hervor, der in seinen Prosawerken die Not und das Leid des »kleinen Menschen« mit der Gabe tiefer Einfühlung wie kein anderer vor ihm darstellen konnte. Kafkas Prosa mit ihrem ausgewogenen Rhythmus syntaktischer Perioden und natürlichem Atem stellt somit, nach Morgensterns Meinung, eine riesige Herausforderung und Verantwortung für einen Rezitator dar, und nur der Meister vom Format eines Ludwig Hardt durfte es wagen, diese Texte für das breitere Publikum zu lesen. Morgenstern betont in seinem Bericht das artistische Einfühlen Ludwig Hardts, der bei seinem Vortragen der Kafka'schen Texte

> kein Sprecher, sondern ein mitleidender Sprach-Steller wird – er stellt das visionäre Wort ins leibhaftige Leben – trägt mit somnambuler Sicherheit Satz um Satz zu herzbeklemmendem Geschehen zusammen und erlöst die wortgewordenen Träume und

---

20 Morgenstern: Franz Kafka zum Gedächtnis, S. 9.
21 Morgenstern: Franz Kafka zum Gedächtnis, S. 10.
22 Morgenstern: Franz Kafka zum Gedächtnis, S. 9f.
23 Margarete Susman: Gestalten und Kreise. Stuttgart, Konstanz 1954, S. 363.
24 Morgenstern: Franz Kafka zum Gedächtnis, S. 10.
25 Morgenstern: Franz Kafka zum Gedächtnis, S. 10.

Alpdrücke zu traumverzückter Wirklichkeit seiner Kafka-Prosa, die mit Todessehnsucht ihren entsetzlich-spielerischen Ernst treibt.[26]

Die Todesreminiszenzen Morgensterns beziehen sich in diesem Falle nicht nur auf solche bis dahin ihm bekannten Erzählungen Kafkas wie *Das Urteil, Die Verwandlung, Ein Landarzt, In der Strafkolonie, Der Jäger Gracchus* u. a., die den Tod thematisieren, sondern auch, im Einklang mit der Gattung eines Nachrufs auf den frühen Tod Kafkas, der schon vor Jahren von seiner tödlichen Krankheit wusste und mit diesem Wissen noch lange leidend lebte. Die Todesahnung gehörte somit immanent zu seinem Bewusstsein, sie war von ihm nicht mehr wegzudenken, daher sind viele seiner Prosawerke von dieser unablässigen Todessehnsucht durchdrungen, von der Morgenstern in den abschließenden Passagen seines Nachrufs spricht. In diesem Sinne bezieht sich der letzte Satz seines Artikels »Die schwarze Barke, die den toten Dichter zur Unsterblichkeit führte, hatte ihren guten Steuermann«[27] nicht nur auf den Rezitator Ludwig Hardt, sondern ist zugleich eine Anspielung auf Kafkas Erzählung *Der Jäger Gracchus,* deren Protagonist in seiner Barke ewig zwischen Leben und Tod herumirrt, ohne Hoffnung je einen Hafen zu erreichen, wo er seine seelische Ruhe finden könnte.

Es sei hier erwähnt, dass auch Morgensterns engster Freund Joseph Roth das Kafka-Rezitationsprogramm von Ludwig Hardt einige Monate später in Berlin gehört und darüber in der *Frankfurter Zeitung* vom 27. Oktober 1924 berichtet hat. Wenn man sich die ewigen Streitereien der beiden um Kafka vor Augen führt, die Soma Morgenstern in seinen Erinnerungen an Roth so farbenreich wiedergibt (»Kafka ist ein Schriftsteller für Schriftsteller«[28] – pflegte Roth dabei zu sagen, indem er seine dichterische Größe bezweifelte), so muss man der bekannten Sentenz, die Feder des Schriftstellers sei immer größer als er selbst, zustimmen. Denn trotz seiner üblichen Aversion gegen Kafka, die Roth in Gesprächen mit Morgenstern immer wieder äußerte, liefert er in seinem Bericht »Ludwig Hardt rezitiert Kafka« wichtige Beobachtungen über den Prager Dichter, während er ihn zu den bedeutenden »Stilkünstlern« zählt und einige überaus treffende Bemerkungen über das Spezifische seiner Prosa macht – so über die »Architektur seines Satzes«[29], Plastizität und Musikalität seiner Sprache, über »die sehr verborgene, in Lapidares eingebaute intellektuelle Pointe, die ›Geistigkeit‹, spitz und geschliffen, aber im kostbaren Futteral der mildernden, sanften, runden Form«[30] eingeschlossen. Somit haben beide galizischen Autoren

---

26 Morgenstern: Franz Kafka zum Gedächtnis, S. 10.

27 Morgenstern: Franz Kafka zum Gedächtnis, S. 10.

28 Soma Morgenstern: Joseph Roths Flucht und Ende. Erinnerungen. Herausgegeben und mit einem Nachwort von Ingolf Schulte. Bd. 11, Lüneburg 1994, S. 80.

29 Joseph Roth: Werke 2. Das journalistische Werk 1924–1928. Herausgegeben und mit einem Nachwort von Klaus Westermann. Köln 1990, S. 275.

30 Roth: Werke 2, S. 275f.

einen förmlichen journalistischen Wettbewerb miteinander veranstaltet, dessen
Objekt der Kafka-Vortagsabend von Ludwig Hardt war. »Kurioserweise scheint
diese Koinzidenz aber beiden verborgen geblieben zu sein«[31], bemerkt dazu
Klaus Werner. Morgenstern selbst behauptete allerdings, sein Nachruf auf Franz
Kafka wäre, neben den Nachrufen von Max Brod (Prag) und Anton Kuh (Wien),
»der einzige, der in der deutschen Presse erschienen ist«[32], was offensichtlich
nicht stimmt – Kafkas Tod hatte mehrere Autoren schmerzhaft getroffen und zu
einfühlsamen Nachrufen bewogen, die in der Prager, aber auch in der deutschen
und österreichischen Presse veröffentlicht wurden.

Franz Kafka [1]

Ein anderes Zeugnis von Morgensterns leidenschaftlichem Interesse für Kafka
bildet sein Essay über den Prager Autor, der vermutlich im Frühjahr 1927 für die
Vossische Zeitung, mit deren Feuilletonleiter Monty Jakobs Morgenstern damals
in Verbindung stand, geschrieben, aus ungeklärten Gründen aber nicht publiziert wurde.[33] Er erschien zum ersten Mal 2001 unter dem Titel »Franz Kafka [1]«
im Band *Kritiken, Berichte, Tagebücher*, der seine gesammelten Werke in elf
Bänden abschließt.

Morgensterns Essay ist durch Untertitel in zwei kleine Kapitelchen aufgeteilt,
die für den Autor programmatisch zu sein scheinen. Der erste von ihnen heißt
»Das Licht der Friedfertigkeit«. Mit diesem vielschichtigen Begriff, der für ihn in
der existentiell-ethischen Sphäre verwurzelt ist, verbindet Morgenstern seine
mystischen Vorstellungen vom menschlichen Sein, das einem höheren ethischen
Gesetz unterstellt werden soll. »Das Licht der Friedfertigkeit« bedeutet für ihn
einen moralischen Imperativ, die freiwillige Bereitschaft des Menschen, sich
gewissen ethischen Forderungen und Normen zu fügen. Es kann aber nicht
woanders angesiedelt werden, als im menschlichen Herzen. Dieses milde Licht
der menschlichen Versöhnung mit der Welt und seiner eigenen Existenz
herrscht, nach Morgensterns Meinung, auch in den Prosawerken Franz Kafkas.

---

31 Werner: Erfahrungsgeschichte und Zeugenschaft, S. 228.
32 Morgenstern: Joseph Roths Flucht, S. 98. Diese Behauptung ist irreführend, denn es sind noch
   weitere Publikationen belegt (nachgewiesen sind 21 Nachrufe, die hauptsächlich aus Kafkas
   Prager Freundeskreis kamen), z.B. der eindringliche Nachruf von Felix Weltsch, der ihn
   bereits drei Tage nach Kafkas Tod in der Prager *Selbstwehr* veröffentlicht hatte (Felix Weltsch:
   Franz Kafka gestorben. In: Selbstwehr, Jüdisches Volksblatt 18, Nr. 23, 6. Juni 1924, S. 5. Siehe
   den Nachdruck in: »Als Kafka mir entgegenkam…« Erinnerungen an Franz Kafka. Herausgegeben von Hans-Gerd Koch. Berlin 1995, S. 9–11).
33 Vgl. Soma Morgenstern: Nachweise und editorische Anmerkungen. In: Soma Morgenstern:
   Kritiken, Berichte, Tagebücher. Herausgegeben und mit einem Nachwort von Ingolf Schulte.
   Bd. 11, Lüneburg 2001, S. 719–769, hier: S. 742 f.

Es ist irdisch und transzendent zugleich, wie so vieles in Kafkas Werken. Dieses Licht, das »aus dem Abgrund der Ewigkeit unserem Weg leuchtet«[34], begleitet den Menschen sein Leben lang.

> Das ist die Reflexbewegung der Seele, die den Glauben an den Weg verloren hätte, wäre sie nicht dem Geheimnis des Lichts verfallen und preisgegeben dem leidvollen Wissen darum, dass ihr der Weg nicht wichtiger sein darf als das Licht, da Licht, das in die Finsternis einstrahlend, diesen Weg ja erst das sein lässt, was er scheint: ein Weg für uns.[35]

Diese Ausführungen Morgensterns stehen im Einklang mit dem parabolischen Denken Kafkas. Genauso wie das unzugängliche Tor in der Erzählung *Vor dem Gesetz* einzig nur für den Mann vom Lande bestimmt war, ist hier der Weg »ein Weg für uns«[36], der nur im Licht der Friedfertigkeit sichtbar ist. Dieses Licht, so Morgenstern, liegt auch über der Sprache Kafkas, in der schon eine einzige Zeile »in eine Seelenlandschaft verführt, die einem so vertraut ist wie die (abgetrennte) Wirklichkeit eines Traumes und so fremd wie die lichtscheuen Absurditäten des eigenen Herzens«[37].

Das ist also ein inneres Licht, das aus der Seele eines Menschen strahlt, der seine messianische Botschaft erkennt, aber so geheimnisvoll und undurchsichtig, dass der Mensch in diesem Licht nur ›herumtappen‹ und seinen richtigen Weg leicht verfehlen kann.

> Es ist das Dämmerlicht, das seinen Visionen die tastbare Helligkeit gibt. Wie der Mondschein, »mit seiner Natürlichkeit und Ruhe, die keinem anderen Licht gegeben ist« liegt es noch über der letzten Nacht des »Prozesses« ausgebreitet, und Josef K., dessen Tod den »Prozess« abschließt, hat noch Zeit vor seiner Abschlachtung, buchstäblich unter dem Messer, zu überlegen, ob es nicht seine Pflicht sei, »das Messer, als es von Hand zu Hand über ihm schwebte, selbst zu fassen und sich einzubohren.«[38]

Dieses Licht bezeichnet Morgenstern weiter als »Vehikel der Seele«, die in ihrer Traumwanderung durch die Realität Dinge der objektiven Welt anders als im Wachzustand sieht und diese Welt als Welt »*hinter* den Dingen erlebt«.[39] Dabei öffnet sich dem Blick des Lesers eine neue Optik, in der alle empirischen Gegenstände und geistigen Erscheinungen zwischen diesen beiden Welten balancieren, aber nie ganz feste, scharf umrissene, unveränderte Formen annehmen. Alles bleibt im schwebenden Zustand, und je genauer, präziser, sachlicher Kafkas

---

34 Soma Morgenstern: Franz Kafka [1]. In: Soma Morgenstern: Kritiken, Berichte, Tagebücher. Herausgegeben und mit einem Nachwort von Ingolf Schulte. Bd. 11, Lüneburg 2001, S. 443–448, hier: S. 443.
35 Morgenstern: Franz Kafka [1], S. 443.
36 Morgenstern: Franz Kafka [1], S. 443.
37 Morgenstern: Franz Kafka [1], S. 443.
38 Morgenstern: Franz Kafka [1], S. 444.
39 Morgenstern: Franz Kafka [1], S. 445.

Beschreibungen sind, desto mehr erwecken sie den Eindruck einer Illusion, einer Mirage, einer Fata Morgana. Durch ungewöhnliche Konstellationen der realen Verhältnisse verleiht Kafka seinen Parabeln eine magische Dimension, bei der die einfachsten, trivialsten Dinge ritualisiert und sakralisiert werden, obwohl ihr profaner, alltäglicher Sinn offensichtlich ist. Hier ist Kafka den Darstellungsprinzipien des Magischen Realismus mit seiner überdeutlichen Klarheit bei der Beschreibung alltäglicher Dinge, die Michael Scheffel als typisch für diesen Erzählstil hält[40], ganz nah.

> Das Eigentümliche dieser Traumbetrachtungen Franz Kafkas – schreibt Soma Morgenstern – ist es, dass es hier nach den absurdesten Gesetzen durchaus mit rechten Dingen zugeht. Mit rechten Dingen – im religiösen Sinn. Das Phantastische, das Skurrile, das Absurde ist hier nicht da, um die reale Ordnung als Wirbel der Gespinste am Abgrund eines Geheimnisses kreisen zu lassen, sondern: das Irrationale, das ›Hohe‹, will es sich in das Reale einmischen, nimmt die Gestalt des Trivialen, des Kleinlichen, ›Niederen‹: des Gewöhnlichen an [...]. Einen so hohen – höchsten – Sinn verhüllen die so arg missverstandenen Romane Franz Kafkas: der »Prozess« und das »Schloss«. So, nur so ist dieser wirkliche Alpdruck eines gerichtlichen Instanzenzugs mit allen seinen kleinlichen, knurrigen, lächerlichen niederen und »hohen« Beamten, Dienern, Helfern, Schleppern zu verstehen.[41]

Er illustriert diese These mit der Porträtbeschreibung des allmächtigen, undurchsichtigen und unheimlichen Herrn Klamm, den der Protagonist von »Schloss«, der vermeintliche Landvermesser K., ein einziges Mal durch ein kleines Guckloch beobachtet. Klamm ist hier, gegen alle Erwartungen, nicht als eine gottähnliche Figur zu erblicken, sondern als ein trivialer, spießiger, schwerfälliger Mann dargestellt, der mit seinen gesenkten Wangen, schief spiegelndem Zwicker, einer Virginia in der rechten Hand und einem Bierglas auf dem Tisch eher einem klischeehaften Kleinbürger als einem gewaltigen Herrscher ähnelt. »Dass dieser Klamm so gezeichnet werden darf, ohne dass die gottesfürchtige Scheu vor dem Schloss bei den Bewohnern des ›Ortes‹, beim Landvermesser – beim Leser! – abgenützt würde, das ist das sehr Eigene der Dichtkunst Franz Kafkas«[42] – betont Soma Morgenstern.

Das Traumlicht, das Kafkas Prosa ausstrahlt, und das für Soma Morgenstern mit dem Mondlicht identisch ist, weil es nicht aufdrängend, nicht zwingend wie die Sonne ist, sondern mit seinem gleichmäßigen Schein die Dinge mild und

---

40 Vgl. Michael Scheffel: Die poetische Ordnung einer heillosen Welt. Magischer Realismus und das ›gespaltene Bewusstsein‹ der dreißiger und vierziger Jahre. In: Matias Martinez (Hg.): Formaler Mythos. Beiträge zu einer Theorie ästhetischer Formen. Paderborn, München, Wien, Zürich 1966, S. 174.
41 Morgenstern: Franz Kafka [1], S. 445.
42 Morgenstern: Franz Kafka [1], S. 445f.

sanft aufhellt und verhüllt, verleiht ihr eine ungetrübte, diaphane Klarheit. An einer anderen Stelle heißt es bei Morgenstern:

> In seiner strengen, klaren schier klassischen Prosa erdichtet F. K. seine großen und auch kleinen und kleinsten Parabeln, die auf eine völlig neue Wirklichkeit ihr Licht werfen. Besser gesagt: er, Kafka, wirft auf seine Wirklichkeit, die der uns gewohnten Wirklichkeit zum Verwechseln ähnlich sieht, ein so völlig neues Licht, dass wir in diesem Licht uns so benehmen, wie wir uns sonst nur in der Finsternis zu benehmen haben: wir tappen im Licht. […] Er benimmt sich so in seiner Welt wie er wünscht, dass wir uns in seiner Welt betragen. Er, Kafka, tappt im Licht wie wir in der Finsternis tappen und zwingt uns also sein Weltbild auf. In seinem Weltbild aber leuchtet das matte Mondlicht des Traums mit einer schier tastbaren, nahezu plastischen Deutlichkeit wie sie kein so helles Taglicht leisten könnte.[43]

Nebenbei sei hier angemerkt, dass eine ähnliche Vorstellung von Licht später auch Paul Celan in seinem Gedichtband *Lichtzwang* entwickelte – im programmatischen Gedicht des Bandes wirkt das grelle Licht durchaus lästig und störend:

> WIR LAGEN
> schon tief in der Macchia, als du
> endlich herankrochst.
> Doch konnten wir nicht
> hinüberdunkeln zu dir:
> es herrschte
> Lichtzwang.[44]

Das herrschende, aufdrängende Licht – sei es das natürliche Licht der Sonne oder das stechende Licht der Scheinwerfer in der Situation größter Lebensgefahr – besitzt hier ausdrücklich negative Konnotationen, und das Celansche ›Hinüberdunkeln‹ durch dieses Licht entspricht etwa jenem »Herumtappen im Licht«, mit dem Morgenstern Kafkas Prosa charakterisiert.

In diesem matten Traumlicht verhüllen Kafkas Visionen die Wirklichkeit in keine Geheimnisse oder dunkle Phantasien, und so führt Morgenstern weiter aus:

> Die dichteste Annäherung an die Idee wird ohne geringste Entfernung von der Materie erreicht. Dass diese Annäherung ohne Zauberworte, ohne Symbole geleistet wird, das ist das Großartige am strengen Satzbau einer Epik, die den magischen Geist der Schrift beschwört, ohne Gott anzurufen.[45]

Obwohl Morgenstern in seinem Essay die Verwandtschaft Kafkas mit dem dänischen Religionsphilosophen Sören Kierkegaard erwähnt, der als einer der Begründer des Existenzialismus gilt, bemerkt er dabei, dass Kafkas Visionen, im Unterschied zu Kierkegaard, keinen dialektisch-theologischen Charakter haben,

---

43 Morgenstern: Notizen, Entwürfe, Varianten, S. 596.
44 Paul Celan: WIR LAGEN. In: Paul Celan. Lichtzwang. Gedichte. Frankfurt a. M. 1970, S. 13.
45 Morgenstern: Franz Kafka [1], S. 446f.

sondern in ihrer Gleichnishaftigkeit »Manifestationen eines messianischen Bewusstseins aus der Sphäre des Chassidismus«[46] sind. Mit dieser Behauptung schlägt Morgenstern die verbindende Brücke zum zweiten Teil seines Kafka-Essays, der den Untertitel »Die Zeit« trägt.

Dominierte im ersten Teil das Leitmotiv des Lichtes (»Das Licht der Friedfertigkeit«), in dem man »herumtappt«, so versucht Morgenstern im zweiten Teil seines Essays das Zeitliche und Atmosphärische bei Kafka hervorzuheben. Vor dem Hintergrund pragmatischer Ausprägung der Zivilisation und der Amerikanisierung des Lebensstils mit solchen charakteristischen Merkmalen wie »Rhythmus, Hast, Tempo, Sport und Komfort« scheint ihm das Werk Kafkas »von Übermorgen« zu sein. Die Verlegung in die Zukunft bedeutet aber in diesem Falle nichts anderes als eine rückwärtsgewandte Utopie und die Sehnsucht nach ursprünglich gelebter Zeit, deren Sinnbild hier der Begriff der »Dorfluft«[47] ist. »Nicht die äußere Luftschicht ist gemeint, die ländlich berühren soll, sondern die innere: das Klima der Seelenlandschaft hat hier den Atem reiner Dorfluft«[48] – schreibt Morgenstern. Damit verbindet er vor allem die Ursprünglichkeit geistiger Landschaften, in denen Legenden und Mythen geboren wurden, die für ihre Entstehung freie Luft, »eine Luft, die noch Natur ist«[49], gebraucht haben. Es geht um alttestamentarische und chassidische Sagen und Legenden mit ihrem gleichnishaften Charakter, wie Martin Buber sie exemplarisch in seinen *Chassidischen Büchern* nacherzählt hat[50] und die nicht selten für Kafka Paradigmen und Muster seiner Parabeln bildeten. Denn Kafkas Werk kommt, meint Morgenstern, »vom Ursprung«, und »weil es von religiöser Innerlichkeit erfüllt ist, entstammt es dem Geburtsort aller Religionen: dem Dorf.«[51]

Diese These Morgensterns kann irritieren, denn sie »bezieht sich womöglich mehr auf Morgenstern selbst als auf Kafka«[52], ist hier aber ebenfalls in ihrer geistigen Dimension zu verstehen. Er verbindet mit dem Begriff des ›Dorfes‹ jene Atmosphäre religiöser Einfühlung und chassidischer Frömmigkeit, die seine Kindheit in den Dörfern Galiziens begleitet haben. Diese mystisch-religiöse ›Dorfluft‹ herrscht, so Morgenstern, sogar in Kafkas Roman *Der Prozess,* deren Topographie ausdrücklich städtisch ist, sie setzt sich hier aber gegen das Städtische durch.

---

46 Morgenstern: Franz Kafka [1], S. 446.
47 Morgenstern: Franz Kafka [1], S. 447.
48 Morgenstern: Franz Kafka [1], S. 447.
49 Morgenstern: Franz Kafka [1], S. 447.
50 Vgl. Martin Buber: Die chassidischen Bücher. Berlin 1927.
51 Buber: Die chassidischen Bücher, S. 448.
52 Sylvia Asmus, Heinz Lunzer, Victoria Lunzer-Talos (Hg.): So wurde ihnen Licht zur Heimat. Soma Morgenstern und Joseph Roth. Eine Freundschaft. Eine Publikation des Deutschen Exilarchivs 1933–1945 der Deutschen Nationalbibliothek. Bonn 2012, S. 46.

War das neunzehnte Jahrhundert das erste, das »sich selbst sah«, so betrachtet Morgenstern das zwanzigste Jahrhundert als solches, das »sich selbst gerichtet hat«,[53] und zwar in Kafkas Werk, der »das dienende Wort der Entsühnung gesprochen hat«[54]. In diesem Punkt könnte man Kafka wieder mit seinem großen Vorgänger Dostojewski vergleichen, der mit seinen Helden an ihren Lastern und Sünden mitlitt.

Franz Kafka [2]

Der nächste Text Soma Morgensterns über Kafka, der in dem jeweiligen Band der gesamten Werkausgabe unter dem Titel »Franz Kafka [2]« veröffentlicht wurde, unterscheidet sich von den beiden oben analysierten gravierend. Dafür gibt es einige Gründe. Erstens sollten zwischen dem Niederschreiben von »Franz Kafka [1]« und »Franz Kafka [2]« fast dreißig Jahre liegen – die Aufzeichnungen Morgensterns zu »Franz Kafka [2]«, die ebenfalls aus seinem Nachlass stammen und nie zu Lebzeiten publiziert wurden, sind vom Herausgeber auf die Mitte der 1950er Jahre datiert (»nicht vor 1954« – lautet seine Bemerkung)[55]. In diesen Jahren änderte sich radikal der schriftstellerische Status Kafkas – von dem nur wenigen ›Eingeweihten‹ bekannten Prager Autor avancierte er zum markantesten Repräsentanten der europäischen Moderne, wurde in ihren Kanon aufgenommen und in diesem Kontext als wichtigste Figur gewertet; zweitens waren die vorigen beiden Texte zur Publikation bestimmt (der erste von ihnen, Morgensterns Nachruf auf Kafka, tatsächlich im *Berliner Tageblatt* erschienen), was eine andere Intention voraussieht als lose Aufzeichnungen mit einem recht entfernten Ziel; drittens zeigt der Text »Franz Kafka [2]«, im Unterschied zur analytischen Stilistik der beiden vorigen Texte, einen ausgeprägten publizistischen Charakter auf und verrät einen gewissen ›Plauderton‹.

In »Franz Kafka [2]« versucht Soma Morgenstern einige typische Fehler zu korrigieren, die die Rezeption des Prager Schriftstellers durch die Nachwelt betreffen. So hält er es für verfehlt anzunehmen, Kafka sei ein Unbekannter oder gar Verkannter in Prag gewesen, weil nur fünf dünne Büchlein von ihm zu Lebzeiten in Leipziger Verlagen erschienen waren: *Betrachtung* (1913), *Das Urteil, Die Verwandlung* (1915), *Ein Landarzt* und *In der Strafkolonie* (1919) – das erste bei Ernst Rowohlt, vier andere beim Kurt Wolff Verlag. Doch die Verleger dieser Bücher waren sich durchaus bewusst, dass sie es mit einem ungewöhnlichen Autor zu tun hatten, und sie gestalteten diese Bücher so, dass sie wie typogra-

---

53 Asmus: Licht zur Heimat, S. 448.
54 Asmus: Licht zur Heimat, S. 448.
55 Morgenstern: Nachweise und editorische Anmerkungen, S. 742.

phische Meisterwerke, wie richtige Kleinodien aussahen. Drei von diesen fünf Bändchen (*Betrachtung*, *In der Strafkolonie* und *Ein Landarzt*) hat Morgenstern besessen, doch bei seiner Flucht aus Wien im Anschlussjahr 1938 verloren. Schon damals könnte man diese Bücher wegen ihrer Ausstattung und ihres Drucks beinahe als sakrale Texte betrachten, denn, um den Umfang der Bändchen visuell zu vergrößern, wurden sie mit überaus großen Buchstaben gedruckt.

> Einer, der so wenig schreibt und so kurz sich fasst, hat Großes zu sagen, das schienen schon die Buchstaben zu verkünden. Die klare Gliederung der Kafka'schen Prosa war auf den Blättern dieser Bücher in ein Licht gesetzt, das mir schon damals als nicht von dieser Welt erschien[56] –

schreibt Morgenstern. In seinen Ausführungen über Kafkas literarische Anfänge in Prag hebt Soma Morgenstern mit Recht die Bedeutung Max Brods hervor, der als Wegbereiter Kafkas früher literarischer Erfolge und als sein Nachlassverwalter dem Wunsch des Freundes, alle seine Manuskripte zu verbrennen, nicht gefolgt war, wodurch er sein dichterisches Werk für die Nachkommen und für die Literaturgeschichte gerettet hat. Diese Entscheidung Max Brods kommentiert Hans-Gerd Koch:

> Damals konnte er nicht ahnen, wie sehr die noch vor ihm liegenden 44 Lebensjahre von dem Werk Kafkas beherrscht werden sollten. Aber auch sein persönliches Leben stand über Kafkas Tod hinaus weiter unter dem Zeichen dieser Freundschaft: Vor wichtigen Entscheidungen pflegte Brod zu überlegen, was Kafka ihm raten würde, der ihm in Träumen weiterhin präsent war, wie er in seiner Biographie des Freundes beschrieb.[57]

Bei aller Wichtigkeit der ›missionarischen‹ Tätigkeit von Max Brod, die zum frühen literarischen Ruhm Kafkas wesentlich beigetragen hat, ist Morgenstern nicht geneigt, diese Wirkung Brods zu überschätzen. Er betont, dass sich um Franz Kafka schon sehr früh eine Legende gebildet hatte, die nicht nur sein Werk, sondern auch seine menschliche Person betraf.

> Die Kafka-Legende war schon zum Beginn keine literarische, und sein Ruf wuchs und verbreitete sich nicht nach der Art eines literarischen Ruhms. Von Anbeginn hatte Kafka nicht Freunde und Feinde, sondern Adepten und Gegner.[58]

Diese Legende verbreitete sich, so Morgenstern, »genau wie eine Legende um einen Wunderrabbi. Sie haftete an der Person genauso wie an einem Wunder-

56 Morgenstern, Soma: Franz Kafka [2]. In: Soma Morgenstern: Kritiken, Berichte, Tagebücher. Herausgegeben von Ingolf Schulte. Bd. 11, Lüneburg 2001, S. 449–454, hier: S. 449.
57 Hans-Gerd Koch: Max Brod und Franz Kafka. In: Steffen Höhne, Anna-Dorothea Ludewig und Julius H. Schoeps (Hg.): Max Brod (1884–1968). Die Erfindung des Prager Kreises. In Verbindung mit Hans-Gerd Koch und Hans Dieter Zimmermann. Köln, Weimar, Wien 2016, S. 450.
58 Koch: Max Brod, S. 450.

rabbi die Blicke seiner Anhänger haften«[59]. Zu den wichtigsten Bestandteilen dieser Legende zählt Morgenstern die Bescheidenheit Kafkas. Doch seine Bescheidenheit war keine literarische – er verstand wohl die Bedeutung seiner Werke ganz gut, trat aber als Mensch, der immer wieder den Zweifeln und überzogener Selbstkritik ausgesetzt war, höchst unmerklich auf. Letztendlich bedeutete sein testamentarischer Wille, all seine Werke zu verbrennen, nichts anderes als den Wunsch, auch nach seinem Tode im Schatten zu bleiben. Dagegen zeigte Kafka, nach biographischen Zeugnissen aller, die ihn gekannt haben, immer eine wohlwollende Haltung seinen Freunden und Bekannten gegenüber, lobte, nicht selten übertrieben, ihre literarischen Werke und freute sich aufrichtig über ihren Erfolg, obwohl er zugleich meinte, dass es eine Zeit war, »in der man Schwulst schrieb«[60]. Er war fern von jedem Neidgefühl und beurteilte seine eigenen Werke umso strenger.

Wer ist Franz Kafka?

Abgesehen vom ersten Teil der Roman-Trilogie *Funken im Abgrund*, der bereits 1935 unter dem Titel *Der Sohn des verlorenen Sohnes* auf Deutsch erschien, wurden die wichtigsten Bücher Soma Morgensterns in seinem amerikanischen Exil zuerst auf Englisch publiziert.[61] Im Nachlass des Schriftstellers fand sich eine einzelne Seite aus einem nicht identifizierten bio-bibliographischen Werk in englischer Sprache (vermutlich Mitte der 1950er Jahre), deren Eintrag, neben vier in den USA publizierten Büchern, auch einen von ihm geplanten Band mit dem Titel »Franz Kafka and his Misinterpreters« erwähnt. Es war Morgenstern nicht mehr beschieden, diesen Plan zu realisieren, obwohl der Text »Franz Kafka [2]« ein Teil des Buchprojekts sein sollte. In den 1970er Jahren wurde dieses Vorhaben wieder aktiviert, wovon Fragmente über Kafka mit dem Titel »Wer ist Franz Kafka?« aus Morgensterns Nachlass zeugen. Der Herausgeber seines Gesamtwerkes Ingolf Schulte datiert die Entstehung dieser Kafka-Fragmente mit den Jahren 1973–1975. Sie stellen wichtige Bausteine zu Morgensterns geplantem Buch »Franz Kafka and his Misinterpreters« dar, das er, trotz des englischen Titels, auf Deutsch publizieren wollte, und bilden zugleich seinen umfangreichsten Text über Kafka (26 Buchseiten).

Morgensterns Aufzeichnungen in »Wer ist Franz Kafka?« tendieren zum memoiristisch-biographischen Stil. Kafkas Auftauchen in der Literatur wird hier

59 Koch: Max Brod, S. 450.
60 Koch: Max Brod, S. 453.
61 Vgl. Raphaela Kitzmantel: Eine Überfülle an Gegenwart. Soma Morgenstern. Biografie. Wien 2005, S. 195.

als eine wundervolle Epiphanie mit mystisch-messianischen Zügen dargestellt,
das der Vernichtung der Juden in der Shoah gegenüberstehen soll, was zeitlich
sichtlich versetzt ist – Kafkas Leben endete, bevor die nationalsozialistischen
Gräuel gegen die Juden begonnen haben. Morgenstern projiziert jedoch bereits
seine Geburt auf die Folie der Prager Legenden, indem er sie als Gegenpol zu den
Verbrechen der ›deutschen Mordbrenner‹ und Ihrer Komplizen aus anderen
Ländern versteht:

> Während ihr Gewissen bereits im Einschläfern war, vergessend das Blut, das sie ver-
> gossen haben, erhob sich im Judenviertel von Prag, wo einst der große Mann der
> Kabbala den Golem erschuf, ein jüdischer Poltergeist voll Licht und störte ihren Schlaf:
> Franz Kafka.[62]

Vor dem Hintergrund der bekannten Prager Legende vom Rabbi Löw, dem
Schöpfer des lehmigen Golems, die seinerzeit einem anderen Prager Schriftsteller
– Gustav Meyrink – den Stoff für seinen *Golem*-Roman gegeben hatte, erscheint
hier Kafkas Werk wiederum mit der Aureole des Lichts umgeben, und dieses
Licht wirkt störend, vor allem auf die Nazi-Verbrecher und ihre Mitläufer. Die
Lichtmetaphorik, die mit der Klarheit von Kafkas Sprache unmittelbar verbun-
den ist, erhält hier eine entlarvende Kraft und mystische Züge.

In gewisser Weise widerspricht Morgenstern seinen eigenen Ausführungen
über die Bedeutung Kafkas, die er in seinen vorigen Texten geäußert hatte, indem
er schreibt:

> Zeit seines Lebens war er ein unbekannter Klein-Schreiber, gering geschätzt selbst von
> seinen Landsmännern, ja, selbst von seinen Freunden, mit Ausnahme seines getreuen
> Jugendfreundes Max Brod, der ihn als Genie und als Heiligen bewunderte.[63]

Das verhielt sich, wie wir schon wissen, etwas anders, und diese zugespitzte
Charakteristik demonstriert uns die veränderte Optik Morgensterns, der die
Kontraste der Kafka'schen Existenz als Mensch und Dichter ins Extreme steigern
will.

Obwohl Kafkas Judentum, dessen Kenntnisse er nur »aus zweiter Hand«,
hauptsächlich von Max Brod zugetragen bekommen hatte, »problematisch« war,
»steht er als Dichter und Denker mit einem Fuß in der Halacha, mit dem andern
in der Haggada, also: im Geiste des Gesetzes und der Sphäre der Sage«[64]. Und das
ist für Morgenstern die wichtigste Erklärung des Kafka'schen Stils. Kafkas
Wunsch, »eine Ansicht des Lebens zu gewinnen [...] in der das Leben zwar sein

---

62 Soma Morgenstern: Wer ist Franz Kafka? In: Soma Morgenstern: Kritiken, Berichte, Tage-
    bücher. Herausgegeben und mit einem Nachwort von Ingolf Schulte. Bd. 11, Lüneburg 2001,
    S. 455–480, hier: S. 455.
63 Morgenstern: Wer ist Franz Kafka, S. 455.
64 Morgenstern: Wer ist Franz Kafka, S. 455.

natürliches schweres Fallen und Steigen bewahre, aber gleichzeitig mit nicht minderer Deutlichkeit als ein Nichts, als ein Traum, als ein Schweben erkannt werde«[65], hält Morgenstern nur für eine ›technische‹ Erklärung seines Stils, der in der Wirklichkeit in Gesetz und Sage wurzelt, d. h. intuitiv aus dem Ursprung, aus tieferen jüdischen Quellen kommt, die dem Schriftsteller selbst oft nicht ganz bewusst waren.

Im Unterschied zu Max Brod sind die Schriften Kafkas für Soma Morgenstern nicht heilig, denn er sieht deutlich, woher sein klassisch anmutendes Deutsch herkommt. Kafkas reine und frei fließende Sprache sei, so Morgenstern, an drei deutschen Meistern geschult: an Kleist, J. P. Hebel und A. Stifter,[66] sie habe jedoch keine Anzeichen des Epigonentums und wird in ihrer Klarheit und Transparenz, in der sicheren Beherrschung aller stilistischer Register als eine höchst eigenständige und einmalige empfunden. Was den Denker Kafka anbetrifft, so hebt Morgenstern vor allem seine Verwandtschaft mit dem religiösen dänischen Philosophen Søren Kierkegaard hervor, mit dem Kafka viel Gemeinsames in der Denkweise, psychologischer Veranlagung und existenzieller Weltauffassung hatte, lässt jedoch seine radikale Philosophie des »Entweder – Oder«, wie Morgenstern an einer anderen Stelle bemerkt, nicht gelten[67].

Ein wichtiges Erlebnis in Kafkas Prager Existenz waren bekanntlich die Gastspiele des Jiddischen Theaters, das Soma Morgenstern etwas nachlässig »ein Schmierentheater«[68] nennt. Diese wenig schmeichelhafte Bezeichnung mag daherkommen, dass Morgenstern in seinem Heimatland Galizien schon öfters Vorstellungen jiddischer Wandertruppen gesehen hatte, die in den meisten Fällen recht primitiv waren. Für Kafka jedoch, der das jiddische Theater zum ersten Mal erlebte, bedeutete es eine richtige Erschütterung – ihm »zitterten die Backen« als der Anführer der Truppe Jizchak Levy die Zuschauer des ersten Abends mit dem jiddischen Wort »Jiddelach!« begrüßte,[69] wie Kafka es sich später in seinen Tagebüchern notierte.

Kafka, so Morgenstern, versäumte keine Vorstellung der Truppe, »befreundete sich mit den Schauspielern, hielt Vorträge über dieses Theater, war ihnen behilflich, so gut er nur konnte, und verliebte sich offenbar auch in eine der Schauspielerinnen«[70]. In seinen Tagebüchern erwähnt er zwölf jiddische Theaterstücke, die er gesehen hat. Die amerikanische Kafka-Forscherin Evelyn Torton Beck widmete dieser Frage ihre Arbeit »Kafka and the Yiddish Theater. Its Impact on his Work«, in der sie behauptet, dass »dem Schriftsteller Franz Kafka in

---

65 Morgenstern: Wer ist Franz Kafka, S. 456.
66 Vgl. Morgenstern: Wer ist Franz Kafka, S. 456.
67 Morgenstern: Wer ist Franz Kafka, S. 456, 474, 476.
68 Morgenstern: Wer ist Franz Kafka, S. 458.
69 Morgenstern: Wer ist Franz Kafka, S. 458.
70 Morgenstern: Wer ist Franz Kafka, S. 458.

dem jiddischen Theater erst der Knopf aufgegangen war«, was Morgenstern für übertrieben hält.[71] Und obwohl Kafka in diesem Theater die jiddischen Worte des hebräischen oder gar aramäischen Ursprungs nicht ganz verstehen konnte, war er vor allem durch die Mimik und Gestik der jiddischen Schauspieler, also durch die Körpersprache, tief beeindruckt, die manchmal mehr auszudrücken vermochte, als die Worte selbst. Diese Gesten fanden, nach Morgensterns Meinung, Eingang in seine Prosa, die manchem Leser einen dramatischen Eindruck vermittelt.[72]

Kafka war ein Schriftsteller, den vor allem existenzielle Probleme interessierten, und da scheint ihm das Problem der menschlichen Bestimmung in der Welt wohl das wichtigste zu sein. Den Tod versteht er als einen besonders tragischen Kasus und die größte ontologische Ungerechtigkeit auf der Erde. Er lässt seine Protagonisten einen gewaltsamen, unsinnigen Tod sterben. »In seinem Werk erlebt man den Tod meistens als eine Exekution«[73], sagt Morgenstern. Die krassesten Beispiele dafür sind seine Erzählung *In der Strafkolonie* oder sein Roman *Der Prozess*, über den Morgenstern schreibt: »Das Leben des Menschen ist ein Strafprozess. Er ist der Schuldige *a priori*. Damit ist nicht die Erbsünde gemeint. Er hat sich gegen irgendein Gesetz vergangen.«[74] Dieses Gesetz, möchte man hinzufügen, ist aber kein göttliches, sondern ein menschliches, deswegen vollzieht sich die Strafe in einer zwar rätselhaft-mystischen, aber immer noch menschlichen Dimension. Entschieden tritt Morgenstern gegen die Auffassung des ›Prozesses‹ als einer Satire gegen die blinde Justiz auf. Diese Interpretation würde Kafkas philosophische und künstlerische Botschaft stark reduzieren, denn es handelt sich hier, wie in den meisten seiner Werke, um eine Parabel.

Problematischer scheint nur Morgensterns Einschätzung von Kafkas Erzählung *Die Verwandlung* zu sein, die er »im tiefsten Grunde für verfehlt« hält, da hier »die spezifischen Gedanken und Sorgen des Tieres« nicht vorkommen, indem das gigantische Insekt noch immer die Sorgen und Gedanken des Handelsreisenden hat.[75] Dass Kafka seinen Mistkäfer mit menschlichen Gedanken ausstattet und so eine unüberbrückbare Diskrepanz zwischen seinem äußeren und inneren Zustand darbietet, würde meines Erachtens dagegen gerade die Größe der künstlerischen Leistung dieser Erzählung bedeuten. Hätte Gregor Samsa in seiner neuen Gestalt nur die Sorgen eines Insektes gehabt, so wäre es dann keine philosophische Parabel, eher ein einfältiges Märchen gewesen.

Morgenstern, der Kafka gegen falsche Deuter absichern will, fällt manchmal selbst in eine Missdeutung, wenn er die *Verwandlung* in den Bereich sadoma-

---

71 Morgenstern: Wer ist Franz Kafka, S. 460.
72 Vgl. Morgenstern: Wer ist Franz Kafka, S. 461.
73 Morgenstern: Wer ist Franz Kafka, S. 464.
74 Morgenstern: Wer ist Franz Kafka, S. 465.
75 Morgenstern: Wer ist Franz Kafka, S. 467.

sochistischer Erzählungen rückt und sie somit ihres tieferen existentiellen Sinns, des ganzen menschlichen Schmerzes und Leidens, die in dieser Geschichte verankert sind, beraubt. Genauso verfehlt wäre es, diese Erzählung als eine Humoreske zu interpretieren, was nach Ludwig Hardts Zeugnis einmal bei der ersten Lesung von *Verwandlung* im engen Freundeskreise der Fall war.[76]

Kritisch behandelt Morgenstern auch die ›jüdische‹ Überbetonung mancher Erzählungen Kafkas. Etwas ironisch kommentiert er die Ausführungen von Margarete Susman, die in ihrem *Buch Hiob* die Leiden des Protagonisten von *Verwandlung* Gregor Samsa als Inkarnation der Leiden des Judentums darstellt,[77] oder die Gedanken des französischen Kafka-Forschers Joseph Gabel, der Kafkas Prosastück *Schakale und Araber* durch das Prisma der permanenten Feindschaft zwischen Juden und Arabern analysiert und mit den Schakalen Juden meint.[78] Auch Max Brod sei in seinen Augen nicht frei von etlichen falschen Interpretationen, so z.B. im Nachwort zur Erstausgabe des von der »ironischen Atmosphäre« und sogar dem »magischen Humor« durchdrungenen Romans *Das Schloss*, wo Brod

> den Himmel, die Gnade, die Kabbala und Tao, den Teufel und die Ananke, Kierkegaard und Flaubert in eifrigem Streben bemüht, um in die Tiefe des Romans einzudringen. […] Dennoch kommt er nicht auf den Einfall, dass dieser Roman Kafkas wohl ein Gegenstück zu dem »Prozess« ist, aber der Held kein Unschuldiger und »Das Schloss« kein heiliges Script, sondern schlicht und ehrlich das ist, was man auf Deutsch einen Schelmenroman nennt.[79]

Was Kafkas Humor betrifft, so hält Morgenstern ihn für einen »black humor« und meint, dass das Wort »sadistisch« besser als das Attribut »magisch« hier am Platze gewesen wäre. Die sado-masochistische Atmosphäre, die in den Werken Kafkas vorherrscht, sei vor allem dem Einfluss von Dostojewski zu verdanken.[80]

Kafkas Erzählung *In der Strafkolonie*, die Morgenstern bereits ein Jahr nach ihrer Entstehung lesen konnte und die ihn zuerst ungemein bestürzt hatte, hält er

---

76 Vgl. Morgenstern: Wer ist Franz Kafka, S. 466, 470.
77 Vgl. Morgenstern: Wer ist Franz Kafka, S. 467 f.
78 Vgl. Morgenstern: Wer ist Franz Kafka, S. 468 f. Gabel schreibt: »Es ist indessen gewiss, dass sein Judentum ein problematisches Judentum gewesen ist. Seine Biographen haben erstaunliche wörtliche Äußerungen berichtet. Wenige Antisemiten haben etwas Grausameres über Israel geschrieben als Kafka in seiner Erzählung *Schakale und Araber*« (siehe Friedrich Heer: Gottes erste Liebe. 2000 Jahre Judentum und Christentum. Genesis des österreichischen Katholiken Adolf Hitler. München, Esslingen 1967, S. 478). Es sei hier vermerkt, dass diese Behauptung Gabels auf einer völlig falschen Interpretation gründet und kaum repräsentativ sein kann. An einer anderen Stelle bezeichnet Morgenstern diese allegorische Geschichte Kafkas als »eine Parabel über den unbegründeten Hass« (Morgenstern: Über Robert Musil, S. 562).
79 Morgenstern: Wer ist Franz Kafka, S. 475 f.
80 Morgenstern: Wer ist Franz Kafka, S. 476.

für ein absolutes Meisterwerk. Doch den Behauptungen, sie stelle eine prophetische Vision der Gräuel dar, die sich später in den nazistischen Vernichtungslagern abgespielt haben, verwirft er mit der Begründung, Kafka genügten bereits die Gräuel des Ersten Weltkrieges und die Nachrichten über Strafkolonien in manchen exotischen Ländern, um die grausamen Bilder seiner Erzählung zu zeichnen.

> Was Kafka von der Pein dieser Kolonie erzählt, ist keine Parabel. Es ist eine Wirklichkeit. Wie man sich wohl denken kann, eine kafkaeske Wirklichkeit. Was hier geschieht, ist eine Orgie der Pein, eine sadistisch-masochistische Orgie, wie nur ein Kafka sie verdichten kann, um sie noch gerade erträglich zu machen.[81]

Von großer Relevanz waren für Soma Morgenstern auch seine persönlichen Begegnungen mit Kafka. Obwohl sie eher flüchtig waren, sind sie in Morgensterns Erinnerungen überaus wach geblieben. Später hat er sie in seine Kafka-Aufzeichnungen aufgenommen. Schon am Anfang des jeweiligen Abschnitts will er jedoch vermeiden, den falschen Eindruck zu erwecken, er hätte Kafka gut gekannt oder wäre mit ihm befreundet gewesen. Nur zweimal hat er ihn persönlich erlebt – einmal in Prag, wohin Ludwig Hardt ihn extra brachte, um ihn mit Kafka bekannt zu machen, und ein anderes Mal in Wien, wo Kafka sich in einer größeren Gesellschaft befand, so dass es kaum möglich war, miteinander zu sprechen. Beide Begegnungen fanden Anfang der 1920er Jahre statt.

Die erste von ihnen beschreibt Morgenstern recht umständlich. Es soll in einem Prager Café gewesen sein. Als der mit Kafka eng befreundete Rezitator Ludwig Hardt beide für eine Zeit lang allein gelassen hatte, entspann sich zwischen ihnen ein lebhaftes Gespräch – über die russische Revolution und ihre Folgen, den französischen Historiker Ernest Renan und seine mehrbändige *L'Histoire du peuple Israèl*, die soziale und nationale Lage des Judentums und über ihr Jurastudium, welches beide seinerzeit ohne besonderen Enthusiasmus absolviert hatten. In diesem Zusammenhang erwähnt Morgenstern Kafkas Erzählung *Ein Bericht für eine Akademie* und zitiert einen Satz daraus: »Die Affennatur raste«[82], der sich auf das studentische »Auswendig-Büffeln« bezog. Kafka wollte auch wissen, warum Morgenstern, wie er von Hardt gehört hatte, Theaterstücke schreibe – das schien ihm eine etwas abwegige Beschäftigung für einen Juden zu sein. Schließlich gab er ihm den Rat, lieber bei der Prosa zu bleiben: »Wir Juden sind Erzähler. Und wie erst die Ostjuden!«[83] Diesem Ratschlag konnte Morgenstern erst Jahre später folgen, als er 1929 an seinem ersten Roman *Der Sohn des verlorenen Sohnes* zu arbeiten begann.

---

81 Morgenstern: Wer ist Franz Kafka, S. 478.
82 Morgenstern: Wer ist Franz Kafka, S. 471.
83 Morgenstern: Wer ist Franz Kafka, S. 471 ff.

Nach diesem Gespräch erkundigte sich Ludwig Hardt nach dem Eindruck, den Kafka auf seinen Gesprächspartner gemacht hatte. Da Morgenstern früher nie ein Foto von Kafka gesehen hatte, war er vor allem davon überrascht, wie hoch er gewachsen war. In knappen Worten beschreibt er dann seinem Freund Kafkas äußere Erscheinung, wie sie sich ihm eingeprägt hat: »Im Gesicht eine angespannte Strenge, die schmale Stirn etwas beunruhigt über dem feinen Gesicht, überraschend die angenehme tiefe Stimme und die große Freundlichkeit eines Weisen.«[84] Es sei vermerkt, dass es ein überaus plastisches Porträt Franz Kafkas ist, welches nicht nur charakteristische Züge seines Gesichts, sondern auch das Sichtbare seiner geistigen Wesensart wiedergibt.

Soma Morgensterns frühes Interesse für Franz Kafka und seine langjährige Beschäftigung mit Person und Werk des Prager Schriftstellers lassen erkennen, dass dieser Autor ihn das ganze Leben begleitet und eine gravierende Bedeutung für ihn hatte. Obwohl die von Morgenstern Franz Kafka gewidmeten Artikel und Aufzeichnungen einen eher fragmentarischen Charakter haben, sind sie in ihrer facettenreichen Fülle, originellen Beobachtungen und treffenden Charakteristiken seiner Erzählungen und Romane ein seltenes und wichtiges Beispiel einer höchst intensiven ›nichtwissenschaftlichen‹, also essayistisch-publizistischen Auseinandersetzung mit Kafka, die ein unentbehrlicher Mosaikstein einer breiteren, weltweiten Rezeption des Kafka'schen Werkes werden muss.

Literaturverzeichnis

Asmus, Sylvia, Heinz Lunzer, Victoria Lunzer-Talos (Hg.): So wurde ihnen Licht zur Heimat. Soma Morgenstern und Joseph Roth. Eine Freundschaft. Eine Publikation des Deutschen Exilarchivs 1933–1945 der Deutschen Nationalbibliothek. Bonn 2012.

Buber, Martin: Briefwechsel aus sieben Jahrzehnten. Herausgegeben und eingeleitet von Grete Schaeder, Band 1: 1897–1918. Heidelberg 1972.

Buber, Martin: Die chassidischen Bücher. Berlin 1927.

Buber, Martin: Die jüdische Renaissance. In: Martin Buber (Hg.): Die jüdische Bewegung. Erste Folge 1900–1914. Berlin 1916 – http://www.lexikus.de/bibliothek/Juedische-Renaissance. Zuletzt aufgerufen: 04.12.2020.

Caputo-Mayr Maria Luise, Julius Michael Herz: Franz Kafka. Internationale Bibliographie der Primär- und Sekundärliteratur. Eine Einführung. 2., erweiterte und überarbeitete Auflage. Band I. Bibliographie der Primärliteratur 1908–1997; B. II. Bibliographie er Sekundärliteratur 1955–1997. Teil 1: 1955–1980; Teil 2: 1981–1997 mit Nachträgen zu Teil 1. München 2000.

Celan, Paul: WIR LAGEN In: Paul Celan. Lichtzwang. Gedichte. Frankfurt a. M. 1970.

---

84 Morgenstern: Wer ist Franz Kafka, S. 474.

Deutsch, Georg: Soma Morgenstern (1890–1976). In: Literatur und Kritik (Juli 2016), Salzburg, S. 101–109.

Järv, Harry (Hg.): Die Kafka-Literatur. Malmö, Lund 1961.

Kitzmantel, Raphaela: Eine Überfülle an Gegenwart. Soma Morgenstern. Biographie. Wien 2005, S. 107–128.

Koch, Hans-Gerd: Max Brod und Franz Kafka. In: Steffen Höhne, Anna-Dorothea Ludewig und Julius H. Schoeps (Hg.): Max Brod (1884–1968). Die Erfindung des Prager Kreises. In Verbindung mit Hans-Gerd Koch und Hans Dieter Zimmermann. Köln, Weimar, Wien 2016.

Morgenstern, Soma: Franz Kafka zum Gedächtnis. Vortragsabend Ludwig Hardts in Wien. In: Soma Morgenstern: Kritiken, Berichte, Tagebücher. Herausgegeben und mit einem Nachwort von Ingolf Schulte. Bd. 11, Lüneburg 2001, S. 9–442.

Morgenstern, Soma: Franz Kafka [1]. In: Soma Morgenstern: Kritiken, Berichte, Tagebücher. Herausgegeben und mit einem Nachwort von Ingolf Schulte. Bd. 11, Lüneburg 2001, S. 443–448.

Morgenstern, Soma: Franz Kafka [2]. In: Soma Morgenstern: Kritiken, Berichte, Tagebücher. Herausgegeben und mit einem Nachwort von Ingolf Schulte. Bd. 11, Lüneburg 2001, S. 449–454.

Morgenstern, Soma: Wer ist Franz Kafka? In: Soma Morgenstern: Kritiken, Berichte, Tagebücher. Herausgegeben und mit einem Nachwort von Ingolf Schulte. Bd. 11, Lüneburg 2001, S. 455–480.

Morgenstern, Soma: Über Walter Benjamin. Aus Briefen an Gershom Scholem. In: Soma Morgenstern: Kritiken, Berichte, Tagebücher. Herausgegeben von Ingolf Schulte. Bd. 11, Lüneburg 2001, S. 505–550.

Morgenstern, Soma: Über Robert Musil. Aus Briefen an Karl Corino. In: Soma Morgenstern: Kritiken, Berichte, Tagebücher. Herausgegeben und mit einem Nachwort von Ingolf Schulte. Bd. 11, Lüneburg 2001, S. 551–563.

Morgenstern, Soma: Über Ernst Weiß. Aus einem Brief an Peter Engel. In: Soma Morgenstern: Kritiken, Berichte, Tagebücher. Herausgegeben von Ingolf Schulte. Bd. 11, Lüneburg 2001, S. 564–568.

Morgenstern, Soma: Notizen, Entwürfe, Varianten. Aus Notizheften. In: Soma Morgenstern: Kritiken, Berichte, Tagebücher. Herausgegeben von Ingolf Schulte. Bd. 11, Lüneburg 2001, S. 569–616.

Morgenstern, Soma: Nachweise und editorische Anmerkungen. In: Soma Morgenstern. Kritiken, Berichte, Tagebücher. Herausgegeben und mit einem Nachwort von Ingolf Schulte. Bd. 11, Lüneburg 2001, S. 719–769.

Morgenstern, Soma: Joseph Roths Flucht und Ende. Erinnerungen. Herausgegeben und mit einem Nachwort von Ingolf Schulte. Lüneburg 1994.

Raboin, Claudine: ›Wir Juden sind Erzähler‹. Soma Morgenstern et Kafka: une relation complexe. In: Jacques Lajarrige (Hg.) Soma Morgenstern – De la Galicie à l'éxil américain. Berlin 2014, S. 345–359.

Richter, Hans Werner: Im Etablissement der Schmetterlinge. 21 Portraits aus der Gruppe 47. Mit Fotos von Renate von Mangoldt. Berlin 2004.

Roth, Joseph: Werke 2. Das journalistische Werk 1924–1928. Herausgegeben und mit einem Nachwort von Klaus Westermann. Köln 1990, S. 275–276.

Scheffel, Michael: Die poetische Ordnung einer heillosen Welt. Magischer Realismus und das ›gespaltene Bewusstsein‹ der dreißiger und vierziger Jahre. In: Matias Martinez (Hg.): Formaler Mythos. Beiträge zu einer Theorie ästhetischer Formen. Paderborn, München, Wien, Zürich 1996.

Scheffel, Michael: Magischer Realismus. Die Geschichte eines Begriffes und ein Versuch seiner Bestimmung. Tübingen 1990.

Susman, Margarete: Gestalten und Kreise. Stuttgart, Konstanz 1954.

Werner, Klaus (Hg.): Erfahrungsgeschichte und Zeugenschaft. Studien zur deutsch-jüdischen Literatur aus Galizien und der Bukowina. München 2003, S. 239–267.

Winter, Stefan de: Der magische Realismus und die Dichtung Hermann Kasacks. In: Studia Germanica Gandensia (1960), Nr. 2.

Bettina Bannasch

Die ›Prager Schule‹ des Magischen Realismus.
Oskar Baums Messiasroman *Die Tür ins Unmögliche*

Für die deutschsprachige Literatur der Jüdischen Renaissance sind die chassidischen Erzählungen Martin Bubers von weitreichender Bedeutung.[1] Die Erneuerung des Judentums, die Buber in ihnen mit Mitteln der Literatur unternimmt, machen sie zu zentralen Texten für das Nachdenken über die Zusammenhänge zwischen Jüdischer Renaissance und Magischem Realismus. Es liegt nahe, ihrem Widerhall in den Schriften des Prager Kreises nachzuspüren,[2] nicht zuletzt deshalb, weil Prag jener Ort ist, an dem Martin Buber seine *Drei Reden über das Judentum* (1911) hält, auch weil Prag in Gustav Meyrinks *Golem* (1913/ 14) zu Hause ist, ein Roman, der als einer der wichtigsten phantastischen Vorläufer der Literatur des Magischen Realismus gilt.[3] In den Werken Kafkas ist diesen Spuren immer wieder ertragreich nachgegangen worden.[4] Neben ihnen

---

1 Im vorliegenden Band vgl. hierzu bes. die Beiträge von Stöger zu Buber und dem Chassidismus, von Baur zu Paula Buber als Coautorin der chassidischen Erzählungen, außerdem die Beiträge von Dingelmaier und Miron.

2 Vgl. Max Brod: Der Prager Kreis. Stuttgart, Berlin, Köln und Mainz 1966. Neben Franz Kafka gehört dem engeren Prager Kreis Max Brod selbst an, Herausgeber der Schriften Kafkas, zudem Autor zahlreicher Romane und Erzählungen, außerdem Felix Weltsch, Bibliothekar an der Prager Universität und von 1919 bis 1938 Herausgeber der zionistischen Wochenzeitschrift *Selbstwehr*, Ludwig Winder, Autor und Journalist, Verfasser zahlreicher in der deutschsprachigen Prager Presse erscheinender Zeitungsartikel und Kritiken, und schließlich Oskar Baum. Gemeinsam mit seiner Frau bildete der in Pilsen geborene, dort bereits als Kind erblindete und im Alter von zehn Jahren mit seiner Familie nach Prag umgezogene Oskar Baum gewissermaßen das soziale Zentrum des Prager Kreises. Dessen Treffen fanden häufig in der gastfreien Wohnung des Ehepaars Baum statt.

3 Zur Abgrenzung von Phantastik und Magischem Realismus vgl. Werner Müller: Lateinamerikanischer Zauber – Europäische Sachlichkeit? Eine kritische Auseinandersetzung mit der Kurzprosa von Robert Musil, Franz Kafka, Heimitio von Doderer – Jorge Luis Borges, Alejo Carpentier und Gabriel Garcia Marquez. Frankfurt a. M. 2011 (bes. S. 2027; 41–46); Jörg Krappman: Magischer Realismus. In: Hans Richard Brittnacher und Markus May (Hg.): Phantastik. Ein interdisziplinäres Handbuch. Stuttgart, Weimar 2013, S. 529–536.

4 Vgl. hierzu im vorliegenden Band den Beitrag von Petro Rychlo.

blieb das Werk seines Freundes Oskar Baum (1883–1941)[5] weitgehend unberücksichtigt. Für die Frage nach Zusammenhängen zwischen Jüdischer Renaissance und der deutschsprachigen Literatur des Magischen Realismus ist er jedoch, wie im Folgenden zu zeigen sein wird, von herausgehobenem Interesse.

1919 trat Oskar Baum mit einem Roman an die Öffentlichkeit, der bereits mit seinem Titel *Die Tür ins Unmögliche* auf seinen ›surrealen‹ Charakter aufmerksam macht und der sich zugleich als ein programmatischer Beitrag zu den Debatten um jüdische Selbst(er)findung verstehen lässt. Der Roman entwirft eine Welt, in der die Grenzen zwischen Wirklichkeit, Traum und Vision nicht eindeutig zu ziehen sind, und verwendet eingeführte narrative Verfahren des Magischen Realismus.[6] Der Roman nutzt diese Verfahren, um die religionsphilosophische Position, die er im zeitgenössischen jüdischen Diskurs einnimmt, literarisch darzustellen. *Die Tür ins Unmögliche* öffnet sich, so soll im Folgenden gezeigt werden, in einen utopischen ›dritten Raum‹, der eine Verbindung zwischen Bubers chassidischen Erzählungen und Hermann Cohens religionsphilosophischen Schriften herstellt. Dabei vermittelt Baums Roman zwischen Bubers chassidischen Erzählungen, die mit dem Vehikel der Literatur ein als ursprünglich konstruiertes Ostjudentum in die Moderne überführen, und den religionsphilosophischen Reflexionen Hermann Cohens, der in seinem Hauptwerk *Religion der Vernunft aus den Quellen des Judentums* seinen Blick ebenfalls zurückwendet, dabei jedoch an der Form der philosophischen Abhandlung festhält. In seiner monumentalen Studie, die im selben Jahr wie der Roman Oskar Baums erscheint, reflektiert Cohen den jüdischen und christlichen Messianismusdiskurs. Ausgangspunkt seiner Überlegungen ist die Differenz zwischen der christlichen Auffassung, die von einem bereits erschienenen Messias ausgeht, der sich für die Menschheit geopfert und diese erlöst hat, und der jüdischen Auffassung, nach der die Ankunft des Messias noch aussteht. Diese in die Zukunft gerichtete Erwartung im Judentum, so argumentiert Cohen, ist im Unterschied zum Christentum nicht auf einen personalisierten Messias, sondern auf ein

---

5 Baum kommt aus einem religiösen Elternhaus, in späteren Jahren nimmt er als Organist in einer Prager Reformgemeinde aktiv am jüdischen Gemeindeleben teil (zu Leben und Werk Oskar Baums vgl. Sabine Dominik: Oskar Baum, ein Schriftsteller des Prager Kreises. Würzburg 1988). Vor dem hier behandelten Roman *Die Tür ins Unmögliche* hatte Oskar Baum zuvor überwiegend autobiografisch geprägte Romane und Erzählungen veröffentlicht, in denen jüdisches (Blinden)Leben thematisiert wird. – In seinen Werken lassen sich zahlreiche intertextuelle Beziehungen zu den Werken der Mitglieder des engeren Prager Kreises identifizieren; bis auf Bezüge zum Werk Ludwig Winders werden sie dort, wo es sich thematisch anbietet, zumindest knapp angedeutet.

6 Zur Bestimmung der Charakteristika magisch-realistischen Schreibens vgl. Michael Scheffels einschlägige Monografie *Magischer Realismus. Die Geschichte eines Begriffes und ein Versuch seiner Bestimmung.* Tübingen 1990, auch seinen Beitrag im vorliegenden Band, S. 35 ff. Die von Scheffel genannten Bestimmungen und Merkmale sollen hier, ihm darin folgend, nicht als normative Setzungen, sondern als ›pragmatische‹ Arbeitsbegriffe aufgefasst werden.

messianisches Zeitalter gerichtet.[7] Eben darin weist Cohen die spezifische Modernität des Judentums aus. Um dessen Erneuerung für die Gegenwart zu erreichen, ist zu den »Quellen des Judentums« zurückzugehen. Dies jedoch nicht in einer neoromantischen Verklärung ihrer Ursprünglichkeit. Aus den Quellen des Judentums ist vielmehr zu schöpfen, um das Bewusstsein für die spezifische *Modernität* des Judentums (wieder) zu wecken, das sich im Zeitalter der Moderne auf die Errungenschaften der Aufklärung berufen kann und muss. In diesem Sinne begreift Cohen die jüdische Religion in Abgrenzung zum Christentum als eine Religion der Vernunft. Ebenso wie Buber entwickelt auch Cohen seine Überlegungen in einem Umfeld des wiedererstarkenden Antisemitismus. Oskar Baums Roman *Die Tür ins Unmögliche* schreibt sich nun gewissermaßen als ein Zwitter zwischen religionsphilosophischer Abhandlung und einer ins Ästhetische gewendeten Religiosität in diese religionsphilosophischen Diskurse und einen gesellschaftspolitisch außerordentlich aufgeladenen Kontext ein und bezieht darin Position. Die Vermittlungsleistung zwischen christlichen und jüdischen, säkularen und religiösen, ›überzeitlich‹-ethischen und konkreten sozialen Anliegen überantwortet der Roman dabei zum einen in den breit ausgeführten dialogischen Sequenzen, in denen seine Figuren religionsphilosophische Fragen verhandeln. Zum anderen setzt er auf narrative Verfahren des Magischen Realismus, die durch die literarische Avantgarde seiner Zeit für die Beschreibung überwirklicher Welten zur Verfügung gestellt werden.

Innere Revolution und gesellschaftlicher Umsturz

Die Tür ins Unmögliche ist ein Revolutionsroman. Er erscheint im Verlag Kurt Wolff, ein Jahr nach der gescheiterten Novemberrevolution 1918, ein halbes Jahr nach dem Tod Gustav Landauers. Zunächst allerdings ist die »herrliche Revolution«, die in diesem Roman beschrieben wird, ein kaum merkliches inneres Ereignis. Sie ergreift den farblosen, bisher nicht weiter auffällig gewordenen und bereits etwas in die Jahre gekommenen Oberbeamten Krastik. Dieser entschließt sich, die Schuld an dem Mord eines Kindes auf sich zu nehmen, obgleich er diesen Mord gar nicht begangen hat. Mit seiner Tat möchte er die schöne junge

---

7 Bereits in seinem um 1898 gehaltenen Vortrag »Die Messiasidee« erläutert Hermann Cohen: »Person muß er freilich bleiben; aber die Person wird zum Symbol eines Zeitalters, in welchem sie selbst, sofern sie dieses darstellt, verschwindet. Der Messias wird, schroff ausgedrückt, zu einem Kalenderbegriff. Anstatt der Person des Messias heißt es später: ›die Tage des Messias‹. Der Gesalbte wird zur Idee einer geschichtlichen Periode des Menschengeschlechts idealisiert/ Die Disposition zu dieser humanitären, echt religiösen Auflösung eines politisch-nationalen Ordnungselements enthält der Messias schon in dieser seiner politischen Veranlassung« (Hermann Cohen: Die Messiasidee. In: Jüdische Schriften. Bd. I, Berlin 1924, S. 105–124).

Mutter des verstorbenen Kindes schützen, die ihrem Kind – einem verkrüppelten und bösartigen Wesen – nur voller Hass und Ablehnung zu begegnen vermochte. Es liegt nahe, dass der Verdacht auf sie fallen könnte, ihr Kind getötet zu haben. Helrit, die schöne junge Mutter, ist ein ›gefallenes Mädchen‹ aus und in ärmlichen Verhältnissen lebend. Einst war sie für Höheres bestimmt: Begabt mit einer wunderbaren Stimme stand sie am Anfang einer vielversprechenden Laufbahn als Sängerin, eine Schwangerschaft und die Geburt eines Kindes setzten ihrer eben erst beginnenden Karriere ein vorzeitiges Ende. Ihre Arbeit als Wäscherin ermöglichte es ihr, das betreuungsbedürftige Kind stets um sich zu haben und zugleich ihren und seinen Lebensunterhalt bestreiten zu können.[8]

Zunächst hat es den Anschein, als wolle der wenig attraktive Krastik mit seinem falschen Bekenntnis Helrit für sich gewinnen; tatsächlich macht er ihr unmittelbar nach dem Tod ihres Kindes einen Heiratsantrag. Doch dieser erste Eindruck täuscht. Denn lange schon hatte er auf eine Gelegenheit wie diese gewartet: die Schuld für ein Verbrechen auf sich zu nehmen, das er gar nicht begangen hat. Nicht vor allem die Frau ist es, die er für sich gewinnen möchte. Mit seinem Bekenntnis zu einem Mord, den er gar nicht begangen hat, möchte er nichts weniger als die Schuld der gesamten Menschheit auf sich nehmen. Der Opfergang für die verehrte Frau ist ihm lediglich Anlass zu seinem sehr viel größer angelegten Opfergang für die Menschheit.

Das Bekenntnis zu diesem nie verübten Mord löst in Krastik ein plötzliches, unkontrolliertes und maßloses Entzücken aus. Die Wäscherin Helrit, die ihm in höchster Aufregung und Angst vom Tod ihres Kindes berichtet und Sorge hat, dass man sie als Mutter zur Verantwortung ziehen werde, wird zur überraschten und höchst befremdeten Zeugin dieses ekstatischen Ausbruchs. »Aber ich kann«, so sagt ihr Krastik,

> meinem Ohr jetzt nicht befehlen zu hören, mein Hirn nicht veranlassen zu denken, was ich will. Es ist augenblicklich irgendwie eine herrliche Revolution in mir, eine selige Unordnung durch höchstes Selbstvertrauen jedes Teilchens für sich! (TiU 29)[9]

Wenig später denunziert sich Krastik selbst und wird verhaftet. Sein Fall erregt Aufsehen. Das öffentliche Interesse steigert sich noch einmal erheblich, als bei

---

8   Baums schöne Wäscherin mit ihrem seelisch und körperlich verkrüppelten Kind erinnert in mancher Hinsicht an Konstellationen und Figuren, wie sie sich einige Jahre später in den sozialkritischen Erzählungen Veza Canettis wiederfinden. Diese erscheinen Anfang der 1930er Jahre in der *Wiener Arbeiterzeitung* und formulieren in manchen Punkten vergleichbare emanzipatorische Einsichten, allerdings ohne jede Öffnung in ein ›Unmögliches‹. Für die Figuren in ihrem literarischen Werk schließt sich diese Tür. In dem 1938 nach der Flucht nach England fertiggestellten Roman *Die Schildkröten* (1938) werden die Bewohner des nahe bei Wien gelegenen ›Paradieses‹ ins Exil vertrieben.

9   Oskar Baum: Die Tür ins Unmögliche. Wien, Darmstadt 1988 [1919]. Seitenangaben werden im Folgenden aus dieser Ausgabe mit dem Kürzel TiU angegeben.

der Obduktion des Kindes herauskommt, dass Krastik gar nicht der Mörder des Kindes ist. Und noch etwas stellt sich heraus. Auch Helrit hat ihr Kind nicht umgebracht, das Kind ist an Herzversagen gestorben. Das Opfer Krastiks läuft damit ins Leere. Doch Krastik besteht auf seiner Schuld. Das öffentliche Interesse wächst und wird schließlich zu einer Massenbewegung, als der solchermaßen zweifelsfrei als schuldlos erwiesene Gefangene Krastik sich weigert, auf seine Schuld zu verzichten und das Gefängnis zu verlassen. Journalisten suchen ihn im Gefängnis auf und berichten aus nächster Nähe über seinen Fall. Nach und nach erfasst die »innere Revolution«, die zunächst nur Krastik ergriffen hatte, die ganze Stadt. Bald schon formieren sich zwei Gruppen von Revolutionären, eine politisch engagierte und eine (quasi-)religiös bewegte. Doch Krastik vermag nun keinerlei Verbindung zwischen seiner eigenen inneren Bewegtheit und der Begeisterung der Massen herzustellen. Zunehmend rat- und hilflos verharrt er in seiner Zelle.

Unterdessen ist aus Helrit, durch die öffentliche Aufmerksamkeit und die Rolle, die ihr durch die ›Tat‹ Krastiks so unvermutet zugefallen ist, eine selbstbewusste Persönlichkeit geworden. Sie versucht, zwischen der drängenden Öffentlichkeit und dem zaudernden Krastik zu vermitteln. An seiner schuldlosen Sühne darf er sich, so verlangt sie von ihm, nun nicht mehr länger tatenlos berauschen. Vielmehr habe er sich einer großen Aufgabe zu stellen. Als Führer soll er endlich das Gefängnis verlassen und sich an die Spitze der draußen unruhig auf ihn wartenden Menge stellen, um aus ihr eine Bewegung zu machen. Eben dies aber ist es, was die politisch Verantwortlichen fürchten. Um die drohende Revolution zu verhindern, schmieden sie einen Plan: im Triumphzug soll Krastik in ein prächtiges, eigens für ihn vor den Toren der Stadt erbautes Schloss geführt werden. Dort sollen ihn die Annehmlichkeiten eines luxuriösen Alltags einlullen, so sehr, dass sein inneres Feuer erlischt und damit auch die große Revolution ohne weiteres Aufsehen im Keim erstickt ist.

Krastik kommt den Ereignissen zuvor. Am Tag seiner Entlassung – genauer, da er ja eigentlich kein Gefangener mehr ist: am Tag seines Aufbruchs – schreitet er, einer plötzlichen Eingebung folgend – vielleicht ist es auch ein plötzlicher Entschluss, welchem Impuls diese Bewegung entspringt und wie er zu qualifizieren wäre, lässt sich nicht eindeutig entscheiden – aus seiner Zelle. Schlafwandlerisch findet er den Weg ins Freie. Im Hof des Gefängnisses macht Krastik halt, er

entblößte seinen Hals und sah um sich. Im Licht seiner Augen standen Menschen hier im Kreis. Er sah von einem zum andern und begann jetzt laut und mit zärtlich eindringlichen Mienen zur kahlen, feuchtfleckigen Mauer, zu den Kotlachen im schlechten Pflaster, zu dem Gras zwischen den Steinen zu reden. Und jetzt – der Wärter wollte hinzuspringen. Krastik leuchtete auf, ihn erkennend, beugte sich ihm entgegen, Tränen stürzten über seine Wangen, griff nach seiner Hand – voll Grauen wich der Wärter

zurück, voll Entsetzen. Lächelnd zog Krastik die leere Hand wieder an sich, reckte sich
hoch, bückte sich, ein leiser Schrei. (TiU 182)

Krastik bricht zusammen. Der Wärter – der es wissen muss, weil er ihm folgte
und dabei gewesen ist – will gesehen haben, dass er sofort starb, enthauptet und
blutüberströmt. Doch die nur wenige Minuten später Hinzugerufenen – also
Augenzeugen auch sie – sehen etwas anderes. Der Kopf des Toten sitzt durchaus
auf seinem Rumpf, Spuren äußerer Gewalteinwirkung sind nicht zu erkennen.
Der Roman macht kein Angebot dazu, ob und wie diese beiden einander wi-
dersprechenden Sichtweisen miteinander zu versöhnen wären. So bleibt unent-
schieden, ob Krastik als Revolutionär oder als Biedermann gestorben ist. Beide
Todesarten sind möglich. So ist die eine Erzählung vom Tod Krastiks ebenso wahr
wie die andere: der Wärter, der Krastiks Sterben unmittelbar miterlebte, ist ein
ebenso seriöser Augenzeuge wie die wenig später Hinzugekommenen, welche die
noch frische Leiche in Augenschein genommen haben.

Jüdischer und christlicher Messianismus

Es ist unschwer zu erkennen, dass dieser Revolutionsroman zugleich auch ein
Messiasroman[10] ist. Er verhandelt zentrale Fragen nach dem Verhältnis von in-
dividueller und kollektiver Schuld, von Leid und Erlösung, die seit der Aufklärung – seit Lessings *Erziehung des Menschengeschlechts* und Moses Mendels-
sohns Distanzierung von dem darin für das Judentum formulierten Ort – den
deutschsprachig-jüdischen Diskurs maßgeblich bestimmen.[11] In diesem Diskurs
lassen sich, wie George Kohler zeigt, zwei Hauptströmungen unterscheiden, eine
sozialethische und eine religiöse.[12] Auch in Baums Roman teilt sich die Anhän-

---

10 Vgl. hierzu auch Elke Dubbels: Figuren des Messianischen in Schriften deutsch-jüdischer
    Intellektueller 1900–1933. Berlin, Boston 2011.
11 Der Diskurs bezieht sich zurück auf Maimonides und auf die christliche Mystik und die dort
    vorfindlichen Vorstellungen vom »dritte[n] Zeitalter«. Lessing greift sie in seiner Schrift über
    Die Erziehung des Menschengeschlechts auf. – Der Rückbezug auf das *Dritte Reich* in der
    jüdischen und christlichen Mystik ist auch für jene Autorinnen und Autoren des deutsch-
    sprachigen Magischen Realismus relevant, die sich in den 1910er bis 1930er Jahren in Ab-
    grenzung zu den politischen Umcodierungen des *Dritten Reichs* der Nationalsozialisten auf
    dessen ursprüngliche religiöse Konzeption zurückbesinnen (vgl. Bannasch, Bettina: Sub-
    versive Reichsmystik. Zur Modernität des Erzählens bei Elisabeth Langgässer. In: Moritz
    Baßler, Hubert Roland und Jörg Schuster (Hg.): Poetologien deutschsprachiger Literatur
    1930–1960: Kontinuitäten jenseits des Politischen. Berlin et al. 2016, S. 195–213.)
12 Die Argumentation stützt sich hier auf George Kohler, der die Entwicklungslinien dieses
    Diskurses zum jüdischen Messianismus ausgehend von Lessing und Mendelssohn über seine
    Belebung seit den 1840er Jahren bis hin zu Hermann Cohen nachzeichnet. Cohen versucht, so
    Kohlers These, die beiden ›Lager‹ in seiner Vernunft-Philosophie (wieder) zu versöhnen

gerschaft Krastiks in ein politisches und ein schwärmerisch-religiöses Lager. Krastik aber vermag seine Rolle als Messias nicht auszufüllen, weder für das eine noch für das andere Lager, und auch nicht für die gesamte Bewegung. Zwar hatte er sich zunächst freudig und in freier Entscheidung für seinen Opfergang und mit diesem für seine messianische Sendung entschieden. Offenbar hatte er sich zuvor jedoch kaum hinreichend Rechenschaft über die möglichen Konsequenzen seines Handelns abgelegt. Erst im Gefängnis kommt er angesichts der Reaktionen, die sein Verhalten auslöst, zur Besinnung. Nun verweigert er sich der Rolle, die man ihm zuweisen möchte. Doch bis zum Schluss bleibt er von seiner anfänglichen schwärmerischen Begeisterung, von seinem Vertrauen in ein ›Vorwärts‹ beseelt, das neben gesellschaftsverändernden Ideen auch mystisch-erleuchtete Züge trägt.

Krastiks Be-Geisterung, sein Beharren auf (s)einer Sühne ohne Schuld, und schließlich auch sein rätselhaftes Sterben sind als eine Einlassung Oskar Baums in den zeitgenössischen jüdischen Messianismusdiskurs zu verstehen. »Der Messias«, so fasst Christoph Schulte diesen Diskurs zusammen,

welcher die Weltgeschichte beendet oder zum Besseren wendet, gehört seit der Antike zu den wichtigsten Vorstellungen im Judentum. Der jüdische Messianismus ändert sich jedoch im 19. und 20. Jahrhundert bei liberalen Rabbinern, bei jüdischen Sozialisten und bei Zionisten grundlegend. Denn diese berufen sich auf das Messianische, auf die Machbarkeit und Veränderlichkeit der Geschichte, aber sie sehen vom Kommen des Messias als Person ganz ab. Seither gehört der Messianismus ohne Messias zur Signatur der jüdischen Moderne.[13]

(George Kohler: Der jüdische Messianismus im Zeitalter der Emanzipation: Reinterpretationen zwischen davidischem Königtum und endzeitlichem Sozialismus. Berlin 2014).

13 Christoph Schulte: Messianismus ohne Messias. Utopische Vorstellungen bei Reformrabbinern, jüdischen Sozialisten und Zionisten (Seminartitel; Humboldt-Universität zu Berlin). https://agnes.hu-berlin.de/lupo/rds;jsessionid=EFC07ABC350BD8F27DE091F35EC10362.a ngua_reserve?state=verpublish&status=init&vmfile=no&publishid=92488&moduleCall=we bInfo&publishConfFile=webInfo&publishSubDir=veranstaltung. Zuletzt aufgerufen: 14.01. 2021. Nachdrücklich betont Schulte die Problematik einer singularischen Rede von *dem* Messianismus und betont dagegen die Vielzahl unterschiedlichster jüdischer und christlicher Messianismen. Die »historischen Situationen und die politischen Absichten der Modernen [sind] dafür mitentscheidend,« so zeigt er, »welche Elemente von Messianismus im Judentum erinnert und wiederaufgenommen werden und welche nicht« (Christoph Schulte: Der Messias der Utopie. Elemente des Messianismus bei einigen modernen jüdischen Linksintellektuellen. In: Julius H. Schoeps et al. (Hg.): Geschichte, Messianismus und Zeitenwende. Menora. Jahrbuch für deutsch-jüdische Geschichte. Bd. 11, Berlin, Wien 2000, S. 251–278, hier: S. 257). Für die zweite Hälfte des 19. Jahrhunderts beobachtet Schulte ein Wiedererwachen des Interesses am »Messias und Messianismus ausgerechnet bei jüdischen Repräsentanten der politischen Linken« (Schulte: Der Messias, S. 265), das er über Moses Hess bis hin zu Hermann Cohen verfolgt. Dessen ›liberalen Fortschrittsoptimismus‹ stellt er in eine auf Maimonides rekurrierende Traditionslinie des anti-apokalyptischen Messianismus, der eine innerweltliche »andauernde Reform, keine Revolution« (Schulte: Der Messias, S. 271) anstrebt.

Die Messiasfigur in Baums Roman, so verstanden als »Signatur der jüdischen Moderne«, ist bemerkenswerter Weise nur über ihre Einpassung in den zeitgenössischen religionsphilosophischen Messianismusdiskurs, nicht aber über ihre Charakterisierung im literarischen Text in ihrer religiösen Identität als ›jüdisch‹ zu identifizieren. Die Identifikation mit diesem Messias setzt nicht zwingend jüdisches Selbstverständnis oder -bewusstsein, nicht einmal die Vertrautheit mit der jüdischen Religion oder Religionsphilosophie voraus.

Tatsächlich sind für weite Teile des assimilierten liberalen Judentums die seit der Aufklärung diskutierten religionsphilosophischen Fragen nur von geringem Interesse. Für viele geht der Impuls, sich (wieder) mit religionsphilosophischen Fragen zu befassen, allein von der den gesellschaftlichen Umständen geschuldeten Notwendigkeit aus, sich zu einer Gruppe Diskriminierter zusammenzuschließen und zu solidarisieren, um sich so besser gegen den wiedererstarkenden Antisemitismus behaupten zu können. Gegen ihren Willen mit einer jüdischen Identität ausgestattet, bekennen sie sich zur jüdischen Gemeinschaft als einem Notbündnis.[14] Mit wachsenden Druck von außen wird es jedoch zunehmend

---

14 Programmatisch politisch argumentierend formuliert Josef Popper-Lynkeus diese Position in seiner 1886 zunächst anonym erscheinenden Schrift *Fürst Bismarck und der Antisemitismus*. Das Pamphlet erscheint in Reaktion auf die rechtliche Gleichstellung der Juden, die mit der Reichsgründung 1871 vollzogen wird, die jedoch, wie Popper-Lynkeus zeigt, von Anfang an antisemitisch fundiert ist. Im Vorwort zu der 1925 unverändert wieder aufgelegten Schrift, in der sich nun der Verfasser zu erkennen gibt, hebt Popper-Lynkeus hervor, dass eine Anpassung der Argumentation nicht erforderlich gewesen sei; das 1886 beschriebene Phänomen des Antisemitismus und die Notwendigkeit, sich unabhängig von jeder Glaubensüberzeugung zusammenzuschließen, bestehe unverändert fort und habe sich in den vergangenen Jahren noch einmal deutlich verschärft. »Es ist zwar auch heute schon gewiß,« so schreibt er im Vorwort zur Neuauflage, »daß der Antisemitismus seine letzten Ziele nicht erreichen und daß er höchstens nur lokale Verwirrung und Verbitterung bewirken kann, denn furchtbare Mächte und ›urkräftige Volksinstinkte‹ würden ›erwachen‹, die weder die Juden noch die Nichtjuden schonen würden, wenn die antisemitische Verhetzung nicht bald ein Ende nimmt – aber *es kann den Juden doch nicht einerlei sein, ob sie in einem ewig labilen Zustande der gesellschaftlichen Achtung stehen oder nicht*« (Josef Popper-Lynkeus: Fürst Bismarck und der Antisemitismus. Wien, Leipzig 1925, S. 110). Hermann Cohens religionsphilosophischer Ansatz lässt sich mit dieser gesellschaftspolitisch argumentierenden Idee einer solidarischen Leidensgemeinschaft verbinden. Denn Cohen begründet die herausgehobene, ›messianische‹ Stellung des jüdischen Volkes nicht über die Frage der für die Menschheit auf sich genommenen Schuld des erlösenden Messias, sondern über das kollektive Leiden des jüdischen Volkes. Bei Cohen heißt es dazu in dem Kapitel über *Die Idee des Messias und der Menschheit*: »Die Leidensstellvertretung ist der Anwalt für die Sünde der Völker. [...] Alles Unrecht in der Weltgeschichte bildet eine Anklage an die Menschheit. Und so hat alles Elend der Juden zu allen Zeiten einen schweren Vorwurf gegen die anderen Völker erhoben. Aus diesem messianischen Gesichtspunkte aber kommt ein theodizeisches Licht auch über dieses Rätsel in der Weltgeschichte. [...] Und diese Leiden brauchen ja gar nicht partikularistisch auf die aktuellen oder nominellen Träger des Messianismus beschränkt zu werden. Das Volk Israel, als Gottesknecht, hat nach dem Talmud bereits die ›Frommen der Völker der Welt‹ in seinen Schoß aufgenommen. Und weit entfernt, dass durch die fortbe-

schwierig, sich diesem Zusammenschluss zu entziehen. Scott Spector, der diese Entwicklungen für Prag in den Jahren zwischen 1907 und 1938 in einer Analyse der Zeitschrift *Jüdische Selbstwehr* nachverfolgt, fasst zusammen:

> In früheren Jahren war es noch möglich gewesen, sich als Jude dem liberalen Lager zuzurechnen, um 1910 wurde das zunehmend schwieriger. Am 4. März 1910, nach der Umwandlung der Fortschrittspartei in den ›judenreinen‹ Deutschen Nationalverband, berichtet die Selbstwehr in einem »Das Ende des deutschen Liberalismus« betitelten Beitrag triumphierend, daß sich die Juden endlich, »freilich nicht die deutschfortschrittlichen, sondern – man verzeihe – die jüdischen Juden über den Tod eines halben, unaufrichtigen, unhaltbaren Systems freuen, mit dem nun endlich aufgeräumt wird. Niemand weint diesem deutschen Fortschritt, diesem Liberalismus eine Träne nach als die liberalen deutschen Juden, denen nun ihre Hoffnung, als volldeutsch genommen zu werden, für immer geraubt wird.« (4. 3. 1910, 1) In erster Linie richtet sich der Verfasser erneut gegen die liberalen Juden anstatt gegen diejenigen, die die Juden ausgeschlossen hatten. Der deutschnationale Freisinn, erklärt die Selbstwehr, sei nicht gestorben, sondern rein deutsch geworden; er könne es sich nicht mehr leisten, ›Fremdelemente‹ zu tragen. Deutsches Kulturbewußtsein allein reiche nicht, es gehe um deutsche Nationalität, Stamm. Die Selbstwehr ist offensichtlich durchaus mit den nichtjüdischen Deutschliberalen einverstanden gewesen.[15]

Ein Essay von Max Brod, der unter dem Titel »Ein menschlich-politisches Bekenntnis. Juden, Deutsche, Tschechen« 1918 in der Zeitschrift *Selbstwehr* erscheint, kann als ein repräsentativer Text für diese Entwicklung gelesen werden, auch als Indiz dafür, dass diese Fragen im engeren Prager Kreis intensiv diskutiert werden. Brod argumentiert, dass gerade die spezifische Gemengelage in Prag eine gute Gelegenheit bietet, religiöse und nationalstaatliche Fragen stellvertretend für weite Teile des modernen Judentums zu erörtern. In seinem Essay spricht er sich für einen jüdischen Nationalstaat aus. »Für mich«, so formuliert Max Brod,

> unterliegt es keinem Zweifel, daß ein Jüdisch-Nationaler kein Nationaler im heute üblichen Sinne des Wortes sein darf. Es ist die Sendung der jüdischen Nationalbewegung des Zionismus, dem Worte Nation einen neuen Sinn zu geben.[16]

---

stehende Geltung des stellvertretenden Leidens für Israel die anderen Religionen beleidigt werden könnten, haben auch sie vielmehr nach der anerkannten Lehre des Judentums ihren vollberechtigten Anteil an diesem messianischen Leiden« (Hermann Cohen: Die Idee des Messias und die Menschheit. In: Hermann Cohen (Hg.): Kap. XIII Religion der Vernunft aus den Quellen des Judentums. Eine jüdische Religionsphilosophie. Mit einer Einführung von Ulrich Oelschläger. Wiesbaden 2008, S. 296–333, hier: S. 332f.).

15 Vgl. Scott Spector: Die Konstruktion einer jüdischen Nationalität – die Prager Wochenschrift »Selbstwehr«. Jahrbuch Brücken (2017), Nr. 6, S. 37–44, hier: S. 41.

16 Max Brod in der Zeitschrift *Selbstwehr* vom 13. 9. 1918, S. 2f. zitiert aus: Spector: Die Konstruktion, S. 43. Scott Spector stellt dieses Zitat Brods ans Ende seiner Auswertung der Positionsbestimmungen, die in der *Selbstwehr* in den Jahren 1907–1918 vorgenommen werden. Pointierend fasst Spector zusammen: »Ein nationaler Kampf gegen Nationalkämpfe?

Baums Roman formuliert aus einer aufgeklärten, radikal-utopischen Haltung heraus keine vergleichbare jüdisch-nationale »Sendung«. In seiner religiösen Identität ist Krastik nicht zu bestimmen. Doch spielt in *Die Tür ins Unmögliche* die Kritik an der christlichen Religion eine zentrale, genauer: die handlungstragende Rolle.[17] Bezeichnenderweise ist es die ›einfache‹ Wäscherin Helrit, die den durch seine Bildungsbiografie weit über ihr stehenden Krastik mit religionsphilosophisch einschlägigen Fragestellungen und Argumenten konfrontiert. Die Schuld, die Krastik ihr so eigenmächtig hatte abnehmen wollen, beansprucht Helrit für sich. Sein aufopferndes Eintreten für ihre Person empfindet sie nicht als eine Unterstützung, sondern als eine Beraubung.

> »Mein ist die Schuld und mein ist die Buße! Wie können Sie mir sie fortnehmen? Strafe ohne Schuld, das ist süß, das glaub ich wohl! Tun Sie, dass alles wieder ist, wie es war! Ich befehle es Ihnen! – Sie können nicht mehr? Da haben wir's. Ach, Sie!« Wie höhnisch und voll Verachtung sie sein konnte!
>
> »Einer tat's und nahm die Schuld der ganzen Welt auf sich«, wandte er schüchtern ein, »und alle danken es ihm schon zweitausend Jahre hindurch.«
>
> »Der ganzen Welt? Das glaub ich. Da nahm er sie niemandem ab. Denn wer trug die?« (TiU 39 f)

Erstens, so argumentiert Helrit, sei es *ihre* Schuld, das Kind nicht sorgfältig genug betreut zu haben, folglich stehe auch *ihr* die Sühne für ihre Tat zu. Zweitens, so fährt sie fort, sei Sühne ohne Schuld unsinnig, und nicht mehr als nur ein ›süßes‹ Gefühl, dem man sich in selbstverliebter Schwelgerei und ohne jede weiteren Konsequenzen hingeben könne. Und drittens schließlich leuchtet ihr der Gedanke der stellvertretenden Schuld auch von seiner schieren Logik her nicht ein. Aus welchem Grund, so fragt sie, soll der Welt geholfen sein, wenn »statt des

---

Ein materieller Kampf um den Geist? Solche Widersprüche waren die typischen, manchmal schöpferischen und idealistischen Produkte einer Sache, deren Namen selbst einen Widerspruch enthielt – den des jüdischen Nationalismus« (Spector: Die Konstruktion, S. 43).

17 In anderen Erzählungen gestaltet Baum Konflikte, die sich aus Assimilation und Antisemitismus ergeben, z. T. durchaus (melo)dramatisch aus. Eine seiner bekanntesten Erzählungen, *Die Geopferten*, 1915 in der *Jüdische[n] Selbstwehr* veröffentlicht, wendet sich gegen jüdische Assimilation. Auch hier werden zentrale Glaubensinhalte des Christentums unmittelbar handlungsrelevant. Hier führen sie in die Katastrophe. Sie zerstören eine jüdische Familie, in der sich der Mann hat taufen lassen um beruflich Karriere machen zu können, auch das Kind wird auf seinen Wunsch hin getauft und im christlichen Glauben unterwiesen. Die Frau – eine ›einfache‹ jüdische Frau vom Lande – ist ihrer Religion treu geblieben. Am Übertritt ihres Mannes und an der Taufe ihres Sohnes leidet sie maßlos. Vor der Geburt ihres zweiten Kindes, dessen Taufe sie fürchtet, ist sie schließlich schwer leidend; das Kind stirbt unmittelbar nach der Geburt, die Mutter stirbt ihm nach. Der Sohn, der als guter Christ die jüdische Mutter vor den sicheren Höllenqualen retten und sich im Jenseits zu ihrem Fürsprecher machen möchte, stürzt sich aus dem Fenster, im ›guten‹ christlichen Glauben, damit gleich bei der Mutter sein zu können. Der Vater bleibt zerstört zurück; in Oskar Baum: Die Geopferten. In: Jüdische Selbstwehr (16.7.2015), S. 2 f. [28.7.1915, S. 2–5].

Unfreiwilligen der freiwillig Unschuldige« (TiU 41) das Leid aller auf sich nimmt? Diesen Einwänden ist Krastik nicht gewachsen. Unsicher und recht unbestimmt verweist er auf die große Erfolgsgeschichte, die der christliche Messias doch immerhin vorzuweisen habe. Dessen Bereitschaft, das Leid der Welt auf sich zu nehmen, erscheine ihm vorbildlich für sein eigenes Verhalten: Ausdruck einer nicht an eine Spießbürgermoral gebundenen höheren Ethik, die »unser bürgerliches Sittlichkeitsmaß: Sippenschaftsselbstsucht aus der Nomadenzeit« (TiU 91) übersteige.

Am Ende des Romans wird Helrit ein letztes Mal Krastik in seiner Zelle aufsuchen, um ihn aus seiner Passivität aufzustören. Sie, die damals seinen Antrag zurückgewiesen hatte, möchte sich nun mit ihm verbinden und gemeinsam mit ihm, an der Spitze der in Bereitschaft stehenden Massen die Welt verändern. Dafür hat sie in der Zeit, in der Krastik müßig im Gefängnis herumsaß, einiges getan. Sie hat ihre kleine Wäscherei verkauft und eine neue, größere Wohnung bezogen; Krastik soll nach seiner Rückkehr aus dem Gefängnis bei ihr einziehen können. Ihre Zukunftsvision ist dabei jedoch nicht auf ein privates Glück in erfüllter Zweisamkeit ausgerichtet. Ihr Ideal ist vielmehr das einer ›Doppelspitze‹, in der sich weibliche Tatkraft und männliche Be-Geisterung miteinander vereinen.

Der Wunsch nach Führerschaft wird Krastik jedoch täglich fremder. Erst durch seinen surrealen, nicht eindeutig zu fixierenden Tod wird die Masse in Bewegung geraten. Doch ist dies eine ganz und gar ungeordnete, auf kein konkretes Ziel hin ausgerichtete Bewegung. Die den Roman abschließende Passage lautet:

> Und es fasste die Not der Wahrheit die Straßen voll Blumen und die Führer und Lager, seine Freunde und Feinde. Sie kamen nicht auf den Gedanken, daß sie etwas für ihn taten, indem sie zerfielen, die Häuser, die Straßen, Fabriken, Kasernen, die Völker, Statuten, Staaten, Begriffe. Und es fiel ihnen nicht ein, daß es Mut war, das Gemeinsame als Unwirkliches zu vergessen und mit Nur-Wahrsein, ganz einzeln, vielleicht zusammen –, vielleicht auseinanderzuwachsen. Nicht in seinem Namen, in seinem Andenken oder Glauben an ihn, – jeder nach seinem ganz sicheren eignen Wissen vom Sinn, vom Vorwärts, von der Richtung nach dem Himmel in der Welt. (TiU 183)

Mit Krastiks Tod fällt die spannungsgeladene Energie der wartenden Menge in sich zusammen. In eben diesem ungerichteten Auseinanderfallen besteht die Erlösung, die sich dem ungesicherten Tod dieses merkwürdigen Messias verdankt. Der Zusammenschluss zu einer solidarischen Erinnerungs- und Leidensgemeinschaft, gar unter der Führerschaft eines Messias bleibt aus. In einer Zeit wachsender antisemitischer Bedrängnisse hält der Roman emphatisch an den Errungenschaften der Aufklärung fest: an der Freiheit des Einzelnen, an der Emanzipation des Individuums vom Kollektiv.

Im selben Jahr, in dem *Die Tür ins Unmögliche* erscheint, veröffentlicht der Philosoph und Journalist Felix Weltsch, auch er ein Mitglied des engeren Prager Kreises, seine Abhandlung über *Gnade und Freiheit*. Die »Ansicht der modernen religiös gerichteten Philosophie«[18], die er darin erläutert, berührt sich eng mit den Auffassungen, die auch Baums Roman[19] zu erkennen gibt. Im zentralen Kapitel seiner Studie kritisiert Weltsch scharf den Vernunftbegriff der säkularen Moderne, und auch er spricht davon, dass eine »vollkommene Umwälzung« der Verhältnisse erforderlich sei.

> Ebenso wie Gnade und Freiheit in diesem tiefsten Streben zusammengehen, so nehmen sie auch den gleichen Standpunkt gegenüber den irdischen Gebundenheiten ein. Gemeinsam ist ihnen die Möglichkeit der Freiheit gegenüber der kausalen und der vitalen Notwendigkeit. Analog ist ihr Verhältnis zur Vernunft. Sowohl der schöpferische Wille als auch der göttliche Gnaden-Begriff sind ein Durchbruch aller Kausalität, sind aber auch irrational; nicht aufgrund einer vernünftigen Einsicht handelt der Begnadete so wie der Schöpferische, sondern aufgrund eines übervernünftigen Geschehens. Gnade und Freiheit stehen auf dem Standpunkt, dass nur eine vollkommene Umwälzung wahrhaft heilbringend sei [...].[20]

Die von Weltsch geforderte »vollkommene Umwälzung« inszeniert Baums Roman in seinem Schlussbild, das den »messianischen« Zerfall der »Völker, Statuten, Staaten, Begriffe« zeigt. Er lässt dabei in der Schwebe, ob und wie sich Krastiks Tod nun ›wirklich‹ zugetragen hat und wie er zu verstehen ist – als Tod eines Revolutionärs oder als das Herzversagen eines reichlich versponnenen, etwas schwächlichen Oberbeamten? Im Roman aber gilt nicht der Vorahnung auf das messianische Zeitalter das letzte Wort, sondern dem durchaus sozial-revolutionären Anspruch auf den ›Himmel auf Erden‹, damit nahelegend, dass im messianischen Zeitalter beides nicht mehr voneinander zu scheiden sein wird. Dass dieser sozialkritische Impetus ganz konkret zu verstehen ist – und nicht, wie Heinrich Heine es im *Wintermärchen* sarkastisch für die christliche Jenseitsvertröstung formuliert, als einlullendes »Eiapopeia vom Himmel« –, machen

---

18 Felix Weltsch: Gnade und Freiheit. Untersuchungen zum Problem des schöpferischen Willens in Religion und Ethik. München 1920, S. 106. Weltsch bezieht sich in diesem Kapitel vor allem auf Schriften der christlichen Mystik, der Einfluss Jakob Böhmes ist nicht zu übersehen. Weltsch schreibt: »[...] die menschliche Seele, öffnet sich durch die freie Wahl dem göttlichen Leben; indem sie ihr eigenes Ich, ihren eigenen Willen durch einen freien Willensakt auslöscht, wird Gott in ihr wirksam« (Felix Weltsch: Gnade und Freiheit, S. 106.) Die Abhandlung ist dem Freund Max Brod gewidmet, mit dem Weltsch bereits einige gemeinsame Veröffentlichungen zu religionsphilosophischen Fragen verfasst hatte.
19 Die Widmung des Romans gilt dem Andenken des Vaters von Oskar Baum, Arthur Baum. Mit dieser paratextuellen Markierung bekennt sich der Autor des Textes ›selbst‹ zur Verwurzelung seiner Positionsbestimmung im religiösen Judentum.
20 Weltsch: Gnade und Freiheit, S. 107.

zahlreiche Passagen deutlich, in denen der Roman soziale Ungleichheit zur konkreten Darstellung bringt und kritisch reflektiert.

Eine ›Prager Schule‹ des Magischen Realismus?

Die Tür ins Unmögliche trägt, so wurde eingangs unter Verweis auf Meyrinks *Golem* und Bubers *Drei Reden* nahegelegt, eine erkennbare ›Prager Handschrift‹. Die philosophischen Anschlüsse, die sich von Oskar Baums Roman zu Max Brod und Felix Weltsch herstellen lassen, stärken diese Beobachtung. Besonders augenfällig ist die Hommage, die der Roman mit seinem messianischen Oberbeamten Krastik an das Werk Franz Kafkas leistet. Geradezu überdeutlich erinnert Krastik, der aus seinem penibel geregelten Büroalltag plötzlich in die Mühlen einer grotesken Gerichtsbarkeit gerät, an viele der männlichen Protagonisten Kafkas. Die Zeitungen berichten von ihm als »K«. Im Unterschied zu den Figuren Kafkas allerdings ist der Austritt aus dem Alltag, den Baums Oberbeamter vollzieht, kein Akt der Entmachtung, der den Ahnungslosen überrascht. Sondern es ist ein Akt der lang herbeigesehnten Selbstermächtigung: Das überraschte Lamento, das Krastik bei seiner Verhaftung anstimmt, wird als eine von ihm inszenierte Farce geschildert, die den Umstand verschleiern soll, dass er sich selbst denunziert hat. Krastik mobilisiert bei der Verhaftung all seine schauspielerischen Kräfte um seine gespielte Überraschung glaubhaft zu machen. Die Täuschung gelingt, doch wird sich das Moment der Selbstermächtigung verlieren, darin – wie auch in den grotesken Momenten – weniger weit von Kafka entfernt, als es zunächst den Anschein haben könnte.

Die Tür ins Unmögliche zeichnet sich durch eine große Handlungsarmut und breit ausgeführte (religions)philosophische Dialoge aus.[21] Damit stellt sich die Frage, welche Bedeutung und Funktion Oskar Baum seiner literarischen Gestaltung des Messianismus-Themas zumisst, und was der Roman als literarisches Werk im Unterschied zu einer religionsphilosophischen Abhandlung – etwa zu Felix Weltschs Abhandlung über *Gnade und Freiheit*, etwa aber auch zu Hermann Cohens *Religion der Vernunft* – leistet oder doch leisten möchte. Ein Hinweis darauf, worin Baum spezifische Qualität des Literarischen in diesem

---

21 Literarisch gilt der Roman vor allem aus diesem Grund als wenig gelungen. In dem Lexikoneintrag zu Baum im Lexikon der deutsch-jüdischen Literatur etwa wird die *Tür ins Unmögliche* lediglich bei den Literaturangaben genannt, nicht aber weiter kommentiert. Gleichwohl ist die dort vorgenommene Einschätzung seines Werks auch für diesen Roman relevant: »Die Maxime der Herder-Vereinigung – Ablehnung von Assimilation bei gleichzeitiger Ablehnung eines jüdischen Staates – findet sich in vielen von B.s Erzählungen« (Eva Reichmann: Oskar Baum. In: Andreas Kilcher (Hg.): Metzler Lexikon der deutsch-jüdischen Literatur. 2., aktualisierte und erweiterte Aufl. Stuttgart 2012, S. 27–29, hier: S. 28, Sp. 1.)

Roman gesehen haben könnte, wird gegeben, wenn von einer der Figuren, einem Journalisten, an einer Stelle auch über Stilfragen gesprochen wird. »Er hatte«, heißt es von einem dieser Journalisten, die reißerisch über den »Fall K.« berichten, sich

> die überraschend schwierige Ausdrucksform, die verwirrende Satzstellung und knallende Knappheit der neuesten Modeschriftsteller schon zu eigen und immer ein paar funkelnde, noch fast nie gebrauchte Fremdwörter in Bereitschaft (TiU 87)

Statt der in Mode gekommenen »knallende[n] Knappheit« entscheidet sich Baum für ein bedachtsames Abwägen und wechselseitiges Beleuchten von Begriffen und Konzeptionen in den dialogreichen Partien seines Romans, und für den Entwurf ambivalenter und schillernder Situationen und Konstellationen in seinen beschreibenden Passagen. Weniger ›modisch‹ ist sein Erzählen damit nicht. Es folgt der ›Mode‹ eines magisch-realistischen Erzählens, dessen sich der Roman bedient, um seine religionsphilosophischen Dialoge zu transportieren. Weite Passagen des Romans bestehen aus Szenen, in denen der im Gefängnis inhaftierte Protagonist Gespräche mit seinen Besucherinnen und Besuchern führt, und von denen nicht zweifelsfrei zu entscheiden ist, ob sie tatsächlich stattfinden, geträumt sind oder als visionär ›geschaut‹ werden. Scheinbar werden Möglichkeiten zu einer ›realistischen‹ Deutung eröffnet, um gleich darauf wieder in Frage gestellt und in der nächsten Szene von neuen Ungewissheiten abgelöst zu werden. Die »Tür« in diesem Roman schlägt unablässig zwischen Möglichem und Unmöglichem hin und her, sie öffnet und schließt sich von der Anfangssequenz bis zur letzten Szene, dem merkwürdigen Tod des Protagonisten, der zweifach, aber doch eben ganz unterschiedlich beglaubigt wird. Versuche, die in der Romanhandlung selbst von den Hütern der gesellschaftlichen Ordnung unternommen werden, um den Fall Krastik mit psychoanalytischen Erklärungsmodellen einzuhegen, vernünftig zu erklären und rational verstehbar zu machen, werden der Lächerlichkeit preisgegeben und demontiert.

Fazit

Das soziale Gefälle, das zwischen dem Oberbeamten Krastik und der Wäscherin Helrit besteht, stellt den Roman in eine lange Tradition der Prager deutschen Literatur, in der (tschechische) Dienstmädchen und die heranwachsenden Söhne (deutschsprachiger) Bildungsbürger in Liebesverhältnissen zusammenfinden. Baum greift diesen Topos auf und schreibt ihm die scharfe Sozialkritik seines Romans ein. Im Vergleich mit Max Brod, dessen Roman *Ein tschechisches Dienstmädchen* (1909) ein Jahrzehnt vor Baums Roman erscheint, wird deutlich, dass Baum hier sehr viel schärfer sieht als sein Freund. In Brods Roman ist es ein junger Mann aus dem deutschsprachig-jüdischen Wiener Bildungsbürgertum, der von seinen Eltern zum Studium nach Prag geschickt wird. Dort soll er seine Jugendtorheiten ablegen und sich zu einem verantwortungsvollen Mann heranbilden. Bald schon geht er ein Verhältnis mit einem christlich-tschechischen Dienstmädchen ein. Die junge Frau wird schwanger. In ihrer Verzweiflung wählt sie den Tod im Wasser, Brods Held erfährt davon durch eine kurze Zeitungsnotiz. Diese wird ihm zum Anlass, das Schicksal der jungen Frau beredt zu beklagen, dabei allerdings nicht minder beredt noch einmal die eigene, durch die Liebesbegegnung beförderte Weiter- und Höherbildung vor seinem inneren Auge Revue passieren zu lassen.

Baums Roman erzählt von den ›einfachen Leuten‹ entschieden differenzierter. *Die Tür ins Unmögliche* nimmt sich Zeit, die Geschichte der Wäscherin Helrit auszuerzählen: Auch sie ist früh Mutter eines unehelichen Kindes geworden, ein ›gefallenes Mädchen‹. Im Blick auf die Frage jedoch, wie ihr ›Fall‹ einzuschätzen ist, ist der Roman außerordentlich klar: Helrit sieht für sich durchaus einen anderen Weg als den ins Wasser. Der Roman zeigt sie in der vollen, realistisch gezeichneten Ärmlichkeit ihrer Existenz, als eine alleinerziehende berufstätige junge Frau, die sich zu behaupten weiß.

Und schließlich, auch darin unterscheidet sich die Konstruktion des ungleichen Liebesverhältnisses in Baums Roman von Brods *Tschechische[m] Dienstmädchen* wesentlich, ist bei Baum die Schönheit der jungen Wäscherin nicht in ihrer erotischen Dimension für Krastik von Interesse. Ihre Schönheit wird ihm vielmehr zum Anlass für sein prinzipielles Nachdenken über die ethische Frage nach Gut und Böse. Sie steht im Zentrum des Romans. Krastik hat nämlich beobachtet, dass sich die junge Frau immer nur dann verwandelt, wenn sie mit ihrem körperlich verkrüppelten, bösartigen Kind zusammen ist. Dann entstellt sich ihre Schönheit zur hässlichen Fratze, ihre Sanftmut verwandelt sich in Grobheit. In den Nachtstunden hingegen, in denen das Kind schläft, zeigt sich ihre berückende Schönheit. Selbstvergessen singt sie beim nächtlichen Plätten und Zusammenlegen der Wäsche vor sich hin und ihre wunderbare Stimme ist in der ganzen Nachbarschaft zu hören. In dieser Doppelgesichtigkeit der jungen Wäscherin erkennt Krastik die Verlogenheit der vermeintlich aufgeklärten, säkularen Rede vom Menschen als dem Ebenbild Gottes.

> Phantastischer Aberglaube der Gottesabsetzer! Immer noch ziehen sie die geschminkte Göttin der Vernunft durch die Gassen der Stumpfen, Abgeplagten, deren leibliche Not zu nahe ist, als daß sie selbst erkennen könnten, sie sei nicht der letzte Grund von allem Übel.
> Und dieses über allem schwebende weltbeherrschende Zittern der Massen, die nur ihr Leben haben; Krampf des Aneinanderklammerns: Die rohe, feige Lüge, daß Fleisch und Blut jedes Durchschnittlichen Gottes Ebenbild sei. Ein Atmender wie der andere, genau soviel. (TiU 46f.)

Die fratzenhafte Entstellung der Wäscherin Helrit gibt Krastik Aufschluss über den Irrweg, den die »Gottesabsetzer« in ihrem »phantastischen Aberglauben« eingeschlagen haben. Es ist der Irrweg einer falsch verstandenen Aufklärung, die zu Lasten der sozial Schwachen geht. Der Roman beschreibt ihn in seinen verheerenden sozial-, geschlechter- und religionspolitischen Konsequenzen. Mit seiner parabelhaften Erzählung von einem Messias, der als Erlöser auftritt und scheitert, situiert er die Fundamente dieses Aberglaubens in der Zeit der Aufklärung und identifiziert sie als christlich-antijüdische und antisemitische. Die Botschaft seines scheiternden Messias verbindet er nicht mit einem religiösen Bekenntnis zum Judentum, sondern mit der Aufforderung zum Festhalten an einem Glauben, der allen Rückschlägen zum Trotz auf das Unmögliche gerichtet bleibt, denn »daß das Richtige, Reine sinnlos und erfolglos sein könnte, darf man nicht glauben« (TiU 177). Aus diesem gegen die ›Phantastik der Aufklärung‹ gewendeten Glauben mit seinem dezidiert sozialkritischen Impuls speist sich die sozialkritische Sprengkraft des Magischen Realismus in Baums ›jüdischem‹ Roman *Die Tür ins Unmögliche*.

Literaturverzeichnis

Bannasch, Bettina: Subversive Reichsmystik. Zur Modernität des Erzählens bei Elisabeth Langgässer. In: Moritz Baßler, Hubert Roland und Jörg Schuster (Hg.): Poetologien deutschsprachiger Literatur 1930–1960: Kontinuitäten jenseits des Politischen. Berlin et al. 2016, S. 195–213.

Baum, Oskar: Die Geopferten. In: Jüdische Selbstwehr (16.7.2015), S. 2f. [28.7.1915, S. 2–5].

Baum, Oskar: Die Tür ins Unmögliche. Wien, Darmstadt 1988 [1919].

Brod, Max: Der Prager Kreis. Stuttgart, Berlin, Köln und Mainz 1966.

Cohen, Hermann: Die Idee des Messias und die Menschheit. In: ders.: Kap. XIII Religion der Vernunft aus den Quellen des Judentums. Eine jüdische Religionsphilosophie. Mit einer Einführung von Ulrich Oelschläger. Wiesbaden 2008, S. 296–333.

Cohen, Hermann: Die Messiasidee. In: Jüdische Schriften. Bd. I, Berlin 1924, S. 105–124.

Dubbels, Elke: Figuren des Messianischen in Schriften deutsch-jüdischer Intellektueller 1900–1933. Berlin, Boston 2011.

Kohler, George: Der jüdische Messianismus im Zeitalter der Emanzipation: Reinterpretationen zwischen davidischem Königtum und endzeitlichem Sozialismus. Berlin 2014.

Popper-Lynkeus, Josef: Fürst Bismarck und der Antisemitismus. Wien, Leipzig 1925.

Reichmann, Eva: Oskar Baum. In: Andreas Kilcher (Hg.): Metzler Lexikon der deutsch-jüdischen Literatur. 2., aktualisierte und erweiterte Aufl. Stuttgart 2012, S. 27–29.

Scheffel, Michael: Magischer Realismus. Die Geschichte eines Begriffes und ein Versuch seiner Bestimmung. Tübingen 1990.

Schulte, Christoph: Messianismus ohne Messias. Utopische Vorstellungen bei Reformrabbinern, jüdischen Sozialisten und Zionisten (Seminartitel; Humboldt-Universität zu

Berlin; Wintersemester 2014/15). https://agnes.hu-berlin.de/lupo/rds;;jsessionid=EF C07ABC350BD8F27DE091F35EC10362.angua_reserve?state=verpublish&status=init& vmfile=no&publishid=92488&moduleCall=webInfo&publishConfFile=webInfo&publ ishSubDir=veranstaltung. Zuletzt aufgerufen: 14.01.2021.

Christoph Schulte: Der Messias der Utopie. Elemente des Messianismus bei einigen modernen jüdischen Linksintellektuellen. In: Julius H. Schoeps et al. (Hg.): Geschichte, Messianismus und Zeitenwende. Menora. Jahrbuch für deutsch-jüdische Geschichte. Bd. 11, Berlin, Wien 2000, S. 251–278.

Spector, Scott: Die Konstruktion einer jüdischen Nationalität – die Prager Wochenschrift ›Selbstwehr‹. Jahrbuch Brücken (2017) Nr. 6, S. 37–44.

Weltsch, Felix: Gnade und Freiheit. Untersuchungen zum Problem des schöpferischen Willens in Religion und Ethik. München 1920.

Jörg Schuster

Religion, instabile Zeichen, Wahrnehmungsekstasen –
Elisabeth Langgässers Magischer Realismus

›Von Gespenstern bewohnt‹ – Elisabeth Langgässer und das Judentum

Es ist außerordentlich schwer, über Elisabeth Langgässers Verhältnis zum Judentum zu sprechen. Die Literaturwissenschaftlerin Elisabeth Hoffmann, Enkelin Langgässers und Herausgeberin ihrer Briefe, weist vorsichtig darauf hin, »wie ambivalent die Autorin ihrer eigenen jüdischen Herkunft und der ihrer Tochter Cordelia gegenüberstand«.[1] Ihre Einstellung, so Hoffmann, sei gekennzeichnet durch die Tendenz zum »antisemitischen Vorurteil oder jedenfalls einem antijüdischen Affekt«[2]. Insbesondere das antisemitische Klischee des kalten Intellekts findet sich bei Langgässer immer wieder,[3] wobei sie nicht vor biologistischem Vokabular wie dem ›Blutsmäßigen‹ zurückschreckt.[4] Noch deutlicher fiel das Urteil der jüdischen Schriftstellerin Barbara Honigmann anlässlich des ihr verliehenen Elisabeth Langgässer-Preises 2012 aus. Dass die Autorin nach 1933 nicht ins Exil ging, sondern sich um die Aufnahme in die Reichsschrifttumskammer bemühte, prangert sie ebenso an wie die unsensible Art, auf die sie sich ihrer dem Vernichtungslager Auschwitz entkommenen unehelichen Tochter Cordelia gegenüber verhielt.[5]

---

1 Elisabeth Hoffmann: Zur christlich-jüdischen Problematik bei Elisabeth Langgässer. In: Karlheinz Müller (Hg.): Elisabeth-Langgässer-Colloquium 14. Juni 1989 in Darmstadt. Vorträge. Darmstadt 1990, S. 35–39, hier: S. 35; vgl. auch Wolfgang Frühwald: Das »Eckhaus im Norden Berlins«. Zu Elisabeth Langgässers und Cordelia Edvardsons Deutung des Judentums. In: Friedrich Gaede (Hg.): Hinter dem schwarzen Vorhang. Die Katastrophe und die epische Tradition. FS für Anthony W. Riley. Tübingen, Basel 1994, S. 209–216.
2 Hoffmann: Zur christlich-jüdischen Problematik, S. 35.
3 Als »Kultus der Vernunft« wird dies in Langgässers Roman *Das unauslöschliche Siegel* bezeichnet (Elisabeth Langgässer: Das unauslöschliche Siegel. Düsseldorf 1987, S. 502).
4 Vgl. Hoffmann: Zur christlich-jüdischen Problematik, S. 36.
5 Vgl. Barbara Honigmann: Jüdisches Schicksal? Über Elisabeth Langgässer. In: Sinn und Form (2012), Band 64, Heft 4, S. 504–515. Cordelia Edvardson war, als uneheliche Tochter von Elisabeth Langgässer (deren Vater vom Judentum zum Christentum konvertiert war) und dem

Den Terror, dem die jüdische Tochter im NS-Deutschland ausgesetzt war, schildert Langgässer auch im Epilog ihres monumentalen und seinerzeit stark beachteten Romans *Das unauslöschliche Siegel* (1946). Doch noch diese Darstellung zeichnet sich durch eine merkwürdige Ambivalenz aus. Einerseits werden diejenigen verflucht, die vergessen, welche Verbrechen an den jüdischen Kindern verübt wurden; andererseits werden diese als »altkluge[] Zwerge« bezeichnet, die »schon schmutzig, erkaltet und stumpf«[6] seien und »wie Böcke zu fremden Gesängen [hopsen]«.[7] Es bleibt für die Leserin und den Leser unklar, ob diese pejorativen Beschreibungen bewusst schockieren sollen, indem sie in der Darstellung des Grauens auf antisemitische Klischees anspielen.

Ähnliches gilt für die Schilderung des jüdischen Ghettos, die sich im Roman bereits 400 Seiten früher findet:

> Er lief die kurze Gasse entlang, die man Altschul-Reuel zu nennen pflegte, ein schmales, darmähnliches Straßengebilde, das sich sackartig aufblies und blind in einem Grasplätzchen endigte, das von vier, fünf Häusern umstanden wurde, die ihrerseits wieder mit offenen Höfen und übermauerten Gängen in dahinterliegende Gassen führten: in die ›Schächte‹, den Rabbihof und die ›Rosen‹, wo das kümmerliche Bordell des Städtchens sich eingenistet hatte und aus verhangenen Fenstern den Lichtschein der roten Pufflämpchen schickte. Zwei Ratten liefen mit grellen Pfiffen Herrn Belfontaine vor die Füße und verschwanden im Hof eines Kohlenhändlers, wo, an den schwarzen Halden vorüber, die nur durch einen Bretterverschlag vor dem Zugriff der Diebe gesichert waren, der Weg den Brandmauern des Bordells und der früheren Schächte entlangging, dann umbog und wieder auf andere Gassen und unregelmäßige Plätze führte, deren jeder ein Traumdelta ältester Namen und schlangenförmiger Niederungen aus vorgeschichtlichen Zeiten zu sein schien – tot, abgelagert vom Gang der Moräne und trotzdem durch seine Art und Weise, wie er kreisend in sich zurücklief, noch etwas von Flut bewahrend [...] Hier also war das frühere Ghetto, dachte Herr Belfontaine wieder, und daß diese Häuser von etwas anderem als von Gespenstern bewohnt sein sollten, war einfach nicht vorzustellen.[8]

Auch diese Darstellung ist düster bis ekelhaft, das Ghetto wird als chaotisches Gewirr dargestellt, in dem ein Bordell beheimatet ist und Ratten wuseln: »›Ein Labyrinth!‹ sagte Belfontaine zornig und stampfte mit dem Fuß. ›Welch ein Schmutz! Wie häßlich selbst in der Nacht! Dieses Stadtviertel taugt zu nichts weiter, als abgerissen zu werden.‹«[9] Es handelt sich um eine jener Heterotopien,

---

jüdischen Rechtsphilosophen und Staatsrechtler Hermann Heller, anders als Langgässers Töchter aus der Ehe mit dem katholischen Theologen und Philosophen Wilhelm Hoffmann, der Judenverfolgung im NS-Regime ausgesetzt.

6 Langgässer: Das unauslöschliche Siegel, S. 602.
7 Langgässer: Das unauslöschliche Siegel, S. 603.
8 Langgässer: Das unauslöschliche Siegel, S. 206 f.
9 Langgässer: Das unauslöschliche Siegel, S. 209.

wie sie für Langgässers Werk typisch sind.[10] In ihrem ersten Roman *Gang durch das Ried* (1936) schildert sie auf ganz ähnliche Weise »das öde Land«[11] eines ehemals von den französischen Besatzern benutzten Militärlagers, das inzwischen verwildert und nur noch von der Lagerhure bewohnt ist. Und bereits in der Erzählung »Mars« aus dem *Triptychon des Teufels* (1932) wird anhand eines von französischen Besatzungssoldaten in Beschlag genommenen Wirtshauses ein Ambiente des Schmutzigen und Gewalttätig-Orgiastischen entworfen. Charakteristisch ist, dass diese Unorte immer zugleich Orte der Transformation ins Religiös-Mythologische und schließlich häufig sogar Orte der Erlösung sind. Auch das im *Unauslöschlichen Siegel* geschilderte Ghetto ist nicht nur ein düsteres Labyrinth, vielmehr handelt es sich um ein magisches Territorium, das durch die semantische Aufladung in historischer und erdgeschichtlicher Hinsicht (*Traumdelta ältester Namen, Niederungen aus vorgeschichtlichen Zeiten*) Dignität besitzt.

Allerdings bleibt es, was die Darstellung jüdischer Kultur betrifft, bei solchen ambivalent-faszinierenden Beschreibungen. Sie sind erstens, wie der Epilog, höchst irritierend, da sie immer wieder auf den NS-Massenmord anspielen. So bemerkt der Protagonist Lazarus Belfontaine bei seinem Gang durch das Ghetto hinter einer verschmutzten Glasscheibe einen »Schuh- und Kleiderhaufen [, der] in der ungewissen Art, sich zu häufen und übereinanderzuschieben, fast etwas Menschenähnliches hatte und [...] einem Körper, an dem das Leichenhemd mitverwest, glich«[12]. In ihrem Zynismus verstörend ist insbesondere Belfontaines Bemerkung, er würde von der neuen Synagoge aus die Orientierung im Labyrinth des Ghettos wiedergewinnen – allerdings müsse zunächst »einer kommen, der wieder Feuer in ihr Gestühl wirft, damit wir die Richtung haben [...]«[13]. Zweitens aber führt die Schilderung des Jüdischen nicht zur diskursiven Auseinandersetzung, genauer: Die ästhetische Komplexität der Darstellung kontrastiert immer wieder mit der eindeutig(en) religiösen Aussage, die explizite Stellungnahme für Christentum und Katholizismus. Nicht zufällig trifft der Protagonist auf seinem Irrweg durch das Ghetto auf den Pfarrer, der einer Sterbenden im Bordell gerade die letzte Ölung gegeben hat – das Christentum garantiert Erlösung in der jüdisch konnotierten, verworfenen Umgebung. Und schließlich stellt auch für den – wie Langgässers Vater – einen Tag vor der Hochzeit konvertierten

---

10 Zum Begriff der Heterotopie vgl. Michel Foucault: Andere Räume. In: Karlheinz Barck [u. a.] (Hg.): Aisthesis. Wahrnehmung heute oder Perspektiven einer anderen Ästhetik. Essais. Leipzig 1990, S. 34–46.
11 Elisabeth Langgässer: Gang durch das Ried. Frankfurt a. M. [u. a.] 1981, S. 303.
12 Langgässer: Das unauslöschliche Siegel, S. 207.
13 Langgässer: Das unauslöschliche Siegel, S. 213.

Juden Belfontaine, obwohl die Autorin ihn sagen lässt, er sei »Israelit geblieben«,[14] die Taufe die Rettung, eben das »unauslöschliche Siegel« dar.

Eine ernsthafte Auseinandersetzung mit der jüdischen Kultur findet auch in den Briefen Langgässers an ihren Verleger und Freund, den deutsch und hebräisch publizierenden Schriftsteller und Herausgeber der *Sagen der Juden* Emanuel bin Gorion, zumindest soweit sie ediert sind, nicht statt, sie verbleibt gewissermaßen auf der sinnlichen Oberfläche. 1936, als bin Gorion nach Palästina emigrierte, schreibt sie an ihn und seine Mutter, sie säße gerne einmal in ihrer »Kachelküche und frässe [sich] durch alle Schleckerein der orientalischen Tafel! Denn wenn Ihr auch keine Abrahamszelte bewohnt, so weiss ich doch von Euch: Ihr würdet ein junges Kälbchen schlachten, einen unwahrscheinlich zarten Kuchen aus Weizenmehl bereiten und mir vorher ein Bad einlaufen lassen«[15]. Eine Stellungnahme zum Kulturzionismus, zur jüdischen Renaissance findet sich bei Elisabeth Langgässer nicht, wie sie generell eine intellektuelle Reflexion über ihr Verhältnis zum Judentum jenseits ihrer strikt christlichen Position und partiell sogar antisemitischer Stereotype vermeidet. Das kann man als Abwehrhaltung der eigenen familiären Vorgeschichte gegenüber interpretieren; jedenfalls ist im Hinblick auf Elisabeth Langgässer, wie Barbara Honigmann bemerkt,[16] nicht von einer jüdischen Identität oder einem jüdischen Schicksal zu sprechen. Gerade in ihrer Ambivalenz spricht dabei ihre Darstellung von Heterotopien wie dem jüdischen Ghetto jedoch eine eigene Sprache, denn faszinierend sind diese eben auch – oder: gerade – ohne die christliche Erlösung. Man könnte fast behaupten, der große ästhetische Reiz, den die erlösungsbedürftigen Heterotopien aufweisen, dekonstruiere das Telos der Erlösung, zumindest verdankt sich die poetische Komplexität und Qualität des Textes gerade ihnen. Eine solche Lesart darf freilich nicht so weit gehen, die deutlich christlich-religiöse ›Botschaft‹ eines Werks wie *Das unauslöschliche Siegel* zu ignorieren.

Religion und Modernität in den 1930er und 1940er Jahren – zur ausgebliebenen Kanonisierung Elisabeth Langgässers

Mit der literarischen Vermittlung einer christlichen Botschaft und der ästhetischen Komplexität sind bereits die beiden Pole genannt, die für Langgässers Werk charakteristisch sind. Während der religiöse Aspekt dazu führte, dass Langgässer in der unmittelbaren Nachkriegszeit eine viel beachtete, 1950 post-

---

14 Langgässer: Das unauslöschliche Siegel, S. 257.
15 Elisabeth Langgässer: Briefe 1924–1950. Hg. von Elisabeth Hoffmann. Band 1, Düsseldorf 1990, S. 268.
16 Vgl. Barbara Honigmann: Jüdisches Schicksal.

hum mit dem Georg-Büchner-Preis geehrte Autorin war, gilt sie aufgrund der ästhetisch-komplex-modernen Textur ihrer Werke heute als Geheimtipp, dessen Wiederentdeckung lohnenswert ist. Tatsächlich ist mittlerweile ein Großteil ihres literarischen Werks nur noch Spezialisten bekannt, lediglich einige ihrer zeit-kritischen Kurzgeschichten wie *Saisonbeginn* (1948) sind heute noch Bestandteil des Schulunterrichts.

Ihre wichtige Rolle innerhalb des literarischen Felds nach 1945 hingegen hängt erstens damit zusammen, dass sie zu den wenigen zumindest einigermaßen integren Autorinnen und Autoren gehörte, die während der NS-Diktatur in Deutschland geblieben waren. 1936 hatte sie als sogenannte ›Halbjüdin‹ Veröf-fentlichungsverbot erhalten. Unablässig arbeitete sie dennoch an ihrem opus magnum *Das unauslöschliche Siegel* weiter. Als der Roman 1946 veröffentlicht wurde, galt er als herausragendes Zeugnis dafür, dass eine in Deutschland ge-bliebene Literatin den Leistungen der Exilschriftstellerinnen und -schriftsteller wie Thomas Mann oder Anna Seghers etwas an die Seite zu stellen hatte.

Ein zweiter wesentlicher Grund für ihren Erfolg ist dabei darin zu sehen, dass Langgässer dem in der unmittelbaren Nachkriegszeit herrschenden Bedürfnis nach Sinnstiftung entgegenkam. Sie trat dezidiert als christliche Autorin auf, *Das unauslöschliche Siegel* bezieht als christlich-katholischer Roman im Rahmen eines heilsgeschichtlichen Entwurfs insbesondere gegen Reformation und Ra-tionalismus Stellung. Langgässers Erfolg in der unmittelbaren Nachkriegszeit und das schnelle Verblassen ihres Ruhms hängen also miteinander zusammen: Was nach 1945 der Sinnstiftung diente, wurde rasch von anderen literaturge-schichtlichen Entwicklungen überholt.

Gerade das christliche Sinnangebot trug in der Folge dazu bei, dass Langgässer von Kanonisierungsprozessen ausgeschlossen blieb. Allgemein steht Orientie-rung in religiös-konfessioneller Hinsicht als Wertungskriterium für die Literatur des 20. Jahrhunderts nicht hoch im Kurs. Schnell werden solche Werke vielmehr als christliche Erbauungsliteratur abgetan, die mit dem Vorwurf ästhetischer Trivialität oder reiner religiöser Didaxe konfrontiert wird. Als unantastbares Ideal für die literarische Moderne gilt spätestens seit dem Ende des 19. Jahr-hunderts die ästhetische Autonomie, die bewusste Verweigerung eines prag-matischen Nutzens. Allerdings macht man es sich mit solchen schlichten Anti-nomien zu einfach. Von Beginn an war die ästhetische Moderne mit Momenten der Anti-Moderne verknüpft. Das belegt deutlich die Faszinationskraft, die Primitivismus und Archaismus, aber auch die Mystik auf die ästhetische Mo-derne ausübten.

Müssen Religion und Modernität also notwendigerweise in einem Span-nungsverhältnis zueinanderstehen? Um diese – auch für die Jüdische Renais-sance relevante, im Falle Langgässers aber nolens volens nicht auf diese zu be-ziehende – Frage zu beantworten, soll der Blick auf einen früheren Text Elisabeth

Langgässers gerichtet werden, ihren bereits ein Jahrzehnt zuvor veröffentlichten Roman *Gang durch das Ried*. Seine Rezeption stand bislang zumeist im Schatten des späteren Romans; doch gerade an ihm lässt sich das Problem von Religiosität und ästhetischer Modernität in seiner ganzen Komplexität diskutieren. Zugleich weist die Frage nach der ausgebliebenen Kanonisierung in diesem Fall noch eine zusätzliche Facette auf. Der Roman wurde 1936 im ›Dritten Reich‹ veröffentlicht – unmittelbar bevor Langgässer Publikationsverbot erhielt und begleitet von hämischer Kritik der NS-Presse. In der NS-Zeitung *Rheinfront* wurde Langgässers Werk etwa als »ein Sud ausgebreiteter Untermenschlichkeiten« bezeichnet.[17] Dennoch fällt durch Veröffentlichungsort und -zeitpunkt ein Schatten auf das Werk. Noch immer gilt in gewisser Weise das Diktum Thomas Manns, »Bücher, die von 1933 bis 45 in Deutschland überhaupt gedruckt werden konnten, [seien] weniger als wertlos und nicht gut in die Hand zu nehmen. Ein Geruch von Blut und Schande haftet ihnen an; sie sollten alle eingestampft werden.«[18] Auch in diesem Fall helfen aber Pauschalurteile nicht weiter; die Frage, ob im Dritten Reich veröffentlichte Texte tatsächlich ›wertlos‹ sind, können wir aus heutiger Perspektive häufig vor allem aus dem Grund nicht beantworten, dass wir sie nicht ausreichend kennen, eben weil ihre Rezeption durch Verdikte wie dasjenige Thomas Manns behindert wurde. Dass eine Beschäftigung mit diesen Werken jedoch überaus sinnvoll und reizvoll sein kann – auch das kann am Beispiel von Langgässers *Gang durch das Ried* demonstriert werden.

›Unkraut hat viele Namen‹ Elisabeth Langgässers Roman *Gang durch das Ried* (1936)

Elisabeth Langgässer selbst war durchaus vom ambitioniert-avancierten Charakter ihres ersten Romans überzeugt: »[… Ich] denke […],« so schreibt sie 1934 an eine Freundin, »das sei überhaupt nichts, was man mit ›Roman‹ bezeichnet – oder eine neue künstlerische Art zu *sehen*, bereite sich in ihm vor. Ist es denn nicht seltsam: ein ›Entwicklungs‹-roman ohne Psychologie?«[19] Offensichtlich werden hier auf ästhetisch innovative Weise traditionelle Gattungsgrenzen und

---

17 Zit. nach Anthony W. Riley: Alles Außen ist Innen. Zu Leben und Werk Elisabeth Langgässers unter der Hitler-Diktatur. Mit einem Erstdruck des Aufsatzes »Die Welt vor den Toren der Kirche« (um 1925). In: Wolfgang Frühwald und Heinz Hürten (Hg.): Christliches Exil und christlicher Widerstand. Ein Symposion an der Katholischen Universität Eichstätt 1985. Regensburg 1987, S. 186–224, hier: S. 193.

18 Thomas Mann: Große kommentierte Frankfurter Ausgabe. Werke – Briefe – Tagebücher. Band 19, 1/2. Essays VI. 1945–1950. Hg. und textkritisch durchgesehen von Herbert Lehnert. Frankfurt a. M. 2009, S. 76.

19 Langgässer: Briefe, Bd. 1, S. 223.

-stereotype überwunden. Sehen wir uns vor diesem Hintergrund zunächst den Beginn des Romans genauer an: Beschrieben wird hier eine Heterotopie, das Niemandsland eines ehemaligen Militärlagers, das, nachdem die Soldaten abgezogen und die Bomben entschärft wurden, weitgehend verwüstet ist:

> Im Spätherbst des Jahres 1930 ging ein Mann über das verlassene französische Lager, das früher ein deutsches gewesen war [...]. Auf den breiten Kasernenstraßen, die durch leere Barackenreihen, an Stallungen, Vorratshäusern und Kantinen vorüberführten, wuchs dichtes, grünbraunes Gras, das jeden Schritt verschluckte und den Wandernden wesenlos wie eine Traumgestalt machte, die, wenn sie auch rufen würde, von niemand gehört werden könnte.[20]

Während die Umgebung exakt benannt und detailreich geschildert wird, bleibt der Protagonist gespenstisch wesenlos.[21] Zugleich gibt ein intertextueller Verweis den Deutungsrahmen vor, innerhalb dessen das geschilderte Subjekt zu sehen ist. Dass die Gestalt, »wenn sie auch rufen würde, von niemand gehört werden könnte«, spielt deutlich auf Rainer Maria Rilkes *Duineser Elegien* mit ihrer Klage über die metaphysische Verlassenheit des modernen Subjekts an: »Wer, wenn ich schriee, hörte mich denn aus der Engel / Ordnungen?« lauten die Eingangsverse von Rilkes 1922 veröffentlichtem berühmtem Gedichtzyklus.[22]

Rettungs- und erlösungsbedürftig erscheint jedoch zunächst insbesondere die sinnlich so prägnant geschilderte Umgebung in Langgässers Roman. Zu ihrer Beschreibung wird ein Vokabular gewählt, das deutlich mit dem Moment der Sündhaftigkeit konnotiert ist: Geschildert werden »befleckte Bänke und Tische, deren Holz, wo es irgend anging, unzüchtig tätowiert war«[23]. Verworfen aber ist diese Umgebung, weil sie das Produkt einer geschichtlichen Welt ist, die sich als Aufeinanderfolge von Gewalttaten und Kriegen präsentiert. Eindrücklich schildert Langgässer dies, indem sie, der Beschreibung des jüdischen Ghettos im *Unauslöschlichen Siegel* nicht unähnlich, den Blick gewissermaßen archäologisch in die Sedimentschichten des Kasernengeländes lenkt:

> Da liegen, zwei Schuhe tief, zerbeulte Konservendosen mit stinkendem Fleisch und Fischen, die schon vergoren sind, Patronentaschen, durchnäßt von der verwesten Gallerte vergangener Embryonen, Zigarettenschachteln und leere Hülsen, die noch einmal hochgeschleudert und wieder verschluckt sein mögen. Fünf Schuhe tief stecken Silbermünzen aus den napoleonischen Kriegen. Sieben Schuhe tief blättern leise die fetten gelblichen Würmer zermürbte Schädeldecken erschossener Spanier, Schweden

---

20 Langgässer: Gang durch das Ried, S. 7.
21 Vgl. Carolin Mülverstedt: Denn das Thema der Dichtung ist immer der Mensch. Entindividualisierung und Typologisierung im Romanwerk Elisabeth Langgässers. Würzburg 2000, S. 73 ff.
22 Rainer Maria Rilke: Werke. Kommentierte Ausgabe. Band 2, Hg. von Manfred Engel et al. Frankfurt a. M., Leipzig 1996, S. 201.
23 Langgässer: Gang durch das Ried, S. 8.

und deutscher Söldner um. Zwölf Schuhe tief ruhen Waffen und Schilde aus der ei-
sernen Römerzeit [...] [...] die Erde fraß immer weiter, fraß Fleisch, Erz, Gras, unter-
schiedslos in ihren dicken Bauch und trank Bäche von Blut dazu, die sogleich durch den
lockeren Sand der Wanderdünen hinunterflossen [...].[24]

Bereits im Blick auf diese Passage kann zweifellos attestiert werden, dass der Text
mit seiner Ästhetik des Hässlichen in Form eines exzessiven Reihungsstils weit
von jeder idealisierenden NS-Blut-und-Boden-Dichtung entfernt ist. Es handelt
sich geradezu um ein kritisches Gegenmodell: Pessimistisch und schonungslos
ist Geschichte hier als eine Geschichte von Kriegen geschildert, die wie ein Fluch
auf dem Landstrich liegt. Auch auf der Gegenwartsebene des Romans wird das
Kasernengelände kontinuierlich mit Schuld, Mord, Vergewaltigung und Prosti-
tution in Verbindung gebracht: »Dies war alles Lager und ewige Kaserne, war
Einquartierung und Grenzgebiet, auf dem Unrecht um Unrecht geschah.«[25]

Dies ruft die Frage nach den religiösen Implikationen solcher Beschreibungen
der Verworfenheit hervor. Langgässer selbst hat den schonungslosen Charakter
ihres Romans gerade mit dem Hinweis auf »die Kernwahrheiten des Christentums, die da Schuld, Erlösung und Gnade heissen«[26], legitimiert. Sie wehrt sich in
diesem Zusammenhang dagegen, Schuld als »trockene Kategorie«, als »theolo-
gischen Begriff ohne vorgestellten Inhalt«[27] aufzufassen. Vielmehr müsse der
Sünder »als konkrete Erscheinung: als Lustmörder, Wucherer, Ehebrecher unter
die Augen [...] kommen, zerlumpt und von seinen Lastern wie von Kleiderläusen
zerbissen!«[28]

Diese Einschätzung ist bei Langgässer bis in die 1920er Jahre zurückzuver-
folgen, als sie der katholischen Jugendbewegung nahestand; man kann im Hinblick auf diese Periode kulturgeschichtlich generell von einer »Rückkehr des
deutschen Katholizismus« sprechen.[29] Durch sie erfährt auch die zuletzt nochmals von Wolfgang Braungart konstatierte »Inkompatibilität von Katholizismus
und literarischer Moderne«[30] eine Relativierung. In ihrem frühen Essay *Die Welt
vor den Toren der Kirche* schreibt Langgässer, die Kirche solle »die geschöpfliche
Welt der Sünder [...] aufnehmen«;[31] wichtig ist ihr die Feststellung, »dass unsere
Religion eine Sünderreligion ist«,[32] sie spricht sogar von der »glückseligen

---

24 Langgässer: Gang durch das Ried, S. 12.
25 Langgässer: Gang durch das Ried, S. 48.
26 Langgässer: Briefe, Bd. 1, S. 258.
27 Langgässer: Briefe, Bd. 1, S. 258.
28 Langgässer: Briefe, Bd. 1, S. 258.
29 Thomas Pittrof: Katholizismus. In: Daniel Weidner (Hg.): Handbuch Literatur und Religion.
   Stuttgart 2016, S. 80.
30 Wolfgang Braungart: Literatur und Religion in der Moderne. Paderborn 2016, S. 389.
31 Riley: Alles Außen ist Innen, S. 205.
32 Riley: Alles Außen ist Innen, S. 203.

Schuld«.[33] Allerdings scheine seitens der offiziellen katholischen Kirche »alles, was schön, stark, wandlungs- und todesmutig ist, aus ihren Bezirken verbannt zu sein«[34]. Diese Betonung des Sinnlich-Konkreten bezieht sich freilich nicht nur auf den Bereich der Sünde, sondern äußert sich im Kontext der liturgischen Erneuerungsbewegung auch als Faszination für Liturgie, Ritus und Sakramente, für eine verleiblichte Form der Spiritualität.[35] Das »geschöpfliche Leben«, so schreibt Langgässer in *Die Welt vor den Toren der Kirche*, suche »vergeblich, mit zwei großen Strömen [in die Kirche] einzumünden: Mit dem Strom einer neuen Vitalität und einer Mystik, die ich im Gegensatz zu der rein innenbetonten Mystik des Mittelalters eine ›Weltmystik‹ nennen möchte.«[36]

Auch in Langgässers *Gang durch das Ried* treten die sinnlichen Beschreibungen nicht nur dort hervor, wo es um die Darstellung der Außenwelt als schuldbeladene Welt der Geschichte geht. Vielmehr folgen auch im engeren Sinne religiöse Schilderungen einem Programm sinnlicher Mystik; am prägnantesten geschieht dies wohl in der Darstellung des Wormser Doms, die im Aufbau des Romans genau die Mitte bildet. Eindrucksvoll ist bereits der Beginn dieser Szene, in der das Läuten der Domglocken geschildert wird:

> Dann läutete er. Das war, als ob er sich selber aufhob, um sich noch einmal zu erbauen und alles, was jener Schall bedeckte, in seinen Leib zu verwandeln: die Häuser, welche sich dicht an seine Flanken drängten, ihre Seufzer, ihr Geschrei, ihre Flüche, ihre geheimen Laster; dann weiter draußen die Brücke, den Strom mit seinen Schleppern; das Ackerland, Kraut und Unkraut, das, verbrannt, in den Himmel rauchte, und jenes Land, das noch tiefer lag, von keiner Pflugschar berührt und dennoch mit Blut gesättigt, mit Schuld um Schuld beladen [...][37]

Diese Schilderung besitzt deutlich religiös-mystische Züge; darauf verweist die Verwandlung in den *Leib* ebenso wie die erneute Thematisierung der *Schuld*. Zugleich handelt es sich hier um ein emphatisches sinnliches Wahrnehmungserlebnis, eine Wahrnehmungsekstase in Form einer akustisch motivierten synästhetischen Einheitserfahrung. Das Akustische erscheint dabei als zeugende, poietisch-dynamische Kraft: Der Dom ›erbaut‹ sich selbst und seine Umgebung noch einmal, verdoppelt die Realität also auf magische Weise in Form eines substantiellen Klang-Raums. Auf ähnliche Weise ist auch der Innenraum des Doms transformiert: »Alles war innen und außen zugleich. Wer einen Pfeiler berührte, ertastete sein eigenes Gebein; wessen Fuß an eine Erhöhung stieß, fühlte, wie er dem Stein traumhaft im Wege war.«[38] Die Grenzen zwischen Innen

---

33 Riley: Alles Außen ist Innen, S. 202.
34 Riley: Alles Außen ist Innen, S. 202.
35 Vgl. Sonja Hilzinger: Elisabeth Langgässer. Eine Biographie. Berlin 2009, S. 65.
36 Riley: Alles Außen ist Innen, S. 202.
37 Langgässer: Gang durch das Ried, S. 148.
38 Langgässer: Gang durch das Ried, S. 149.

und Außen sind innerhalb dieser magischen Transformationsästhetik aufgelöst, und ebenso erfährt das Verhältnis von Subjekt und Objekt eine Umkehrung. Mystisch-ekstatische Erfahrung wird hier offensichtlich durch literarische Techniken wie Synästhesie und Inversion höchst virtuos textuell inszeniert.

Ganz ähnliches vollzieht sich auf der Handlungsebene des Romans mit den Figuren. Hier ist auf Langgässers paradoxe Aussage zurückzukommen, es handle sich beim *Gang durch das Ried* um einen Entwicklungsroman ohne realistische Psychologie. Der Roman handelt grob gesprochen davon, dass der Protagonist versucht, seine verlorene Identität wiederzufinden. Am Beginn taumelt er nicht nur gespenstisch-wesenlos über das Kasernengelände, er ist auch, im wörtlichen Sinne, im Besitz einer falschen Identität. Er führt den Pass eines Jean-Marie Aladin mit sich, weiß jedoch, dass er diese Person nicht ist und kann sich, aus der Psychiatrie entlassen, nicht an seine tatsächliche Identität erinnern. Anti-rea-listisch und anti-psychologisch ist der Roman nun durch die Art und Weise, wie Identität hergestellt und verändert wird. Hier geht es nicht um das Abbilden oder Bezeichnen einer Realität, vielmehr schaffen umgekehrt Bilder und Zeichen Realität; im Roman wird das als »wunderliche Magie der Namengebung«[39] be-zeichnet. So gewinnt der fremde Name Jean-Marie Aladin auf magische Weise Gewalt über den Protagonisten: Er

> baute seinen Träger in einen anderen um [...]. Eines Tages ertappte er sich bei einer fremden Bewegung. Er krauste mit Daumen und Zeigefinger die Oberlippe empor, als ob da ein Bärtchen säße, und wußte im nämlichen Augenblick, daß dies Jean-Marie Aladin wäre; verbarg wie ein Dieb die Hände und nahm sie erst, als er allein war, vorsichtig wieder heraus. [...] Diese Hände gehörten ihm nicht, er wußte es untrüglich, obwohl er sie niemals vorher mit Bewußtsein betrachtet hatte, doch wiederum waren sie ihm auch nicht fremd und schlugen ihm jede das Bilderbuch ihrer Herkunft und Geschichte auf [...].[40]

Aladin geht gewissermaßen als wandelnde Leerstelle durch den Text, die all-mählich gefüllt wird. Seine Identität erscheint wie ein Puzzle, das nach und nach textuell zusammengefügt wird. Indem Figuren nach Belieben transformiert, falsche Passbilder und Namen in die Realität übersetzt werden können, werden hier sprachliche Zeichen und Namen als autonome und poietisch produktive Kräfte inszeniert. Hierin kann man die antirealistische und antipsychologische Modernität des Romans sehen. Dass die referentielle Funktion von Zeichen und Namen als dezidiert instabil angesehen wird, geht aus der im Zusammenhang mit Aladins Namensproblematik geäußerten, wiederum das Bildfeld der Erde und des – für die Heterotopie des öden Unlands charakteristischen – Unkrauts auf-greifenden programmatischen Bemerkung hervor, »es gäbe wohl Totensteine, die

---

39 Langgässer: Gang durch das Ried, S. 15.
40 Langgässer: Gang durch das Ried, S. 16f.

einen Namen zeigten, deren Träger schon weitergerutscht und unter den nächsten gerieselt sei, denn der Erde wäre nicht wichtig, wer unter ihr verfaule, und ob sie Wegerich, Weizen oder Wolfsmilch daraus mache«[41]. Entsprechend heißt es im weiteren Verlauf des Romans: »Unkraut hat viele Namen« – ein Satz, der wiederum auch auf Aladin bezogen wird: »Das ist nicht nur bei dem Unkraut so [...], wer verfolgt wird, muß sich verstecken, einmal scheren, einmal den Bart wachsen lassen; mal Hans, mal Peter heißen.«[42]

Genau mit dieser Problematik des Namens ist nun aber zugleich ein religiöses Erlösungsprogramm verknüpft. Das zeigt sich zunächst an einem Kind, das ›Lückenbüßer‹ genannt wird und gewissermaßen eine Parallelgestalt zum Protagonisten darstellt. Es ist ein uneheliches Kind, das die Frau des ›Lumpenmüllers‹ offensichtlich mit einem französischen Besatzungssoldaten gezeugt hat. ›Lückenbüßer‹ heißt es zum einen, weil seine Tante es anstelle eines eigenen Sohnes bei sich aufnahm, zum anderen weil ihm ein Zahn fehlt und er durch diese Lücke, wie die Leute sagen, für »das Unglück [seiner Herkunft] büßen muß«[43]. Gerade dieses Kind wird jedoch als eine mystische Lichtgestalt geschildert, etwa als Aladin ihn durch eine Luke des Dachbodens sieht: »Sein Gesicht war so hell, daß der Speicher davon erleuchtet wurde, das Balkenholz klärte sich, man bemerkte die Fasern und Knorren, der Raum wurde durchsichtig.«[44]

Ganz ähnlich verhält es sich mit dem Protagonisten Aladin; indem er fremde Identitäten annehmen kann, ist auch er in der Lage, Lücken zu füllen und dabei stellvertretend Schuld auf sich zu nehmen – so schließlich sogar die Schuld des französischen Soldaten Dodot, der als unehelicher Vater des Lückenbüßers angesehen wird: »Unzählige Dodots marschierten vorbei – – er war der letzte: es gab den gesuchten Dodot zwar gar nicht, doch weil Aladin eben namenlos war, ergriff ihn das Schicksal und setzte ihn ein, wo eine Lücke gefüllt, ein Unrecht gesühnt werden mußte.«[45] Diese Stellvertreterfunktion spielt am Schluss des Romans eine entscheidende Rolle. Werden in der Anfangspassage die Schuldbeladenheit des Kasernengeländes und die Verlorenheit des Protagonisten geschildert, so vollzieht sich am Schluss sowohl in jener topologischen als auch in dieser subjektiven Hinsicht eine Erlösung. Nochmals wird hier die Schuld thematisiert, die die Erde, das ehemalige Kasernengelände, in sich trage; es handle sich um einen Ort, der »das Unglück anziehe«, an dem sich das Unglück ständig wiederhole. Auf die Frage, was dagegen zu tun sei, antwortet ein alter, wie es heißt »versoffener« Bauer: »zuerst muß es regnen [...]. Regen ist gut und wäscht vieles herunter – aber er geht nicht tief. [...] Dann muß eine Träne fallen, die jemand unschuldig

---

41 Langgässer: Gang durch das Ried, S. 14.
42 Langgässer: Gang durch das Ried, S. 253.
43 Langgässer: Gang durch das Ried, S. 55.
44 Langgässer: Gang durch das Ried, S. 85.
45 Langgässer: Gang durch das Ried, S. 166.

weint. [...] Das Schwerste kommt noch. Ein Kind muß beim Spielen darüber-
laufen, ohne etwas zu wissen, und wegen gar nichts lachen – so ist die Stelle
erlöst.«[46] Erneut fällt in dieser märchenhaften, Züge einer Privatmythologie
tragenden Schilderung der detailliert-sinnliche Charakter auf, der nun auch die
Erlösung betrifft.

Während diese Möglichkeit jedoch nur angedeutet wird, kommt es auf andere
Weise tatsächlich zur Erlösung. Der Protagonist, der inzwischen seine wahre
Identität als Peter Schaffner wiedergefunden hat, gibt diese ein zweites Mal,
nunmehr freiwillig, auf. Er kehrt auf das Kasernengelände zurück, auf dem sich
die Mutter des Lückenbüßers als Prostituierte durchschlägt. Ihr gegenüber gibt er
sich abermals als ein anderer, als der Bruder des französischen Soldaten Dodot
aus:»Ich bin der Bruder des Dodot aus Nantes und stehe für ihn gerade.«[47] Noch
einmal wird in dieser Szene dabei die völlige Beliebigkeit der Namen und Personen deutlich. So behauptet der Protagonist, er sehe dem Bruder »so ähnlich,
[...] daß ich mich manchmal selber mit ihm verwechseln könnte«[48]. Die Lagerhure wiederum macht darauf aufmerksam, er und sein Bruder könnten doch
»nicht beide nur ›Dodot‹ heißen«.[49] Noch das im Roman entfaltete Versöh-
nungsprogramm, für die Schuld eines anderen einzustehen, beruht somit auf der
Übernahme falscher, beliebiger Namen.

Aus diesen Beobachtungen gilt es nun, einige Konsequenzen im Hinblick auf
das Verhältnis von Religion und literarischer Moderne bei Elisabeth Langgässer
zu ziehen. Zunächst einmal ist festzuhalten, dass uns Erlösung hier nicht als
säkularisiertes und subjektiviertes Konzept entgegentritt, wie dies seit dem Ende
des 18. Jahrhunderts auch in der Literatur häufig der Fall ist – auf prägnante
Weise etwa in der berühmten Sentenz aus Goethes *Faust II:* »*Wer immer strebend
sich bemüht*, den können wir erlösen.«[50] In solchen Konzeptionen, die mit dem
protestantisch-pietistischen Leistungs- und Individualitätsdenken in Verbindung zu bringen sind, hat das Subjekt seine Erlösung sehr diesseitig selbst in der
Hand; auf diesem Grundgedanken des strebenden Bemühens beruht der traditionelle Entwicklungs- und Bildungsroman, in dem es zur subjektiven Erfüllung
als säkularisierter Form der Erlösung kommen kann. Dem ist Langgässers
Konzeption diametral entgegengesetzt; Erlösung erscheint hier nicht als Leistung
oder Verdienst, sondern wird den Figuren auf oft paradoxe Weise zuteil, insbesondere durch das Prinzip der Stellvertretung. Wie Christus den Platz des
Sünders vor Gott einnimmt und damit Sühne leistet, so stehen hier Figuren

46 Langgässer: Gang durch das Ried, S. 287.
47 Langgässer: Gang durch das Ried, S. 327.
48 Langgässer: Gang durch das Ried, S. 331.
49 Langgässer: Gang durch das Ried, S. 331.
50 Johann Wolfgang von Goethe: Faust. Der Tragödie zweiter Teil. Werke. Hamburger Ausgabe.
   Hg. von Erich Trunz. Band 3, München 1989, S. 359, V. 11936f.

füreinander ein, füllen Lücken und nehmen die Schuld anderer auf sich. Erlösung ist somit nicht säkularisiert, vielmehr ist umgekehrt ein religiöses soteriologisches Konzept in die Handlungslogik des Romans integriert.

Damit ist literaturhistorisch eine Affinität Langgässers zum französischen *Renouveau catholique* festzustellen, wie ihn Wilhelm Kühlmann und Roman Luckscheiter in der Einleitung des von ihnen 2008 herausgegebenen Sammelbands *Moderne und Antimoderne. Der Renouveau catholique und die deutsche Literatur* charakterisieren. Als entscheidendes Kriterium benennen sie die »Überzeugung, dass es die Kunst im heraufkommenden Zeitalter des Nihilismus nicht mit den Konzepten des mittlerweile dominierenden Rationalismus und Psychologismus, sondern sehr wohl mit Metaphysik im Sinne der christlichen Botschaft [...] zu tun habe«[51].

Literatur und Religion treten bei Langgässer auf eine ganz spezifische Weise in ein Verhältnis. Ihre Position weicht dezidiert von derjenigen anderer Autoren der literarischen Moderne im deutschsprachigen Kontext ab, für die dieser Problemzusammenhang von Bedeutung ist. Eine religiöse oder pseudo-religiöse Ausrichtung lässt sich auch bei prominenten Dichtern des frühen 20. Jahrhunderts wie etwa Stefan George, Rainer Maria Rilke oder Georg Trakl feststellen. Auf jeweils unterschiedliche Weise finden sich bei ihnen poeta vates-Konzepte: Der Dichter inszeniert sich in der Rolle eines Sehers und Künders. Abermals bedeutet dies einen Akt der Säkularisierung: In dem Maße, in dem die Dichtung sakral wird, setzt sie sich zugleich an die Stelle der Religion. Genau dies ist bei Langgässer nicht der Fall. Nicht um Dichtung als säkularisierte Religion geht es bei ihr, sondern um Literatur, die in dem Sinne religiös ist, dass sie Strukturmuster wie Schuld, Erlösung und Stellvertreterschaft in sich aufnimmt und so poetisch aktualisiert. Durch die literarischen Verfahren, mittels derer sie dies vollzieht, partizipiert sie auf spezifische Weise an der literarischen Moderne.

Magischer Realismus

Religiöse Probleme wie Schuld und Erlösung spielen in Langgässers Roman *Gang durch das Ried*, wie zu sehen war, weniger in dem Sinne eine Rolle, dass inhaltlich-diskursiv über sie reflektiert würde. Vielmehr sind sie integriert in ein poetisches Konzept der Sinnlichkeit, die bis zur Ekstase reichen kann. Diese Hinwendung zum Sinnlichen im Zeichen des Religiösen hat zum einen mit be-

---

51 Wilhelm Kühlmann und Roman Luckscheiter: Einleitung. In: Wilhelm Kühlmann und Roman Luckscheiter (Hg.): Moderne und Antimoderne. Der Renouveau catholique und die deutsche Literatur. Beiträge des Heidelberger Colloquiums vom 12. bis 16. September 2006. Freiburg im Breisgau et al. 2008, S. 11.

reits erwähnten Aspekten wie der katholischen Liturgiebewegung und dem Renouveau catholique zu tun. Zum anderen partizipiert Langgässer an einer spezifischen Transformation der literarischen Moderne, wie sie in Deutschland
– von der Forschung (vor allem in komparatistischer Hinsicht) noch immer zu
wenig beachtet – in den 1930er-Jahren bei Autoren wie Günter Eich, Peter Hu-
chel, Friedo Lampe, Horst Lange, Wilhelm Lehmann, Oskar Loerke und Wolfgang Koeppen zu beobachten ist. Michael Scheffel hat für diese literarische
Strömung bereits 1990 die Bezeichnung *Magischer Realismus* vorgeschlagen.[52]
Auf charakteristische Weise ist in den Texten dieser Autoren das Wunderbar-
Metaphysische mittels komplexer semiotischer Verfahren in die Wirklichkeit
integriert. Insbesondere geht es in diesem Zusammenhang um spezifische
Wahrnehmungsformen, wie sie aus der nachexpressionistischen Malerei der
1920er Jahre – anhand derer der Kunsthistoriker Franz Roh den Begriff *Magischer Realismus* prägte[53] –, sowie insbesondere aus Fotografie und Film bekannt
sind. Es handelt sich gewissermaßen um einen ›überdrehten‹ Realismus, einen
übergenauen Blick, der durch zu große Detailschärfe ins Magische ›kippt‹ –
einzelne Momente werden »eingefrostet«[54] und beginnen dadurch gewissermaßen, kristallin zu leuchten.

Das Wunderbare wird zum Resultat einer bestimmten Form der Wahrnehmung, eines bewusst herbeigeführten Wahrnehmungsexperiments. Die Nähe,
die hierdurch zum Diskurs über Film und Fotografie seit den 1930er Jahren
besteht, kann gar nicht überschätzt werden. Aus der Sicht Martin Raschkes, des
Herausgebers der für den Magischen Realismus maßgeblichen Zeitschrift *Die
Kolonne*, wird die Abgrenzung zwischen »Wunder und Sachlichkeit« für jeden
hinfällig, der »einmal [im Zeitraffer] sich entfaltende Blumen sehen durfte«[55]. Ein
ähnlicher Verweis auf die wunderbaren Implikationen moderner Medientech-
niken findet sich auch bei einem prominenteren Theoretiker, dem man kaum
eine Nähe zum später im NS-Kulturbetrieb reüssierenden Martin Raschke at-
testieren würde. Walter Benjamin hebt in seiner *Kleinen Geschichte der Photographie* 1931 hervor, »die exakteste Technik [könne] ihren Hervorbringungen

---

52 Michael Scheffel: Magischer Realismus. Die Geschichte eines Begriffes und ein Versuch seiner
   Bestimmung, Tübingen 1990; vgl., auf Scheffel aufbauend oder in kritisch-produktiver
   Auseinandersetzung mit ihm: Burkhard Schäfer: Unberühmter Ort. Die Ruderalfläche im
   Magischen Realismus und der Trümmerliteratur. Frankfurt a. M. 2001; Jörg Schuster: Die
   vergessene Moderne. Deutsche Literatur 1930–1960. Stuttgart 2016; Torsten Leine: Magischer
   Realismus als Verfahren der späten Moderne. Paradoxien einer Poetik der Mitte. Berlin,
   Boston 2018.
53 Franz Roh: Nach-Expressionismus. Magischer Realismus. Probleme der neuesten europäischen Malerei. Leipzig 1925.
54 Vgl. Michael Scheffel: Magischer Realismus, S. 75.
55 Martin Raschke: Vorspruch. In: Die Kolonne. Zeitung der jungen Gruppe Dresden (1929),
   Jg. 1, Nr. 1, S. 1.

einen magischen Wert geben«[56]. Benjamin schildert die schockhafte Wirkung der Fotografie, die ein nachgeholtes übergenau-detailscharfes Erfassen dessen ermögliche, was – auch zum Schutz vor Reizüberflutung – in der flüchtigen Wahrnehmung ein »Optisch-Unbewußte[s]« bleibe: »Die Photographie mit ihren Hilfsmitteln: Zeitlupen, Vergrößerungen erschließt [... es]. [...] Die Photographie [eröffnet] in diesem Material [...] Bildwelten, welche im Kleinsten wohnen, deutbar und verborgen genug, um in Wachträumen Unterschlupf gefunden zu haben«.[57] Die durch semiotisch-mediale Techniken herbeigeführten Effekte des Wunderbaren liegen damit auf der Hand.

Während man die irrationalen Momente wie Religion, Magie und Mystik als antimodernen Aspekt bezeichnen könnte, stellen die semiotisch-ästhetischen Verfahren, indem sie formale und mediale Innovationen adaptieren, den ›modernen‹ Pol dar. Es handelt sich um jene Verfahren, die Langgässer im *Gang durch das Ried* durch die Darstellung von Wahrnehmungsekstasen und das produktive Spiel mit dynamisch-instabilen Namen und Zeichen ausstellt. Moderne Sprachautonomie sowie formal-mediale Innovationen einerseits und das religiöse Versprechen der Erlösung andererseits halten bei ihr souverän die Schwebe. Die Erlösung gelingt in ihrem Roman, indem sie moderne Formen ekstatischer Wahrnehmung inszeniert und über ihre Figuren als autonomes Material verfügt, das sich wie sprachliche Zeichen verhält. Gerade in diesem Sinne ist der Text ein religiöser Roman und ein Roman der Moderne.

Trügerische Münzen, leerdrehende Wagenräder: Elisabeth Langgässers Erzählung *Der gerettete Obolus* (1938)

Während Langgässers Roman *Gang durch das Ried* noch im Deutschen Reich veröffentlicht wurde, konnte die Erzählung *Der gerettete Obolus* 1938, nachdem Langgässer als ›Halbjüdin‹ aus der Reichsschrifttumskammer ausgeschlossen worden war, nur noch in Österreich erscheinen. Wie im *Gang durch das Ried* bildet in der Erzählung ein ekstatisches Wahrnehmungserlebnis das Zentrum des Texts. Und wie dort hängen die extreme Form der Wahrnehmung und instabile Zeichen mit der Erfahrung einer mystischen Einheit zusammen. Die Verfahren magischer Transformation und die für ihn zentrale semiotische Reflexion lassen sich somit anhand des *Geretteten Obolus* abschließend nochmals in pointierter Weise demonstrieren.

---

56 Walter Benjamin: Gesammelte Schriften. Hg. von Rolf Tiedemann et al. Bd. II/I, Frankfurt a. M. 1977, S. 371.
57 Benjamin: Gesammelte Schriften, S. 371.

Die Erzählung handelt von einer verwitweten Mutter zweier Kinder, die sich im Spätherbst des Kriegsjahrs 1917 auf den mühsam-langen Weg aus der Stadt in den Odenwald begibt, um bei Bauern ihr »letzte[s] Goldstück«[58] gegen Nahrungsmittel zu tauschen. Trotz des sehr konkreten Inhalts – bis hin zu burlesk-obszönen Dialogen – könnte man den Text zugleich auch als eine literarische Philosophie des Geldes bezeichnen, da sich in ihm alles – im Wortsinn – um eine Goldmünze dreht, die die Witwe unter ihrem Strumpfband befestigt hat. Oder handelt es sich bei näherem Hinsehen nicht vielmehr um eine zur Abstraktion tendierende Studie zum Problem der Zeit?

Wie so häufig in Werken des Magischen Realismus, lässt sich auch im *Geretteten Obolus* eine Textstelle finden, die auf geheimnisvolle Weise das Zentrum bildet. Es handelt sich um eine extreme Wahrnehmungserfahrung, die einen Zustand völliger Erstarrung erfasst. Die Witwe beobachtet auf ihrem Weg ein Pferdefuhrwerk:

> Der Fuhrmann knallte, die Räder kreischten und bewegten sich doch nicht schneller, vielmehr, sie schienen sich, weil der Wagen sehr lange auf gleicher Höhe der gekrümmten Bergflanke nachging, an Ort und Stelle zu drehen, als mahlten sie Wüstensand.[59]

Geschildert ist hier also, ganz im Sinne magisch-realistischer medialer Wahrnehmungsexperimente, eine durch eine perspektivische Verzerrung hervorgerufene optische Täuschung, die an die aus Filmen vertraute Wahrnehmungserfahrung einer Gleichzeitigkeit von Bewegung und Stillstand erinnert. Diese optische Irritation hat weitreichende Folgen: Auf unheimliche Weise scheinen die wahrgenommenen Gegenstände isoliert, dem Zeitfluss entrissen:

> [...] die Zeit stand still oder war diesem Ort völlig abhanden gekommen, so daß ihm also etwas zum Ort und damit zu seinem Wesen fehlte, was ihn den Menschen erkennbar machte, worin sie sich heimisch fühlen und Wohnung nehmen konnten. Denn Peitschenknall, Räderrollen und späterhin das Gebell eines Hundes und das durchdringende Winseln einer verrosteten Pumpe hingen für sich allein in der Luft und erschienen in jenem gespenstigen Raum als verzauberte Gegenstände [...]. Alles war da, doch ganz ohne Zeit, daher ihm das Werden abging und das Gewordensein – dafür aber freilich auch jede Täuschung, jeder Wechsel und jeder Betrug [...].[60]

Die durch die Wagenräder hervorgerufene optische Irritation führt also dazu, dass auch akustische Wahrnehmungen in ›verzauberte Gegenstände‹ transformiert werden. Der Stillstand der Zeit führt ferner auch zu einer gespenstischen

---

58 Elisabeth Langgässer: Der gerettete Obolus. In: Ausgewählte Erzählungen. Frankfurt a. M. [u.a.] 1980, S. 122–153, hier: S. 124.
59 Langgässer: Der gerettete Obolus, S. 131.
60 Langgässer: Der gerettete Obolus, S. 131.

Verwandlung des Raums – ohne die Zeit wird er für den Menschen wesenlos, unerkennbar, un-heimlich.

Die Wagenrad-Szene ist somit keine zufällige Episode, vielmehr stellt sie eine zentrale Wahrnehmungserfahrung dar, die in anthropologisch-philosophische Fragestellungen mündet. Die geschilderte Starre ist ein paradoxes Sein ohne Vergehen, ohne Wechsel, ohne die Möglichkeit zur Transformation. Diese Statik steht diametral dem für den Text entscheidenden Motiv der Münze und dem Thema des Gelds entgegen. Die Münze steht in ihrer Zeichenhaftigkeit für Bewegung, Unbeständigkeit, Gleiten und Fließen bis hin zur auch am Schluss der Wagenrad-Szene erwähnten Möglichkeit des Wechsels, der Täuschung und des Betrugs – gerade dadurch wird sie zum höchst menschlichen Kommunikationsmittel. Sie bedeutet etwas anderes und mehr als ihre reine Materialität, sie kann eingetauscht werden, einen Wert zugesprochen bekommen und ihren Wert verlieren. Ihre Bedeutung kann der Willkür ausgesetzt sein und deshalb – wiederum höchst menschlich – manipuliert werden.

Dass die ›Gültigkeit‹ der Münze unzuverlässig ist, geht besonders deutlich aus einer früheren Szene hervor; mittels eines in Nahaufnahme dargestellten Münzenwerfens (»die Münze flog in die Luft, überschlug sich, blitzte und fiel zur Erde, ein Borkenkäfer rannte darüber, das Schnurrbartgesicht des Kaisers starrte zum Himmel empor«[61]) möchte die Frau erfahren, ob ihr Besorgungsgang erfolgreich sein wird. Indem sie, vom Ergebnis enttäuscht, den Wurf wiederholt, tritt die Beliebigkeit des Orakels zu Tage:

> Daß dieses verlogene Ding, wie sie es innerlich nannte, sie einmal genarrt haben mußte, stand außer allem Zweifel; aber ob es sie schon zum ersten Male oder zum zweiten betrogen hatte; ob es gar, wie es auch fallen mochte, stets das Gegenteil dessen bedeutete, was es vorgab, zu prophezeien, wer wußte es? Seine Natur war Lüge, und Betrug das Handwerk, wovon es lebte, wodurch es heckte und ohne Mühe immer weiter und weiter rollte.[62]

Die Münze kann Beliebiges bedeuten, ihre einzige feste (und zugleich sehr umfassende) Bedeutung ist, auf einer Metaebene, ihre Lügenhaftigkeit oder, neutraler formuliert: der schwer restringierbare Verweischarakter des Zeichens, der zugleich als Endpunkt in einem Prozess zunehmender Entmaterialisierung markiert ist:

> zunächst war das Goldstück ein Goldstück gewesen, dann ein Goldstück mit einer Bedeutung, jetzt aber nur noch eine Bedeutung – eine, die plötzlich alles enthielt, was der Witwe in ihrem Leben an Lüge begegnet war, [...] an allen Versprechungen auch, die das Leben nicht eingelöst hatte [...][63]

---

61 Langgässer: Der gerettete Obolus, S. 126.
62 Langgässer: Der gerettete Obolus, S. 126.
63 Langgässer: Der gerettete Obolus, S. 127.

Die für das Zeichen ›Münze‹ konstitutive Differenz zwischen materialem Eigen-
und symbolischem Mehrwert[64] wird hier als ›Lüge‹, als ein Abweichen von einer
›wahren Identität‹ aufgefasst. Ein tendenziell autonomes Zeichensystem – sei es
monetär oder sprachlich-poetisch –, in dem der symbolische vom materialen
Wert abgekoppelt ist, bringt blendenden Schein, Fiktion hervor:

> der Goldlaib [war] von Wert und Bedeutung getrennt und abgeschnitten worden; nun
> war er ein Blendwerk, nichts weiter, und mußte daher trügen, indessen sein Wert, jeder
> Macht beraubt, durch die Hände der Menschen dahinglitt, wie alles geglitten war: der
> Rhein und die Kindheit, sie selber, der Jacques, der Jeanbaptiste.[65]

Mehr und anderes zu werden als das, was man ist, bedeutet somit nicht nur
Verlust und Lüge, sondern weist auch auf Temporalität, auf das Gleiten der Zeit
hin – es geht somit generell um die Möglichkeit der Transformation und der
Transgression. Mit der Münze, die »ohne Mühe immer weiter und weiter rollte«[66],
befinden wir uns somit am genauen Gegenpol zur in der Wagenrad-Szene ge-
schilderten Starre und Isolation. Und tatsächlich erscheint der Witwe vor dem
Hintergrund der gerade wahrgenommenen unheimlichen Starre das als Fließen,
als Wechsel der Bedeutung gefasste Täuschungspotential der Münze geradezu als
Rettung, als »geheime Hilfe: trug sie nicht gleichsam ein Abbild der Zeit, die da
unten mangelte, bei sich?«[67] In einer letzten paradoxen Umkehrung wird somit
gerade das Instabile, das Unzuverlässig-Fließende zum rettenden Festen: »So war
also wieder seltsamerweise dieser goldene Lügner das Feste geworden, worauf die
Frau ihre Hoffnung setzte.«[68]

Diese Hoffnung wird schließlich auch in materieller Hinsicht erfüllt, ja sogar
mehr als erfüllt, denn die Protagonistin erhält die erhofften Lebensmittel
schließlich, ohne die Münze eintauschen zu müssen. Die Erfüllung vollzieht sich
somit gerade jenseits der Versprechen der Münze. Dafür wird das Vexierspiel, in
dem Zeichen Leben oder Tod bedeuten, am Schluss der Erzählung auf die Spitze
getrieben. Die Bäuerin, bei der die Protagonistin schließlich einkehrt, hält ihren
im Krieg kämpfenden Mann für tot, da ihr seine Erkennungsmarke geschickt
wurde. Der Mann tritt jedoch zur Tür herein, das Zeichen hat getäuscht. Der
(fälschlich) den Tod bedeutenden Marke kontrastiert wiederum eine – alte römische – Münze, die der heimkehrende Soldat als Erinnerungsstück mitgebracht
hat. Sie sei, so berichtet er, bei einem Granateneinschlag aus der Erde gesprun-

---

64 Die prominenteste Darstellung dieses kulturgeschichtlichen Abstraktionsprozess hat bekanntlich Georg Simmel in seinem 1900 publizierten opus magnum *Die Philosophie des
   Geldes* geliefert.
65 Langgässer: Der gerettete Obolus, S. 128.
66 Langgässer: Der gerettete Obolus, S. 126.
67 Langgässer: Der gerettete Obolus, S. 132.
68 Langgässer: Der gerettete Obolus, S. 132.

gen, was er wiederum als ein Zeichen dafür deutet, dass sie sein Leben gerettet habe – ein Leben, das ihm nun, nach seiner Heimkehr, allerdings nichts mehr wert scheint, denn er hat seine Identität verloren, seine Rückkehr löst nur Erschrecken aus und seine Frau begrüßt ihn mit einem unehelichen Kind. Diesem schenkt der Soldat die Münze – womit ein letztes Mal alles fließt: Der Besitz, dessen Vererben von einer Generation zur nächsten auch unabhängig von der Blutsverwandtschaft erfolgt, ebenso wie die Bedeutung der Münze und des Lebens selbst.

Die Münze, der Obolus, erweist sich also im Fall der Städterin wie des Soldaten zugleich als rettend und als gerettet – im Fall des Soldaten ist jedoch fraglich, was, außer dem bloßen Leben, eigentlich gerettet wurde. Erneut scheinen hier nur die – in ihrer Lügenhaftigkeit durchschauten – Zeichen aufeinander zu verweisen: Der heimgekehrte Soldat legt das Erkennungszeichen in die eine, die römische Münze in die andere Hand und

> schüttelte seinen Kopf. »Gelogen«, sagte er eigensinnig. »Alles nur Lug und Trug.« Er betrachtete wieder die beiden Münzen, als schätze er sie ab. [...] Nun spuckte er in die linke Hand: »Du – bist der Lug und wiegst gar nichts.« In seine rechte: »Und du der Trug und bist noch weniger. Einerlei. Jeder lügt und betrügt und sagt gleichzeitig Ja und Nein. Ein Dreck seid ihr beide [...]!«[69]

Dies entspricht genau der Erkenntnis, die die Städterin kurz zuvor beim Münzenwerfen hatte. Gewissermaßen in einem Akt der Solidarität gibt sie daher ihre eigene Münze zu den beiden des Soldaten. Durch diese merkwürdige Trinität vollzieht sich eine merkwürdige mystische Transformation: Die Städterin merkte, dass sich ihr »Goldstück zurückverwandelt hatte«[70] – offenbar hat sich ein Tauschprozess höherer Art, jenseits alles Materiellen, vollzogen.

Die in Langgässers Erzählung geschilderte Handlung ist kaum der Rede wert. Und auch die Frage, was die Münzen denn nun bedeuten, scheint irrelevant, wenn man sich die vielen innerhalb des Textes vorgeführten Fehldeutungen vergegenwärtigt. Entscheidend ist, *dass* es diese Münzen gibt und *dass* sie ständig gedeutet werden. Oder, ganz abstrakt formuliert: Wichtig für einen Text ist, dass es Zeichen gibt – auch oder gerade, wenn sie nichts Festes bedeuten. Damit gleichen die Münzen und die Erzählung jenen Wagenrädern der Kutsche, die sich bewegen, ohne voranzukommen. Gerade ihre sinnlose Bewegung erscheint – von der visuellen in die akustische Wahrnehmung transponiert – als das Maß der Zeit. Vom Laut der Wagenräder heißt es in einer wunderbaren, surrealistisch wirkenden Beschreibung: »An ihrem Kreischen im Nebel wurde die Zeit gemessen.«[71] Der wichtigste Zweck von Langgässers Text scheint es zu sein, auf

---

69 Langgässer: Der gerettete Obolus, S. 152.
70 Langgässer: Der gerettete Obolus, S. 153.
71 Langgässer: Der gerettete Obolus, S. 137.

höchst irritierende Weise nichts als das Vorhandensein und zugleich die ›Sinn-losigkeit‹ von Zeichen und Zeit spürbar zu machen, die mit (beliebigem) Sinn gefüllt werden müssen. Die für Langgässer wie für den Magischen Realismus generell spezifischen Bewegungen der Transzendenz, der Transformation und Transgression haben somit offensichtlich mit einer grundsätzlichen bewusst konzipierten Instabilität der Zeichen zu tun; anders gesagt: Die mystisch-magi-sche Verwandlung geschieht im Horizont der Sprachautonomie der literarischen Moderne.

Name – Zeichen – ist Schall und Rauch, und letztlich kommt es innerhalb der Fiktion aufs Gleiche hinaus, ob ein Name, ein falscher Pass, der Schall der Kir-chenglocke oder eine Münze Dinge hervorbringt oder Schuld aufhebt. Die *ma-gisch-realistische Transformations-Poetik* steht offensichtlich in engem Zusam-menhang mit auf autonomen sprachlichen Zeichen beruhenden Textverfahren. Die Modernität magisch-realistischer Texte besteht darin, dass sie implizit und explizit reflektieren, dass die von ihnen *evozierte magische Welt als eine Welt von Zeichen funktioniert.*

Für Langgässers zweiten, wesentlich bekannteren Roman *Das unauslöschliche Siegel* gilt dies nur bedingt – gerade indem hier die semiotisch-religiöse Pro-blematik auf die Spitze getrieben wird, die Taufe als höchst kontingentes Zeichen, zugleich aber als Garant der Erlösung dargestellt wird. Auch dieses Werk lässt sich jedoch als moderner und christlicher Roman beschreiben, der sich nicht nur über eine realistische Psychologie, sondern auch über die Ordnungskriterien von Raum und Zeit hinwegsetzt. Dabei bilden Sünde und Erlösung aber nicht mehr nur wie im *Gang durch das Ried* in den Text integrierte Strukturmomente, sie sind vielmehr, auch indem das Sakrament der Taufe im Mittelpunkt steht, in weitaus stärkerem Maß dogmatisch in die christliche Heilgeschichte eingebun-den. In diesem Zusammenhang werden nicht nur der Katholizismus auf der einen und Protestantismus und Rationalismus auf der anderen Seite voneinan-der abgegrenzt, vielmehr bedient sich der Roman zudem eben auch antisemiti-scher Klischees, indem der Protagonist, der getaufte Jude Lazarus Belfontaine als kalter Rationalist dargestellt wird.

Eine andere Frage ist, wie es sich mit einer möglichen Übertragung der Langgässerschen Konzeption von Schuld, Stellvertretung und Erlösung ins Lebensweltliche verhält. Langgässer selbst sah etwa in ihrem Ehemann, dem Theologen und Philosophen Wilhelm Hofmann, den sie 1935 heiratete, den »priesterlichen Mann«, der die »gefallene Natur erlöst«.[72] Auf tragische Weise

---

72 Langgässer: Briefe, Bd. 1, S. 176, vgl. Hilzinger: Elisabeth Langgässer, S. 343; zum Problem-
   komplex der Erlösung in Werk und Leben Langgässers vgl. insbesondere Bettina Bannasch:
   Wie ein Flußlauf, der unter der Erde verschwindet und ein Stück weiter wieder zum Vorschein
   kommt. Zur Modernität des Erzählens bei Elisabeth Langgässer. In: Moritz Baßler, Hubert

unangemessen erscheint es schließlich, dass sie die Deportation ihrer unehelichen Tochter Cordelia nach Theresienstadt und Auschwitz 1944 als einen Akt der Stellvertreterschaft interpretiert: »Dela ist für mich freiwillig in den Tod gegangen«,[73] schreibt sie noch im Oktober 1945 an eine Freundin. Bis dahin kann es führen, wenn man poetisch-religiöse Strukturmuster ins Leben zu transponieren versucht. Die literarische Qualität ihres Werks im Spannungsfeld von Religion und literarischer Moderne bleibt davon unberührt. Nimmt man die produktiven Potentiale dieses Spannungsfelds ernst, so sollte über eine Revision des literarischen Kanons des 20. Jahrhunderts diskutiert werden.

Literaturverzeichnis

Bannasch, Bettina: Wie ein Flußlauf, der unter der Erde verschwindet und ein Stück weiter wieder zum Vorschein kommt. Zur Modernität des Erzählens bei Elisabeth Langgässer. In: Moritz Baßler, Hubert Roland und Jörg Schuster (Hg.): Poetologien deutschsprachiger Literatur 1930–1960. Kontinuitäten jenseits des Politischen. Berlin, Boston 2016, S. 195–213.

Benjamin, Walter: Gesammelte Schriften. Hg. von Rolf Tiedemann et al. Bd. II/1, Frankfurt a. M. 1977.

Braungart, Wolfgang: Literatur und Religion in der Moderne. Paderborn 2016.

Foucault, Michel: Andere Räume. In: Karlheinz Barck et al. (Hg.): Aisthesis. Wahrnehmung heute oder Perspektiven einer anderen Ästhetik. Essais. Leipzig 1990, S. 34–46.

Frühwald, Wolfgang: Das »Eckhaus im Norden Berlins«. Zu Elisabeth Langgässers und Cordelia Edvardsons Deutung des Judentums. In: Friedrich Gaede (Hg.): Hinter dem schwarzen Vorhang. Die Katastrophe und die epische Tradition. Festschrift für Anthony W. Riley. Tübingen, Basel 1994, S. 209–216.

Goethe, Johann Wolfgang v.: Faust. Der Tragödie zweiter Teil. Werke. Hamburger Ausgabe.Hg. von Erich Trunz. Band 3, München 1989.

Hilzinger, Sonja: Elisabeth Langgässer. Eine Biographie. Berlin 2009.

Hoffmann, Elisabeth: Zur christlich-jüdischen Problematik bei Elisabeth Langgässer. In: Karlheinz Müller (Hg.): Elisabeth-Langgässer-Colloquium 14. Juni 1989 in Darmstadt. Vorträge. Darmstadt 1990, S. 35–39.

Honigmann, Barbara: Jüdisches Schicksal? Über Elisabeth Langgässer. In: Sinn und Form (2012), Band 64, Heft 4, S. 504–515.

Kühlmann, Wilhelm und Roman Luckscheiter: Einleitung. In: Wilhelm Kühlmann und Roman Luckscheiter (Hg.): Moderne und Antimoderne. Der Renouveau catholique und die deutsche Literatur. Beiträge des Heidelberger Colloquiums vom 12. bis 16. September 2006. Freiburg i. B. et al. 2008.

Roland und Jörg Schuster (Hg.): Poetologien deutschsprachiger Literatur 1930–1960. Kontinuitäten jenseits des Politischen. Berlin, Boston 2016, S. 195–213.

73 Langgässer: Briefe, Bd. 1, S. 506f.

Langgässer, Elisabeth: Briefe 1924–1950. Hg. von Elisabeth Hoffmann. Band 1, Düsseldorf 1990.

Langgässer, Elisabeth: Das unauslöschliche Siegel. Düsseldorf 1987.

Langgässer, Elisabeth: Gang durch das Ried. Frankfurt a. M. et al. 1981.

Langgässer, Elisabeth: Der gerettete Obolus. In: Ausgewählte Erzählungen. Frankfurt a. M. et al. 1980.

Leine, Torsten: Magischer Realismus als Verfahren der späten Moderne. Paradoxien einer Poetik der Mitte. Berlin, Boston 2018.

Mann, Thomas: Große kommentierte Frankfurter Ausgabe. Werke – Briefe – Tagebücher. Band 19, 1/2. Essays VI. 1945–1950. Hg. und textkritisch durchgesehen von Herbert Lehnert. Frankfurt a. M. 2009.

Mülverstedt, Carolin: Denn das Thema der Dichtung ist immer der Mensch. Entindividualisierung und Typologisierung im Romanwerk Elisabeth Langgässers. Würzburg 2000.

Pittrof, Thomas: Katholizismus. In: Daniel Weidner (Hg.): Handbuch Literatur und Religion. Stuttgart 2016.

Raschke, Martin: Vorspruch. In: Die Kolonne. Zeitung der jungen Gruppe Dresden (1929), Jg. 1, Nr. 1.

Riley, Anthony W.: Alles Außen ist Innen. Zu Leben und Werk Elisabeth Langgässers unter der Hitler-Diktatur. Mit einem Erstdruck des Aufsatzes »Die Welt vor den Toren der Kirche« (um 1925). In: Wolfgang Frühwald und Heinz Hürten (Hg.): Christliches Exil und christlicher Widerstand. Ein Symposion an der Katholischen Universität Eichstätt 1985. Regensburg 1987, S. 186–224.

Rilke, Rainer Maria: Werke. Kommentierte Ausgabe. Band 2, Hg. von Manfred Engel et al. Frankfurt a. M., Leipzig 1996.

Roh, Franz: Nach-Expressionismus. Magischer Realismus. Probleme der neuesten europäischen Malerei. Leipzig 1925.

Schäfer, Burkhard: Unberühmter Ort. Die Ruderalfläche im Magischen Realismus und der Trümmerliteratur. Frankfurt a. M. 2001.

Scheffel, Michael: Magischer Realismus. Die Geschichte eines Begriffes und ein Versuch seiner Bestimmung. Tübingen 1990.

Schuster, Jörg: Die vergessene Moderne. Deutsche Literatur 1930–1960. Stuttgart 2016.

Theresia Dingelmaier

Magisch-realistisch und Märchen? Deutsch-jüdische Alltagsmärchen als Genresymbiose

> Es lebt und webt gar seltsam in diesen Märchen; es flüstert, es rauscht und raunt, die
> Blätter singen und die Bäume klingen, des Waldes Getier spricht seine geheimnisvolle
> Sprache, und ein Tönen, himmelhoch und abgrundtief zugleich, geht um in dieser
> wunderbaren Welt.[1]

Mit diesen Worten beschrieb die *Kölnische Zeitung* zu Beginn des 20. Jahrhunderts die 1906 erschienene Sammlung *Die Geschichten des Rabbi Nachman* des jüdischen Philosophen und Impulsgebers der Jüdischen Renaissance, Martin Buber. Die von diesem gesammelten und zusammen mit seiner Frau Paula Buber neuerzählten Geschichten wurden von ihm und der jüdischen Öffentlichkeit als erste jüdische Volksmärchensammlung einerseits und Erweckungserlebnis zu einem neuen jüdischen Dasein andererseits verstanden.[2] Die Gattung des (deutschsprachigen jüdischen) Märchens und die Jüdische Renaissance waren somit von Beginn an eng miteinander verflochten.

Im Folgenden soll nun eine Art genre- bzw. gattungsübergreifende Versuchsanordnung erfolgen. Es wird untersucht, ob bzw. auf welche Weise diese bei Buber begonnene Verbindung von Märchen und Jüdischer Renaissance in ihrer Fortführung und zunehmenden Modernisierung im jüdischen Kindermärchen in den 1920er Jahren eine dezidiert magisch-realistische Ausformung erhielt und damit auch, inwiefern im jüdischen Märchen eine neue und bisher nicht beachtete Form des Magischen Realismus der Zwischenkriegsjahre anzutreffen ist. Magisch-realistische Literatur zeigt, nach den einschlägigen Studien Michael Scheffels, die »Einbindung eines ›Geheimnisses‹ in die erzählte Welt«[3]. Er versucht – darauf wies bereits 1923 der österreichische Schriftsteller Franz Spunda

---

1 Martin Buber: Die Geschichten des Rabbi Nachman. Ihm nacherzählt von Martin Buber. Frankfurt a. M. 1906, o. S.

2 Vgl. Leon Kellner: Der chassidische Ossian. In: Ost und West. Illustrierte Monatsschrift für Modernes Judentum VII (1907), Nr. 2, S. 111–114; Theresia Dingelmaier: Das Märchen vom Märchen. Eine kultur- und literaturwissenschaftliche Untersuchung des deutschsprachigen jüdischen Volks- und Kindermärchens. Göttingen 2019, S. 181 ff.

3 Aufsatz Michael Scheffel in diesem Band, S. 36.

in seinem Werk »*Der magische Dichter*« hin – »*in seiner Realität das Irreale auszusprechen*«.[4] Wenn es soll nun vornehmlich um Märchen, genauer: kinderliterarische Alltagsmärchen, gehen soll, so wird eine Gattung behandelt, die per definitionem – falls man denn im Zuge des Magischen Realismus überhaupt von engen Genregrenzen sprechen kann – eigentlich gerade kein Teil eines so verstandenen Magischen Realismus ist.

Meines Erachtens nach ist eine solche Trennung jedoch nicht ganz klar und kann, in genauer Betrachtung der Texte, auch durchbrochen werden. Meine These ist, dass einige so untertitelte »Märchen«, die von deutsch-jüdischen Autorinnen und Autoren nicht nur, aber besonders in der Zeit und dem Umfeld der Jüdischen Renaissance entstanden sind, Ausgestaltungen magisch-realistischen Erzählens in deutscher Sprache darstellen. Um diese These plausibel zu machen, möchte ich zunächst grundsätzlich einige Impulse und Ideen aus der Literatur und Forschung zum Verhältnis von Märchen und Magischem Realismus in Erinnerung rufen. Dies mit dem Ziel, eben jene vielleicht in den Köpfen manifestierte Gattungs- bzw. Genregrenze zwischen Magischem Realismus und Märchen ein wenig brüchig werden zu lassen. Dabei wende ich mich dem hier etwas enger gefassten Begriff des Alltagsmärchens zu, der, wiederum, für eben jene Grenzaufweichung unabkömmlich ist. Im Zusammenfall von Jüdischer Renaissance und Märchenmode soll schließlich an ausgewählten Texten aus der Kindermärchensammlung der Autorin Frieda Mehler die These, dass sich die Märchenmode der Jüdischen Renaissance in magisch-realistischen Alltagsmärchen ausgestalten konnte und diese das Bild des deutschsprachigen Magischen Realismus bereichern, belegt werden.

1.   Gattungs- und Genrefragen: Magisch-realistische (Alltags-) Märchen?

Der Ursprung der Formel »Magischer Realismus« – wenn auch noch nicht im Sinne Fritz Strichs oder Franz Rohs – liegt, genauso wie auch jener der Bestimmung der Gattung Märchen im deutschen Sprachraum, im ausgehenden 18. Jahrhundert, in der Frühromantik.[5] Friedrich von Hardenberg spricht in seinem fragmentarischen *Allgemeinen Brouillon* von 1798 über »magische Idealisten« und »magische Realisten« und liefert darin eine erste, wenngleich nur schwache, Verbindungslinie zwischen Märchen und Magischem Realismus. Über das Märchen schreibt er im *Allgemeinen Brouillon* im Spätsommer 1798:

4 Franz Spunda: Der magische Dichter. Essays. Leipzig 1923, S. 17.
5 Vgl. Michael Scheffel: Magischer Realismus: Konzept und Geschichte. In diesem Band, S. 20.

In einem ächten Märchen muß alles wunderbar – geheimnißvoll und unzusammen-
hängend seyn – alles belebt. Jedes auf eine andre Art. Die ganze Natur muß auf eine
wunderliche Art mit der ganzen Geisterwelt vermischt seyn. Die Zeit der allgemeinen
Anarchie – Gesezlosigkeit – Freyheit – der *Naturstand* der *Natur* – die Zeit vor der *Welt*
(Staat). Diese Zeit vor der Welt liefert gleichsam die zerstreuten Züge der Zeit *nach der*
Welt – wie der Naturstand ein *sonderbares Bild* des ewigen Reichs ist. Die Welt des
Märchens ist die *durchausentgegengesetzte* Welt der Welt der Wahrheit (Geschichte) –
und eben darum ihr so *durchaus* ähnlich – wie das *Chaos* der *vollendeten Schöpfung.*
[...] Das *ächte Märchen* muß zugleich *Prophetische Darstellung* – idealische Dar-
stell[ung] – absolut nothwendige Darst[ellung] seyn. Der ächte Märchendichter ist ein
Seher der Zukunft.[6]

Eine solche idealische Darstellung sei sowohl bei magischen Idealisten als auch
magischen Realisten aufzufinden:

Jener sucht eine Wunderbewegung – ein Wundersubject – dieser ein Wunderobject –
eine Wundergestalt. Beydes sind *logische Kr[anckheiten]* – Wahnarten – in denen sich
allerdings das Ideal auf eine doppelte Weise offenbart, oder spiegelt – heilige – isolierte
Wesen – die das höhere Licht wunderbar brechen – Wahrhafte Profeten. So ist auch der
Traum profetisch – Carricatur einer wunderbaren Zukunft.[7]

Schon bei Novalis werden demnach Märchen und magischer Realismus bzw.
magischer Idealismus, in begriffliche Nachbarschaft gebracht. Beide tragen für
ihn prophetische Züge, beide stehen in einem engen und doch entgegengesetzten, ja spiegelnden, Verhältnis zur dargestellten Welt der Wahrheit bzw. Realität.
Wobei einschränkend angemerkt werden muss, dass der magische Realismus
hier bei Novalis noch nicht als ein Literaturstil existiert, sondern nur von einem
Subjekt die Rede ist, von dem magischen Realisten, also von einer Art anthropologischer Manifestation, und aus dieser sich ableitenden magisch-realisti-
schen/-idealistischen Weltsicht.

Der Grundgedanke Novalis' aber blieb auch in der germanistischen Forschung
zum Magischen Realismus gewahrt. Silke Schwaiger beispielsweise schreibt davon, dass in diesem die Wirklichkeit interpretiert wird, »bzw. in ihm wird die
Welt, die Wirklichkeit in der wir leben, ausgedrückt«[8]. Ebenso versucht das
Märchen in Novalis' Auffassung eine dichterische Bewältigung von Welt zu sein,
ein Spiegel, in dem die Wirklichkeit als eine Art höherer Wirklichkeit gezeigt
wird. In der Literatur der Moderne und Postmoderne schließlich, etwa in Günter

---

6 Novalis: Das Allgemeine Brouillon. Materialien zur Enzyklopädistik 1798/99. In: Richard Samuel (Hg.): Novalis: Schriften. Die Werke Friedrich von Hardenbergs. Darmstadt 1983, S. 207–
  478, hier: Nr. 638, S. 280 f.
7 Novalis: Das Allgemeine Brouillon, Nr. 234, S. 385.
8 Silke Schwaiger: Baba Yaga, Schneewittchen und Spaltkopf: Märchenhafte und fantastische
  Elemente als literarische Stilmittel in Julya Rabinowichs Roman Spaltkopf. In: Alman dili ve
  edebiyati dergisi (2013), Nr. 30, S. 147–163, hier: S. 161.

Grass' *Blechtrommel* oder dem *Butt*, Salman Rushdies *Midnight's Children* oder auch jüngst Julya Rabinowichs *Spaltkopf*, werden intertextuelle Märchenversatzstücke aus dem *Däumling*, *Der Fischer und syne Frau* oder den *Geschichten aus 1001 Nacht* zu einem magisch-realistischen Schreiben genutzt; das Märchen wird darin geradezu zu einem Stilmittel des Magischen Realismus.

Gegen eine solche begriffliche und stilistische Symbiose märchenhaften und magisch-realistischen Schreibens stellt sich allerdings die weitere terminologische Ausgestaltung des Magischen Realismus. Im 20. Jahrhundert greift der Kunstwissenschaftler Franz Roh auf der Suche nach einer neuen Bezeichnung für bildende Künstler des Nachexpressionismus jenen zum ersten Mal bei Novalis gefallenen Begriff des »magischen Realis[mus]« auf, verhilft ihm jedoch zu einem neuen Inhalt: »Mit ›magisch‹ im Gegensatz zu ›mystisch‹ sollte angedeutet sein, daß das Geheimnis *nicht* in die dargestellte Welt eingeht, sondern sich hinter ihr zurückhält« [Herv. T. D.].[9] Diese erste Spezifizierung magisch-realistischer Kunst stellt sich dem beispielsweise aus den Grimmschen *Kinder- und Hausmärchen* bekannten, mit märchenhaftem Wunderbaren durchsetzten Märchen entgegen. Sei doch gerade das Wunderbare, so der Schweizer Märchenforscher Max Lüthi, die Lebensluft und das Durchdringungselement des Märchens. Lüthi beschreibt fünf Wesensmerkmale des europäischen Volksmärchens: Eindimensionalität, Flächenhaftigkeit, Wirklichkeitsferne, abstrakter Stil, Isolation und Allverbundenheit, Sublimation und Welthaltigkeit.[10] Nicht nur das alles umfließende Wunderbare, sondern auch die »Wirklichkeitsferne« scheint so auf den ersten Blick nicht zum Magischen Realismus zu passen. Michael Scheffel, der für magisch-realistische Literatur zwar, analog zum Märchen, ein homogenes Realitätssystem und auch eine dem märchenhaften »Es-war-einmal« entsprechende zeit- und ortlose Unbestimmtheit bzw. Allgemeinheit – Max Lüthi spricht im Zusammenhang mit der Gattung Märchen von einer »Allverbundenheit« – für magisch-realistisches Erzählen feststellt, merkt in diesem Zusammenhang an, dass, nun anders als im idealtypischen Volksmärchen grimmscher und lüthischer Prägung, im Magischen Realismus »direkt auf die zeitgenössische Erfahrungswirklichkeit«[11] Bezug genommen wird. Und auch Wendy B. Faris fasst Magischen Realismus, anders als das von Wundern durchwachsene Märchen, wie folgt zusammen: »Very briefly, magical realism combines realism and the fan-

---

9 Franz Roh: Vorwort, in: Ders.: Nach-Expressionismus. Magischer Realismus. Probleme der neuesten europäischen Malerei. Leipzig 1925, o. S.
10 Vgl. Max Lüthi: Das europäische Volksmärchen. Form und Wesen. 11. Aufl., Tübingen, Basel 2005, S. 8ff.
11 Michael Scheffel: Die poetische Ordnung einer heillosen Welt. Magischer Realismus und das »gespaltene Bewußtsein« der dreißiger und der vierziger Jahre. In: Matías Martínez (Hg.): Formaler Mythos. Beiträge zu einer Theorie ästhetischer Formen. Paderborn et al. 1996, S. 163–180, hier: S. 166.

tastic in such a way that magical elements grow organically out of the reality portrayed.«[12]

Diese scheinbare Inkongruenz der Genres Märchen und Magischer Realismus kann allerdings unter Heranziehung von Novalis' Anmerkungen zum magischen Realismus/Idealismus und den Bestimmungen, die Max Lüthi zum Märchen formuliert, aufgelöst werden. Beide entwerfen zwar ein Bild des Märchens als »durchausentgegengesetzte Welt der Welt« und wirklichkeitsfern, beide betonen jedoch auch die Welthaltigkeit, das Potential der Spiegelung der Welt im Märchen. Einerseits ist das Märchen das Völlig-Andere, eine Nichtwelt, andererseits aber auch eine Art höhere Wirklichkeit, wie sie von Aristoteles für die Fiktion im Allgemeinen formuliert wurde. Darüber hinaus, und für die im Folgenden im Fokus stehenden Textbeispiele umso wichtiger, kann die Gattung Märchen und das Genre Magischer Realismus unter Zuhilfenahme einer bestimmten Subgattung des Märchens, das in der Märchenforschung bisher vor allem auf den osteuropäischen und russischen Sprachraum angewandte »Alltagsmärchen«, in Kongruenz gebracht werden.

»Alltagsmärchen«, zeichnen sich, so die *Enzyklopädie des Märchens*, durch einen »stärkeren Bezug auf Themen des alltäglichen Lebens und eine realistischere Darstellungsweise«[13] aus. Wie auch die Dichter magisch-realistischer Literatur, so versteht sich das »Alltagsmärchen« als eine Darstellung von Wirklichkeit, bei der hinter einer »sinnlich erfahrbaren Oberfläche« eine »magische Tiefenstruktur«[14] spürbar wird. Das Wunderbar-Märchenhafte ist zwar Teil der dargestellten Welt, doch tritt es hinter eine scheinbar alltägliche, den Lesenden bekannte und vertraute Welt zurück, verfremdet, verzerrt und durchwächst sie subtiler als das Zaubermärchen.

In den Augen der Vertreter des Magischen Realismus, so Jörg Krappmann im Handbuch *Phantastik*, stellte das Kompositum »Magischer Realismus« kein Oxymoron dar, sondern eher einen Pleonasmus. »Magisch« ist als Präzisierung eines aus Sicht des Dichters und der Dichterin sowieso schon wunderbar, also märchenhaft verstandenen Welt- und Realitätsbildes zu sehen. Und genau diese zunächst antithetisch, aber eigentlich pleonastisch, zu verstehende Verbindung knüpft auch die beiden Begriffe »Alltag« und »Märchen« im »Alltagsmärchen« aneinander. Im Alltagsmärchen wird im Gegensatz zum »Zaubermärchen« auf

---

12 Wendy B. Faris: Scheherazade's Children: Magical Realism and Postmodern Fiction. In: Lois Parkinson Zamora (Hg.): Magical Realism: Theory, History, Community. Durham 1995, S. 163.

13 Doroteja Dobreva: Alltagsmärchen. In: Rolf Wilhelm Brednich (Hg.): Enzyklopädie des Märchens. Handwörterbuch zur historischen und vergleichenden Erzählforschung. Band 14, Berlin, Boston 2014, Sp. 1501–1503, hier: Sp. 1502.

14 Jörg Krappman: Magischer Realismus. In: Hans Richard Brittnacher und Markus May (Hg.): Phantastik. Ein interdisziplinäres Handbuch. Stuttgart, Weimar 2013, S. 529–536, hier: S. 533.

die Darstellung einer gänzlich wunderbar durchwachsenen Welt verzichtet, das Wunderbare bildet vielmehr die zum Teil auch bedrohlich wahrgenommene Tiefenstruktur der scheinbar realistischen Welt. Ein Beispiel einer solchen Überlagerung märchenhaften und magisch-realistischen Erzählens – wenn auch noch weit vor der dargestellten begrifflichen Schärfung – ist das bereits im 19. Jahrhundert entstandene *Moderne Märchen* der deutsch-jüdischen Autorin Fanny Lewald. Geboren 1811 in Königsberg gilt Fanny Lewald heute als eine der berühmtesten deutschen Romanautorinnen des 19. Jahrhunderts. Unter ihren frühen Werken findet sich ein 1841 entstandenes Kindermärchen, dessen auto-diegetische Erzählinstanz zunächst den typischen Alltag eines gutbürgerlichen Mädchens im bald heiratsfähigen Alter im 19. Jahrhundert schildert; »Man machte Musik, spielte Karten, und die junge Welt trieb sich so in den Zimmern herum, wie es nur im Beginne des Winters möglich ist, wenn die verschiedenen Kotterien [...] und die kleinen Intrigen sich noch nicht gebildet haben.«[15] In Lewalds »Modernem Märchen« aber zeigt dieser nur dem ersten Schein nach normale Alltag ein phantastisch-wunderbares Gesicht: Die weibliche Erzählfigur, die am Übergang vom »Backfisch«-Alter zur erwachsenen Frau steht, verliebt sich in einen Tier-Menschen, einen Fisch im Menschen- bzw. Manneskörper. Von diesen kommen im »Modernen Märchen« drei vor, Graf Salm, Assessor Hecht und auch der bereits ihre Großtante Renate umwerbende »Obrist Belaigle«. Sie alle bergen hinter ihrer menschlich-realistischen Oberfläche nicht nur eine tie-risch-kalte Fischgestalt, sondern auch ein bedrohliches Schicksal für die um-worbenen Mädchen. Die dargestellte bürgerliche Wirklichkeit wird unheimlich-magisch unterwandert, dies jedoch von den Figuren nur unbewusst wahrge-nommen – »ich fühlte, dass hier irgendein Geheimnis verborgen«[16] ist das ein-zige, was der Ich-Erzählerin Bertha am nach außen hin »wunderhübschen« Fischmann auffällt. Das Abgründig-Magische würde erst nach der Heirat sein wahres, gefühllos-kaltes Wesen entfalten und die Frauen in lebenslanges Unglück stürzen. Bertha kann jedoch von ihrer Großtante, die als Sonntagskind Einsicht in diese magische Sphäre hat, gerettet werden und am Ende in ihren wohlbe-hüteten, oberflächlichen Alltag zurückkehren: »Die Reise und der Aufenthalt im Bade zerstreuten mich vollends, da der Eindruck, den der Baron auf mich ge-macht hatte, wirklich nur ein sehr flüchtiger war.«[17]

Wie Jörg Schuster zeigt, verwies bereits einer der führenden magischen Rea-listen der 1930er Jahre, Martin Raschke, darauf, dass es unmöglich sei, »»Wunder

---

15 Fanny Lewald: Modernes Märchen. In: Shawn C. Jarvis (Hg.): Im Reich der Wünsche. Die schönsten Märchen deutscher Dichterinnen. München 2012, S. 209–222, hier: S. 210.

16 Lewald: Modernes Märchen, S. 215.

17 Lewald: Modernes Märchen, S. 222.

und Wirklichkeit voneinander abzugrenzen««.[18] Der nur scheinbar realitätsnahe Alltag im Magischen Realismus wie auch im Alltagsmärchen ist demnach eigentlich ebenso vom Märchenwunderbaren durchtränkt wie die Wunderwelt des grimmschen Volksmärchens, jedoch zeigt sich dieses Wunderbare subtiler, es erscheint nicht als Bruch, aber doch – in den Worten Michael Scheffels – als »besonderer atmosphärischer Hintergrund«[19] der die außerfiktionale Wirklichkeit spiegelnden Märchenhandlung.

2. Märchenmode, Jüdische Renaissance und Magischer Realismus

1901 erschien Martin Bubers Text *Die jüdische Renaissance,* der den Beginn einer kulturzionistischen Erneuerungsbewegung im 20. Jahrhundert markiert. Die von Buber ausgerufene »Jüdische Renaissance« sollte eine Überwindung von »Ghetto und Golus« der Juden hervorbringen, und in eine Art »Auferstehung«, ein »Erwachen, das ein Wunder ist«[20] münden. Es ging um nichts weniger als die Überwindung von Assimilation und religiöser und spiritueller Leere sowie nationaler Heimatlosigkeit. Mittel einer solchen Wiedergeburt des Jüdischen sollte »ein Neuschaffen aus uraltem Material«[21] sein, die Renaissance aus alten Quellen heraus erfolgen. Ein solches »Urmaterial« fand Martin Buber zu Beginn des 20. Jahrhunderts in den von seinem Großvater gesammelten chassidischen Legenden, Sagen und Lehren, die er u. a. in jener eingangs zitierten Geschichtensammlung *Die Geschichten des Rabbi Nachman* einer breiten jüdischen Öffentlichkeit zugänglich machte und sie noch dazu zu ihrem Erscheinen ausdrücklich als die »erste jüdische eigentliche Märchensammlung«[22] vorstellte. Buber blieb nicht der einzige Märchenschreiber im Umkreis der Jüdischen Renaissance;[23] auch der spätere Direktor der Tel Aviver Stadtbibliothek und Mitbegründer der National Library in Jerusalem Heinrich Loewe schrieb um die Jahrhundertwende bereits Märchen für jüdische Kinder sowie auch, unter anderen, Irma Singer,

---

18 Jörg Schuster: Formexperimente des Magischen Realismus der 1930er-Jahre. Zwischen ideologischer Implikation, medialer Wissensform und ästhetischer Subversion. In: Graduiertenkolleg Literarische Form (Hg.): Formen des Wissens. Epistemische Funktionen literarischer Verfahren. Heidelberg 2017, S. 315–333, hier: S. 321.

19 Scheffel: Die poetische Ordnung, S. 167.

20 Martin Buber: Jüdische Renaissance. In: Ost und West (1901), Nr. 1, S. 7–10, hier: S. 7.

21 Buber: Jüdische Renaissance, S. 9.

22 Martin Buber: Jüdische Märchen. In: General-Anzeiger für die gesamten Interessen des Judentums 4 (1905), Nr. 35, S. 5.

23 1901 hatte auch seine damalige Partnerin Paula Winkler in einem Artikel in »Die Welt« die Schaffung von jüdischen Märchen gefordert: Paula Winkler: Die jüdische Frau. In: Die Welt 5 (1901), Nr. 46, S. 6–7.

Cheskel Zwi Klötzel und Ludwig Strauß, dessen Märchensammlung *Die Zauberdrachenschnur* sogar in mehrere Sprachen übersetzt und bis hinein in die 1980er Jahre verlegt wurde.[24] Diese bereits eingangs angesprochene Verbindung von Jüdischer Renaissance und der Gattung Märchen war zu Beginn des 20. Jahrhunderts Teil einer im deutschsprachigen Raum um sich greifenden Märchenmode, die eng mit neuen literaturpädagogischen und entwicklungspsychologischen, aber auch nationalen und bisweilen völkischen Ideen verbunden war. Als Volksmärchen fungierte die Gattung in der Kaiserzeit als »kulturelles Erbe des gesamten Volks«.[25] Scheinbar uraltes Erzählgut sollte als »Schatzhaus« einer verloren gegangenen bzw. jüngst wiedergefundenen Nationalität dienen – sowohl einer deutschen als auch, was Martin Buber und sein Umfeld betraf, einer jüdischen. Doch auch reformpädagogische Strömungen, die Jugendschriften- und Kunsterziehungsbewegung entdeckten das Märchen nun für sich; es sei, so hob beispielsweise Heinrich Wolgast hervor, jene literarische Gattung, die »das im eigentlichen Sinne Kindliche«[26] ansprache. Die ›Märchenmode‹ hielt über den 1. Weltkrieg und in der Weimarer Zeit an. Spätestens mit Charlotte Bühlers entwicklungspsychologischer Studie *Das Märchen und die Phantasie des Kindes* aus dem Jahr 1918 hatte sich das Märchen vollends zu *der* kinderliterarischen Gattung schlechthin gewandelt:

> Was gibt dem Märchen eine so besondere Stellung in aller Literatur, was macht das Märchen zur Literatur des Kindes? Nicht allein seine Volkstümlichkeit. Diese haftet auch der Sage, dem Volkslied und mancher Anekdote an, ohne daß diese darum Eingang in die Kinderstube fänden. […] In der Tat, diese naive Verkettung des Alltäglichen, ja Profanen, mit dem Außerordentlichen und Wunderbaren ist eine nur dem Volksmärchen anhaftende Eigentümlichkeit, die eine einzigartige Einfalt bekundet. Eine solche Anschauungsweise muß der kindlichen Auffassung vom Leben sehr nahe kommen. Profanes und Heiliges nimmt es ohne Unterscheidung unbefangen und mit Unschuld hin, Wirklichkeit und Wunder sind ihm noch nicht durch eine unüberbrückbare Kluft getrennt. Dem Kinde mag die Märchenwelt in eben dem Maße natürlich sein als sie dem Erwachsenen unwirklich ist.[27]

Bühler sieht bereits im Volksmärchen eine bemerkenswerte Verkettung des Alltäglichen mit dem Wunderbaren, eine solche nahm allerdings – so ließe sich Bühler im Sinne der hier unternommenen kritischen Revision des Begriffs Ma-

---

24 Vgl. Dingelmaier, Theresia: Das Märchen vom Märchen. Eine kultur- und literaturwissenschaftliche Untersuchung des deutschsprachigen jüdischen Volks- und Kindermärchens. Göttingen: V&R unipress 2019, S. 391.

25 Helga Karrenbrock: Märchen. In: Norbert Hopster (Hg.): Die Kinder- und Jugendliteratur in der Zeit der Weimarer Republik. Teil 1. Frankfurt a. M. 2012, S. 359–384, hier: S. 359.

26 Heinrich Wolgast: Das Elend unserer Jugendliteratur. Ein Beitrag zur künstlerischen Erziehung der Jugend. 7. Aufl., Worms 1951, S. 252.

27 Charlotte Bühler: Das Märchen und die Phantasie des Kindes. 2., unveränd., mit einem Nachtr. vers. Aufl., Leipzig 1925, S. 11.

gischen Realismus ergänzen – mit zunehmender stilistischer, thematischer und motivischer Ausgestaltung der Kindermärchen im Laufe der 1920er zu. Der Zusammenprall von magischen und realistischen Elementen wurde in modernen Großstadt- oder neoromantischen Natur- und Tiermärchen immer intensiver. Das einfache Märchenwunderbare nahm so mehr und mehr phantastische oder magisch-realistische Gestalt an.

3. Die magisch-realistischen Alltagsmärchen der deutsch-jüdischen Autorin Frieda Mehler[28]

Versteht man die Jüdische Renaissance etwas allgemeiner als den Versuch, das Judentum wiederzubeleben und ein Erweckungserlebnis unter dem Vorzeichen eines neuen jüdischen Selbstbewusstseins hervorzurufen, so lassen sich gleich mehrere Kindermärchensammlungen deutsch-jüdischer Autoren und Autorinnen aus der Zwischenkriegszeit dieser zuordnen. Angesichts des Scheiterns der Emanzipations- und Assimilationsbestrebungen kam gerade der nachkommenden Generation für viele Autoren und Autorinnen im Umfeld der Jüdischen Renaissance und des Zionismus eine große Bedeutung zu. Jüdischen Kindern sollten die Märchen in Zeiten eines immer weiter grassierenden Antisemitismus eine erste Orientierung bieten, jüdische Identität neu und selbstbestimmt zu leben.[29] Dafür griffen einige Autoren und Autorinnen wie Ludwig Strauß, Irma Singer, Ilse Herlinger oder Frieda Mehler jedoch nicht auf Nacherzählungen alter volkstümlicher Stoffe, sondern meist auf alltägliche Schilderungen aus dem Leben der angesprochenen jüdischen Kinder zurück, in welches dann Dinge oder Personen aus dem jüdischen Ritus und alten Schriften auf magisch-märchenhafte Weise Einfluss nehmen. In magisch-realistischen Erzählverfahren wird so die alltägliche Wirklichkeit in den Alltagsmärchen transzendiert[30] und jüdisches Leben neu erfahrbar gemacht.

Ein Beispiel sind die 1935 erschienenen *Feiertagsmärchen* von Frieda Mehler, eine 1871 im Harzvorland geborene deutsch-jüdische Autorin. 1939, nur kurze Zeit nach Erscheinen ihrer Märchen in zweiter Auflage, musste sie vor den Nationalsozialisten in die Niederlande fliehen, von wo sie zunächst in das Lager Westerbork und 1943 in das Vernichtungslager Sobibor deportiert und ermordet

---

28 Grundlage der Untersuchung der Märchen Frieda Mehlers ist meine Monographie *Das Märchen vom Märchen*, deren Ergebnisse hier in Bezug zur Jüdischen Renaissance und dem Magischen Realismus gesetzt werden.
29 Vgl. Dingelmaier: Das Märchen vom Märchen, S. 227 ff.
30 Vgl. Michael Scheffel: Magischer Realismus: Konzept und Geschichte. In diesem Band, S. 26.

wurde.[31] In ihrem literarischen Schaffen, das Gedichte und kinderliterarische Werke umfasst, setzt sich Frieda Mehler für die Emanzipation von Frauen und auch für die Emanzipation von Kindern ein. Inwieweit sie der Jüdischen Renaissance im Sinne Martin Bubers nahestand, kann aufgrund der spärlichen biographischen Überlieferung nicht abschließend beantwortet werden. Klar ist jedoch, dass sie sich in ihren Gedichten und auch ihren vielfältigen kinderliterarischen Werken für eine Rückkehr zur jüdischen Tradition und Gemeinschaft einsetzte und Kinder mit ihren Märchen in ihrem Judentum festigen und bestärken wollte.

Alle *Feiertagsmärchen* spiegeln typische Alltags- bzw. hier *Feiertags*erfahrungen der kindlichen Adressaten wider. Es geht allerdings weniger um die Festlichkeiten an sich, sondern vielmehr um das (alltägliche) Leben der kindlichen Protagonisten und Protagonistinnen zwischen Spiel, Armut, Krankheit – und jüdischem Ritus. Einige Märchen weisen Elemente des Lebens in der Stadt, technische Errungenschaften wie den »Schienenzepp« und »Flugzeuge«[32] sowie die Panke in Berlin,[33] auf. Anderen gelingt es, das in den 1930er Jahren immer schwierigere Leben jüdischer Kinder in Deutschland darzustellen, ohne der Zensur zum Opfer zu fallen. Die Zeitumstände bilden hier den bedrohlichen Hintergrund. Die Figuren sind keine papierenen, flachen Figuren, sondern moderne kindliche Individuen. Mirjam und Peter beispielsweise, Protagonisten in gleich mehreren der *Feiertagsmärchen,* reden im Soziolekt von Berliner Großstadtkindern und erzählen sich die Geschichte vom »ollen Pharaoh«.[34] Andere, wie die kleine Esther im Sukkoh-Märchen oder das gelähmte Mädchen in »Kolnidre«, erfahren und reflektieren die auch zeitbedingten Schwierigkeiten des Lebens wie Armut, Krankheit, Einsamkeit und Ausgrenzung:

> Sie saß allein in der Wohnung, die Mutter war gegangen, um noch etwas Arbeit auszutragen. Sie wollte die Feiertage mit dem Kinde etwas zu essen haben. Im vorigen Jahre war es ihnen noch gut gegangen; wenn der Vater auch schon lange tot war, hatte die Mutter doch eine gute Stellung in einem Geschäft gehabt und für sich und das kleine Mädchen sorgen können. Nun war sie aber schon ein Jahr abgebaut, weil sie Jüdin war, und es war immer schlechter bei ihnen gegangen. Die Mutter machte allerlei Handarbeiten, die gerade modern waren, aber die Geschäfte zahlten sehr wenig und Privatleute, die etwas bestellten, wurden immer weniger. Und Esther hatte nichts, nicht einen einzigen Groschen gehabt, um Perlen oder buntes Papier oder auch nur ein bißchen

31 Vgl. Beata Mache: Frieda Mehler. 2016, https://phdj.hypotheses.org/456#more-456. Zuletzt aufgerufen: 15.06.2020.
32 Frieda Mehler: Feiertagsmärchen. Zeichnungen von Dodo Bürgner. 2. Aufl., Berlin 1937, S. 39.
33 Mehler: Feiertagsmärchen, S. 6.
34 Annegret Völpel: Mehler, Frieda. Feiertagsmärchen. In: Zohar Shavit, Hans-Heino Ewers und Annegret Völpel et al. (Hg.): Deutsch-jüdische Kinder- und Jugendliteratur von der Haskala bis 1945. Die deutsch- und hebräischsprachigen Schriften des deutschsprachigen Raumes. Ein bibliographisches Handbuch. Stuttgart 1996, S. 755.

buntes Garn zu kaufen [...] Dann wollte sie auch in diesem Jahre die Sukkoh gar nicht ansehen, und darum saß sie nun in ihrer Ecke und weinte.[35]

In dieser in Teilen stark sozialrealistischen Ausrichtung der Märchen gewinnt die Kategorie des Wunderbaren nun eine andere Funktion, mutiert das Märchen zur magisch-realistischen Erzählung. Manche Märchen, wie beispielsweise gleich das erste,»Die Mosespuppe« verzichten ganz auf übernatürliches Geschehen, in den meisten anderen fällt das Märchenwunderbare erst im Verlauf der Erzählung in den »normalen« Alltag ein. Da erscheinen plötzlich und zum Erstaunen der Protagonisten und Protagonistinnen Lichtgeister oder fliegende Thorarollen, Bäume beginnen zu erzählen, Blumen zu sprechen, Käfer werden zu Edelsteinen und Öllämpchen zu kleinen Männern mit Goldkrone. Diese stärker realistisch bzw. feiertäglich gestaltete Einbindung des Märchenhaften erhöht das Identifikationspotential und damit auch den Beispiel- und Vorbildcharakter der Erzählungen für die kindlichen Adressaten und erweckt den Eindruck, auch im schwierigen Alltag jüdischer Kinder in den 1930er Jahren könnte plötzlich ein Märchenwunder geschehen.

Getragen wird der magisch-realistische Charakter der *Feiertagsmärchen* auch von den Illustrationen Dodo Bürgners, eigentlich Dörte Clara Wolff, eine 1907 in gutbürgerlicher jüdischer Familie geborene Illustratorin und Karikaturistin der Zeitschrift ULK sowie Modeschöpferin.[36] Ihre Illustrationen stellen die kindlichen Protagonisten und Protagonistinnen sowie deren Lebenswelt in den Mittelpunkt: Spielzeug, Lichtgeister und personifizierte jüdische Artefakte tummeln sich da in den meist eindimensionalen einfachen, klaren Strichwelten. Stilistisch zwischen Jugendstil, Neuer Sachlichkeit und Art Déco changierend unterstreichen Dodos mit filigraner Linie gemalte Zeichnungen einerseits die Modernität von Frieda Mehlers jüdischen Kindermärchen, andererseits auch deren magisch-realistischen Charakter. Mehrdimensionale Zeichnungen, wie die zum »Pessachmärchen« (siehe Abbildung 2) oder »Kolnidre« sind nämlich phantastisch verzerrt, sodass, wie beispielsweise in der Abbildung zum Märchen »Groß Reinemachen« (siehe Abbildung 1) die räumliche Tiefenzeichnung plötzlich von magischen Gegenständen unterbrochen wird, oder Elijahs Treppe im »Pessachmärchen« vom Mond direkt in das Zimmer Josefs wandern kann oder der Schatten der Lichtgeister im Märchen »Kolnidre« (siehe Abbildung 3) deutlich wird.

Eine eigenartige, besondere Sicht auf die dargestellte Welt kommt darin zur Darstellung. In den eindimensionalen und einfachen Bildern tritt neben blockhaften, kubistischen Formen noch dazu die weiche Linienführung der Menschen,

---

35 Mehler: Feiertagsmärchen, S. 25.
36 Vgl. zu Biografie und Werk Dodos: Renate Krümmer (Hg.): Dodo. Leben und Werk/life and work: 1907–1998. Ostfildern 2012.

Abb. 1: Dodo: »Groß-Reinemachen«. In: Frieda Mehler: Feiertagsmärchen. Zeichnungen von Dodo Bürgner. 2. Aufl., Berlin 1937, S. 43. Quelle: Arbeitsstelle für Kinder- und Jugendmedienforschung, Universität zu Köln.

magischen Figuren und Pflanzen hervor, wird jüdisches Leben lebendig. Gegensätzliches verbindet sich so auch hier zu einer magisch-realistischen Entität.

In der Gesamtschau erweisen sich die besprochenen deutsch-jüdischen Alltagsmärchen, als Texte, welche die Grenzen der Genres Märchen und Magischer Realismus verschwimmen lassen, bzw. zu einer Genresymbiose führen, die ein neues Bild magisch-realistischer Literatur entwirft. Auch wenn natürlich festgestellt werden muss, dass es sich bei den meisten Märchentexten jüdischer Autoren und Autorinnen der 1920er und 30er Jahre nicht um magisch-realistische Texte streng nach der Definition Michael Scheffels handelt.[37] Dagegen spricht meist bereits ihre Adressierung an Kinder bzw. in Teilen auch das allzu klar hervortretende Märchenwunderbare. In ihrer homogenen und geschlossenen Form, ihrer Ausrichtung auf eine im Ansatz realistisch zu nennende, alltägliche erzählte Welt sowie deren Brechung durch das einfallende Märchenwunder erfüllen die vorgestellten Alltagsmärchen im Kern aber doch im Wesentlichen die angeführten stilistischen und erzählerischen Charakteristika des Magischen Realismus. Mehrere Besonderheiten lassen sich jedoch feststellen: Erstens stammt das Magische in dieser alltäglichen Welt stets aus der Sphäre der jüdischen Religionszugehörigkeit. Das ›Magische‹ ist in diesen Alltagsmärchen immer religiös konnotiert. Es handelt sich dabei um Engel, Propheten oder rituelle Phänomene, die der Einhaltung der jüdischen Feste oder der Hilfe und Unterstützung der jüdischen Kinder dienen sowie um animisierte religiöse Ge-

---

37 Vgl. Michael Scheffel: Magischer Realismus: Konzept und Geschichte. In diesem Band, S. 35 ff.

Abb. 2: Dodo: »Pessachmärchen«. In: Frieda Mehler: Feiertagsmärchen. Zeichnungen von Dodo Bürgner. 2. Aufl., Berlin 1937, S. 11. Quelle: Arbeitsstelle für Kinder- und Jugendmedienforschung, Universität zu Köln.

genstände wie Chanukkaleuchter, Kidduschbecher oder Thorarollen. Die zweite Besonderheit der jüdischen Alltagsmärchen liegt in der Tatsache, dass das Untergründig-Magische in den Märchen als nur den Kindern zugänglich beschrieben wird; als jüdische Märchenreiche, die für Erwachsene und deren rationales Weltbild längst verloren gegangen sind. Mirjam und Peter, die Protagonisten des Märchens »Simchas Thauroh«, beschließen zum Beispiel, nachdem sie miterleben durften, wie zahlreiche Thorarollen in der Nacht vor dem titelgebenden Feiertag in der Synagoge zum Leben erwacht waren, ihre märchenhaften Erlebnisse zu verheimlichen: »»Geträumt, Peter? Nein, das war kein Traum. Sieh, hier an meinem Arm kannst du noch sehen, wie mich die schwere Thora gedrückt hat. Aber wir wollen es niemand erzählen, sie glauben uns doch nicht.‹ ›Da hast du recht‹, sagte Peter, ›sie glauben uns Kindern nie so

Abb. 3: Dodo: »Kolnidre«. In: Frieda Mehler: Feiertagsmärchen. Zeichnungen von Dodo Bürgner. 2. Aufl., Berlin 1937, S. 21. Quelle: Arbeitsstelle für Kinder- und Jugendmedienforschung, Universität zu Köln.

etwas.«« [38] *Magisch-realistisch* sind diese Märchen demnach nur für jüdische Kinder, die trotz aller Widrigkeiten des Alltags in den 1930er Jahren – ganz im Sinne der Jüdischen Renaissance – noch, oder wieder, an den Zauber der jüdischen Religion glauben können. Für das Ringen um eine genauere Abgrenzung des Genres Magischer Realismus bedeutet das allerdings, dass sich erstens im Alltagsmärchen eine bisher unbeachtete Form der Genresymbiose zeigt und zweitens nicht nur an den Grenzen anderer Gattungen, sondern auch im Subsystem der Kinder- und Jugendliteratur noch vieles zu untersuchen bleibt.

Literaturverzeichnis

Buber, Martin: Die Geschichten des Rabbi Nachman. Ihm nacherzählt von Martin Buber, Frankfurt a. M. 1906.
Buber, Martin: Jüdische Märchen. In: General-Anzeiger für die gesamten Interessen des Judentums 4 (1905), Nr. 35, S. 5.
Buber, Martin: Jüdische Renaissance. In: Ost und West (1901), Nr. 1, S. 7–10.
Bühler, Charlotte: Das Märchen und die Phantasie des Kindes. 2., unveränd., mit einem Nachtr. vers. Aufl., Leipzig 1925.

---

38 Mehler: Feiertagsmärchen, S. 31.

Dingelmaier, Theresia: Das Märchen vom Märchen. Eine kultur- und literaturwissenschaftliche Untersuchung des deutschsprachigen jüdischen Volks- und Kindermärchens. Göttingen 2019.

Dobreva, Doroteja: Alltgasmärchen. In: Rolf Wilhelm Brednich (Hg.): Enzyklopädie des Märchens. Handwörterbuch zur historischen und vergleichenden Erzählforschung. Band 14, Berlin, Boston 2014, Sp. 1501–1503.

Faris, Wendy B.: Scheherazade's Children: Magical Realism and Postmodern Fiction. In: Lois Parkinson Zamora (Hg.): Magical Realism: Theory, History, Community. Durham 1995, S. 163–190.

Karrenbrock, Helga: Märchen. In: Norbert Hopster (Hg.): Die Kinder- und Jugendliteratur in der Zeit der Weimarer Republik. Teil 1. Frankfurt a. M. 2012, S. 359–384.

Kellner, Leon: Der chassidische Ossian. In: Ost und West. Illustrierte Monatsschrift für Modernes Judentum VII (1907), Nr. 2, S. 111–114.

Krappman, Jörg: Magischer Realismus. In: Hans Richard Brittnacher und Markus May (Hg.): Phantastik. Ein interdisziplinäres Handbuch. Stuttgart, Weimar 2013, S. 529–536.

Kümmer, Renate (Hg.): Dodo. Leben und Werk/life and work: 1907–1998. Ostfildern 2012.

Lewald, Fanny: Modernes Märchen. In: Shawn C. Jarvis (Hg.): Im Reich der Wünsche. Die schönsten Märchen deutscher Dichterinnen. München 2012, S. 209–222.

Lüthi, Max: Das europäische Volksmärchen. Form und Wesen. 11. Aufl., Tübingen, Basel 2005.

Mache, Beata: Frieda Mehler, 2016, https://phdj.hypotheses.org/456#more-456. Zuletzt aufgerufen: 15.06.2020.

Mehler, Frieda: Feiertagsmärchen. Zeichnungen von Dodo Bürgner. 2. Aufl., Berlin 1937.

Novalis: Das Allgemeine Brouillon. Materialien zur Enzyklopädistik 1798/99. In: Richard Samuel (Hg.): Novalis: Schriften. Die Werke Friedrich von Hardenbergs. Darmstadt 1983, S. 207–478.

Roh, Franz: Vorwort. In: Ders.: Nach-Expressionismus. Magischer Realismus. Probleme der neuesten europäischen Malerei. Leipzig 1925, o. S.

Scheffel, Michael: Die poetische Ordnung einer heillosen Welt. Magischer Realismus und das »gespaltene Bewußtsein« der dreißiger und der vierziger Jahre. In: Matias Martinez (Hg.): Formaler Mythos. Beiträge zu einer Theorie ästhetischer Formen. Paderborn et al. 1996, S. 163–180.

Schuster, Jörg: Formexperimente des Magischen Realismus der 1930er-Jahre. Zwischen ideologischer Implikation, medialer Wissensform und ästhetischer Subversion. In: Graduiertenkolleg Literarische Form (Hg.): Formen des Wissens. Epistemische Funktionen literarischer Verfahren. Heidelberg 2017, S. 315–333.

Schwaiger, Silke: Baba Yaga, Schneewittchen und Spaltkopf: Märchenhafte und fantastische Elemente als literarische Stilmittel in Julya Rabinowichs Roman Spaltkopf. In: Alman dili ve edebiyati dergisi (2013), Nr. 30, S. 147–163.

Spunda, Franz: Der magische Dichter. Essays. Leipzig 1923.

Völpel, Annegret: Mehler, Frieda. Feiertagsmärchen. In: Zohar Shavit, Hans-Heino Ewers, Annegret Völpel et al. (Hg.): Deutsch-jüdische Kinder- und Jugendliteratur von der Haskala bis 1945. Die deutsch- und hebräischsprachigen Schriften des deutschsprachigen Raumes: ein bibliographisches Handbuch. Stuttgart 1996.

Winkler, Paula: Die jüdische Frau. In: Die Welt 5 (1901), Nr. 46, S. 6–7.

Wolgast, Heinrich: Das Elend unserer Jugendliteratur. Ein Beitrag zur künstlerischen Erziehung der Jugend. 7. Aufl., Worms 1951.

Abbildungsverzeichnis

Abb. 1: Dodo: »Groß-Reinemachen«. In: Frieda Mehler: Feiertagsmärchen. Zeichnungen von Dodo Bürgner. 2. Aufl., Berlin 1937, S. 43. Quelle: Arbeitsstelle für Kinder- und Jugendmedienforschung, Universität zu Köln.

Abb. 2: Dodo: »Pessachmärchen«. In: Frieda Mehler: Feiertagsmärchen. Zeichnungen von Dodo Bürgner. 2. Aufl., Berlin 1937, S. 11. Quelle: Arbeitsstelle für Kinder- und Jugendmedienforschung, Universität zu Köln.

Abb. 3: Dodo: »Kolnidre«. In: Frieda Mehler: Feiertagsmärchen. Zeichnungen von Dodo Bürgner. 2. Aufl., Berlin 1937, S. 21. Quelle: Arbeitsstelle für Kinder- und Jugendmedienforschung, Universität zu Köln.

Verzeichnis der Autorinnen und Autoren

Prof. Dr. Bettina Bannasch ist Professorin für Neuere deutsche Literaturwissenschaft an der Universität Augsburg. Sie hat Publikationen zur deutschsprachigen Literatur der Frühen Neuzeit bis zur Gegenwart vorgelegt. Schwerpunkte Ihrer Forschungsarbeit sind die deutschsprachig-jüdische Literatur, Shoah- und Exilliteratur, kultur- und literaturwissenschaftliche Gedächtnisforschung, Intermedialität in der Erwachsenen- und Kinderliteratur, die deutschsprachige Literatur Osteuropas. Ausgewählte Veröffentlichungen: Nachexil/ Post-Exile, hrsg. zus. m. Katja Sarkowsky (2020), Darstellung, Vermittlung, Aneignung. Zu gegenwärtigen Reflexionen des Holocaust, hrsg. zus. m. Hans-Joachim Hahn (2018); Handbuch der deutschsprachigen Exilliteratur. Von Heinrich Heine bis Herta Müller, hrsg. zus. m. Gerhild Rochus (2013, 2016). Bettina Bannasch ist Mitherausgeberin des Jahrbuch Exilforschung.

Katharina Baur M. A. ist Leiterin des Zentrums für Volksmusik, Literatur und Popularmusik des Bezirk Oberbayerns und freie Mitarbeiterin beim Bayerischen Rundfunk. Sie studierte Germanistik und Kunst- und Kulturgeschichte an der Universität Augsburg und war dort als Lehrbeauftragte tätig. Ihre literaturwissenschaftliche Forschung konzentriert sich auf die deutsch-jüdische Literatur des 20. Jahrhunderts, den Magischen Realismus und auf das literarische Leben in Bayern. Ihre 2021 abgeschlossene Promotion hat Katharina Baur über die vergessene Schriftstellerin Paula Buber (1877–1958) verfasst und dafür bislang unveröffentlichtes Material erstmals wissenschaftlich bearbeitet.

Georg B. Deutsch, geboren in Wien 1953, forscht über österreichische Exilliteratur mit Schwerpunkt Soma Morgenstern (und dessen Freunde), dem auch seine Internetseiten www.soma-morgenstern.at gewidmet sind. Beispiele für weitere Veröffentlichungen sind: Österreich und Deutschland – oder: »der kleine Unterschied«. Was ist die »wahre« Version? Über eine vermutlich Karl Tschuppik betreffende Anekdote In: Österreich in Geschichte und Literatur. Wien 2004; Conrad H. Lester und das österreichische Exil in Frankreich 1938–1940 In:

Zwischenwelt. Literatur/Widerstand/Exil. Wien, Mai 2016; Österreichisches Alphabet: Soma Morgenstern (1890–1976) In: Literatur und Kritik, Salzburg Juli 2016; Exil, Österreicher und Österreich 1933–1938 In: »Exilforschung zu Österreich« Wien 2018; Andreas Latzko / Stella Latzko-Otaroff: Lebensfahrt, Erinnerungen, hg. von Georg B. Deutsch, Berlin 2017; Andreas Latzko und seine »Lebensfahrt« In: »Andreas Latzko (1876–1943) – Ein vergessener Klassiker der Kriegsliteratur?« Berlin 2021; geplant: Soma Morgenstern – een leven met vrienden, Nachwort zur niederländischen Ausgabe von Morgensterns »Joseph Roths Flucht und Ende«, Amsterdam 2022.

Dr. Theresia Dingelmaier ist Wissenschaftliche Mitarbeiterin an der Professur für Neuere deutsche Literaturwissenschaft der Universität Augsburg. Ihre Forschungsschwerpunkte sind kinder- und jugendliterarische Texte und Medien, deutsch-jüdische Literatur und die Literatur des 18. und 19. Jahrhunderts. Sie ist Mitglied der internationalen und interdisziplinären Arbeitsgruppe »Emanzipation nach der Emanzipation. Jüdische Geschichte, Literatur und Philosophie von 1900 bis heute« und der Gesellschaft für Kinder- und Jugendliteraturforschung. Ausgewählte Veröffentlichungen: Das Märchen vom Märchen. Eine kultur- und literaturwissenschaftliche Untersuchung des deutschsprachigen jüdischen Volks- und Kindermärchens. Göttingen u. Wien: V & R unipress 2019. Erläuternde ›Erhellungen‹ und komplexe Wechselverhältnisse von Bild und Text: Bilderbuch und illustriertes Buch. In: Bettina Bannasch/ Eva Matthes (Hrsg.): Aspekte der Kinder- und Jugendliteratur. Historische, erzähl- und medientheoretische, pädagogische und therapeutische Perspektiven. Münster u. New York: Waxmann 2018, S. 87–106.

Shira Miron ist Doktorandin am Department of Germanic Languages and Literatures an der Yale University. Für ihre Dissertation untersucht sie strukturelle und ästhetische Überschneidungen von Musik und Literatur in der deutschen Moderne ausgehend von dem Begriff der Polyphonie. 2015 absolvierte sie ihr Instrumentalstudium am Klavier an der Jerusalem Academy of Music and Dance mit dem Master of Music (M. Mus). Im Anschluss studierte sie Germanistik an der Hebrew University of Jerusalem und an der Freien Universität Berlin. 2018 erhielt sie für ihre Forschung zum Thema Poetik im Spätwerk Gertrud Kolmar ein DAAD Forschungsstipendium. Am Wintersemester 2020 war sie als Gastwissenschaftlerin an der Universität Augsburg. Sie hat zu der Dichtung von Gertrud Kolmar auf Deutsch, Englisch und Hebräisch publiziert. Seit 2017 ist sie auch als literarische Übersetzerin aus dem Deutschen ins Hebräische tätig. Publiziert wurden u. a. ihre Übersetzungen von Joseph Roths Novellen und Gertrud Kolmars Gedichten. Eine Übersetzung von einer Auswahl von Paul Klees Schriften ist im Erscheinen.

Prof. Dr. Gerold Necker, außerplanmäßiger Professor am Seminar für Judaistik/Jüdische Studien an der Martin-Luther-Universität Halle-Wittenberg. 1999 judaistische Promotion an der FU Berlin (Das Buch des Lebens: Edition, Übersetzung und Studien, Tübingen 2001). 2009 Habilitation (Humanistische Kabbala im Barock: Leben und Werk des Abraham Cohen de Herrera, Berlin/ Boston 2011). 2015–19 Editor für Medieval Judaism der Encyclopedia of the Bible and its Reception. Seit 2018 Editionsprojekte zu kabbalistischen Texten (www.kabbalaheditions.org). Weitere Veröffentlichungen: Einführung in die lurianische Kabbala, Frankfurt/Main 2008; Sohar: Schriften aus dem Buch des Glanzes, Berlin 2012; sowie Aufsätze zu jüdischer und christlicher Mystik und Übersetzungen zu S. J. Agnon, zuletzt S. J. Agnon, In der Mitte ihres Lebens, Berlin 2014.

Prof. Dr. Hubert Roland ist maître de recherches der belgischen Forschungsgemeinschaft (F.R.S.-FNRS) und Professor für deutsche Literatur und Komparatistik an der Université catholique de Louvain. Er ist Stipendiat der Alexander von Humboldt-Stiftung an der Philipps-Universität Marburg (1998–1999) und an der Westfälischen Wilhelms-Universität Münster (2009). Neueste Publikation: Magischer Realismus und Geschichtsbewusstsein in der deutschsprachigen Literatur (Würzburg, Königshausen & Neumann, 2021); zuletzt auch Hrsg. von Eine kleine deutsch-französische Literaturgeschichte (Tübingen, Narr, 2016) und Mitherausgeber von Cultural Transfer(s) between Belgium and Germany, 1940–1944. Ruptures and Continuities; Journal of Dutch Literature, vol. 9, 2 (2018); ed. by. I. Van linthout, J. Ceuppens, Th. Feldmann & H. R.

Prof. Dr. Petro Rychlo lehrt am Lehrstuhl für fremdsprachige Literatur der Universität Chernivtsi, Ukraine, und ist als literarischer Übersetzer tätig (vor allem die 10-bändige Gesamtausgabe von Paul Celans Gedichten, 2013–2020). Seine Forschung konzentriert sich auf deutschsprachige Literatur des 20. Jahrhunderts, deutsch-ukrainische Literaturbeziehungen und die deutschjüdische Dichtung der Bukowina. Ausgewählte Veröffentlichungen: Europa erlesen. Czernowitz, hg. von Petro Rychlo. Klagenfurt 2004; Szibbolet. Poszukivania tożsamości żydowskiej w niemieckojęzycznej poezji Bukowiny [Schibboleth. Jüdische Identitätssuche in der deutschsprachigen Dichtung der Bukowina]. Kraków 2013; Mit den Augen von Zeitgenossen. Erinnerungen an Paul Celan. Ausgewählt, herausgegeben u. kommentiert von Petro Rychlo. Berlin 2020; Paul Celan. Referenziji. Naukovi studiji, statti, eseji. [Paul Celan. Referenzen. Wissenschaftliche Studien, Aufsätze, Essays]. Kiew 2020; Poetyka dialohu. Tvorčistj Paula Celana jak intertekst [Poetik des Dialogs. Paul Celans Dichtung als Intertext]. Kiew 2021.

Prof. Dr. Michael Scheffel ist Inhaber des Lehrstuhls für Neuere deutsche Literaturgeschichte und Allgemeine Literaturwissenschaft an der Bergischen Universität Wuppertal und Gründungsmitglied des Wuppertaler Zentrums für Erzählforschung (ZEF). Seine Arbeitsschwerpunkte sind: Theorie und Geschichte des Erzählens, Fiktionalitätstheorie, Literatur des Realismus und der Jahrhundertwende. Ausgewählte Veröffentlichungen: Magischer Realismus (1990); Formen selbstreflexiven Erzählens (1997); zus. mit Matías Martínez: Einführung in die Erzähltheorie, (1999ff.); Ambivalenz und Kohärenz. Untersuchungen zur narrativen Sinnbildung (2009, Mithrsg.); Klassiker der modernen Literaturtheorie (2010, Mithrsg.); Schnitzler-Handbuch (2014, Mithrsg.); Arthur Schnitzler: Erzählungen und Romane (2015); Lektüren. Positionen zeitgenössischer Philologie (2017, Mithrsg.); Postfaktisches Erzählen? Post-Truth – Fake News – Narration (2021, Mithrsg.); Mithrsg. von: Arthur Schnitzler: Digitale historisch-kritische Edition. Werke 1905–1931 (www.arthur-schnitzler.net).

Prof. Dr. Dr. h.c. Peter Stöger lehrt am Institut für LehrerInnenbildung und Schulforschung an der Universität Innsbruck, ist vor allem im Bereich des Transkulturellen Dialogs tätig. Seine Forschung konzentriert sich auf Martin Bubers Dialogpädagogik, Paulo Freires Befreiungspädagogik und auf Bildungsforschung (Bild und Bildung, Erinnerungskultur). Gastvorlesungen u. a. in Drohobytsch, Bangor, Osnabrück, Köln, Kampala und Puebla. Ausgewählte Veröffentlichungen: Personalisation bei Igor Caruso. Wien 1987; Martin Buber der Pädagoge des Dialogs. Szombathely 1996; Wo liegt Afrika? Pädagogisch-anthropologische Grundpositionen zum Nord-Süd-Dialog. Frankfurt/M. 2000; Das Spiel – Ortungsversuche. Innsbruck 2008; gem. mit Th. Kobath/A. Shakir (Hg.) Buber begegnen. Wien 2017; gem. mit N. Köffler u. a. (Hg.) Bildung und Liebe. Wien 2018.

PD Dr. Jörg Schuster ist Wissenschaftlicher Mitarbeiter und Privatdozent am Institut für deutsche Literatur der Goethe-Universität Frankfurt und ist Mitherausgeber der Tagebücher von Harry Graf Kessler. Seine Arbeitsschwerpunkte sind Literatur, Ästhetik und Medien vom 18. Jahrhundert bis zur Gegenwart. Ausgewählte Veröffentlichungen: Poetologie der Distanz. Die ›klassische‹ deutsche Elegie 1750–1800. Freiburg i. Br. 2002; »Kunstleben«. Zur Kulturpoetik des Briefs um 1900 – Korrespondenzen Hugo von Hofmannsthals und Rainer Maria Rilkes. Paderborn 2014; Die vergessene Moderne. Deutsche Literatur 1930–1960. Stuttgart 2016; Poetologien deutschsprachiger Literatur 1930–1960. Kontinuitäten jenseits des Politischen. Hgg. Moritz Baßler, Hubert Roland, Jörg Schuster. Berlin, Boston 2016; Handbuch Brief. Von der Frühen Neuzeit bis zur Gegenwart. 2 Bde. Hgg. Marie Isabel Matthews-Schlinzig, Jörg Schuster u. a. Berlin, Boston 2020; Manegenkünste. Zirkus als ästhetisches Modell. Hgg. Margarete Fuchs, Anna-Sophie Jürgens, Jörg Schuster. Bielefeld 2020.